Friedrich Diez, Hermann Breymann

Kleinere Arbeiten und Rezensionen

Friedrich Diez, Hermann Breymann

Kleinere Arbeiten und Rezensionen

ISBN/EAN: 9783743469570

Hergestellt in Europa, USA, Kanada, Australien, Japan

Cover: Foto ©Andreas Hilbeck / pixelio.de

Weitere Bücher finden Sie auf **www.hansebooks.com**

Friedrich Diez'

kleinere Arbeiten und Recensionen

herausgegeben

von

Hermann Breymann.

München und Leipzig.
Druck und Verlag von R. Oldenbourg.
1883.

Fr. Diez

Friedrich Diez'

kleinere Arbeiten und Recensionen

herausgegeben

von

Hermann Breymann.

München 1883.

Druck und Verlag von R. Oldenbourg.

Inhaltsverzeichniss.

**

Vorwort.

Friedrich Diez hat während seines langen Lebens eine Reihe von kleineren Arbeiten und Recensionen veröffentlicht, welche die Kenntniss der romanischen Sprachen, sowohl nach ihrer literarischen, wie auch nach ihrer sprachlichen Seite hin nicht unwesentlich gefördert haben. Der Gedanke, eine Sammlung seiner kleinen wissenschaftlichen Abhandlungen zu veranstalten, ist, so weit wir wissen, dem Altmeister und Gründer der romanischen Philologie nie gekommen. Wohl mochten ihm, der von seinen eignen Arbeiten so bescheiden dachte, jene im Laufe seines langen Lebens bei den verschiedensten Anlässen verfassten Aufsätze nicht wichtig genug erscheinen, um durch die Herausgabe derselben die Aufmerksamkeit der Fachgenossen noch einmal darauf zu lenken. Hätte er indessen jene Arbeiten wieder veröffentlicht, so dürfen wir wohl annehmen, dass er sie, wenn nicht erweitert, so doch überall da umgestaltet haben würde, wo sie von späteren Untersuchungen ergänzt oder überholt worden waren*). Doch auch so, in ihrer ursprünglichen Form, behalten sie noch ihr

*) Man vergleiche z. B. seine Abhandlung über die Casseler Glossen (S. 168) mit seiner späteren Separatausgabe derselben.

Interesse für den Romanisten. Ein flüchtiger Blick genügt, um dies klar zu legen. »Es sind«, sagt Mussafia*), »durchgehends treffliche Aufsätze, welche in den Gegenstand tief eingehen und zur Aufhellung desselben wesentlich beisteuern. Sie behalten fast alle noch ihren vollen Werth.« In der That findet auf Diezens Recensionen im vollsten Maasse Anwendung, was den kritischen Anzeigen Ferdinand Wolf's als auszeichnende Eigenthümlichkeit nachgerühmt wird, dass sie nämlich nicht bloss die besprochenen Werke treffend charakterisiren und ihren Inhalt in allem Wesentlichen reproduciren, sondern dass sie auch eine Fülle selbständiger Forschung sowohl den blossen Resultaten nach, als in eingehendster Ausführung zu Tage fördern.

Indem sie in unzweideutiger Weise von Diezens umfassender Gelehrsamkeit, von seiner behutsamen und zugleich scharfblickenden Kritik Zeugniss ablegen, lassen sie uns überall den leitenden Gedanken erkennen, welcher seiner ganzen wissenschaftlichen Thätigkeit zu Grunde gelegen hat: »Kampf gegen Alles, was zur Verflachung der Wissenschaft führt, aufrichtige Anerkennung aller, auch der bescheidensten Leistungen, sofern sie die Wissenschaft zu fördern geeignet waren«**). Aus einer Fülle des Trefflichen Einzelnes hervorzuheben, könnte misslich erscheinen. Indess kann ich nicht umhin, namentlich auf folgende Abhandlungen besonders aufmerksam zu machen. Zunächst möchte ich auf die erste Recension, welche Diez überhaupt geschrieben hat, hier hinweisen. Es weht in ihr ein frischer belebender Hauch, der uns die begeisterte Freude ahnen und nachempfinden lässt, mit welcher Diez sich dem Studium der volksthümlichen Dichtungen der Spanier zugewandt und »jenem köstlichen Liederstrome unter wärmerem Himmel und in andern

*) Oesterr. Wochenschrift 1872 Bd. 1 S. 7.

**) »Dieses Wohlwollen gegen junge, aufstrebende Kräfte, diese innige Freude an ihren Leistungen bilden einen der ausgesprochensten Charakterzüge des verehrten Meisters.« Mussafia a. a. O. S. 11

Berglanden« nachgespürt hatte. Willig lauschen wir seinen Worten, wenn er dann diesen alten Liederschatz des Spanischen Volkes mit einer herrlichen, wunderseltsamen, aus dem vollen Lebensreichthume vieler Jahrhunderte erwachsenen Pflanze vergleicht, die von diamantenen Thautropfen in kostbarer Lieblichkeit umgeben, sich als ein heiliges Erbgut im Volke erhalten habe und ewig fortfahren werde, die Herzen der Menschen zu trösten und zu stärken.

Es sei ferner auf die bemerkenswerthe Recension von Bekker's Ausgabe des provenzalischen Fierabras (S. 101) hingewiesen, in welcher er auf Grund einer genauen Untersuchung der Reimwörter zu dem Resultate geführt wurde, dass dieses Epos, wie es Uhland bereits geahnt hatte, aus einer nordfranzösischen Vorlage fliessen müsse.

Und wer vermöchte sich des Gefühls aufrichtiger Bewunderung zu erwehren, wenn er die herrliche Mahnung liest, die Diez an die Uebersetzer fremder Geisteswerke richtet! »Die Nachbildung fremder dichterischer Erzeugnisse«, sagt er, »ist eine heilige Arbeit: wie der Dichter, will der Uebersetzer berufen sein; auch sein Geist muss empfangen und hervorbilden. Genau bestimmt ist seine Aufgabe: das durch die Sprache des Dichters Gegebene soweit nachbildend wiederzugeben, als es die eigene Sprache verstattet: aber auch durchaus so weit; denn darin liegt eben Alles. Eine zarte Hülle schmiegt sich die Sprache um den dichtenden Genius: der leiseste Zug, der feinste Umriss, die unmerklichste Falte des schönen Gewandes bezeichnet die Aeusserung des innen wirkenden Geistes; reine Lebenskraft treibt gleicherweise beseelend in allen Zweigen und Sprossen und benutzt jeden Raum zu ihrer vollsten Entfaltung etc.« (S. 27). Und wahrlich, seine zahlreichen Uebertragungen aus dem Spanischen, Provenzalischen, Englischen zeigen deutlich genug, dass er selber die Nachbildung fremder Dichterwerke als eine »ernste, heilige Arbeit« auffasste!

Schliesslich glaube ich hier auf die Recension von Faber's Floresta (S. 49 sq.) noch besonders aufmerksam machen zu sollen, da Diez dort in überaus trefflicher Weise die Forderungen formulirt, welche an einen Geschichtschreiber der alten Poesie einer Nation zu stellen sind. Es sei mir gestattet, eine kurze Stelle (S. 57) aus jener Besprechung hier wörtlich anzuführen: »Es kommt darauf an, sich durch die Dornen des historisch-kritischen Weges zu arbeiten, ohne auf die glattere Bahn der ästhetischen Behandlungsweise abweichen zu dürfen. Hiermit soll der Werth der letzteren nicht geläugnet werden; es ist und bleibt vielmehr das letzte Ziel der Literaturgeschichte, auf den Charakter und inneren Zusammenhang der Literatur einzugehen und uns von geistigen Erscheinungen auch eine geistige Anschauung zu eröffnen. . . Für die Geschichte der mittleren Poesie ist diese Art der [ästhetischen] Untersuchung oder vielmehr der Betrachtung für jetzt noch unfruchtbar, ja schädlich; denn ohne einen Funken Licht über dieselbe zu verbreiten, wird die ästhetische Kritik, wenn sie nichts weiter ist als solche, nur zu Missverständnissen Anlass geben, indem sie einen an ganz entlegenen Erscheinungen geübten Blick mitbringt. Der Beurtheiler der romantischen Poesie muss schlechterdings auf das Einzelne und Kleine eingehen, da sich an dieses die wesentlichsten Bemerkungen über das Kunsttalent der Dichter knüpfen, er darf nie übersehen, dass sich bei ihnen ein Theil des Geistes, dessen Dasein wir a priori doch wohl zugeben müssen, in die Form gezogen hat. Allein eben für diese Einzelheiten schärft sich das Auge nur durch das Studium der Sprache, der Kunstform und gewisser historischer Verhältnisse, und darum muss Beurtheilung und Forschung hier in einer Person vereinigt sein.« Dass er selber diese treffend geschilderte und gewiss nicht leichte Aufgabe eines Literarhistorikers in der glänzendsten Weise gelöst hat, bezeugen nicht nur seine bahnbrechenden, grösseren Werke, sondern auch seine kleineren, hier wieder neu veröffentlichten Arbeiten. »Ueberall spüren wir das

Walten eines kritischen, Alles sorgfältig erwägenden Geistes, überall werden wir gefesselt durch eine geschmackvolle Darstellung, deren Reiz durch Klarheit und Einfachheit erhöht wird.«

Mussafia, dem wir diese letzten Worte entlehnen, ist es, von welchem die erste Anregung zu der vorliegenden Sammlung ausgegangen ist, und der, allen Anderen voran, die wissenschaftliche Arbeit auf dem weiten Felde der romanischen Philologie in Diez' Sinne fortgeführt und mit dem schönsten Erfolge alle romanischen Sprachen und Literaturen in den Bereich seiner Studien gezogen hat. In einer ebenso eingehenden wie pietätvoll gehaltenen Abhandlung über Diez' Leben und Wirken hat Mussafia vor zehn Jahren in eindringlichen Worten auf die Bedeutung der kleineren Arbeiten Diezens hingewiesen und, meines Wissens, zuerst dem Wunsche, es möchten dieselben gesammelt herausgegeben werden, öffentlich Ausdruck gegeben*).

Dem Unterzeichneten war dieser Gedanke so sympathisch, dass er sich freudigst an die Ausführung machte, zumal ihm von den Erben in zuvorkommendster Weise die Erlaubniss zu einer derartigen Sammlung gegeben wurde. In einer Zuschrift vom 31. December 1881 theilte ihm Herr Dr. L. Holzapfel mit, dass seine Grosstante, Fräulein Diez, gegen das beabsichtigte Unternehmen nichts einzuwenden habe, dass es ihr vielmehr zur Befriedigung gereiche, zu sehen, »dass auch die kleineren Arbeiten ihres verstorbenen Bruders von den Fachmännern einer besonderen Veröffentlichung nicht für unwerth gehalten würden«.

Ich betrachtete es nun als meine Aufgabe, eine vollständige Sammlung der kleineren Arbeiten des verehrten Meisters anzustreben. Dieselben waren entweder in schwer zugänglichen und jetzt sehr selten gewordenen Sonderabdrücken enthalten oder in verschiedenen Zeitschriften verstreut, von denen viele gar nicht mehr erscheinen. Es ist mir gelungen, 24 mehr oder weniger

---

*) S. Oesterr. Wochenschrift Bd. 1 S. 6, 7.

ausführliche Abhandlungen Diezens hier zu vereinigen, nachdem ich von Herrn Prof. Tobler in Berlin auf die mir bis dahin unbekannten *Antiquissima vestigia* (1831) gütigst aufmerksam gemacht worden war; demselben Gelehrten verdanke ich ferner die genaue Titelangabe von Diezens Uebersetzungen aus dem Englischen, wodurch es mir dann später möglich wurde, mich in den Besitz der äusserst selten gewordenen Uebertragungen von Byron's Corsar und Lara zu setzen und dieselben hier wieder zum Abdruck zu bringen.

Bei der grossen Verschiedenheit der behandelten Gegenstände wäre es schwierig gewesen, die Aufsätze nach ihrer inneren Zusammengehörigkeit zu ordnen. Nach gepflogener Berathung mit verschiedenen Fachgenossen entschied ich mich für eine rein chronologische Anordnung, wobei es jedoch rathsam schien, die Uebersetzung von Byron's Corsar und Lara, als zu den streng wissenschaftlichen Arbeiten nicht gehörend, in einen Appendix zu verweisen. Ebendaselbst wird man auch Diezens »Bacchischen Chor« und sein Gedicht an Schiller finden.

Folgende chronologisch geordnete Uebersicht*) von Diezens grösseren und seinen kleineren jetzt neu veröffentlichten Arbeiten lässt uns auf einen Blick das Werk seines Lebens erkennen.

1817.	Grimm's Silva
1818. Altspanische Romanzen [1])	
1819.	Depping's span. Romanzen Förster's Uebersetzung des Petrarca Streckfuss' Uebersetzung des Ariost
1820.	{Raynouard's Choix de poésies etc. {Schlegel's Observations etc.
1821. Altspanische Romanzen [2])	
1823.	[Scott's Kloster]
1825. Ueber die Minnehöfe [3])	

*) Damit die Uebersicht nicht auf S. XII überlaufe, wodurch sie beeinträchtigt würde, sind die acht Noten dazu dem Schlusse des Vorworts auf S. XV angehängt worden.

1826. Poesie der Troubadours [3])	Byron's Corsar und Lara
1827.	Faber's Floresta
1829. Leben u. Werke der Troubadours	Disciplina clericalis
1830.	Stuart's Fragmentos
1831.	Antiquissima . . . vestigia
	Bekker's Fierabras
	Orelli's Altfranz. Grammat.
	Diefenbach's Roman. Schriftsprachen
1833.	Duttenhofer's Cid
	Teatro español
1834.	Camoëns' Lusiaden
1836. Rom. Gramm. I.	
1838. Rom. Gramm. II.	
1839.	Elnonensia
1843. Rom. Gramm. III. [4])	
1845.	Cronica del Cid
1846. Altrom. Sprachdenkmale [5])	
1849.	Casseler Glossen
1852. Zwei altrom. Gedichte [6])	Gemination
1853. Etymol. Wörterbuch [7])	
1859.	Altprovenzal. Prosadenkmäler
1861.	Gachet's glossaire roman
1863. Portug. Kunst- und Hofpoesie	
1864.	Paris' Accent latin
1865. Altroman. Glossare [8])	
1866.	Passion du Christ
1867.	Wiener Glossen
1875. Roman. Wortschöpfung	

Die vor wenigen Monaten von Prof. A. Tobler in den Preussischen Jahrbüchern (Bd. 51) veröffentlichten Briefe von Heinrich Voss an Diez kamen in meine Hände, als leider die ersten Bogen dieser Sammlung bereits gesetzt waren. Ich benutze daher diese Vorrede dazu, auf jene des Interessanten gar Vieles bietenden Briefe hinzuweisen*) und zwei Stellen herauszuheben.

*) Für die Veröffentlichung derselben sind wir dem verehrten Herausgeber zu lebhaftem Danke verpflichtet und können nicht umhin, dem gewiss von Vielen getheilten Wunsche Ausdruck zu verleihen, er möchte jenen Mittheilungen aus Diezens handschriftlichem Nachlasse recht bald noch weitere folgen lassen.

Die eine bezieht sich auf den von Diez S. 29 und 30 erwähnten Gries. Ueber ihn äusserte sich Heinrich Voss unter dem 23. November 1818 folgendermassen: »Darf ich um eins bitten? Können die Ausdrücke gegen Gries nicht gemildert werden? Sie werden ihm so gestellt weh thun. Gries ist wahrlich jetzt ein weit besserer Uebersetzer, wie damals, als er den Ariost in sehr unglücklicher Stimmung verdeutschte. Sein Calderon beweiset das, und sein Tasso lässt auch viel besseres erwarten. Er arbeitet schon 7 Monate angestrengt an der dritten Ausgabe und ist jetzt am fünften Gesange.«*) — Die andere Stelle betrifft das S. 28 mitgetheilte Urtheil Diezens über die Voss'sche Uebersetzung des Shakspere. In Bezug auf dasselbe schrieb Voss an Diez in einem Briefe vom 6. Juli 1819 Folgendes: »Ihre Recensionen [über Grimm's Silva, Depping's Romanzen und Förster's Petrarca] haben mir grosse Freude gemacht, zumal der Schluss der einen. Eitel macht mich's nicht, wohl aber etwas stolz, wenn mir ein solches Wort aus redlichem Herzen und heller Einsicht kommt; der wahre, ächte Stolz ist aber mit Demuth gepaart. So soll denn mein Streben sein, das zu verdienen, was schon gezahlt ist. . . . Ueber Förster's Petrarca denke ich wie Sie, und nicht einmal ganz so vortheilhaft, bei aller Anerkennung eines schönen, doch unreifen Talentes. Ich halte es für gewaltig schwer, den Petrarch ordentlich zu übersetzen; schon die nothwendigen Reime zu finden. Vor drei Jahren . . . machten wir uns eines Abends an den Petrarch, doch mehr, um einen lustigen Abend zu haben, als auf heiligen Ernst bedacht. Jeder von uns schuf etwa 6 Sonette; und vielleicht so gut, wie K. Förster, aber sie drucken zu lassen, fiel uns nicht ein, aus Ehrfurcht vor Petrarch.«**)

---

*) S. Preuss. Jahrb. Bd. 51 S. 11.

**) S. Preuss. Jahrb. Bd. 51 S. 25 u. 30.

Was nun die Art der Veröffentlichung der kleineren Arbeiten Diezens betrifft, so hat sich der Herausgeber s. Z. die Frage vorgelegt, ob er dieselben mit einem fortlaufenden Commentare versehen sollte? Nach reiflicher Ueberlegung hat er geglaubt, diese Frage verneinen zu sollen. Denn einmal musste er sich sagen, dass die hier veröffentlichten Schriften nicht für das grosse Publikum, sondern nur für die Fachmänner, für die Romanisten bestimmt sind, welche den augenblicklichen Stand der wissenschaftlichen Forschung kennen; ihnen hätte der Herausgeber nichts wesentlich Neues zu bieten vermocht. Zweitens ergab ein unternommener Versuch sehr bald, dass ein derartiger Commentar allzu grosse Ausdehnung angenommen haben würde. Es hätte eben dann über jeden besprochenen Autor, über jede aufgeworfene Frage, über jede aufgestellte oder verworfene Hypothese die Literatur vollständig gegeben und nachgewiesen werden müssen, in wie weit die Ansicht Diezens von der inzwischen fortgeschrittenen wissenschaftlichen Forschung bestätigt oder modificirt worden ist. Man vergegenwärtige sich aber nur einmal in Gedanken, zu welch zahlreichen Erörterungen z. B. die eine Frage nach dem Normalcasus seit Raynouard, Diefenbach und Diez Anlass gegeben hat (es wird genügen an die Namen von Pott, Fuchs, Delius, Mussafia, G. Paris, d'Ovidio, Tobler, Schuchardt und Ascoli zu erinnern); oder man überschlage einmal im Geiste die in den letzten 20 Jahren angewachsene Literatur über die von Diez in mehreren seiner Recensionen erwähnten ältesten französischen Sprachdenkmäler, über die einzelnen romanischen Dialecte, über die Sprachen Rhätiens, Rumäniens, Spaniens. Und wie bei diesen wenigen aufs Gerathewohl herausgegriffenen Punkten verhält es sich mit fast allen übrigen. Hätte ich es unternommen, all das zu verzeichnen und über jede der von Diez berührten Fragen die neuesten Forschungsergebnisse mitzutheilen, so hätten dazu einige kurze Noten unter dem Texte keineswegs genügt; es wäre dann, wie gesagt, nöthig geworden, jedem Aufsatze einen ziemlich umfangreichen Commentar folgen zu lassen.

Eine genaue Durchsicht der einzelnen Arbeiten liess nun sofort erkennen, dass es nicht genügen würde, von den betreffenden Artikeln Abschrift zu nehmen und diese noch einmal mit den Originaldrucken zu vergleichen. Denn da sich in diese hunderte von entstellenden und irreleitenden Fehlern eingeschlichen hatten, so musste jedes Citat in seiner Quelle aufgesucht, mit dem ursprünglichen Wortlaut verglichen*) und danach eventuell berichtigt werden. Ferner kam es darauf an, die Citate selber zu vervollständigen. Diez citirt nämlich sehr häufig, ohne seine Quelle, oder den Autor des betreffenden Werkes, oder die von ihm benutzten Ausgaben genau anzugeben, also z. B. Graff (Sprachschatz oder Diutisca?), il Dittamondo, Villena, Edict. Roth., Gloss. Lindenbrog., Gloss. Aug., Schlettstädter Glossar etc. Hier war es also nöthig, erläuternd, berichtigend oder ergänzend einzugreifen. Die zahlreichen irrigen Angaben der Seiten- und Bandzahlen sind ohne Weiteres durch richtige ersetzt, alle etwaigen Zusätze des Herausgebers aber durch eckige Klammern**) bezeichnet worden. Denn ich erachtete es als unverbrüchliche Pflicht, die Diez'schen Arbeiten genau so zu veröffentlichen, wie sie s. Z. von ihm selber niedergeschrieben waren; weder an seiner von dem modernen Gebrauche in Einzelheiten abweichenden***) und im Laufe der Jahre wechselnden †) Orthographie

---

*) Es ist dies bei Stuart's Cancioneiro, Huber's Chronica und Sarmiento's Memorias nicht geschehen, da es mir nicht gelang, mir diese Werke zu verschaffen.

**) Aus Versehen ist eine solche bei der S. 18 stehenden Anmerkung ausgefallen.

***) sezen, Saz, seyn, besizen, Teutschland, Refränen, Foderung, abentheuerlich, Niebelungen, Anzeigen (statt Anzeichen), literärisch, literärhistorisch, Geschichtschreiber, vorragende Dichter etc.

†) ging und gieng; giebt und gibt; seyn und sein; teutsch und deutsch; dabey und dabei; Puncte und Punkte; Jordí und Jordi; Marques und Marquez; Mannigfaltigkeit und Mannichfaltigkeit; Silbe und Sylbe.

(selbst wo sie zweifelhaft war*)), noch an seiner Ausdrucksweise ist das Geringste (absichtlich) geändert worden; nur offenbare Druckfehler, die sich, wie gesagt, in beträchtlicher Zahl vorfanden, wurden getilgt.

Die vorgesetzte Photographie **Diezens**, der Auszug aus den Vorlesungsverzeichnissen und die Inhaltsangabe zum vorliegenden Bande werden, hoffe ich, von den Fachgenossen als eine willkommene Beigabe begrüsst werden.

Es erübrigt noch, derer zu gedenken, welche mir bei der Ausführung obiger »Sammlung« rathend und helfend zur Seite gestanden haben. Es sind dies die Vorstände der Bibliotheken zu Berlin, Göttingen und namentlich München; ferner Herr Prof. A. Tobler in Berlin, Herr Bibliothekar Aumer in München, und vor Allem Prof. K. Vollmöller in Göttingen. Sie alle versichere ich hiermit meines herzlichsten und aufrichtigsten Dankes!

Ebenso warmen Dank sage ich schliesslich dem Herrn Verleger für die gediegene und würdige Ausstattung, welche er den gesammelten kleineren Schriften **Diezens** zu geben für angemessen erachtet hat.

H. B.

---

*) z. B. die Geschichte Petrarca's S. 17; geschafft S. 11; Oehlbaum S. 103 etc.

Noten zur chronologischen Uebersicht S. X u. XI:

[1]) S. Z. f. rom. Phil. Bd. 4, 1880, S. 266—277.

[2]) Ueber dies Werk äussert sich ein Kritiker in den Blättern für literarische Unterhaltung (1828 Nr. 280 und 281) folgendermassen: »Mit etwas Gutem kommt man nie zu spät, und so glauben wir unsern Lesern keinen unerfreulichen Genuss zu bieten, wenn wir sie an der Hand unsers wackern Friedrich Diez in eine Zeit führen, die vor unser Aller Blicken wie ein liebliches Zauberland, wie ein mit allen Rosen der freundlichen Eos bestreuten Morgenhimmel ausgebreitet daliegt. Der Führer ist geistvoll, wenn auch gerade allzu empfindsam, gelehrt, bewandert in den Schriften seiner schönen Vorzeit und hat reichlich aus den Quellen geschöpft.... Der rechte, besonnene, gründliche Forscher ist er übrigens gewiss, um mit den Waffen der Kritik den breiten Forst von Fabeleien, Irrthümern und Träumereien zu lichten, der auf diesem Ge-

biet unter den Händen der früheren Bearbeiter so üppig aufgeschossen ist. Er fahre ja fort, recht bald auch andere Partien des heitern, buntfarbigen Feldes so zu beleuchten und zu erforschen. . . . Unser Verfasser geht streng-geschichtlich bei seiner Untersuchung zu Werke, weiss sich, durch einen sehr sichern kritischen Tact geleitet, immer in den Schranken der echten Mässigung zu halten, gewinnt auf diese Weise ganz neue Resultate und hat, unsers Bedünkens, den Process so vollständig instruirt, dass er nun für alle Zeiten, wenn der rechte Richter darüber kommt, entschieden werden kann.« — Ich glaube hier noch einmal auf die vortrefflichen Recensionen aufmerksam machen zu dürfen, welche s. Z. über Diezens Rom. Gr. erschienen: von Pott in den Berl. Jahrb. f. wiss. Krit. 1837; von Fuchs, ibid. 1839; von Delius in Ebert's Jahrb. 1859; von P. Meyer in der Bibl. de l'École des Chartes Bd. 35, 1874.

[3]) Blätter für lit. Unterhaltung 1829 Nr. 63.

[4]) Zweite Aufl. 1856—1860; dritte Aufl. 1870—1871; vierte Aufl. 1875 bis 1878; französische Uebersetzung 1874—1876.

[5]) 1. Eidschwüre — 2. Eulalia — 3. Boëtiuslied. Anhang: Ueber den epischen Vers.

[6]) 1. Passion — 2. Leodegar. — Unveränderter Abdruck 1876.

[7]) Zweite Aufl. 1861; dritte Aufl. 1869; vierte Aufl. 1878.

[8]) 1. Gloss. v. Reichenau — 2. Gloss. v. Cassel. — Französ. Uebersetzung von A. Bauer. Paris 1870.

Silva de romances viejos,

publicada por Jacobo Grimm.

Viena de Austria en casa de Jacobo Mayer y Comp. 1815. XXVIII u. 318 S. gr. 12°[1]).

Es gibt eine Art von Geistesgebilden, für die sich der Name Kunstwerk am wenigsten eignet, wir meinen die Dichtungen, welche so frisch und heilsam durch die Brust der Völker strömen: herrliche Werke der Natur, entsprungen mit der gesunden Menschheit selbst, sprechen sie dem einfachen, still [372] begeisterten Gemüthe des Volkes um so vernehmlicher, je minder es sich von der Pflanze losgewunden hat, je inniger es noch mit der Natur verwachsen ist: darum ist die inwohnende unwandelbare Seele dieser Werke so alt wie unsre Geschlechter, darum werden sie so lange fortleben, als noch die Macht der Natur in die Saiten menschlicher Gefühle greift. Es ist wahr, das alte Gewand ist längst verloren, die Zeit kleidet diesen geistigen Gehalt in mancherley Stoffe um; aber es sind immer nur Stoffe, das Innere dringt und scheint so mächtig und regsam durch, dass die Hülle beynah verschwindet. Der Urquell ist also noch nicht versiegt, wir leben im Vollgenuss seiner reichen Strömungen: wollen wir daher das wahre Wesen unverkünstelten menschlichen Gemüths einsehen lernen, so müssen wir den Strom hinangehen zu seiner Quelle, und vernehmen, dass das wunderbar in den innersten Räumen des Herzens widerhallt, was sie uns aus der Verborgenheit mitbringt: dann wird es uns kund werden, wie ihre klare, heilbringende Kraft so viele Lande weit und breit mit Leben zu segnen und vor jeglicher Trockenheit zu erretten vermochte. Es

---

[1]) [Heidelberg. Jahrb. der Literatur (1817) S. 371—382.]

ist dies ein schöner Ruhm unsrer Zeit, dass wir nicht vornehm drüber weggesehen haben; auch mussten so edle Bestrebungen ihren Lohn finden: wir sind zu einer nicht mittelmässigen Einsicht des Urgermanischen und ihm Verwandten gelangt und werden's mehr und mehr, wenn wir nun auch genauer nachforschen, wie jener köstliche Liederstrom unter wärmerm Himmel in andern Berglanden fliesst: denn er ist, wie ein Spiegel des allgemein Menschlichen, so auch eine wahrhafte Verkündigung von dem Eigenthümlichen des Volkes, bei welchem er einheimisch ist; ja auch genaueres Verständniss unsers Eignen, ein dritter wichtiger Gewinn wird uns bey jener Forschung zu Theil werden. Und dies ist das Verdienst des hier zu würdigenden Buches, dass es uns den Blick öffnet in den Busen einer edlen europäischen Menschenart. | Die Spanier, ein gar sinn- und klangvolles Volk, trugen in alter Zeit aus ihren Nordgebirgen Kreuz und Schwert gegen den Erbfeind, der ihnen die schönen Fluren geraubt hatte; für Glauben und Vaterland hatten sie ein hartes, fahrvolles Leben durchzubringen: von ihnen erwarte man also nichts Heiteres, als jenes [373], für die schöne Ueberzeugung eines seligeren Lebens den Tod zu leiden. In der That, man kann ihren alten Liederschatz einer herrlichen, wunderseltsamen Pflanze vergleichen, die aus dem vollen Lebensreichthume vieler Jahrhunderte erwachsen ist — viel Furchtbares hat geschehen müssen, nichts Schönes und Ungemeines wird ohne Blut und Thränen, so gedieh auch diese Wunderpflanze aus solchem Thau, doch sind ihre Tropfen alsbald Rubinen und Diamanten geworden und umgeben sie in kostbarer Lieblichkeit mit einer Klarheit, an der sich die Herzen ewig trösten und stärken werden. Desshalb musste sich dieser edle Schatz im Volk als ein heiliges Erbgut erhalten.

Alle diese Lieder, Romanzen genannt, zusammengestellt bilden ein Ganzes, worin die verschiedenen Regungen des spanischen Geistes ausgedrückt sind: es gibt nämlich welche nach der heiligen, der alten, der einheimischen Geschichte, den Rittersagen und eine Anzahl kleinerer meist Liebesromanzen. In der ersten und zweyten Gattung finden wir nur wenig Vorzügliches; die Lieder aus der Spanischen Geschichte aber können wir als ein aus dem ganzen Volke hervorgegangenes Heldengedicht betrachten, dessen einzelne Theile so alt sind als die Geschichten selbst, welche durch sie Dauer und Lebendigkeit erhalten, und nur aus rohern Klängen nach und nach in den stolzen Posaunenton der Romanzen übergegangen; jede einzelne Handlung, jeder Zug wird unbefangen und kindlich treu besungen, doch mit grosser Redseligkeit und beständiger Rücksicht auf Verherrlichung des Glaubens und Castilischen Namens; neben den besten Königen glänzen hier die gefeierten Helden des Volkes, der getreue, siegreiche Feldhauptmann Bernardo del Carpio, der kluge, verwegene Fernan Gonsalez, doch über alle der durch den Inbegriff aller adeligen Tugenden erhabene Cid Rui Diaz, »der stolze Castilier«. Da aber diese zahlreichen Lieder nicht auf Papier geheftet wurden, nur im Munde Aller durch alle Stände lebten, so ist nicht auffallend, dass, so treu auch Erfindung und Sage bewahrt sind, doch das Gepräge nicht wenig gelitten hat; auch übten im 15. Jahrhundert die vornehmen Minnedichtungen keinen vortheilhaften Einfluss auf sie, wenigstens ward damals den geschichtlichen Romanzen, ganz besonders aber jenen vom Cid, mancherley [374] Künsteley aufgedrängt, welche sie seitdem behalten haben. Aber dafür sollten sie nicht lange nachher eine unerhörte Erscheinung darbieten: es war, als Ferdinands und Isabellens Ritterscharen das mohrische Königreich Granada mit all seiner glänzenden Zierheit, seinen goldenen Palästen und Moscheen zerstörten, die Blüthe des feinen Heldenvolkes trat zu den Christen über, und so vermählte sich mit ihrem strengen nüchternen Leben orientalische Fülle und Anmuth und die Gluth ging in die Dichtung hinein, und brachte das gediegene Metall in einen Feuerguss, der in heissen prächtigen Farben schimmert. Denn Alles, was sich damals Dichterisches darbot, ward in Romanzen gebracht und vom Guadalquivir bis zum Ebro gesungen: Ankampf der begeisterten Christen auf die letzte theure Stadt, innerlicher Streit, glänzende, sinnreiche, blutige Ritterspiele, treuer Liebe Stöhnen, wilde Schlachten, endlich Erbleichung des Mondes vor dem Glanz des Kreuzes! Dies war die letzte Quelle schöner Volkslieder, die folgenden, von Don Juans von Oesterreich Thaten veranlassten, dürfen kaum genannt werden; doch müssen wir noch hinzufügen, dass der letzte Freyheitskampf des wackern Volkes mehrere Romanzen erzeugt hat, die an die Seite der besten älteren gehören. — Die Romanzen nach den Ritterbüchern, welche den vorigen an Erfindung und Reichthum nachstehen, sie aber, sofern sie, als mehr unter dem eigentlichen Volke lebend, die alten

Züge, selbst Ausdrücke minder abgestreift haben, übertreffen, sind für den Forscher jenes Sagenkreises von Karl dem Grossen und den zwölf Genossen, also auch der Germanischen Dichtungen überaus wichtig, wenn eine Darstellung von der Entstehung, Bildung und Beziehung der verwandten Geschichten von Karl und Artus als Bestandtheilen des Lebensmarkes so herrlicher Zeiten überhaupt wichtig genannt zu werden verdient. Wenn die französischen Bearbeitungen von den Thaten der Zwölfe durch die Kreuzzüge den Einfluss des Morgenlandes tragen, die Teutschen, anfangs schlichte, fromme Holzschnitte, zuletzt derbe, lustige, ja tolle Gemälde zu seyn scheinen, so behaupten die Spanischen, fast ganz frey von orientalischen Zierden, durchaus die wahre, schwere Gothische Würde des Volkes, jene umständliche Treuherzigkeit, die nur an unser Heldenbuch erinnert [375]. Ueber seinen Hofstaat ragt der Kaiser und König als gerechter, weiser und starker Herrscher, um und gegen ihn treiben die Paladine ihr Spiel, »die an der Tafel ihr Brod essen«, ziehen geputzt zur Feier des Georgstages aus den Thoren von Paris: nur der Tapferste und Klügste, Reynaldos von Montalban, fehlt; da zürnt der Kaiser, die Ritter nennen ihn Verräther, sein Vetter Roldan spricht zu seiner Vertheidigung ungebührlich mit dem Kaiser, der ihn dafür mit einem Faustschlag zurechtweist; entrüstet führt der Ritter die Mohren gen Paris, tödtet alsdann reumüthig im Bund mit Reynaldos das ganze Heer. Ein andermal heisst der todtwunde Durandarte den Streitgenossen sein blutiges Herz der spröden Geliebten bringen. Auf dem Polster sitzend schneidet die Gräfin mit goldnem Scheerchen des geliebten Sohnes Haare, ihm des Stiefvaters Verrath erzählend, den Gaiferos herangewachsen erschlägt. Dann zieht derselbe Ritter, seine Gemahlin aus der Mohren Gewalt zu befreyen, aus, verfluchend den Wein, verfluchend das Brod, so die Mohren essen, verfluchend den Ritter, der ohne Knappen reitet, verfluchend den einsam stehenden Baum, auf den sich alle Vögel der Welt setzen und ihn verderben mögen, dass er keinen Zweig mehr behalte. Zu den schönsten Gemälden gehört auch das von Donna Alda, in der Mitte ihrer dreyhundert Jungfrauen prangend, von Saitenklängen in Schlaf gewiegt, träumend, wie ein Falk vom Aar zerrissen wird; andern Tages kam ein mit Blut geschriebener Brief, dass ihr Roldan auf der Jagd bey Roncesvalles erschlagen sey, — ferner das von Don Claros, der aus Liebe zu des Kaisers Töchterlein um Mitternacht, wenn die Hähne krähen, keines Schlafes mehr froh wird, sich desshalb aufrafft, ihre Huld zu gewinnen. Die Zwölfe sind zornige, aufwallende Heldenseelen, Eisen, das einmal in Gluth, alle Schranken durchbricht und ganz Frankreich verzehrt. Manche Züge findet man im Ariosto wieder, unter andern Rodomonte's Brücke, Malgesi's Zaubereyen, Galalon's Verrath; viele andre stehen ganz eigenthümlich und unabhängig da. — Die meisten der Romanzen endlich, welche zu keiner der angegebenen Gattung gehören, und in welchen Gefühl und Sinn vorherrscht, behaupten über alle ähnlichen des Südens einen entschiedenen [376] Werth; in manchen ist ein wahrhaft tiefes, beynah Teutsches Gemüth, in andern waltet etwas Arabisches; viele regen Gefühle, wie ein schöner Frühlingsmorgen, wenn goldrothe Strahlen aus tausend Tropfen dringen, Schlösser durch den grauen Duft blicken, Lüfte hin- und herziehn, stille Feyer der In- und Aussenwelt! Dabey ist ihnen eine Sprache eigen, die keine Uebersetzung wiedergeben kann.

All diese goldnen Schätze wird uns ein rühmlich bekannter Kenner der volksthümlichen Geisteswerke, H. J. Grimm, zugänglich machen; was er gegenwärtig für die ältesten gethan, wird nach seinem Versprechen bei guter Aufnahme des Buches auch für die übrigen besten geschehen. Wir wissen nun; dass wir bisher nichts davon gewusst haben: denn Herder hatte besonders die Romanzen von Cid zu sehr mit seinem Gemüth versetzt, als dass sie noch Spanisch hätten erscheinen können, die Sage ist treu bewahrt, die Einkleidung hat aber sehr viel gelitten; die Kenntniss der Mohrischen Romanzen durch die *historia de las guerras civiles* trug doch nur zu einem einseitigen Urtheil bei. Desswegen ist es Zeit, dass wir Herrn Grimm unsern aufrichtigsten Dank darbringen für ein Werk, das mit grösserer Mühe verbunden ist, als es scheinen möchte. Aber dennoch können wir dem wackern Herausgeber nicht verbergen, dass er es noch in einigem an der völligen Uebersicht des ganzen Gebietes ermangeln lässt, wie wir zeigen werden.

Mit Recht wird der *cancionero de romances* (Anvers 1555), als der beste, ausgezogen, aber aus den übrigen Sammlungen sind nur drey Stücke, S. 134, 136, 306, aufgenommen worden. Das Werk ist in zwey ungleiche Theile geschieden, deren erster die *romances de Carlo magno* enthält; hier war es gewiss Plan, sie vollständig mitzutheilen, einige nicht ganz gute abgerechnet; aber daran fehlt noch viel. Der Romanzen von den Zwölfen sind 27 gegeben — denn ausser der von Garcia gehören die beyden von Bovalias in die zweyte Abtheilung, welches der Name des Mohrischen Königs Almanzor beweist (lebte um 910), der mit den Zwölfen nichts zu thun hat —, die schöne Romanze von Reynaldos, wie er das Kaiserthum Trapezunt erobert (Blatt 114 im erwähnten canc.), hätte nicht ausgelassen werden dürfen. Hätte Herr Grimm die [377] *Floresta de varios romances sacados de las historias antiguas de los hechos de los doze pares [de Francia].* Madrid 1713, gekannt, die in einer etwas neuern Sprache das Alte unverfälscht wiedergiebt, so würde er seine Sammlung noch mit manchem Trefflichen geziert und zugleich die einzelnen Stücke mehr in Verbindung gebracht haben. In diesem Buch findet sich noch eine vom Reynaldos (S. 171), wie er des Königs Garagay Tochter raubt, sie aber getödtet zurücklassen muss, welches schön dargestellt ist. Die eilfte in der Silva ist nur ein Bruchstück; der Anfang heisst:

Muchas vezes lo oi dezir y à los antiguos contar —[1])

Nach ihr muss der Graf Grimaltos, sonst wegen seiner Tugend vom Kaiser zum höchsten Reichsamt erhoben, verläumdet aus dem Reiche fliehen, wobey er schwört, er wolle nimmermehr durch die Thore von Paris kommen, und begiebt sich in eine Wildniss mit seiner Gemahlin, die dort mit einem Sohne niederkommt, den er während seines Aufenthalts in der Hütte eines Einsiedlers alle ritterlichen Künste lehrt und ihn dann zur Rache nach Paris sendet, wo er den Verräther an des Kaisers Seite erschlägt; die Wahrheit kommt an den Tag, der Kaiser ruft den Verbannten zurück und lässt ihm, sein Gewissen zu schonen, einen Eingang durch die Ringmauer von Paris brechen. Ausserdem gehört zwischen XXVI und XXVII die Romanze von Belerma:

En Francia estava Belerma alegre y regocijada —[1])

worin sie die Nachricht von Durandarte's Tod empfängt. Mit Recht hat Herr Grimm in der Romanze XX die störenden Glossen weggelassen; doch lesen wir hier mit einer andern Ausgabe anstatt

---

[1]) [Flor. de var. rom. etc. p. 109 u. 249.]

seiner in den Abdruck aufgenommenen Vermuthung jenen wohlklingenden Anfang lieber so:

Media noche era por filo, los gallos querian cantar,
conde Claros con amores non podia reposar,
dando muy grandes sospiros, que el amor l'hazia penar. — [1])

Die zweyte Abtheilung des Buchs enthält vorerst drey merkwürdige Romanzen aus dem Sagenkreise von Artus, dann [378] mehrere aus der Spanischen Geschichte — die vier von Cid hätten für den zweyten Theil zurückgelegt werden sollen —, unter diesen sind die vom Gothischen König Rodrigo, durch dessen Schuld Spanien an die Heiden verloren ging, auszuzeichnen; die dritte von ihnen ist nach der Floresta blos die zweite Hälfte einer grössern, die so anfängt:

Los vientos eran contrarios, la luna estava crecida — [2])

Die fünfte ist eins der köstlichsten Volkslieder, die je hervorgebracht worden sind. Der reumüthige Rodrigo flieht nämlich mit dem Vorsatz, Busse zu thun, in eine Wildniss, wo er einen Einsiedler trifft, welchem Gott im Traum die Busse offenbart; der König muss sich demnach in eine Höhle begeben, um darin von einer Schlange gefressen zu werden. Am dritten Tage fragt der Einsiedler hinab: »O, wie gehts euch, guter König, geht's euch wohl bei dem Gesellen?« Sie hatte ihn noch nicht berührt, aber bald nachher fragt er wieder; unten aber jammerte und stöhnte es: »Gott will Hülfe mir gewähren, sprach der gute Don Rodrigo, Schlange thut schon an mir zehren.« Mit diesem Tod erwarb er sich aber das Himmelreich. — Bey den Liebesromanzen lässt die Auswahl des Herrn Grimm nichts zu wünschen übrig; nur noch Eine übergangne kennen wir, die als würdige Zier dieses Kranzes hier stehen mag, sie findet sich im canc. d. r. Bl. 257 und scheint Bruchstück zu sein:

Amara yo una señora y amela por mas valer,
quiso a mi desventura, que la ouiesse de perder,
yrme quiero a las montañas y nunca mas parecer,
en la mas alta de aquellas mi vida quiero hacer.

Viele dieser Romanzen sind wahrhaft rührend. Die von der Christensklavin wirft einen Lichtstrahl auf schneidende

[1]) [In der Flor. de var. rom. etc. p. 187 lautet die 5. und 6. Halbzeile: Muy grandes suspiros dando, que el amor le haze penar.]

[2]) [Flor. de rom. var. etc. p 337.]

Verhältnisse der Christen und Mohren; sie klingt wie der dumpfe Jammerton einer in Staub getretenen Seele, dagegen sehen wir die Liebe nach des Geliebten Verlust allen Trost verabscheuend in der Turteltaube, umsonst verlangend in der Romanze vom frischen Röslein, das leider nicht mehr zu haben ist, schmachtend in der weissen Kleinen, die für das Vergehn gerne mit dem Tode bezahlen will [379], thränenlos-schwermüthig im Gefangnen, der mit Freuden seine Pein geniesst (gewiss spätern Ursprungs), unschuldig verlangend nach des Maien Lust da draussen, sich mit der Geliebten zu freuen in der Klage im Kerker. Rein und hochgemuth erscheint im Lied von Ricofranco der Stolz einer Jungfrau, die dem gehassten blutigen Entführer die Thränen um die gemordeten theuren Häupter anders auslegt, um den Dolch ihm abzugewinnen, womit sie die eigne Brust durchbohrend sich rettet und ihn straft: »also räch' ich Vater und Mutter, also meiner drey Brüder Tod«[1]). Ein andres Lied von des Königs verzaubertem Töchterlein, das dem sinnenden Ritter von der hohen Eiche seine Huld bietet, übt einen mächtigen Zauber; die holdselige Infantin im Schatten der Olive, die Herrin, so die Augen gegen die Sonne aufschlägt, ist ganz von Klarheit umgeben; den Grafen Arnaldos versuchen Lockungen aus einem Wunderland, das jeder im Busen trägt[2]); [380] das

[1]) [S. Zeitschr. f. rom. Phil. IV, 275.]

[2]) Dies theilen wir in folgender Uebersetzung mit:

Wem erschien solch Abentheuer auf den Meeresfluthen klar,
Wie dem guten Grafen Arnaldos früh am Sct. Johannis Tag?
Auf der Faust den Edelfalken, ging er jagen auf die Jagd,
Sah, ein Schifflein kam geschwommen, und es wandte sich zu Land:
Dessen Segel waren Seide, dessen Tauwerk Zindel war,
Schiffer, der das Steuer führte, sang ein Liedchen wunderbar:
Stille ruhten Meereswellen, ward kein Lüftlein man gewahr,
All die Fischlein auf dem Grunde schwommen nach der Fläche gar,
All die Vöglein in den Lüften flogen nach dem Maste dar:
»Schifflein, du viel liebes Schifflein, dass der Himmel dich bewahr'
Vor den Schrecknissen der Erde auf den Meeresfluthen klar,
Vor den Tiefen Almerias, vor der Enge Gibraltar,
Vor dem Busen von Venedig und vor Flanderns Felsenbank,
Vor dem Busen von Lion, wo den Schiffen droht Gefahr.«
Da hub an der Graf Arnaldos, wohl vernehmet, was er sprach:
»Schiffer, sing' um Gottes Gnade mir dein Liedchen wunderbar.«
Doch der Schiffer ihm erwiedert, solche Antwort er ihm gab:
»Keinem wird dies Lied gesungen, als wer mit zieht auf die Fahrt.«

Liedchen vom Jungfräulein am Meeresstrande ist in Anmuth ganz aufgelöst, ein Gebilde ohne Körperlichkeit, blos so hingehaucht von Sehnsucht. Hierher gehört auch noch die grosse Romanze von Alarcos.

Eine noch nirgends gewagte Freyheit hat sich der Herausgeber genommen, die nicht verschwiegen werden darf: die Zusammenziehung zweyer Liedzeilen in Eine, als »dem Heldenlied geziemend, dessen Haltung und Ruhe durch Zerstücklung zerstört werden möchte«. Dieser Meynung können wir nicht beytreten, so unbefangen wir sie würdigen mögen: denn diese Verse sind keine andern als *redondillas*, worin die alten Minne- und Heldenlieder geschrieben sind, assonirende und reimende; stellt man sie auch je zwey zusammen, so bleiben sie dennoch nach ihrer Natur geschieden, und der Abschnitt, dem fast immer ein Abtheilungszeichen zu Grunde liegt, dringt so mächtig durch, dass der Vers sich wieder in zwey auflöst. Und wie lässt sich diess Verfahren auf viele jüngern, gewiss nicht verwerflichen Romanzen von Granada anwenden, die augenscheinlich in vierzeilige Strophen abgetheilt sind, an deren Schluss sie oft einen wiederkehrenden fünften Vers oder gar Rundreim angenommen haben. Wenigstens ist es nicht rathsam, an der in den würdigen *cancioneros* und *romanceros* beliebten Weise zu meistern, die Spanier bleiben hier immer die zuverlässigsten Richter; übrigens ist die Sprache ziemlich gleichgültig, das Auge gewöhnt sich leicht an die angenommene Abtheilung. — Der Lesarten finden wir nur wenige angeführt, und diess ist das klügste: denn ihre Menge ist zu gross. Aber doch wäre zu wünschen, dass Herr Grimm auf die verschiednen Behandlungen so weit als möglich hingewiesen hätte. Vorangeschickt ist ein erklärendes Wortverzeichniss, eine dem Leser gewiss um so willkommnere Arbeit, als der Schwierigkeiten, die selbst dem mit der Sprache Vertrauteren sich hier aufwerfen, nicht [381] wenige sich finden; manchmal ist hier zu sehr ins Genaue gegangen, einigemal Schwereres vernachlässigt: Wörter, wie *montina*, *recabdar* (in der Bedeutung S. 311) sucht man vergebens; andre sind falsch angegeben: so heisst *arroyar* nie so viel wie *echar*, *fita* heisst nicht Schleppe, sondern Borte, *lunas* nicht Flecke, sondern Monde (S. 34; statt *cubiertas* lese man *cubiertos*); *escala* hat S. 231 seine gewöhnliche Bedeutung, ebenso *madre* S. 261. Nicht geringe Schwierigkeiten machten *lugues*, *tacha*, *malsuyo*, *encas*, *morayma*, *alaraves*. Beyde ersten stehen wahrscheinlich nur durch Druckfehler im *cancionero*, wie das dritte und vierte, welche in einem andern Abdruck *mal sueño* und *eneas* lauten: *morayma* ist sicher ein Eigenname, wie es denn auch im *cancionero* gross gedruckt ist; *alarabes de caballo* heisst nichts anderes als Araber zu Ross. Wir fanden nämlich in einer alten Chronik die Stelle: *en lo dit drap staven pintats homens a cavall de vista y gesto molt spantables — — e entocats de tals tocas con huy van los Arabs* (nach einer andern: *a la manera que oy andan los Alarabes*). Das ist die Weise der Chroniker, dass sie die geschichtlichen Lieder oft nur in Prosa aufgelöst haben wie hier. — Die alte Schreibart ward mit Recht beybehalten, die Abtheilungszeichen stehen richtig, der unangezeigten Druckfehler findet man nur wenige.

Möge der Herausgeber nur recht bald im Stande seyn, einen zweyten Band folgen zu lassen mit den Romanzen vom Cid, vom Bernardo del Carpio (hoffentlich mit den übrigen aus der Geschichte) und den Mohrischen (wobey die schon durch die *historia de las guerras civiles* bekannten übergangen werden könnten); auf die versprochnen ungedruckten sind wir nicht wenig begierig. Als eine vortreffliche Sammlung empfehlen wir ihm: *Romances nuevamente sacados de historias antiguas de la cronica de España, compuestos por Lorenço de Sepulueda*, *Anvers* 1551. Möge er uns ferner recht bald mit einer Erklärung der vielfältigen Beziehung dieser Gedichte mit Teutschen und Französischen versprochener Maassen erfreuen! Gegenwärtige Beurtheilung aber gelte als Beweis unsrer Aufmerksamkeit für ein Werk, das, wie es [382] jeglichen äussern Lohn verschmähend, mit Liebe und Gewissenhaftigkeit ausgeführt ist, alle Freunde Spanischer Dichtungen besitzen müssten, um so mehr, da man dem Herausgeber, den wir mit den Dichterschätzen aller Völker vertraut wissen, wohl glauben darf, wenn er versichert, man werde nichts Mittelmässiges in dieser Sammlung finden. F. D.

Depping, Sammlung spanischer Romanzen.

Sammlung der besten alten Spanischen historischen, Ritter- und Maurischen Romanzen. Geordnet und mit Anmerkungen und einer Einleitung versehen von Ch. B. Depping, Mitglied der philotechnischen und der kgl. antiquarischen Gesellschaft in Paris und corresp. Mitglied der kgl. Bayerischen Akademie der Wissenschaften. Altenburg und Leipzig, F. A. Brockhaus. 1817. LVIII u. 450 S. 8° [1]).

Es scheint, als solle in wenig Jahren nachgeholt werden, was vorher in so vielen versäumt worden ist — die Kenntniss der in ihrer Art unvergleichlichen altspanischen Dichtkunst; wenigstens ist nicht zu läugnen, dass die neuste Zeit viel und Gediegenes für diese Literatur geschafft hat, seit England, Frankreich und vor allen Teutschland, nicht zufrieden, ihre eignen alten Schätze wieder aufzusuchen, auch auf die volksthümlichen alten Denkmäler fremder Völker aufmerksam machen. In England wird die altspanische Literatur mit Gelehrsamkeit und Umsicht behandelt, Frankreich hat mancherley versucht — unter andern eine weniger bekannte Uebersetzung der spanischen Heldenlieder vom Cid: *Le Cid, romances espagnoles. imitées en romances françaises par Mr. Creuzé de Lesser, Paris* 1814. Bei uns sind einige Uebersetzungsversuche und mehrere Sammlungen solcher Lieder erschienen, zu welchen letztern auch gegenwärtige Arbeit des Herrn Depping gehört, von der, da der Herausgeber mit der spanischen Geschichte vertraut und zu Paris mit allen Hülfsmitteln versehen ist, sich mehr als Mittelmässiges erwarten liess. Uns hat sich zuerst die Frage aufgeworfen, warum Hr. D.

---

[1]) [Heidelberg. Jahrb. 1819 S. 295—301.]

auf die *silva de romances viejos por J. Grimm* so gar keine Rücksicht nehmen konnte, dass er vier und dreyssig Romanzen, die man dort abgedruckt findet, nochmals wiederholen mochte. Wie uns denn überhaupt die gegenseitige Verwicklung solcher Werke, die nur von Wenigen gesucht werden, statt einer einträchtigen Bearbeitung von jeher unrathsam erschienen ist, so würden wir auch Hrn. D. gerathen haben, seinen *romancero*, freylich ohne Unterdrückung seiner besondern Ansichten, als Fortsetzung jener *silva* zu behandeln; doch wollen wir lieber glauben, ihm sey diese Auswahl, die zwar schon 1815 erschienen ist, nicht [296] bekannt geworden, ehe wir annehmen, er habe das Beste aus ihr nochmals mittheilen wollen, um sie neben der seinigen entbehrlich zu machen; wir müssten in diesem Falle Hrn. D. noch dazu vorwerfen, dass er nach Ansicht eines so würdigen, mit Kenntniss und geläuterter Liebe zur Sache ausgeführten Buches ein zweites mochte folgen lassen, mit dem einzigen Verdienst, auch gute Gedichte der Art geliefert zu haben.

Voran steht eine Einleitung von sechs Paragraphen, die, ohne Ausgezeichnetes und Neues zu enthalten, doch meist gesunde Behauptungen aufstellen (§ 1. Von den spanischen Romanzen überhaupt. § 2 bis § 5. Von den historischen, Ritter-, Maurischen und vermischten Romanzen. § 6. Von den Sammlungen). So wird das höchste Alter dieser Gedichte in ihrer jetzigen Gestalt mit Recht nicht über fünf Jahrhunderte angenommen, also nicht über den Anfang des 13. Jahrhunderts, und viele scheinen ihm weit jünger. Einige Kenner der mittlern Literatur setzen ihren Ursprung weit später: so lässt sie Ritson (*Dissertation on Romance and Minstrelsy. London* 1802) erst zu Anfang des 15. Jahrhunderts entstehen; A. W. Schlegel (*Observations sur la Langue et la Littérature provençales. Paris* 1818) behauptet nicht allein, dass der Ursprung der Romanze vielleicht nicht viel über die Eroberung von Granada hinausgehe, sondern auch, dass sie durch Nachahmung Mohrischer Volkslieder entstanden sey. Sollte es aber wohl nicht natürlich sein, dass, wie bei andern kriegerischen Völkern, so auch der alten Spanier so überaus rühmliche Heldenthaten kurz nach ihrer Vollbringung Heldenworte hervorgebracht haben? Dass die Form dieser Gesänge anfangs noch sehr roh war, mochte wohl schon das alte Lied von Cid darthun (um 1200), das wahrhaft poetisch als Ausdruck einer wahrhaft poetischen

Zeit jenen Helden darstellt, der schon volksthümlich geworden war, d. h. dessen Thaten in Herz und Mund des gesammten Castilischen Volkes lebten, da es ja sein Geist war, der das blutige Banner gegen den Erbfeind vorantrug. Auf keinen Fall aber war die Weise dieser Heldenlieder so formlos, als in jenem *poema del Cid*, wo sie sich doch schon zu dem in Nord und Süd verbreiteten Niebelungenvers hinneigt; es ist sogar [297] wahrscheinlich, dass sie schon trochäisch klangen, wie jenes Lied Kaiser Ludewigs II. (871), gewisser aber schon in Assonanzen, wie das *poema* und ein anderes Soldatenlied, das in Italien um 924 gedichtet ward, ja wie die meisten europäischen Volkslieder, wenn auch in anderer Art. Sanchez hat in seiner verdienstvollen *Coleccion de poesias Castellanas anteriores al siglo XV* ein Stück aus der Chronik Königs Alfonso X. (oder XI.), also doch etwa kurz nach 1300 bekannt gemacht, die bereits in gereimten Redondilien und sehr verständlich — Beweis für das höhere Alter des poema — geschrieben ist; ausserdem sind uns gallizische Redondilien von Alfonso X. aufbewahrt worden, die recht wohlklingend und ohne besondere Schwierigkeiten sind, z. B.:

Muito demostra a Virgen
A Senhor Espirital
Su lealtad a aquele
Que a cacha sempre leal.

Alle *cancioneros* schreiben dem Prinzen Manuel (um 1350) eine Romanze zu, die bey weitem nicht so eigenthümlich klingt als die Ritterromanzen; ferner werden im *cancionero general de Castillo* 1517 schon mehrere solcher alten, gewissermaassen geheiligten Romanzen weitläufig paraphrasirt und nicht selten *muy antiquos* genannt. Die nämliche Sammlung enthält die Werke der Trobadoren aus dem 14. und 15. Jahrhundert, welche öfters Romanzen lieferten, die nur als Parodien der ältern volksthümlichen gelten können, sich aber an Werth mit ihnen nicht vergleichen lassen. Die Ritterromane, die Quellen vieler solcher Gedichte — daher schon die Aufschrift des Buches: *Romances sacados de las historias de los doze Pares* —, kamen in Spanien schon um 1250 auf, entweder aus Frankreich, vielleicht auch Provence (schon um 1150 dichtete Gasso), oder auf andre Weise, wie das *poema de Alexandro* und das ursprünglich indische Buch *Calila und Dimna* (die sieben weisen Meister). Die Möglichkeit der Entstehung der Ritterromanzen zu Anfang des 14. Jahrhunderts ist also wohl nicht zu bezweifeln; die veraltete Sprache derselben ist der Beweis ihrer [298] Wirklichkeit. Die Heldenlieder vom Cid sind nachher nicht eben zu ihrem Vortheil mehr ausgebildet worden, während man die nicht mehr zeitgemässen nach den Ritterbüchern dem Volk überlassen zu haben scheint; neue Mohrenkriege unter Ferdinand und Isabella machten das Andenken an Cid allgemein gewaltiger und so gingen jene Gedichte von seinen Thaten auch mehr in die höheren Stände über. Das Romanzenwesen war also wohl schon ganz ausgebildet, als die Einnahme von Granada erfolgte; was die Granadischen Lieder Mohrisches angenommen, das liegt nicht in Form, sondern Gehalt. Ueberhaupt ist den Arabern durch die Schuld französischer, italienischer und andrer Gelehrten zu viel Einfluss auf die abendländische Dichtkunst zugeschrieben worden, ganz ohne Einsicht sogar der Reim, wiewohl sich schon spanische gereimte Inschriften von 712 finden, der entscheidendsten Gründe nicht zu gedenken; eben so lächerlich wurde die Zahl der zwölf Paladine, anstatt etwa von den Aposteln, von den zwölf Helden eines persischen Königs abgeleitet u. dgl.

Hr. D. hat alle, selbst die älteren Romanzen seiner Sammlung auf gut Glück, ganz gegen spanischen Gebrauch und ohne Rücksicht auf Ersparung des Raumes in vier- und mehrzeilige Strophen abgetheilt, da die Grundsätze des Gesanges dies erforderten — als sollte der Leser sie wirklich singen! Neben die »besten alten« hat er schlechte neue in grosser Menge und manchmal falscher Ordnung gereiht; die altspanische Poesie aber nicht weiter als höchstens Castillejo, den letzten der alten Minnesinger; sein Zeitgenosse Garcilaso bezeichnet die neue Ordnung der Dinge, die überhaupt damals die Literatur des ganzen gebildeten Europas durch Luther, Heinrich's VIII. Bestrebungen, Ariosto, Marot und zuletzt durch Camoens erfuhr; in gegenwärtiger Sammlung treffen wir nicht wenige neue Lieder, z. B. auf die Niederlage des Königs Sebastian oder nach Ariosto. Gleich vorn in der Geschichte vom König Rodrigo fehlen die besten Romanzen, statt deren wir hier andre erhalten, die doch nach des Herausgebers eignem Geständniss »weit entfernt sind von edler Simplicität«. Vollständiger zusammengestellt erwartet man die Geschichte der drey Volkshelden, welchen Montemayor [299] so würdiges Selbstlob in den Mund gelegt hat: so vermissen wir in der Geschichte vom Bernaldo die schönsten Erzählungen aus dem *cancionero* von 1555; ferner sind in der Geschichte von Fernan Gonsalez viel herrliche Züge ausgelassen. Am wichtigsten waren für Hrn. Depping's Werk die Romanzen vom Cid, deren hier 97 gegeben sind, die wir aber ausser den wirklich schlechten gerne alle gewünscht hätten; auch würde die vollständige Mittheilung dieser so überaus berühmten Heldenlieder in gehöriger Zeitordnung und etwa mit Berücksichtigung des *poema del Cid*, das hier kaum angeführt wird, und der alten Chroniken seiner Sammlung einen gewissen bleibenden Werth verliehen haben. Gegen richtige Zusammenstellung ist auch hier gefehlt worden; so steht die Romanze S. 90 und 97 zu weit voran. Wer nur den Cid von Herder kennt, dem wird freilich viel Neues begegnen, aber des Besten und Nothwendigsten ward zu viel übergangen: so fehlt der ganze ritterliche Kampf zwischen Don Diego Ordoniez und den Söhnen des Arias Gonsalo, die drey alte Romanzen im canc. von 1555 recht würdig darstellen: *Despues que Vellido Dolfos*[1]) — *Ya cavalga Diego Ordoñez*[1]) — *Arias Gonçalo responde;* unter den ausgelassenen wollen wir nur folgende anführen, die unter die besten gehören: *Dia era de los reyes*[1]) — *La hera de mil y ciento* — *Muerto es* [= *yace*, Depping] *esse buen Cid*[1]) — *Muy grandes huertes de Moros* — *Sobre Calahorra essa villa* — *Ya se parte Don Rodrigo* — *Banderas antiguas tristes*, und alle in Grimm's *silva*. Als unwerth stossen wir alle aus, welche nicht einfach und gesund, sondern mit mancherley Schnörkeln, als Oktavreimen, Refränen, Coplas u. dgl. versehen sind, wie S. 20, 70, 85, 219, 242 u. a. — Sogenannter Ritterromanzen sind 49 abgedruckt; die Länge der übrigen ist Hrn. D. ein Fehler, deshalb wurden die vom Grafen Dirlos (richtig de Irlos), Herzog von Mantua u. a. ausgeschlossen; dafür erhalten wir einige neue, welche die *silva* verwarf, als eine von Don Beltran (S. 253), von Agrican (S. 264), die wir ihm beyde gern erlassen hätten. S. 271 finden wir die Geschichte von Gayferos und Melisendra, wobei der Herausgeber sich freut, den ganzen Roman nur in drey Romanzen aufgetischt zu haben; wir

[1]) [Die folgenden Romanzen wurden später von Depping in seinen 1844 erschienenen *Romancero castellano* der Aufnahme für würdig erachtet: *Despues que Vellido Dolfos* (I, 169), *Ya cavalga* etc. (I, 171), *Dia era* etc. (I, 123), *Muerto es* etc. (I, 265) und die Romanze vom Grafen *Dirlos* (II, 8).]

hätten das [300] sogar in Einer vermocht, in jener berühmten, die den Don Quixote einmal der Wirklichkeit entrückte. Andre Stücke, auf die nur Hr. D. Werth legen konnte, hüten wir uns wohl zu berühren und bemerken nur noch, dass einige der guten in diesem Felde, die Grimm übergangen hat, hier sehr erwünscht gekommen wären. — Der Maurischen Romanzen sind 55 gegeben, worunter viele aus der bekannten *historia de las guerras cililes*. — Romanzen und Lieder verschiednen Inhalts und ebenso verschiednen Werthes 46. Hier hat der Herausgeber den Kunstgriff gebraucht, die wahrhaft vortrefflichen Volkslieder, die wie mit sinnigen Blumenaugen so bedeutsam ansprechen, unter andre zu verstecken, die, wahre Zwitter zwischen alter und neuer Zeit, in der schnurrigen Weise der Spinnräder sich fortbewegen, gewiss nur, um jene so mehr zu heben; es soll dem Leser gehen wie dem Wandrer, der nach einer Reise durch einförmige Steppen in eine frische Felsenlandschaft tritt. Uns scheint übrigens dies Mittel nicht eben geeignet, der spanischen Dichtung Freunde zu erwerben, wir hätten dies »leere Geschwätz, das gewiss von neuern geschmacklosen Dichtern herrührt«, wie er selbst gesteht, lieber ganz weggelassen, was ja so schwer nicht war.

Die Anmerkungen sind meist nur bestimmt, den Leser auf Eigenthümlichkeiten des Gedichtes aufmerksam zu machen, seltener geschichtlich; Aufklärung der Schwierigkeiten, die die Sprache hie und da bietet, hätte mehr gefrommt. Das Wörterverzeichniss zum Conde Lucanor von Argote de Molina, worauf verwiesen wird, steht den Wenigsten zur Hand und ist ohnehin nutzlos. Ueber dergleichen Schwierigkeiten geht Hr. D. hinaus, als wäre das Geständniss derselben nicht anständig. F. D.

Le rime di Francesco Petrarca.

Francesco Petrarca's italienische Gedichte, übersetzt und mit erläuternden Anmerkungen begleitet von **Karl Förster**, Professor an der kgl. Ritterakademie zu Dresden. In zwei Theilen. Leipzig und Altenburg. Brockhaus. Erster Theil 1818. XVIII und 437 S. Zweyter Theil 1819. 523 S. 8° [1]).

Dass uns nicht schon früher eine Nachbildung der Geschichte Petrarca's geboten wurde, während man neben manchen Dichtersternen erster Grösse auch die drey übrigen Meister der italiänischen Poesie einführte, lag ohne Zweifel weniger im Mangel an Empfänglichkeit für den herrlichen Minnesinger, als eben in der sinnigen Eigenthümlichkeit und seltnen Vollendung seiner Werke, deren Bearbeitung eine völlige Hingebung und gewisse Selbstaufopferung verlangte. Es ist bekannt, dass A. W. Schlegel in seinen Blumensträussen [Berlin 1804, 8°, S. 9—76] den ersten bedeutenderen Versuch machte, eine strenge und zugleich zwanglose Nachbildung einzelner Gedichte dieses Sängers zu liefern: denn alles früher Geleistete muss uns gegenwärtig ziemlich bedauernswerth erscheinen, da vor Allem schon der Vers durchaus verfehlt ward, indem einige den Alexandriner wählten, andre in einer ungebundnen Versart, ähnlich der Wieland'schen Stanza, ihr Heil gefunden zu haben glaubten, und wer noch am meisten sich näherte, wenigstens eine etwas klägliche trochäische Weise gebrauchte. Unter solchen Umständen mussten Schlegel's Gaben jene freundliche Aufnahme finden, die sie gewiss, schon als die ersten ihrer Art, verdienten, zumal da er mit Einsicht und Gefühl nur von dem Ansprechendsten mitgetheilt und überhaupt durch

[1]) [Heidelberger Jahrbücher 1819 S. 817—828.]

weisliche Auswahl des Verschiedenartigsten mit Berücksichtigung aller Formen zur Kenntniss des Dichters vorbereitet hatte. Uebrigens haben seine Arbeiten nur ungleichen Werth; die meisten Lieder, zumeist die Canzonen [818], sind beynahe tadellos, andre dünken uns noch zu geziert und ungelenkig. Den nächsten grösseren Versuch machte Laube [Auswahl aus Petrarca's Gesängen als Probe einer vollständigen Uebersetzung des Dichters. Glogau 1808. 8°], den er glücklicherweise nicht ausführte: denn so fleissig auch seine Proben gearbeitet sind, so geht leider die Anmuth und das poetische Leben des Vorbildes in einer gewissen Grämlichkeit und Fühllosigkeit unter. Einiges Vortreffliche verdanken wir Gries[1]); nicht ganz Mittelmässiges ward uns auch hie und da noch mitgetheilt; aber bis auf Hrn. Förster hielten es selbst Kenner und Kunstrichter für unmöglich oder gar zwecklos, die ganze Liedersammlung des Dichters deutsch zu geben. Gegen die Möglichkeit wird sich nun freylich nichts mehr einwenden lassen; die Annahme der Zwecklosigkeit folgte aber nur aus der eiteln Ansicht, dass doch wohl nur die Hälfte der Lieder unsers Sängers eigentlich poetisch sei, als wenn ein grosser Genius, in dessen Brust die höchste Liebe mit ihrer ganzen Allmacht sich senkte, irgend Mittelmässiges schaffen könnte. Bey unserm Dichter erwäge man ausserdem, dass jedes einzelne Lied noch einen zweyten Werth besitzt, insofern es nämlich eine nothwendige Stelle im schönen Ganzen einnimmt; freylich finden sich manche Dichtungen, zumal unter den künstlichen in der Form, die sich, wenn schon in sich selbst ansprechend, doch lieber in Verbindung mit den übrigen Gliedern betrachten lassen: daher muss uns auch die Uebersetzung solcher Gesänge — wie der dritten und fünften Canzone — willkommen seyn. Nur wenige der Gedichte des göttlichen Sängers sind von dem Seelenduft

[1]) Diez hat wohl hier die Uebersetzungsversuche im Auge, welche Gries im »Neuen Teutschen Merkur« seit den neunziger Jahren des 18. Jahrhunderts hatte erscheinen lassen. Es finden sich z. B. Nachbildungen Petrarca'scher Sonette im Jahrgang 1798 der genannten Zeitschrift im dritten Stücke (März S. 311 ff. Interessant ist die Nachschrift, welche Wieland diesen Uebersetzungsproben Gries' damals hinzufügte. Wieland gibt (a. a. O. S. 315, 316) der Ueberzeugung Ausdruck, dass das Talent dieses »schätzbaren, jungen Dichters« jede Aufmunterung verdiene und dass er geneigt sei, auf ihn das Wort erit mihi magnus Apollo anzuwenden, welches »diesem liebenswürdigen Zögling der Musen für den Beifall und die Freundschaft aller *gesunden* Bürge sein werde.

entkleidet, der die Lindekrone dieser zarten in eigner Huld sinnig befangenen Edenblumen umweht: denn die himmlische Liebe selbst war es ja, die mit Lorbeerzweig und Sternenkranz herabgestiegen war, und das schöne Thal der *Sorga* zum Paradies geweiht hatte. Sey es nun unter den Morgenblüthen des ersten innigen Entzückens, oder in dem Dunkel der Trauer, als Gott die helle Zier des Himmels zurückgenommen hatte und die Bäume sich nun zum heiligen Dom über des Dichters betende Gedanken zu wölben begannen, immer sind es dieselben Nachtigallentöne aus einer heiligen tiefbewegten Ahndung entsprungen; wie der Schmetterling über der Blume, schwebt der Gedanke über den seligen [819] Schmerz unendlicher Sehnsucht, hier tief und ernst, dort von den reizendsten Spielen der Phantasie umgaukelt:

> Was noch zarter ist als Töne,
> Scherzend
> Mehr als Melodie und Düfte,
> Selber nicht berührt die Lüfte,
> Lebend in der eignen Schöne,
> Lieblich schmerzend? —
> Ach, es sind die Liebgedanken,
> Die in Wehmuth, Sehnsucht, Andacht, wie in Blumenkelchen schwanken.

Thäte man wohl nun nicht besser, wenn man statt einer modischen Einkleidung des Gegebenen, bey der Nachbildung solcher Geisteswerke gleichsam von der Sprache der Poesie selbst ausgienge, wie man sie z. B. in den seelenvollen Liedern unsrer Minnesinger findet, und wie sie Tieck oft so unvergleichlich getroffen? Das aber ist der allgemeine Fehler gegenwärtiger neuen Uebersetzung, dass sie sich mit dem Stempel der Manier geprägt, mehr wie ein Erzeugniss der letztern Jahre, ja wie ein eignes Werk des Hrn. Förster darstellt, insofern wir ihre Sprachform betrachten. Es fehlt dieser Arbeit wahrlich nicht an Gefühl, selbst meist nicht an Anmuth, aber die zarte Kraft des Ausdrucks, die unmittelbare Anschauung des Dargestellten und Anders ist beynah durchaus darin untergegangen. Wir dürfen uns hier nicht näher darüber verbreiten, wie wir diesen Meister der Liederkunst in unsrer Sprache besitzen möchten; wir begnügen uns, als Muster folgendes aus der Seele unseres Minnesingers verdeutschte Sonett aufzustellen, das uns nebst mehrern von Freundeshand[1]) mitgetheilt ward (Son. 69 in vita di U. L.),

[1]) [Vielleicht von Heinrich Voss. S. Preuss. Jahrb. 1883, Bd. LI. S. 30.]

und das wir mit der Schlegelischen und Försterischen Uebersetzung zu vergleichen bitten:

Zu süssen Schlingen woben Ihr die Winde
Das lose Goldhaar tausendfacherweise:
Unsäglich glomm des schönen Auges heisse
Holdselge Gluth, die ich nun kärger finde.

Und Mitleid überfloss ihr Antliz linde;
So glaubt' ich damals, thöricht oder weise.
Mein Busen trug für Liebesflamme Speise: [820]
Was Wunder, wenn ich Gluth fieng so geschwinde?

Wohl war ihr Wandeln nicht von diesem Reiche,
Nein Engelsart! Wann Rede sie begonnen:
Dann gab der Klang nicht von hienieden Kunde.

Ein Geist des Himmels war's, lebend'ge Sonne,
Was ich gesehn! und wär's nicht mehr das Gleiche,
So heilt des Bogens Lösung nicht die Wunde.

Nach einer solchen Uebersetzungsprobe dürfen wir den trefflichen Uebersetzer wohl öffentlich auffordern, sein mächtiges Talent an diesen allerdings unvergleichlich schwierigen Gedichten fernerhin zu prüfen und es überall mit solcher Kraft und Milde walten zu lassen.

Was wir nun im Einzelnen an der Uebersetzung des Hrn. F. rügen möchten, das sind zuerst manche Seltsamkeiten des Ausdrucks, zum Glück mehr in Worten als in Sätzen. So Canz. I:

— — si che mille penne
Ne son già stanche —
Dass tausend Federn schon ich stumpf geklaget.

Ganz wunderlich gebraucht sind besonders folgende Wörter: entbinden, z. B. Mitleid, Muth, Licht, Blitz und Donner — spenden, z. B. eine Schmach, Verzeihung, den Namen — Son. 2: »Hielt Euer Auge mich umsponnen«[1]) *(legaro)* — Canz. 8: »das Blut zu Eis verdichtet« — Son. 19 »Jovis Donner zücket, Thränen sprühen«[2]), was man höchstens von einem Springbrunnen sagen würde — Canz. 20: »Freundlich munden

[1]) [»von eurer Augen Licht umsponnen« (2. Ausg. 1839).]
[2]) [»in Thränen ausweinen« (2. Ausg.).]

mir Thränen, Schmerz und Wunden«[1]) — Canz. 16: »Schwerter entfalten«[2]) — Son. 11: »Das Sehnen, das mich hält umwunden«[3]) (natürlicher: das mich überwunden) — Son. 26: »Unwetters rauhes Bangen«[4]) (vor wem?).

Als neue Wörter und Formen gelten Canz. 21: geschönet *(adorno)*, welches vom Zeitwort schönen herzuleiten sein müsste. Statt Bängniss (Son. 106) würden wir lieber Beengniss sagen, das nach Bedrängniss gebildet bereits eingeführt ist. — Son. 120 ist entzunden[5]) für [821] entzündet eine zu auffallende Form. — Son. 96: der lichtesbaare[6]) [Schleier] ist keine gefällige Zusammensetzung. — Gerne lesen wir Meinwort *(impromesse false)* auch Zoren für Zorn und einige andre. Dagegen finden sich auch manche undeutsche Ausdrücke, als Exempel, Pilote, Ruin, glorwürdig, Messer *(Messer)*, sehr häufig Donna und Madonna für Herrin.

Der Härten begegnen uns in der That wenige, die doch meist vermieden werden konnten. Die oft gefällige Hintansetzung des Zeitworts ist doch zu gehäuft. Auch die Verschluckung des Endvocals *e* ist wenigstens dann beleidigend, wenn er den Conjunctiv bezeichnen soll, wie Son. 136: »Wie entbrannte Liebe dannen trag'[7]) die Geister«. Auch in anderen Fällen, als Canz. 6: »Sind einer grossen Marmorsäul' zur Plage.« Das Geschlechtswort ist manchmal mit Glück ausgelassen, dann aber wieder, wo man es nicht gern vermisst, z. B. Son. 94:

Sechzehntes Jahr der Seufzer ist verronnen —

statt:

Der Seufzer sechzehnt Jahr ist schon zerronnen.

Auch das Hülfszeitwort misst man öfters, so Son. 5: »dass ... es um so minder nun zu zwingen« (ist) — Canz. 3: »Wie viel ich noch zu tragen«[8]) (habe) — Canz. 5: »So meine Stütze«[9]) (ist).

---

[1]) [». . . so wohl thun meinem Herzen
Thränen und Tod und Schmerzen« (2. Ausg.).]

[2]) [»Wozu die fremden Schwerter unsern Auen« (2. Ausg.).]

[3]) [»Sehnsucht hält mich gebunden« (2. Ausg.).]

[4]) [»Vor Frost und Wettern, die am Himmel bangen« (2. Ausg.).]

[5]) [»entbrennt« (2. Ausg.).]

[6]) [»der wandelbare« (2. Ausg.).]

[7]) [»raube« (2. Ausg.).]

[8]) [»wie viel ich noch muss tragen« (2. Ausg.).]

[9]) [»das meine Stütze« (2. Ausg.).]

Besonders ermüdend ist es, dass man so häufig statt der Dinge selbst nur den Schimmer, der sie umkleidet, zu sehen bekömmt; daher gewöhnlich: Blickes Neigen *(soave sguardo)*, süsser Rede Minnen *(dolce favella)*, der Rede Grüsse *(motto)*, der Gräser Nicken *(erba)* u. s. f. Son. 250 gar:

> Die Augen und der Arm' und Füsse Ründung . . .
> Des lichten Lockengoldes krause Windung . . .
> Sind Staub nun worden —[1].

Gegen die Sprache ist selten gefehlt; z. B. Son. 28: der Furth[2]) — Son. 38: alle der Erde Thiere[3]) — Son. 59: das Bedrängniss[4]) — Canz. 1: linden (statt lindern), Erdner ist Ländner, Dörfner nachgebildet.

[822.] Von bedeutendern Nachlässigkeiten, deren so manche vorkommen, nur folgende. Son. 54:

> O di pietra dal mar nostro divisa —
> Nicht Steine, die in Meerestiefen schlafen[5]). —

Canz. 8:

> — — la qual tacendo i' grido —
> Die lautlos ruft durch Berge und durch Auen[6]).

Son. 158:

> Che dolcemente i piedi e gli occhj move
> Per questa di bei colli ombrosa chiostra —
> Wie durch dies Schattenthal freundlicher Höhen
> So holder Art sie Fuss und Augen schicket[7]).

Canz. 4: *anzi che io mora* »bevor zur Grub' ich fahre«[8]) ist zu bergmännisch — Canz. 8: *perche più tempo avvampi* »damit es (mein Herz) um so länger breche (statt glühe)[9]) —

---

[1]) [»Das Antlitz und die Händ' und Füss' und Arme,
Die goldnen Locken und das lebenswarme
Lächeln . . .
Sind wenig Staub nun.« (2. Ausg.)]

[2]) [»am Weg« (2. Ausg.).]

[3]) [»all der Erde Thiere« (2. Ausg.).]

[4]) [»die Bedrängniss« (2. Ausg.).]

[5]) [»Nicht Kränter, die in Meerestiefen schlafen« (2. Ausg.).]

[6]) [»Die schweigend ich durch Berge ruf' und Auen« (2. Ausg.).]

[7]) [»Sieh', wie durch's schatt'ge Thal um schöne Höhen
So hold sie wandelt und so freundlich blicket« (2. Ausg.).]

[8]) [»eh' ich von hinnen scheide« (2. Ausg.).]

[9]) [»dass es so länger breche« (2. Ausg.).]

Canz. 16: *tedesca rabbia* deutsche Strenge[1]) (statt: deutsches Rasen; *furor Germanicus*) — Canz. 8: »so hüllenlos und offen«[2]), wo steht dies? — Son. 7: *bella vesta:* Prachtgeschmeide ist zu kostbar; auch bedeutet Geschmeide nicht Kleid, sondern Schmuck von Stein oder Metall. Vielleicht könnte man ändern.

Am Fuss der Hügel, wo vom schönen Kleide
Der Erdenglieder Sie einst ward umfangen[3]).

So ist auch Son. 12: Erdenwesenheit (*qualitati umane*) etwas zu auffallend.

Die Wortspiele missglücken meist, so ist Son. 4 das Wortspiel mit *laudando, real* und *taci* (zusammen *Lauretta*), aber das erste Glied ist matt übersetzt, besser konnte es vielleicht erreicht werden mit lobpreisend, wodurch der Name Loretta herauskömmt[4]). — Son. 172 heisst es vom Rhodanus:

Rapido Fiume, che di alpestre vena
Rodendo intorno, onde 'l tuo nome prendi. —

Hr. F. drückt diese Beziehung durch »rauh« aus, aber Jedermann weiss, dass der Rhodan seinen Namen nicht vom deutschen Wort »rauh« erhalten. Wir hätten lieber etwa dies *onde 'l tuo nome prendi* verwischt.

[823.] Das Wort *amore* wird in der Uebersetzung fast durchaus auf jenes Götterwesen bezogen; sollte es aber der Dichter immer so verstanden haben? Wir würden jenes im Teutschen so missbrauchte und eben nicht minnig klingende Wort überall, wo es nicht mit Bogen und Pfeil auftritt, durch Liebe übersetzt haben. Wie klingt z. B. diese Zeile des Sonetts 124:

Amor und Wahrheit mussten selbst gestehen.

Ebenso übel nimmt sich Amor aus im Son. 98[5]), wo er nur als Begriff mit dem Schicksal und dem Sinn des Dichters erscheint (*Amor, fortuna, e la mia mente schiva*).

[1]) [»deutsche Wuth« (2. Ausg.).]

[2]) [»Ich seh' in euch so offen« (2. Ausg.).]

[3]) [»Der Erdenglieder Donna einst empfangen« (1. Ausg.).
»Der Erdenglieder sie vordem empfangen« (2. Ausg.).]

[4]) [In der 2. Ausgabe hat F. das Wortspiel mit den drei Worten *laudate Regentin* und *tace* wiedergegeben.]

[5]) [Hier hat F. in der 2. Ausgabe Amor durch Liebe ersetzt.]

Mit dem Reim nimmt es Hr. F. nicht genau; er geht weiter als gewöhnlich und nimmt z. B. Bürde auf girrte, ertragen auf brachen u. s. f. Dagegen hat er des Dichters künstliche Reimspiele genau wiedergegeben, z. B. in der Canz. 3, wo freylich mancher kleine Zug verloren gehen, manche Unverständlichkeit eintreten musste, von der übrigens auch das italiänische Gedicht nicht frey ist. Ein Oedipus gehört zur Auflösung folgender Stelle:

Qual cella è di memoria, in cui s'accoglia,
Quanta vede virtù, quanta beltade,
Chi gli occhj mira d'ogni valor segno,
Dolce del mio cuor chiave?

Wer mag in Treue merken [1]), all' umfangen,
Die Güt' und Schönheit, wer sie je gesehen
In Augen weben [1]), aller Tugend Zeichen,
Schlüssel meiner Gefühle?

So wacker sonst die Canz. 11 gegeben ist, so ward doch übersehen, dass das letzte Wort jeder Stanze seinen Reim mitten im ersten und vierten Vers der folgenden Stanze findet. — Die Anordnung der Reime in den Terzetten hat Hr. F. nach Gutdünken behandelt, ohne sich im Mindesten an den Dichter zu binden, wogegen wir nichts einwenden wollten. Leider aber hat er die Regel des Sonetts ganz übersehen, dass nämlich im ersten Terzette bereits die Reime für das zweyte angegeben seyn müssen; wie störend klingen daher dem Kenner [824] des italiänischen Sonetts folgende sonst tadellos übersetzten Terzette, Son. 131:

Und mit dem holden Blick und mit dem Schritte
Verbündet sich des Wortes [2]) süsse Gabe,
Und sanft demüthiglich bescheidne Sitte.

Von den vier Funken hat zum Theil begonnen
Die Gluth, von der ich Flamm' und Leben habe,
Der ich ein nächt'ger Vogel in der Sonnen.

[1]) [Förster schreibt sowohl in der ersten als in der zweiten Ausgabe: Merken, weben. Die ganze Stelle lautet in der 2. Ausgabe:

»Wer mag in Treue || Merken, all' umfangen
Die Güt' und Schönheit, wer sie je gesehen
In Augen weben, die da nimmer lügen,
Sie, meiner Sehnsucht Ziele?«]

[2]) [Förster hat: der Worte.]

Beleidigender ist es, wenn mit den Terzetten ein Quartett zu beginnen scheint, wie Son. 9. Solche Anordnungen der Reime, wie abbacc, ababcc, abaccb, aabcbc, besonders abcbca, die dem Dichter unbekannt geblieben, hätte billig auch der Uebersetzer nicht gebrauchen sollen.

Die Canzonen sind alle tadelloser übersetzt als die Sonette, einzelne Strophen sogar vortrefflich, besonders in den drey Schwestercanzonen auf die Augen der Herrin. In der ersten bedürfte die Stelle: *O poggi, o valli, o fiumi, o selve, o campi* noch einer Berichtigung. Die Canzone 16 an die Fürsten Italiens besteht recht wohl neben A. W. Schlegel's Uebersetzung; freylich ist auch hier manche Uebereilung zu tadeln, als:

> Qual colpa, qual giudizio, o qual destino,
> Fastidire il vicino
> Povero — —

> Ha welche Schmach! o Sünde, kaum zu fassen!
> Armen Nachbar zu hassen! (Den armen Nachbar hassen!)

Dagegen vergleiche man Schlegel's [S. 35]:

> Welch eine Schuld, welch Urtheil, welch Verhängniss
> Will, dass man in Bedrängniss
> Den Nachbar höhn' — —

Recht wacker ist ferner die unvergleichliche Canzone 14 nachgebildet, wo wir selten Schlegel's Uebersetzung vorziehen, die treu und anmuthig zugleich ist. Man vergleiche eine der schönsten Stellen:

> Da' be' rami scendea,
> Dolce nella memoria,
> Una pioggia di fior sovra 'l suo grembo;
> Ed ella si sedea [825]
> Umile in tanta gloria
> Coverta già dell' amoroso nembo:
> Qual fior cadea sul lembo,
> Qual sulle trecce bionde.

> Es quoll von zarten (schönen) Zweigen —
> Mit Wonne denk ich's immer —
> Herab auf ihren Schooss ein bunter (Blüthen-) Regen,
> In demuthvollem Schweigen (Neigen),
> In all' der Glorie Schimmer,
> Sass überdeckt sie von der Blüthen Segen,
> Die um den Saum sich legen,
> Um blond Gelock sich schmiegen. —

Wie rein lautet die Schlegelische Uebersetzung [S. 30]:

Es stieg von schönen Zweigen,
Was noch mich süss erfüllet,
Auf ihren Schooss ein Blüthenregen[1]) nieder.
Sie sass mit sitt'gem Neigen
In solcher Pracht, umhüllet
Von den verliebten Flöckchen hin und wieder.
Eins war zum Saum, eins wieder
Zum blonden Haar geflogen.

Die Anmerkungen liefern wenig neues; sie folgen meist der Meinung des verständigen de Sade in seinen *Mémoires pour la vie de Pétrarque* [*Amsterd.* 1764. 4°. 3 *vols.*] — Wesshalb die Canzonen von den Sonetten getrennt wurden, und auch die Sestinen, Madrigalen und Ballaten erst im zweyten Bande folgen, darüber hat sich der Herausgeber nicht erklärt. Wir dächten, nicht die Form, sondern der Inhalt entschiede die Ordnung der Gedichte, und die Unbestimmtheit der Folge entschuldige noch nicht die völlige Trennung. Die beygedruckte Urschrift vertheuert das Buch unnöthiger Weise; wer den ächten Petrarca lesen will, wird sich gewiss lieber der Ausgabe Fernow's [*Rime riscontrate e corrette* etc. *Jena* 1806. 8°] bedienen als der gegenwärtigen, die nicht einmal druckfehlerfrey ist; wer die Urschrift nicht versteht, dem ist sie ein lästiger Anhang. — Uebrigens enthält der erste Band eine Lebens-Zeittafel des Dichters, alle Canzonen, 150 Sonette und Anmerkungen, die jedem Leser äusserst willkommen seyn müssen. Der [826] zweyte Band umfasst die übrigen Sonette, die Ballaten, Sestinen und Triumphe, ferner zwey Anhänge mit Sonetten und Canzonen von Dante, Guido Cavalcanti u. a., theils Zuschriften und Antworten an Petrarca, theils von ihm benutzte Werke, mehreres unübersetzbar, andres der Uebersetzung nicht werth.

Folgendes Sonett ist geeignet, den Geist der Uebersetzung darzustellen (Son. 289):

Sie kehrt zum Herzen, ja sie wohnet drinnen,
Die Lethe selbst nicht könnte draus verschlagen.
Wie ich sie sah in ihren Blüthentagen
Umglänzt von ihres Sternes Strahlen rinnen.
So einsam sah ich sie, in tiefem Sinnen,
Zuerst, so schön und sittig ihr Betragen:
›Sie ist es selbst, sie lebt!‹ muss ich dann sagen
Und zu ihr flehn in süsser Rede Minnen

[1]) [Bei Schlegel a. a. O. ›Blüthen Regen‹.]

Bald gibt, bald weigert sie der Rede Grüsse,
Ich, wie wer irrt und Wahrheit dann gefunden,
Spreche zu meinem Sinn: »Du bist betrogen!

Tausend dreihundert achtundvierzig, wisse,
Am sechsten Tag Aprils, in erster Stunden,
Ist seinem Leib der sel'ge Geist entflogen.«

Man erlaube uns am Schluss noch zwey Worte über Nachbildung fremder Geisteswerke. Weit und breit rühmt man unsre neusten Uebersetzungen und es liegt am Tage, dass in dieser Kunst die vorigen Jahrhunderte mit dem gegenwärtigen sich nicht im Entferntesten vergleichen dürfen; aber noch ward, bis vor Kurzem, nichts Vollendetes geleistet, immer noch sind wir nur in rüstigem Fortschreiten begriffen. Es ist dies eine heilige Arbeit: wie der Dichter will der Uebersetzer berufen sein; auch sein Geist muss empfangen und hervorbilden. Genau bestimmt ist seine Aufgabe: das durch die Sprache des Dichters Gegebene so weit nachbildend wiederzugeben, als es die eigne Sprache verstattet: aber auch durchaus so weit; denn darin liegt eben Alles. Eine zarte Hülle schmiegt sich die Sprache um den dichtenden Genius: der leiseste Zug, der feinste Umriss, die unmerklichste Falte des schönen Gewandes bezeichnet die Aeusserung des innen wirkenden Geistes; reine [827] Lebenskraft treibt gleicherweise beseelend in allen Zweigen und Sprossen, und benutzt jeden Raum zu ihrer vollsten Entfaltung. Wer uns daher ein treues Abbild von des Dichters geistiger Gestalt zu liefern in sein Heiligthum eintritt, der fasse das Sonnenbild mit scharfem Adlerauge: mit den gefärbten Gläsern eigner Gemüthsstimmung ist hier nichts auszurichten, verschwommene Umrisse, alltägliche, allbegriffene Formen behagen freilich verwöhntem, verflachtem Sinn. Wir wollen aber, was der gegenwärtigen Zeit im Allgemeinen als hart und nackt erscheint, nicht erweicht, noch übertüncht wissen: wesshalb anders führt man einen grossen Dichter in unser Leben ein, als zu eigner Kräftigung und Erhebung aus dem Gewöhnlichen? Man lasse den Dichter also stets selbst und in seiner Zeit reden; für den Theetisch wird ohnedies anderswoher aufs trefflichste gesorgt. Man gebe uns nie ein blosses Ergebniss der poetischen Meinung, wir wollen den Gedanken genau, wie er in des Dichters Seele geworden, die bedeutende Stellung der Begriffs-Glieder. Ebensowenig bahne der Uebersetzer seinem Leser den

Weg, sondern führe ihn, wo es dem Dichter gefällt, lieber von Klippe zu Klippe. Auch den Vers endlich verlangen wir in seiner ganzen Geschlossenheit, ebensowohl mit aller spröden Kürze des Ausdrucks, als mit der durchziehenden Zartheit seiner Musik. Andre Foderungen liegen schon näher und sind meist befriedigt worden; der hier berührten sind nur Wenige gewachsen; mehr oder minder versäumten sie alle bisherigen Uebersetzungen neuerer Dichterwerke, nur nicht eine einzige und wahrhaft einzige, die Vossische Uebersetzung des Shakspeare, keine Verdeutschung und keine Verdeutlichung, sondern ein reines Abbild jenes Nord- und Angelsterns am Dichterhimmel, der ächte und ähnlichste Zwillingsbruder des unsterblichen Engländers[1]).

Ob sich aber gegenwärtiger Petrarca ebenso zum italiänischen verhalte — müssen wir unbedingt verneinen, während wir allerdings anerkennen, dass, ausser den zarten Gedankenspielen der Poesie noch die besondern Schwierigkeiten der Form durch so mannigfaltige Sprach-, Vers- und Reimkünste die Erreichung des Ziels schwerer machen als bey irgend einem neuen Dichter.

F. D.

---

[1]) [S. Vorrede und Bd. 51 der Preuss. Jahrb. S. 9 ff.]

Ariost's Rasender Roland,

übersetzt von **Karl Streckfuss.**

Halle bei Hemmerde u. Schwetschke. Erster Band. 1818. XIV u. 224 S. — Zweyter Band. 1818. XXXV u. 272 S. 8°. (1 Rthlr. 21 gr.) [1].

Es war vorauszusehen, dass ein so tüchtiges Streben, die Italiänischen Meisterwerke der Poesie zu übersetzen, wie sehr es sich auch in Behandlung wichtiger Fragen begegnete und durchkreuzte, doch bald ein erfreuliches Ziel erreichen würde. Dass gegenwärtige Uebersetzung eines so reichhaltigen Gedichtes nach so verschiedenartigen Versuchen das Aeusserste leisten möchte, konnte man nach den vorausgeschickten Proben nicht erwarten; wohl aber, dass durch sie ein bedeutender Schritt zur zeitgemässen Vollendung jenes würdigen Unternehmens geschähe. Die Erscheinung der ersten Bände des Ganzen hat diese Hoffnung nicht getäuscht: die Nachbildung des Hrn. Streckfuss, der wir unseren freundlichsten Gruss entbieten, betrachten wir als den rühmlichen Vorboten einer künftigen besseren, hoffentlich der besten. Ihr Verhältniss zu einer früheren allgemein gelesenen [2]) fällt beym ersten Blick in die Augen. Hätte der reich begabte treffliche Uebersetzer des Calderon [Gries [3])] mit solcher Liebe und Heiterkeit, als überlegener Gewandtheit auch den Ariosto bearbeitet und dadurch so manche Schwäche einer halbpoetischen Darstellung vermieden; hätte er seine alle Freyheit beengende Strenge aufgeben wollen, aus deren alexandrinermässigem Schlendrian so viele Missklänge in Wort und Sinn entstanden: so möchte wohl die Uebersetzung

---

[1]) [Jenaische Allgemeine Literaturzeitung, März 1819, S. 449 — 454.]

[2]) [von Gries. Jena 1804. 8°.]

[3]) [Calderon's Schauspiele. Berl. 1815. 8°; 2. Ausg. 1840—1850.]

des Ariosto und Tasso für die Bedürfnisse der gegenwärtigen Zeit geschlossen seyn. Der Uebersetzer muss wie der Dichter mit Liebe und Freyheit arbeiten: Misslaune thut besonders weh in einer Nachbildung des Ariosto, der keiner von jenen sinnig ganz aus eignem Reichthum hervorbildenden Geistern, die wie Dante, ihre Saiten über das Weltall spannen, sondern ein gewaltiger Meister in der Kunst Nigromantia, sich einen Zauberspiegel schuf, worin nicht selten das irdische Treiben bald im abentheuerlichsten Licht erscheint, bald, wenn die heitere Laune des ernsten Künstlers gebietet, sich auf der magischen Fläche in ergötzlicher Weise bricht und verwirrt. Ein besonderer Adel der Poesie, ein Glanz der Darstellung mussten ein so wunderbares Gemälde auszeichnen, das jedoch eigentlich auf keinem grösseren Sinn beruhte: daher beseelt auch die äussere Sprache unsers Dichters eine Leichtigkeit, die [450] schon in der Natur des Gegenstandes, eine Gediegenheit, die durchaus in dem Wesen des Dichters gegründet war. Uebrigens halten wir fest an der Ueberzeugung, dass an Calderons ätherischen Gedichten, wo jede Zeile ein Lied ist, die Kraft des zuletzt angeführten Uebersetzers[1]) sich so veredelt und verherrlicht hat, dass es das früher Geleistete, über dessen würdige Seiten wir uns hier nicht verbreiten dürfen, nach nochmaliger Bearbeitung zu vollendeter Schönheit läutern wird, wobey er die Grundsätze des Hrn. St. gewiss nicht übersehen dürfte.

Hr. St., der im ersten Bande die ersten acht Gesänge, im zweyten das Leben Dichters nach Fernow [s. ob. S. 26], doch ohne eigenes Verdienst, und die folgenden acht Gesänge mittheilt — das Ganze zerfällt in fünf Bände mit einem Leitfaden durch das Werk —, drückt sich über seine Grundsätze folgendergestalt aus: »Eine der schönsten Eigenthümlichkeiten des Ariost ist die heitre Bequemlichkeit, welche, zuweilen in Nachlässigkeit übergehend, aus jeder Stanze seines grossen Gedichtes uns gar behaglich anspricht. Wer daher in einer Uebersetzung uns ein getreues Bild des Originals wiedergeben will, muss vor allen Dingen diesen über das Ganze verbreiteten Ton zu finden suchen, und gilt es ein Opfer, lieber eine Einzelheit als ihn aufopfern.« Aus dieser Ansicht entsprang alles Lobenswerthe seiner Nachbildung, der frischere,

[1]) [Diez meint hier wieder Gries (s. S. 29), den anzuführen er freilich vergessen hatte.]

lebensmuthigere Hauch, besonders an den Stellen, wo die übermüthige Willkühr oder die feinste Laune des Dichters so gefällig spielt, selbst, als Quelle vieler Schönheiten, die freyere Stanze. Aber eben so sehr hindert der Grundsatz: Leichtigkeit auf Kosten der Treue, der einen bedeutenden Fehler, Verwischung und Vertauschung so mancher Züge und Eigenheiten mit sich führt, die klarste Offenbarung der ganzen Seele des Vorbildes. Und diese Freyheit des Uebersetzers — wozu nachher einige Belege — spricht fast aus jeder Stanze. Durch diess Verfahren wird zweytens auch die Gediegenheit des Ausdrucks unseres Dichters nicht gewahrt, dessen Sprache, zumal an entscheidenden Stellen, durchaus poetisch vollendet ist. Jedes Wort hat Bedeutung, nirgends ist Streben nach Prunk. In dieser Beziehung sagt schon der scharfsinnige und gründliche Tiraboschi (Storia della lett. italian. T. VII P. III L 3 S. 132) von Ariosto: *„Più che alle parole intento alle cose, non pone troppo studio nella sceltezza dell' espressione, ed anche usa talvolta voci basse e plebee.“*

Was die *sceltezza dell' espressione* betrifft, so fanden wir Hrn. St. im Allgemeinen weder geziert, noch gemein: doch vermissen wir in den glänzendsten Bildern des herrlichen Gemäldes manchmal [451] jenen feenhaften Farbenzauber, den Gries so trefflich im Calderon, nicht selten aber auch im Tasso und Ariosto getroffen. — Zur Rechtfertigung unsrer Meinung erlaube uns Hr. St. folgende Ausstellungen.

Zuvörderst hätten wir sehr gewünscht, dass er die Arbeit seines Vorgängers genauer verglichen hätte und in keinem Fall, da ihm ja die Reime und Wendungen jener Arbeit zu Gebote standen, hinter ihr zurückgeblieben wäre: denn es kommt hier darauf an, dass wir ein vollendeteres Werk besitzen, das die Bestrebungen eines wackern Vorgängers aufnehmen konnte. — Die erste Foderung an einen Uebersetzer ist die, dass er der Sprache durchaus mächtig sey, sowohl jener, die des Dichters Schöpfungen aufgenommen hat, als der andern, die sie in sich herüberziehen soll; diess hat Hr. St. aufs Strengste geleistet und es sind nur Versehen, wenn wir Ges. I St. 42 *al suo favor s'inchina* (neigt sich ihrer Gunst) sind freundlich ihr geneigt[1]) übersetzt

[1]) [Die hier getadelte Uebersetzung ist in der 2. Ausgabe geändert worden. Es heisst dort:

Ihr huld'gen Erd und Fluth und Westgekose.]

finden, was grade umgekehrt ist; Ges. I St. 6 *battersi la guancia*, eine Metapher der Italiänischen Sprache, nicht des Dichters, lesen wir ungern ausgedrückt: sich die eigne Wange schlagen[1]); Ges. I St. 72 ward *rivi* durch Lachen gegeben, dem Reim zu Gefallen. In derselben Stelle ist ein kleiner Verstoss gegen die eigne Sprache, da nämlich zerkrachen activ gebraucht ist. Ges. VI St. 18 ist Jupiters Adler, *ministro del fulmineo strale* (des Blitzes Träger) undeutsch des Blitzes Diener genannt[2]). Ges. XIV St. 16 bereitet (bereit) zur List[3]). Ges. XIV St. 45 hätten wir statt Kinnenbacken[4]), welches ganz ohne Analogie ist, lieber Eselsbacken gesagt. — Auffallende Härten bieten sich nirgends dar, dagegen manche unedle Ausdrücke am unrechten Platz; so Ges. I St. 41: *che sempre il rode e lima*, das stets mich nagt und zwickt; Ges. I St. 60: *vista disdegnosa e rea:* unwirr'scher Blick[5]); Ges. II St. 1: ruchloser Amor, was machst du, dass — klingt wenigstens matt; daselbst St. 13 nimmt sich Frauenzimmer übel aus[6]); ebenso Ges. I St. 74 *smonta il Circasso* (ab steigt Circassiers Fürst), mein Sacripant steigt ab[7]); auch Abentheuer, Franzosen statt Franken u. a. Manche solcher Ausdrücke würde Ariosto auch gebraucht haben, als Ges. I St. 63 das Ross ging drauf (englisch: *to go off*). — Von undeutschen Wörtern mögen wir nur anführen, um diesen traurigen Gegenstand schnell abzuthun: Gran *(grano)*, Instinct, Finte, pariren, Proviant, Konfect, Exempel, Ruin, Tumult, Gruppe, einmal sogar Skizze.

Ueberaus zahlreich sind die Opfer, die der Verfasser der Leichtigkeit und Behaglichkeit gebracht hat, als wäre sie nicht ohne das zu erreichen gewesen, wovon ihn Gries beynah in jedem einzelnen Fall belehrt. Es sind diess theils Uebertreibungen

---

1) [In der 2. Ausg. lesen wir:

Bald sollte sich Marsil die Backen schlagen.]

2) [Zu langsam ist des Donnergottes Aar. (2. Ausg.)]

3) [Und Molagur, in allen Listen brav. (2. Ausg.)]

4) [Kiefer. (2. Ausg.)]

5) [Betrachtet ihn mit grimmiger Gebehrde. (2. Ausg.)]

6) [Diez irrt sich hier; es heisst bei Str. II, 13 f.:

Des Fräuleins Züge lieblich, hold und hehr,

und in der 2. Ausgabe 1839:

Des Fräuleins Züge lieblich, hold und fein.]

7) [Fürst Sacripant steigt ab. (2. Ausg.)]

und Zusätze, theils sonstige Ungenauigkeiten. Da diese Flecken zu häufig sind, so brauchen wir nur einige hier hervorzuheben. Ges. I St. 30:

Restò senza risposta a bocca chiusa,
Ma la vergogna il cor si gli trafisse. —

So blieb er stumm, doch rieselnd Feuer raum
Durch seine Brust, von heisser Scham erwecket[1]).

[452] Ges. V St. 26:

— — Io, che divisa e scevra
E lungi era da me —

— — Die weder sah, noch hörte,
Weil Liebe mich mit Taub- und Blindheit schlug.

Ges. I St. 70:

Ella è gagliarda ed è più bella molto
Nè il suo famoso nome anco t'ascondo. —

Sehr tapfer, schöner noch, steigt bis zur Sonnen
Ihr hoher Ruhm, und mit ihm eure Schaam (sic).

Ein artiges Denkmal »heiterer Bequemlichkeit« wenigstens von Seiten des Hrn. Str. —

Ges. I St. 75:

Ch' in Albracca il servia già di sua mano. —
Und selbst das schönste Heu ihm auserlesen.

Ges. IV St. 38:

Sotto vasi vi son, che chiamano olle —
Gefäss verbirgt er (Gefässe barg er), welchem Dämpf' entstiegen[2]).

Ges. VIII St. 22:

Ch' in nome del suo Rè chiedeva aiuto
[E dal regno di Scozia e dall' Inglese]

Wie, Hülfe suchend, er von seinem frommen
Und grossen Kaiser ward hierher gesandt[3]).

Ges. X St. 58:

Nè la più forte ancor, nè la più bella
Mai vide occhio mortal prima nè dopo —

Nie hat ein Schloss, so mächtig fest und schön
Und aufgebaut so wunderbarer Weise
Auf Erden noch ein sterblich Aug' ersehn[4]).

---

[1]) [Drum bleibt er stumm, ohn' Antwort zu gewinnen
Und grosse Schaam hat ihm das Wort erweckt. (2. Ausg.)]

[2]) [Gefäss ist drinn, erfüllt von ew'gem Rauche. (2. Ausg.)]

[3]) [Wie er von Karl den Auftrag übernommen,
Um Schutz zu bitten Schott- und Engelland. (2. Ausg.)]

[4]) [Ein Schloss, so schön, so stark, so fest gegründet,
Hat vor und nach kein Menschenblick gesehn. (2. Ausg.)]

Ges. XVI St. 44:

> Gli muove il destrier contra di galoppo
> Er sprengt heran[1]) zum wilden W[illegible]gruss[2]).

Ges. IX St. 92:

> Nè un' ora senza lei viver gli pare —
> Nach welcher einzig seine Wünsche langen.

Das. St. 93:

> Ma lasciamolo andar, dove lo mena
> Il nudo arcier, che l'ha nel cor ferito. —
>
> So geh er denn, und folge dem Geschick,
> Ihn leite Amor fort auf seinen Pfade[3]).

Auf diese Weise werden dem Dichter häufig poetische Züge unterschoben, die oft seinem Wesen ganz fremd sind (Ges. X St. 62:

> Altrove appar che a un medesm[illegible]
> Sonst sieht man sie nach kurzer H[illegible]n Tanze[4]).

Ges. I St. 33:

> Il mover delle frondi e di verzure,
> Che di cerri sentia, d'olmi e di faggi. —
>
> — — wenn sich die Blätter regen,
> Und Eich' und Ulme spricht ein lustig[5]) Wort.

Ges. VI St. 25:

> Chè non è stato un far vedersi in faccia —
> Denn Spass ist's nicht für ein so[6]) junges Blut.

Ges. I St. 68 ward *bianco pennoncello* mit weissem Helm (-gefieder) übersetzt[7]); Ges. III St. 64 *spirto femmina* (Zauberfrau) durch geistiges Weib; Ges. VI St. 18: des Kronion Pfeile[8]), welchen Ausdruck Ariosto schwerlich kennt; Ges. X St. 42: *parole ingiuriose* Hexensegen; Ges. XI St. 7[illegible]: was sie an Reizen

---

[1]) [Bei Streckfuss steht hervor.]

[2]) [Spornt er sein Ross entgegen dem Verwegnen. (2. Ausg.)]

[3]) [So geh' er denn, wie ihn auf seinen Pfade
Der nackte Schütz, der ihn verletzte, führ'. (2. Ausg.)]

[4]) [Sonst nur ein Tag — da sieht man sie im Glanze. (2. Ausg.)]

[5]) [Bei Streckfuss steht luftig (1. u. 2. Ausg.), lustig ist daher wohl nur ein Druckfehler.]

[6]) [Str. hat hier solch ein. In der 2. Ausgabe änderte er den Vers:
Denn Kurzweil war es nicht dem jungen Blut.]

[7]) [. . . mit weissem Helm und Federbusch. (2. Ausg.)]

[8]) [des Blitzes Pfeile. (2. Ausg.)]

erollte¹); Ges. XIV St. 79 passt der Ausdruck *Silentium* nicht
n das Deutsche Schweigen; besser:

Und wo man speist, wo man zur Ruhe geht,
In jedem Zimmer: Schweigt! geschrieben steht.

[453] Die Aufgabe von der Schönheit, Mannigfaltigkeit und tigen Anwendung der Reime, deren Entwicklung uns hier zu führen würde, ist nur zum Theil gelöset worden; die weiben sind selten volltönend genug und endigen fast durchgängig *en*, *e*, *et*. Ferner, was Ariosto so gar selten thut (als Ges. X 47, 48), die Nachbarschaft eines und desselben Reimes beleidigt öfter, z. B. Ges. IV St. 7, 8; St. 18, 19; St. 38, 39; besonders fallend Ges. V St. 44, 45. Nicht ganz richtig ward einmal III St. 70 Rüdigern auf Herrn gereimt²), da, indem die dsylbe ern als eine der vielen auf- und abgestuften mittlern ngen unserer Sprache die volle Länge der Grundsylbe Herrn und ein solches Gleichmass verlangt der Reim — nicht erht, das fortschreitende Versmass eine Sylbe zu dehnen nicht Stande ist. Doch wird man für dergleichen geringe Flecken so entschädigt, dass man sie auf ganze Strecken vergisst.

Die wichtigste aller Stanzen, die erste des ersten Ges. hat St. besser als seine Vorgänger gegeben:

Frau'n, Ritter, Waffen, Liebesabentheuer,
Die Höflichkeit und den verwegnen Muth
Sing' ich der Zeit, da einst der Mohr die Steuer
Nach Frankreich hingewandt aus Libyens Fluth,
Dem Zürnen folgend und dem Jugendfeuer
Des Agramant, der seines Vaters Blut
Sich hoch vermass, an König Karl zu rächen,
Dem Kaiser Roms und dessen Macht zu brechen³).

---

¹) [Es heisst bei Str.:

Was hier und dort an Reizen sich entrollte.

iese Strophe ist in der 2. Ausgabe gänzlich umgearbeitet worden. Dort findet h der Vers

Da chi una parte e da chi un' altra tolse

rrect wiedergegeben durch die Worte:

Und das von Dieser nahm, von Jener dies.]

²) [Dess rühmte sich Brunell', versprach's dem Herrn,
Denn der hat Rüdigern vor Allen gern. (2. Ausg.)]

³) [Frau'n, Ritter, Waffen, Liebesabentheuer,
Sing ich, die Höflichkeit, den kecken Muth

Doch ist hier übersehen, dass der Dichter jene Gegenstände alle in den Plural gesetzt hat, dass *io canto* in der zweyten Zeile steht; übergangen der Saz: *che in Francia nocquer tanto*, und ein andrer zugegeben. Die Grundlage einer richtigeren Uebersetzung wäre vielleicht diese:

Frau'n, Ritter, Waffen, Liebesabentheuer,
Sing' ich, die art'gen Sitten, kühnen Streiche
Aus Frankreichs harten Zeiten, als das Steuer
Die Mohren hingewandt von Libyens Reiche,
Dem Zürnen folgend und dem Jugendfeuer
Des Königs Agramanta, der die Leiche
Trojens sich übermüthig wollt' erfrechen
Am König Karl, dem Kaiser Roms, zu rächen.

Eine andre berühmte Stanze [I, 42] gibt Hr. St. also:

Die reine Jungfrau gleicht der jungen Rose;
Im Garten, auf dem Strauch, der sie erzeugt,
Vom Dorn geschützt, in stiller Ruhe Schosse
Blüht sie von Hirt und Heerde ungebeugt,
Vom Thau benetzt, umweht vom Westgekose
Sind Erd' und Himmel freundlich ihr geneigt.
Verliebte Mädchen wünschen, holde Knaben
Zum Schmuck für Brust[1]) und Stirnen sie zu haben[2]).

Wir finden diese Verse zu zerstückelt, den sechsten ganz unrichtig. In Vereinigung mit Gries möchten wir die Stanze so übersetzen[3]):

Der Zeit, da Frankreich seufzte, weil die Steuer
Dorthin gewandt der Mohr aus Libyens Fluth,
Dem Zürnen folgend, und dem Jugendfeuer
Des Agramant, der seines Vaters Blut
So hoch vermass, mit prahlendem Versprechen
An König Karl, dem Kaiser Roms, zu rächen. (2. Ausg.)]

[1]) [Streckfuss schreibt Schläf'. (1. Ausg.)]

[2]) [Die reine Jungfrau gleicht der jungen Rose;
Im Garten, auf des Mutterdornes Grün,
Lässt sie, allein, in friedlich sicherm Loose
Unangetastet Hirt und Heerde blühn.
Ihr huld'gen Erd' und Fluth und Westgekose,
Ihr scheint das thau'ge Morgenroth zu glühn.
Verliebte Mädchen wünschen, holde Knaben
Zum Schmuck für Schläf' und Stirnen sie zu haben. (2. Ausg.)]

[3]) [Dieselbe lautet bei Gries (1804):
Die Jungfrau gleicht der jugendlichen Rose
So lange sie in mütterlicher Hut,

Die zarte Jungfrau gleicht der jungen Rose,
Die einsam in des Mutterstrauches Hut
In schönem Garten, in des Friedens Schoosse,
Von Hirt und Heerden unbetastet ruht,
Dann neigt sich ihrer Gunst der Luft Gekose,
Das thau'ge Morgenroth und Erd' und Fluth, u. s. w.

Wir Deutsche erfreuen uns einer ähnlichen Stelle aus der Schlesischen Zeit, die wohl Mancher für Parodie nehmen möchte; sie verdient in der That, der Italiänischen hier gegenüber zu stehen:

Den Damen pflegt's wie den Rosen zu gehen, [454]
Die Sommers lieblich am Rosenstock stehen,
Und prangen, dass ob man in Dornen sich sticht,
Doch mancher begierig die Rosen abbricht. . . .
Und ist sie vom Stocke, so wird sie begriffen,
Durch vielerley Hände gezogen, geschliffen.
Es wischt auch so manche Nas' über sie her,
Bis sie abfällt vom Stiele und taugt nicht mehr.

Ein andres Beyspiel zeige, wie dem Hrn. St. die Stanzen gelungen sind, deren Töne schon das Klirren der Waffen verrathen. Ges. XVI St. 56:

Der schmetternden Trommeten Silberklang[1]),
Der Pauken Wirbeln und der Becken Schlagen,
Das wieder der Geschütze Ton verschlang,
Der Lärm der Schleudern, Wurfmaschinen, Wagen,
Und das, was bis zum Himmel wiederklang,
Geschrey, Tumult, das Aechzen und das Klagen —
Dies bildet Harmonie'n, wie, wo zerstäubt
Im Fall, der Nil der Nachbarn Ohr betäubt.

Im Italiänischen stehen hier geflissentlich die gewaltigen Reime, die Poliziano für dergleichen Schilderungen in seiner

---

Geschützt vom Dorn, umhegt vom zarten Moose,
Von Hirt und Heerden ungetastet ruht:
Dann huldigt ihr des sanften West's Gekose
Der Morgenröthe Thau und Erd' und Flut; u. s. w.]

[1]) [Klangreicher Kriegsdrometen helles Schmettern,
Der Pauk' und wilden Tonwerkzeugs Gebraus,
Mit Räderrasseln und Geschützeswettern,
Der Schleudern, Bogen ewigem Gesaus,
Und, was noch lauter aufschallt zu den Göttern,
Geschrei, Geächz, Geheul von Angst und Graus,
Sie tosen gleich dem Nil, der furchtbar'n Schalles
Betäubt die Nachbarn in der Wuth des Falles. (2. Ausg.)]

Giostra [Bologna 1494. 4⁰] zuerst angab: *trombe, frombe, rimbombe,* welche Gries besser durch Brausen, Sausen, Grausen ausgedrückt hat. —

Zum Schluss[1]) geben wir noch eine Probe aus einer herrlichen Schilderung, der wir die Griesische Uebersetzung, die hier sehr gelungen ist, gegenüberstellen. Ges. I St. 35, 37:

Tag, Nacht, der andre halbe Tag verschwindet[1]),
Und noch irrt sie auf unbekannten Wegen,
Bis sie in einem schönen Holz sich findet
Dess' Zweige frische Lüfte sanft bewegen.
Der Matten zartes junges Grün umwindet
Zwey klare Bäche, die in den Gehegen
Umirrend am Gestein die Wellen kräuseln,
Den Wandrer haltend mit dem holden Säuseln.

Und sieh', dort wölbt sich ein belaubtes Dach
Von Rosen, die mit blüh'ndem Dorn sich mischen,
Und spiegelt lieblich sich im hellen Bach,
Und Eichenschatten wehn, es zu erfrischen;
Und drunter tief ein schattiges Gemach,
Gebaut von dicht verwachsenen Gebüschen.
Hierher scheint, wie sich Zweig' und Laub verflicht,
Die Sonne nicht, geschweig' ein klein'res Licht(?).

Gries übersetzt:

Den Tag, die Nacht, die Hälfte noch der Stunden
Des andern Tags irrt sie umher im Hain,
Bis sie zuletzt sich ein Gebüsch gefunden,
Wo frische Lüfte Kühlung mild verstreun.
Von klaren Bächen wird es rings umwunden,
Die immerfort das zarte Gras erneun;
Und, sanft gebrochen zwischen kleinen Kieseln,
Ergötzt mit süssem Laut ihr lindes Rieseln. . . .

Und sieh', von blüh'ndem Dorn und Rosensträuchen
Zeigt ihr ein nah Gebüsch sein stilles Dach,
Vor Sommergluth geschützt von hohen Eichen,
Bespiegelt sich's im silberhellen Bach.
Da wo die Bäum' am meisten Schatten reichen,
Wölbt innen sich ein kühles Laubgemach,
Und wie die Zweig' und Blätter sich verschlingen,
Kann sie kein Blick, der Sonne selbst, durchdringen.

F. D.

---

[1]) [Vgl. übrigens mit obiger Recension Diezens die interessante Kritik W. Müllers von den Uebersetzungen des *Orlando furioso* durch Griess und Streckfuss in Hermes Bd. XIV (1822) S. 49—86.]

1. Choix des poésies originales des Troubadours,

par **M. Raynouard**,

Membre de l'institut royal de France etc.

Tome premier, contenant les preuves historiques de l'ancienneté de la Langue romane; — Des Recherches sur l'origine et la formation de cette langue, les Éléments de sa grammaire, avant l'an 1000; — La Grammaire de la langue des Troubadours. Paris, de l'imprimerie de F. Didot et de l'Institut. 1816. XXXII u. 447 S. 8⁰.

2. Observations sur la langue et la littérature provençales,

par **A. W. de Schlegel.**

Motto: Cantars non pot gaire valer, Si d'inz del cor no mov lo chanz (Bernard de Ventadour). Paris, à la librairie grecque-latine-allemande. 1818. 122 S. 8⁰ [1]).

Unter allen gelehrten Arbeiten der Franzosen, die sich auf die alte Sprache und Literatur ihres Landes beziehen, ist die vorstehende des geistreichen, auch als Dichter berühmten Raynouard ohne Vergleich die wichtigste, nicht allein für die südlichen Länder, Italien, Spanien und Portugal, auf welche die edle *gaya sciencia* so bedeutenden Einfluss hatte, wie ohne Zweifel auch für das übrige gebildete Europa. Wir dürfen daher die Erscheinung eines Werkes auch hier nicht unerwähnt vorübergehen lassen, das, wie es mit verehrungswerther Liebe und Einsicht unternommen und soweit mit seltener Beharrlichkeit ausgeführt ist, Aller Betrachtung und Zuneigung in [676] Anspruch nehmen muss; zugleich freuen wir uns auf eine neue Schrift unsers gelehrten und geistvollen Landsmannes, Herrn A. W. v. Schlegel, aufmerksamer zu machen, die mehr als eine blosse Recension des Raynouardischen Werkes

---

[1]) [Heidelberg. Jahrb. d. Litterat. 13. Jahrg., 1820, S. 675—684.]

sich über dieses und die provenzalische Sprache und Literatur insbesondre, in der bekannten klaren, eindringlichen und lebendigen Weise ihres Verfassers verbreitet, und wenn sie freylich keine entwickelnde Darstellung des tief bewegten Lebens damaliger Zeit geben durfte, doch bey jeder Gelegenheit sehr anziehend Lichtblicke auf den geistigen Verkehr der Völker wirft. Solche Erscheinungen werden endlich das unbekannte Feld der weit gepriesenen provenzalischen Poesie erleuchten, und den abentheuerlichen Ritterzügen so mancher Literatoren auf jenem Feld mit Einemmal ein Ende machen, welche Herren, theils aus einigen halbverstandenen poetischen Resten, theils aus Millot's schalen Uebersetzungen ihre Schilderungen ins Blaue hinein entwarfen. Unter den Gelehrten, die sich mit Geschichte und Literatur der Troubadours beschäftigten, zeichnete sich ganz besonders Antonio Bastero, † 1737, durch Kenntniss seiner Muttersprache aus: denn er war ein Catalonier von Geburt, und brachte so lang in Italien zu, um die provenzalischen Handschriften studiren zu können; allein von seinem Unternehmen ist nur der erste Band (*la Crusca provenzale* 1724) erschienen, der als Einleitung sehr schätzbare Beyträge zum Leben der Troubadours enthält. Ungleich weniger Quellenstudium und gelehrte Sprachkenntniss hatte der ältere Nostradamus, dessen »Leben der provenzalischen Dichter« nach alten Biographen schon 1575 erschien, die Uebersetzung dieses Werkes von Crescimbeni in seinen *Commentari alla sua istoria della volgar poesia. Venezia* [2. Ausg.] 1730. (V. II. p. 1. S. 1—248) ist von einigen Originalgedichten begleitet, die Salvini [1710] äusserst fehlerhaft übersetzte. Ein Werk über denselben Gegenstand vom Cardinal Bembo ist nie ans Licht getreten. Der Dichter Tassoni endlich durchliest nur gelegentlich die Handschriften zum Behuf seiner *Considerationi sopra le rime di Petrarca* [*Mod.* 1609. 8°] andere Literatoren, wie Gregorio de Mayans y Siscar, Varchi, Pasquier, Caseneuve, Llio begnügten sich mit der Ansicht einiger Handschriften, bis endlich [677] der bekannte La Curne de Sainte-Palaye zu einem entscheidenden Werk Hoffnung machte, das aber vielleicht zum Glück nicht zu Stande kam; eine Ausbeute aus seinen Papieren war Millot's höchst mittelmässige *Histoire littéraire des Troubadours* [*Par.* 1774. 8°], die auf keinen Fall im Stande war, die Liebe zu dieser Literatur zu entzünden. Von den Denkmälern der ältern und eigentlichen provenzalischen Poesie ist bis dahin im Grunde noch nichts gedruckt worden, einige, nicht einmal ältere Catalanische und Valenzianische Dichter ausgenommen, wie die Werke von Ramon Muntaner, geb. 1265, Ausias March, † 1460, Jaime Roig u. a. Die wenigen noch geretteten Handschriften befinden sich beynah alle in Rom, Florenz, Paris und Orleans; die Hoffnung, andere in spanischen Bibliotheken anzutreffen, ist schwach, da keiner der spanischen Sprach- und Geschichtsforscher, die diesen Gegenstand behandelt haben, die mindeste Anzeige davon thut; dennoch sollte man denken, dass in den Gränzen des ehemaligen Reiches Aragon, wo sich die Uebung der fröhlichen Wissenschaft am längsten behauptete, manche literärische Denkmäler aus ihrer guten Zeit erhalten hätten. Was besonders zu bedauern ist, alle Romane, bis auf drey, zwey nämlich in Versen und einer in Prosa, sind verschwunden; ihre Anzahl muss allerdings nicht so gering gewesen seyn, da es sich von so regsamen Geistern erwarten liess, dass sie die ihnen aus Nordfrankreich zugekommenen Romane, deren Helden sie so häufig erwähnten, in ihre Sprache übersetzten oder bearbeiteten; doch dünkt uns die Behauptung des Hrn. v. Schlegel, dass die damals in Italien gelesenen Romane provenzalisch gewesen, da man keine so alte italiänischen Uebersetzungen kenne, nicht haltbar. Dante sagt in seiner Abhandlung *de vulgare eloquio* I, 9[1]): „*Allegat ergo pro se lingua oil, quod propter sui faciliorem ac delectabiliorem vulgaritatem quicquid redactum sive inuentum est ad vulgare prosaicum, suum est: videlicet biblia cum Troianorum Romanorumque gestibus compilata et Artui Regis ambages pulcherrimae, et quam plures aliae historiae ac doctrinae.*“ Von grossem Gewicht für obige Vermuthung ist dagegen die Stelle im Parzival des [678] Wolfram von Eschenbachen, auf welche auch der Verfasser der *Observations* [S. 80] aufmerksam macht[2]):

Ob von Troys Meister Cristan
Der Mähre hätt' unrechte gethan,
Das mag wohl zürnen Kyot,
Der uns die Mähre rechte entbot.
Endehaft geht der Provenzal —

[1]) [In neueren Ausgaben von Dante's Prosaischen Schriften findet sich diese Stelle im 10. Kapitel. S. Al. Torri, Della lingua volgare di Dante Allighieri, Fir. 1850, S. 46. — Fraticelli, Vit. nuova etc., Fir. 1857, S. 172. — Giuliani, Op. lat., Fir. 1878, S. 34.]

[2]) [Vgl. auch Schlegels Besprechung von Docen's Erstem Sendschreiben über den Titurel etc., 1810, in den Heidelb. Jahrb. 1811 Nr. 68 S. 1073—1111.]

woraus deutlich hervorgeht, dass der berühmte Romanenbearbeiter Chrestien de Troyes die Geschichte vom Perceval verfälscht hat (vgl. auch die folgenden Verse).

Dass das Studium der Literatur eines Landes, wo nach allen Anzeigen das Ritterthum sich auf eine so sinnvolle Weise ausgebildet hat, und das in der Völker- und Sittengeschichte eine so selbständige Rolle spielte, von ausgezeichneter Wichtigkeit sei, möchte nicht leicht bezweifelt werden; dass aber auch ebenso die Sprache jenes Volkes des genauesten Studiums nicht unwerth sey, davon können wir uns nunmehr aus der vortrefflichen und wir dürfen sagen geistreichen Sprachlehre Raynouard's überzeugen. Die Sprache, von der wir hier reden, schwankt auf eine merkwürdige Weise zwischen dem alten und neuen Sprachcharakter, insofern man erstaunliche Kürze neben grosser Dunkelheit des Ausdrucks findet. Der bestimmte Artikel (masc. *el*, *elh*, *lo*; fem. *la*, *il*, *ilh*, *ill*) ist in mancherley Formen vorhanden; den unbestimmten findet man höchst selten angewandt; die lateinische Declination ist auf eine sehr ungenügende Weise gebraucht, Unverständlichkeit hier nicht vermieden, der durch die Casuszeichen *de* und *a* nicht immer abgeholfen werden kann. So hat z. B. das Wort *beutatz* (*beauté*) im Genitiv, Dativ und Accusativ des Singular, und ebenso im Nominativ des Plural: *beutat*, in den casus obliqui desselben Numerus wieder *beutatz*, ganz gegen den Brauch der übrigen lateinischen Sprachtöchter. Merkwürdig erinnert an die semitischen Sprachen die Behandlung mancher Comparative, als *mielher* (*meilleur*) das in den casus obliqui des Singular und im Nominativ des Plural sich in *mielhor* verwandelt. Die Vergleichungsstufen werden sonst durch *plus* und *mais* gebildet oder durch den Genitiv angedeutet. Der Fürwörter ist eine hinreichende Menge; an den [679] unentbehrlichsten Bindewörtern fehlt es manchmal; sehr viele Nebenwörter entsprangen aus der Verbindung mit den Partikeln *a*, *de*, *en*, als *de*, *intz*, *dedins* von *intus*; *de vers*, *en vers* von *versus*; *avant* von *ab ante*. Im Zeitwort sind die Personen nicht so genau, wie im Lateinischen, unterschieden, zumal da die Personalpronomina selten angewandt werden; übrigens sind die Zeitwörter nicht reicher an Temporen als in der französischen Sprache. Das Activ wird ebenso mit *aver*, das Passiv mit *esser* oder *estar* gebildet; das Futur ist aus dem Infinitiv des Zeitworts und dem Präsens von *aver* zusammengesetzt, wie alle romanischen Sprachen ausweisen (prov. und franz. *aurai* statt *aver-ai*; ital. *aver-ho*, spanisch *haber-hé* u. s. f. auch in den Dialekten; ähnlich ist unter andern die vor Kurzem von einem Kenner der Sanskritsprache nachgewiesene Entstehung des deutschen Imperfects, nämlich aus dem Zeitwort thun; aus liebe-thaten ward demnach unser liebten). Der unregelmässigen und mangelhaften Zeitwörter sind nicht gar viele, noch schwere; verwandtes findet man stets in den verwandten Sprachen. Die drey regelmässigen Conjugationsformen kommen ganz besonders mit dem Spanischen, demnächst mit dem Italiänischen überein. So vereinigt das edle Organ der *gaya sciencia* viele Eigenthümlichkeiten der Schwestersprachen in sich, übertrifft aber alle sowohl durch Wortreichthum, als durch die Mannigfaltigkeit der Formen (so sind viele Wörter beyderley Geschlechts, als *fuelh* und *fuelha*, Blatt), nicht weniger ferner durch Bildungsfähigkeit, wie durch den Ausdruck der Wortfügung. Daher erhebt Scuolano in seiner *Historia di Valencia* (lib. I c. 14) die besondere Feinheit des Catalanischen, indem er sich über die Rauhigkeit und Ungelenkigkeit des Castilianischen beschwert, bey Gelegenheit der von Montemayor übersetzten Gedichte von Ausias March (s. Bastero S. 77).

Der vor uns liegende erste Band der Auswahl provenzalischer Dichtungen enthält: 1. historische Beweise vom Alter der romanischen Sprache. S. I—XXXII. 2. Untersuchungen über den Ursprung und die Bildung dieser Sprache mit den Grundsätzen der Sprachlehre vor dem Jahre 1000. S. 1—105, und endlich die Sprachlehre der spätern Zeit S. 105—447. — [680] Die romanische Sprache ward in ihrer besten Zeit von Grammatikern erläutert; eine ungedruckte *Historia de la lengua Catalana* hinterliess Bastero. Ohne sich auf die Aussprüche seiner Vorgänger zu stützen, hat Raynouard die Grundsätze dieser Sprache durch historische Verfolgung der einzelnen Wörter und Formen bis in die ältesten Zeiten festgestellt, und ein höchst einfaches, doch gründliches und umfassendes Gebäude aufgeführt; 2000 Verse, alle aus Handschriften gezogen, und mit französischer wörtlicher Uebersetzung begleitet, beweisen seine Behauptungen, und berechtigen uns von der Fortsetzung der Unternehmung zu den grössten Erwartungen. Besonders rühmlich — wenn auch nicht fehlerfrey — dünkt uns die Schilderung von der Entwicklung der romanischen Sprache aus der verderbten lateinischen; doch müssen wir bemerken, dass der Verfasser, wie so viele seiner Landsleute, der germanischen Sprache wenig Einfluss zugestehen. Seit dem 6. Jahrhundert begann der Verfall ganz besonders; man fieng an, die Vorwörter willkührlich zu gebrauchen, verband Haupt- und Beywörter nicht gehörig, die Casusendungen giengen verloren, das Bedürfniss führte Hülfspartikeln ein, die Nomina bildeten sich aus dem lateinischen Accusativ (? also entstand *rosa* aus *rosam?* eher liesse sich noch der Ablativ als erzeugende Grundform durchführen); aus *ille* entwickelte sich im 8. Jahrhundert der Artikel, vielleicht nach dem Muster des Germanischen; die Adverbial-Endung *mente* (*devotamente*) entstand aus dem lateinischen Substantiv *mens* u. s. f.

Einiger Tadel trifft des trefflichen Sprachforschers Behauptungen in der Einleitung, dass die romanische Sprache sonst ausser Frankreich auch in Spanien, Portugal und Italien geherrscht habe, und erst etwa im 10. Jahrhundert aufgegeben worden sey, ferner dass die fränkische Sprache gleich nach dem Tod Karls des Grossen, vielleicht noch früher, sich verloren habe. Seine Beweise gründen sich keineswegs auf gehörige Auffassung des innern Völkerlebens und Verkehrs, sondern meist nur auf einzelne unzuverlässige Worte, die die Geschichte hingeworfen. Wie sollten wir uns überreden, dass in Ländern, die nach der Völkerwanderung so verschiedenartige Einflüsse erfuhren, und die weder eigentlich politische, noch [681] literärische Bande verknüpften, eine und dieselbe Sprache gewaltet habe, ohne übrigens läugnen zu wollen, dass der Entwicklungsprozess aller dieser südlichen Sprachen übrigens grosse Aehnlichkeiten darbot, zumal in den ältesten Zeiten, bevor einige einen ganz besondern Charakter anzunehmen begannen, während das Provenzalische, so frühe schon das Organ ausgezeichneter Dichter, so weit ausgebildet war? Aus den Worten: „*torna, fratre, retorna*“, die Raynouard nach einer alten, mehrdeutigen Nachricht im 6. Jahrhundert einem Franken anmuthet, soll hervorgehen, dass die deutschen Eroberer schon damals sich einer so fremden Sprache bedienten; aus einzelnen provenzalischen Formen in einer lateinischen Urkunde aus Coimbra von 734 folgert der Verfasser die Identität des damaligen Portugiesischen und Provenzalischen. Allerdings findet man noch im 12. Jahrhundert ächte Wörter aus der Sprache der Troubadours im Castilianischen (als *paranla* für *palabra*, *hy* für *alli*, *fors* für *afuera*, *cor* für *corazon*, *ome* für *hombre*, *mege* für *medico*), aber unter hundert kaum Eins. Dasselbe schliesst er aus einer Stelle, die sich aufs Italiänische bezieht: *nostra vulgaris lingua, quae latinitati vicina est*, also provenzalisch, und ähnliche Gründe. Das heisst kritische Schärfe! Wir können dem Verf. nicht mehr zugeben, als dass bis ins zehnte Jahrhundert die romanischen Sprachen Frankreichs und eines Theils von Spanien nicht wesentlich verschieden waren; der Schwur Ludwigs des Deutschen bürgt uns für das neunte Jahrhundert, und, was der Verf. nicht anführt, ein Bruchstück eines moralischen Gedichtes, höchst wahrscheinlich aus dem zehnten Jahrhundert (s. Lebeuf, Histoire de Paris T. II p. 327), das erste Denkmal nordfranzösischer Dichtkunst, beweist durch seinen provenzalischen Charakter, wie innigst verbunden noch damals die Sprachen diesseits und jenseits der Loire waren. Wir heben einige Verse aus:

Nos jove omne quan dius estam,
De grant follia per folledat parlam,
Quar no nos membra per cui vivri esperam,
Qui nos soste tanquam [1]) por [1]) terra nam (vam?),
E qui nos pais (pascit) que no murem defam [1]),
Per cui salves mes per pur dan quell clamam.

[682] Dagegen wie entschieden französisch klingt schon die Sprache in den Denkmälern des eilften Jahrhunderts; man vergleiche nur folgende Verse aus der Uebersetzung der vier Bücher der Könige [S. 8], die in jene Zeit fällt:

Si hom peche vers altre, a Deu se purrad acorder,
E s'il peche vers Deu, ki purrad pur lui preier?

So tritt denn in den Gedichten der folgenden Jahrhunderte Frankreich der Provence streng entgegen, wie z. B. in diesen Versen *[Tarbé, Chans. de Champagne p. 9]:*

Au repairier, que je fis de Provence,
S'esmut mon coeur un petit de chanter,
Quant j'aprochai de la terre de France,
Ou cele maint, que ne puis oblier.

Doch wurden unsers Wissens die Ausdrücke *langue d'oc* und *d'oil* erst im dreyzehnten Jahrhundert gebraucht. Ob diese Trennung

[1]) [Bei Lebeuf steht tanquan per . . . de fam. Vgl. Diez, Altromanische Sprachdenkm. Bonn 1846, S. 39; Bartsch, Prov. Chrestom., 1868, S. 2.]

durch die Herrschaft der Normannen begründet ward, oder ob sie in der Natur zweyer seit dem Jahre 879 sich völlig trennenden Völker lag, wurde hier nicht ausgeführt. Soviel ist nicht zu verkennen, dass die südfranzösische Sprache die alte Art treuer bewahrte, wesshalb wir den vom Verf. der *Observations* als unbestimmt und einseitig verworfnen Ausdruck *langue romane*, womit Raynouard von nun an die Sprache der Troubadours bezeichnet wissen will, während der gelehrte Kenner des Nordfranzösischen, Roquefort, sein Wörterbuch dieser Sprache *Glossaire de la langue romane* benannte, rechtfertigen. *Lingua romana* bedeutete schon in römischer Zeit die Sprache der Quiriten, wie wir wenigstens beym älteren Plinius XXXI, 2 finden; späterhin bezeichnete man mit diesem Ausdruck meist nur die verderbte Sprache der südlichen Provinzen, und setzte es in dem Sinne dem Ausdruck *lingua latina* gegenüber (wiewohl auch dies noch manchmal die neue Mundart bezeichnet, als im alten Gedicht vom Cid [ed. Vollmöller. Halle 1879. V. 2667] *un Moro latinado*, d. h. der Spanisch verstand), z. B. in einem altfranzösischen Märchen, wo ein Jongleur sich rühmte:

Mais ge sai ausi bien conter
Et en roumanz et en latin[1]). —

[683] Wichtiger ist die Frage: wann die Franken ihrer Sprache entsagten? Hier sucht Rayn. alles aufzubieten, um die allgemeine Herrschaft der romanischen Sprache schon zu Zeiten Karls des Grossen darzuthun, indem er blos zugiebt, dass in Aachen das Fränkische herrschend gewesen; Hr. v. Schlegel beweist ihm unwiderleglich, dass die Sieger die ihnen so werthe Sprache vor dem Anfang des zehnten Jahrhunderts nicht aufgegeben. Doch aber spricht der so oft abgedruckte und erläuterte Schwur Ludewigs des Deutschen und Karls des Kahlen vom Jahr 842 und der Vertrag zu Coblenz vom Jahr 860 nebst andern Umständen für eine vermittelnde Ansicht, welcher der gelehrte Bonamy (Mém. de l'Acad. des Inscr. et bell. lettr. 1756 t. XXIV)[2]) nahe tritt:

[1]) [Roquefort, de l'état etc. p. 290 sq.; Jubinal, Rutebeuf 1875 vol. III p. 2 sq.; Robert, fabl. inéd. 1834 p. 16 sq.; Montaiglon, Rec. génér. et compl. des fabl. Par. 1872 vol. I p. 3. — S. auch Roman. 1. 1 sq. (1872).]

[2]) [»Sur les causes de la cessation de la langue Tudesque en France, et sur le système du gouvernement pendant le règne de Charlemagne et de ses successeurs« p. 657—670.]

dass nämlich die untern Klassen der Franken vielleicht seit einigen Jahrhunderten sich an die romanische Sprache gewöhnt, und allmählich von ihrer eignen sich gewendet haben, während die obern Stände sich erst nach der Theilung dazu entschliessen konnten, vielleicht, um auch hiermit die Gründung eines abgesonderten Reiches zu beurkunden. Das herrliche Siegslied der Franken über die Normannen entscheidet hier bey weitem weniger, als die oben angeführten Denkmäler von 842 und 860, da man jenes ebensowohl mit Eccardus, *De reb. Franc. or.* auf Ludwig II. von Deutschland, wie mit Schilter auf Ludwig III. von Frankreich beziehen kann [s. u. S. 147 ff. u. Elnonens. 1837. S. 15 sq. u. 25 sq.]. Beynah dieselbe Ansicht hat der gründliche Du Cange (Gloss. med. et inf. lat. praef., cap. 33 [S. 22 ed. Henschel]): „*Francici [enim] usus erat in Regum nostrorum Palatiis stante potissimum primo Regum Stemmate, atque adeo sub Carolo M. et Ludovico Pio, cum ii lingua sua Sicambrica loquerentur . . .; apud reliquum vero vulgus, et quod a Romanis Gallis ortum duxerat, lingua, uti vocabant, Romana seu rustica ac semibarbara, semper obtinuit*“ etc. Natürlich ist hier nur an ein Vorherrschen der wälschen Sprache zu denken. Solchergestalt erklärt sich zugleich einfach die besonders seit dem siebenten Jahrhundert eingetretene Umwandlung der schon verderbten classischen Sprache, wie man aus Urkunden schliessen kann.

Noch müssen wir einer Ansicht von den Sprachen in den *Observations* Erwähnung thun. Sie sind dreyerley, entweder [684] ohne grammaticalische Structur, wie das Chinesische, oder mit Affixen, wozu auch alle amerikanischen und die baskische gehören, oder biegungsfähige (*langues à inflections*), wo durch Ansatz an den für sich nichts bedeutenden Stamm alle Begriffe gebildet werden, ohne Zweifel die vollkommensten. Letztere sind entweder synthetisch, wohin alle alten gehören, als Griechisch, Lateinisch und die heilige Sprache der Indier, oder analytisch, d. h. solche, die sich mit Hülfswörtern bilden, und, wie das Persische aus dem Pehlvi, das Indische aus dem Sanskrit, und das Romanische aus dem Lateinischen, aus dem Verderb älterer Mundarten entsprungen sind. Auch die ursprünglich synthetisch gebildeten germanischen Sprachen strebten von jeher nach dem Analytischen. In jenen offenbart sich mehr Thatkraft und lebendige Handlung, in diesen herrscht die Betrachtung vor u. s. w. An einer andern Stelle begegnet der Verf. der *Observations* denen, die den Arabern einen so entscheidenden Einfluss auf die Europäische Dichtung zugestehen, mit Geist und Umsicht, indem er neben literärischen und historischen Gegengründen anführt, wie man das der menschlichen Seele Analoge nicht mit Nachahmung verwechseln dürfe. Die Bemerkungen des Hrn. v. Schlegel sind zum Theil Proben eines seit mehrern Jahren von ihm vorbereiteten Werkes: *Essai historique sur la formation de la langue françoise*, worin er diesen Gegenstand in seinem ganzen Umfang behandeln, und, soweit es möglich ist, die Geschichte der verschiednen Sprachen geben wird, die zugleich oder nacheinander in den Gränzen des ehemaligen Galliens gesprochen wurden. Der literärische Name des Verfassers bürgt für eine mehr als gewöhnliche Erscheinung.

Der zweyte Band der Sammlung romanischer Dichtungen wird unter der Aufschrift: *Monumens de la langue romane* die ältesten Originaltexte in Vers und Prosa enthalten, mit französischer Uebersetzung und Noten begleitet; der dritte Band soll die Minnegedichte der Troubadours umfassen; in der ersten Hälfte des vierten folgen die *sirventes* und *tensons* d. h. die satyrischen, politischen, moralischen und religiösen Gedichte, in der zweyten die Varianten, das Leben der Dichter nach Handschriften, und ein Nachtrag vermischter Stücke. Im fünften Band wird uns ein vergleichendes Gemälde von den Töchtern des Latein gegeben werden, sammt andern philologischen Untersuchungen als Einleitung zu einem Wörterbuch, das die folgenden Bände sofort enthalten sollen. Der Fortsetzung eines so einzigen Werkes harren wir mit Sehnsucht entgegen. F. D.

Floresta de rimas antiguas castellanas,

ordenada por **Don Juan Nicolas Böhl de Faber,** de la real academia española.

Hamburgo, en la libreria de Perthes y Besser. T. I. 1821. XVIII u. 384 S. — T. II. 1823. XVI u. 384 S. — T. III. 1825. XLIV u. 384 S.[1]).

Als Rec. den Titel des schön gedruckten Buches zum erstenmale aufschlug, ohne noch von dessen Inhalt Kenntniss zu haben, gerieth er in Erwägung des Ausdrucks *rimas antiguas* auf den Gedanken, Hr. Böhl von Faber habe einen Liederschatz aus dem 13.—15. Jahrhundert der Spanischen Literatur liefern und somit einem Wunsch derjenigen Freunde derselben, welchen ihre Denkmäler minder zugänglich sind, entgegenkommen wollen. Zu dieser Voraussetzung gesellte sich die Hoffnung, der damals in Spanien den literärischen Hülfsmitteln nahe lebende Herausgeber habe den Anforderungen unsrer Zeit gemäss nicht allein durch Berichtigung des Textes, gestützt auf die Vergleichung der verschiedenen seltenen Ausgaben des *Cancionero general* und andrer Sammlungen, sondern vielleicht auch durch handschriftliche Beiträge den Werth seines Liederbuches noch erhöhen wollen: denn nicht selten sind die Flecken, welche auf den Spanischen oder Antwerper Ausgaben haften und dem Verständniss hemmend entgegentreten, wiewohl wir wenigstens im Kunstliede einen ursprünglich reinen Ausdruck und ein reines Metrum voraussetzen dürfen. Allein ein Blick in das Innere dieser *Floresta* belehrte den Recensenten sogleich, dass er sich wenigstens in Bezug auf das Alter der darin enthaltenen Schätze getäuscht habe, indem er eine Auswahl grösserer und kleinerer Gedichte aller Art von Berceo's bis Calderon's Zeiten, also vom 13. bis gegen Ende des

[1]) [Jahrbücher für wissenschaftliche Kritik, Berlin, Jahrg. 1827 S. 1125 bis 1139 incl.]

17. Jahrhunderts, vor sich sah. Der Umfang seiner Auswahl stand nun freilich in des Sammlers Belieben, doch über die Anwendung des Ausdruckes *antiguas* können wir mit ihm rechten. Dieser Ausdruck ist zwar an und für sich relativ, allein eben diess nöthigt uns, ihn als Kunstausdruck zu bestimmen; mögen auch die heutigen Spanier die Literatur des 17. Jahrhunderts immerhin ihre alte nennen, auf dem historischen Standpunkte erscheint die Sache anders, und es kann kein Zweifel obwalten, wie es denn auch von den Geschichtsschreibern [1126] der Spanischen Literatur anerkannt worden, dass die Einführung des Italienischen Kunststyles durch Boscan und Garcilaso in der ersten Hälfte des 16. Jahrhunderts eine neue Periode begründet habe, woraus denn folgt, dass wir den frühern Zeitabschnitt der Spanischen Poesie als den alten bezeichnen müssen. Statt *antiguas* hätte daher passender gestanden: *anteriores al siglo XVIII.*

Betrachten wir nun nach dieser flüchtigen Erinnerung, was der Herausgeber im Geiste seines Planes geleistet hat. In neuern Zeiten sind drei Spanische Anthologieen, die einen gewissen Ruf haben, erschienen: der *Parnaso español* [*Madr.* 1768. 8°. 9 Bde.], die *Coleccion* [*de poes. castell. Madr.* 1789—1804. 20 Bde.] von Ramon Fernandez und die *Poesias selectas* [*Madr* 1807. 8°. 3 Bde.] von Quintana; diesen Sammlungen soll sich die *Floresta* ergänzend anschliessen, doch nicht in der Art, dass sie nicht auch eine Anzahl vorzüglicher Poesieen aus jenen in sich aufnähme, wie sich denn unter 1000 Gedichten, welche sie uns mittheilt, 99 bereits in jenen Sammlungen vorfinden. Der Inhalt jedes einzelnen Bandes zerfällt zweckmässig in vier Abtheilungen: *rimas sacras, doctrinales, amorosas* und *festivas;* die Namen der Verfasser sind den Gedichten nicht beigefügt, es macht aber einige Mühe, sie in dem Anhang, der zugleich die Quellen angibt, aufzusuchen; jedem Band sind einige ästhetische und literär-historische Fingerzeige in Deutscher Sprache und für Deutsche Leser berechnet angehängt.

Kündiget sich nun das Buch, wie wir sehen, als eine blosse Anthologie, ja als eine Nachlese zu andern Anthologieen an, so müssen wir uns doch hüten, es mit den zahllosen Anthologieen der neuen Literatur in eine Klasse zu setzen. Es ist die Frucht vieljährigen, durch einen grossen Reichthum von Hülfsmitteln begünstigten Fleisses; der Herausgeber hat nicht allein aus den seltensten Büchern, sondern auch aus fliegenden Blättern, selbst aus Handschriften geschöpft; er war daher im Stande, uns manches verschollene oder nie ans Licht getretene Lied mitzutheilen. Die bisher ungedruckten Gedichte, deren Rec. 27 gezählt hat (ausser welchen sich aber in der Sammlung noch mehrere zwar schon abgedruckte aber hier aus Handschriften berichtete Stücke finden), sind zwar nicht alle von Bedeutung, allein einige derselben haben entschiednern Werth. Als solche begnügt sich Rec. nur die Nummern 3, 4, 5 von Pero Lopez de Ayala zu bezeichnen; sie sind aus einer Handschrift, welche anfängt: *Este libro fiso el* [1127] *ourrado caualléro pedro lopes de ayala estando preso en Inglaterra è llamase el Libro de Palacio.* Keiner der Spanischen Literatoren vor Sanchez hatte diess Buch gesehen; Nic. Antonio (Bibliotheca hisp. vet. t. II p. 127), Velazquez (Origenes üb. v. Dieze p. 145) und Sarmiento (*Memorias* p. 328) kennen es nur dem Namen nach; Sanchez (Coleccion I, p. 109) entdeckte die erste Handschrift und schrieb sie sorgfältig ab, ohne jedoch Proben daraus mitzutheilen. Um so mehr sind wir unserm Herausgeber für diese Beiträge verbunden und Rec. hätte nur grössere Mittheilungen aus jenem Codex gewünscht, da die lyrischen Gedichte des 14. Jahrhunderts (denn Lopez war 1332 geboren) für die Geschichte der Spanischen Poesie von höchstem Interesse sind, wie denn in der That die wenigen hier mitgetheilten Lieder hinsichtlich der Form einige beachtenswerthe Züge darbieten. Es wäre überhaupt zu wünschen, damit die noch im Dunkel liegenden Anfänge der Spanischen Poesie aufgeklärt würden, dass man endlich einmal zur Herausgabe der älteren poetischen Denkmäler schritte, die noch ungenutzt in den Bibliotheken modern; wenigstens sollte man die nicht einmal sehr zahlreichen Werke des 13. und 14. Jahrhunderts ans Licht ziehen, z. B. aus dem 13. Jahrhundert die Gallicischen *Cantigas* Alfonso's X, von welchen Ortiz de Zuñiga in den *Anales de Sevilla* (p. 36 sq.) Proben mitgetheilt hat; das Buch *de las querellas* von demselben erlauchten Verfasser ist leider schon verschwunden (Sanchez, Coleccion IV, p. I) — aus dem 14. Jahrhundert des Infanten Don Manuel, *Libro de los Cantares* (Velazquez-Dieze p. 133), ferner Lopez de Ayala's oben erwähntes Buch *del palacio*, sowie seinen *Tratado de halcoreria*, der sich in der königl. Französischen Bibliothek findet (Labbé supplem. p. 325), die Werke des wackern Juden Rabi Santo (Sanchez I, p. 181), endlich seine zweckmässige

Auswahl aus dem spätern *Cancionero* von Villasandino (Velazq. p. 166. Sanchez I, p. 51) und dem von Baena u. a. m. Dieselbe Bemerkung gilt auch von der alt-Portugiesischen Literatur, für die noch weniger geschehen ist, da Portugal keinen Sanchez besass; auch dort harren die Werke des Königs Dionys, die noch in das 13. Jahrhundert gehören, die seines Sohnes Alonso Sanchez (Machado Bibl. Lus. I, p. 624 u. III, 540), wenn diese letztern nicht schon verloren sind, so wie die Werke anderer Könige und Infanten auf ihre Erlösung aus den [1128] Handschriftenkasten; das einzig bekannte Manuscript des Portugiesischen Amadis ist leider i. J. 1744 in dem Unglück, welches Lissabon traf, zu Grunde gegangen. Der gedruckte *Cancion.* des Garcia de Resende [Liss. 1516], der so selten geworden, dass man ihn als Manuscript betrachten kann, verdiente gleichfalls einen neuen Abdruck[1]); auch die alten Gallicischen und Valencianischen Denkmäler dürften nicht ganz übergangen werden. Auf die Spanier und Portugiesen ist immer noch nicht zu rechnen, sie verschwenden ihr Papier lieber an Heiligengeschichten, und die historische Akademie zu Lissabon hat Folianten gefüllt mit der Untersuchung, ob der Apostel Petrus oder Jakobus zuerst als Verkündiger der christlichen Lehre in Portugal aufgetreten sei. Don T. A. Sanchez war der Mann, der unsre Forderungen hätte befriedigen können, seine musterhafte *Colecc.* [Madr. 1779. 8°] zeugt von Eifer, Sachkenntniss und Kritik; mit der Herausgabe des Gedichtes vom Cid [ibd. I. p. 220 sq.] hat er der Literatur einen Dienst geleistet, den sie ihm nicht vergessen wird. Allein sein grosser Plan scheiterte an der Gleichgültigkeit seiner Landsleute; als er den vierten Band herausgab, fühlte er, dass dieser der letzte seyn würde. »Von der Art« — klagt er in der Vorrede — »zeigt sich der Geschmack und die Begierde meiner Landsleute, zu erfahren, wie ihre Voraltern redeten und dachten, wie die ersten Schriftsteller über unsre Sprache urtheilten, welche Ideen sie über die Nationalpoesie hegten, dass nach der Herausgabe eines Bandes, worin sich diess alles verkündigt, wenig Verlangen, wenig Wärme übrig geblieben, die Fortsetzung des Unternehmens zu unterstützen.« Was Spanische Trägheit versäumte, hat Englische Grille kaum besser gemacht. Ein angesehener Engländer, der Ritter Charles Stuart, liess während seines Aufenthaltes in Portugal

[1]) [Neu herausgegeb. v. E. H. v. Kausler. Stuttg. 1846/48; Bd. 15, 17, 26 des lit. Ver. zu Stuttg.]

das kostbare Bruchstück eines *Cancioneiro* aus dem 13. Jahrhundert, welcher dem Collegium der Edlen zu Lissabon gehört, abschreiben und gab ihn 1823 zu Paris auf eigne Kosten heraus unter dem Titel: *Fragmentos de hum cancioneiro inedito* etc. *Em Paris, no paço de Sua Magest. Britt.* [s. unt. p. 72 ff.]. Dieses Bruchstück ist von nicht geringem Umfang, es füllt in der Handschrift 75 Blätter; sein hohes Alter aber erhebt es zu einer wahren literärischen Denkwürdigkeit. Um so mehr ist zu beklagen, dass es dem Herrn Charles Stuart nicht gefallen hat, es der Welt zu vergönnen, indem er es vorzog, nicht mehr als 25 Exemplare abziehen zu lassen, mit welchen er allerdings seltne Geschenke machen konnte. Allein den Freunden [1129] der Poesie hat er Ursache gegeben, ihm zu zürnen. Möge er oder ein Andrer, der den Zweck der Druckerei weniger verkennt, uns recht bald mit einer zahlreichen Auflage jener unschätzbaren Liedersammlung beschenken! Wenn Recensent behauptet, dass diese Sammlung, nach den wenigen in einer Französischen Anzeige gegebenen Proben zu urtheilen, merkwürdige Lichtstrahlen über die älteste Geschichte der Spanischen und Portugiesischen Poesie verbreitet, so glaubt er den Vorwurf der Uebereilung nicht fürchten zu dürfen.

Was den Inhalt der gegenwärtigen Sammlung betrifft, so war der Herausgeber durch das Gesetz, das er sich auferlegt hatte, möglichst wenig aus den oben angeführten Anthologieen aufzunehmen, freilich beschränkt; um so mehr muss Rec. anerkennen, dass die Auswahl mit Geschmack und Umsicht gemacht ist. Nicht jeden zwar wird sie befriedigen, allein Rec. ist der Meinung, dass auch eine Anthologie nicht schlechterdings die Blüthe der Literatur geben müsse, dass sie auch recht wohl durch Aufnahme manches Verfehlten, soferne dieses nicht bedeutungslos für sich dasteht, sondern eine allgemeinere Richtung des Geschmacks bezeichnet, ein treffendes Bild der Literatur darstellen dürfe. Jedesfalls aber behauptet diese Auswahl den Ruhm, dass sie auch den belesensten Kenner der Spanischen Literatur durch neue und wahrhaft seltene Gaben überrascht und daher zur Kenntniss derselben besonders in unserm Vaterlande wesentlich beitragen wird. In der Behandlung des Textes alt-Spanischer Gedichte, besonders volksmässiger, ist Rec. mit Hrn. Böhl v. Faber's Grundsatz, jedes einzelne mit Beiseitesetzung der oft nicht unbedeutenden Abweichungen, die sich in den verschiedenen Ausgaben darbieten, nach einer gewissen Ausgabe unverändert abdrucken zu lassen, nicht einverstanden. Es kommt hier darauf an, die älteste und reinste Form aufzustellen. Wir sind über das Verhältniss der Ausgaben des *Cancionero general* noch nicht völlig aufgeklärt[1]), allein es ist nicht zu läugnen, dass die spätern Drucke mitunter reinere Lesarten enthalten, als die früheren, welches besonders von dem trefflichen *Cancionero de romances*, Anvers 1555, gilt; eine Berücksichtigung der wichtigsten Lesarten wäre daher sehr zweckmässig gewesen. Wie soll sich aber Rec. erklären, dass Herr Böhl von Faber mehrere Stücke aus dem Antwerper *Cancionero* von 1555 mit andern und nicht bessern Lesarten liefert, als Grimm in seiner *Silva* aus derselben Quelle? Man vergleiche die folgenden Verse aus der Romanze Nro. 135:

Quien hubiese tal ventura [1130]
Sobre las aguas del mar
Como hubo el conde Arnaldos
La mañana de Sant Juan . . .
Las velas traía de seda,
La jarcia de claro cendal,
Marinero que la manda
Diciendo venia un cantar
Que la mar hacia en calma
Y los vientos amainar . . .
Y del golfo de Leon
Y del Veneciano mar
Y de los bancos de Flandes
Do suelen mas peligrar —

mit denselben in der *Silva* p. 244:

Quien uviesse tal ventura
Sobre las aguas de la mar,
Como uvo el conde Arnaldos
La mañana de San Juan . . .?
Las velas traya de seda,
La exarcia de un cendal,
Marinero que la manda
Diciendo viene un cantar,
Que la mar hazia en calma,
Los vientos haze amaynar . . .
Y del golfo de Venecia
Y de los bancos de Flandes
Y del golfo de Leon
Donde suelen peligrar!

1) [S. F. Wolf u. K. Hofmann, *Primav. de rom.* 1856. p. LX.]

Dass der Abdruck in der *Silva* mit dem Druck des *Cancionero* 1555 bis auf die alterthümliche Orthographie übereinstimmt, kann Rec. versichern; schwer aber kann er an einen doppelten Antwerper *Cancionero* von demselben Jahre glauben; nicht gleichgültig wäre es ihm zu erfahren, welche Ausgabe eigentlich jene Varianten enthält.

Bei der Durchsicht eines Buches von so reichem Inhalt kann es nicht fehlen, dass sich im Einzelnen mancherlei Bemerkungen darbieten; von diesen glaubte Rec. hier nur wenige mittheilen zu dürfen. Bd. I S. 10 befindet sich eine wohl ausgeführte Allegorie der sieben Todsünden von dem Portugiesischen Dichter Juan Manuel, aus dem *Cancioneiro geral*, Lisb. 1517, entlehnt, aus welchem die *Floresta* auch noch andre schätzbare Proben gibt; Rec. hatte bis dahin nur von einem *Cancioneiro* vom Jahr 1516 gewusst, der auch manche Castilianische Stücke enthalten soll; er vermuthet daher eine Verwechslung der Jahrzahlen. — Mehrere Liedchen der ersten Abtheilung des ersten Bandes, die Geburt und Kindheit Jesus betreffend, und aus den verborgensten Quellen hergeholt (z. B. Nro. 26—29, 49), sind von ausserordentlicher Zartheit [1131] und dürften in einer Charakteristik der religiösen Poesie nicht übersehen werden; dasselbe lässt sich von den mystischen Liedern des Juan de la Cruz (Nro. 68—71) behaupten, welche in gleich gestimmten Gemüthern eine ungewöhnliche Wirkung hervorzubringen geeignet sind. — Bei Nro. 87, Krönung des Valenzianischen Dichters Mosen Jordí, von dem Marques von Santillana verfasst, wiederholt der Herausgeber die Behauptung, Jordi habe im 13. Jahrhundert gelebt. Diese Frage ist nicht ohne Interesse, da Petrarca, falls der Valencianische Sänger vor ihm gelebt haben sollte, ein ganzes Sonett von ihm entlehnt haben müsste. Allein Sarmiento (p. 221) und Sanchez (I p. 81) haben es wahrscheinlich gemacht, dass Jordi nach Petrarca gelebt und also ihm nachgedichtet habe. Der Krönungsgesang ist dem Rec. ein neuer Beweis, dass Mosen Jordi noch ein Zeitgenosse des Marques von Santillana († 1458) wiewohl älter als dieser gewesen, da es unter den Spanischen Troubadours Sitte war, abgeschiedenen Zeit- und Kunstgenossen poetische Ehrendenkmäler zu setzen. So wurde der Tod des Marquez von Villena von dem Marques von Santillana, und der des leztern von Gomez Manrique in Trauerliedern gefeiert. — Unter den *rimas amorosas* befindet sich eine Reihe von Romanzen, welche indess nicht sämmtlich volksmässig sind, da sich bei allen Romanzen von benannten Urhebern, deren hier mehrere vorkommen, Zweifel gegen die Volksmässigkeit erheben. Bei dieser Gelegenheit sagt Herr Böhl von Faber in den Fingerzeigen, er beabsichtige einen historischen *Romancero* eine Arbeit, welche nach der Deppingischen gewiss nicht überflüssig seyn würde. Nro. 124 ist eine gefällige Bearbeitung des bekannten Thema's, wie ein aus der Fremde heimkehrender Gatte, um sein Weib zu prüfen, verkleidet vor sie tritt und ihr erzählt, dass ihr Gatte als der Buhle einer Andern gestorben sei, indem er ihr in Folge dessen seine Dienste anbietet; diess wird abgeschlagen und das fröhliche Wiedererkennen erfolgt. Nr. 130 ist nur der Anfang einer grössern Romanze, die auch unter Nro. 145 gegeben ist. Bei den Romanzen Nro. 132, 133 und 152 hätte angemerkt werden sollen, dass jede derselben von zwei Verfassern herrührt (s. Canc. gen. Anv. 1575 p. 212, 208, 113).

Herr Böhl von Faber erklärt in der Vorrede, er habe seit zwanzig Jahren seine Musse dem Studium der alten Castilianischen Dichtkunst gewidmet und den Plan gehabt, ein vollständiges Gemälde derselben aufzustellen, d. h. Auszüge aus den Werken der vorragenden Dichter jedes [1132] Jahrhunderts in chronologischer Ordnung, mit historischen und philologischen Anmerkungen begleitet, zu liefern und Untersuchungen über die Eigenthümlichkeiten der Versarten beizufügen; da ihm indessen ein grosser Theil der zu einer so weitläufigen Unternehmung unentbehrlichen Documente fehle und er fern von den Bibliotheken der Hauptstadt lebe, so habe er seinen Plan aufgeben müssen. Rec. fühlt sich überzeugt, dass Herr Böhl von Faber, falls er Gelegenheit gehabt hätte, seinen Plan auszuführen, uns vortreffliche Vorstudien zu einer noch zu lösenden Aufgabe, einer Geschichte der alt-Spanischen Poesie, geliefert haben würde.

Rec. kann sich bei dieser Gelegenheit nicht erwehren, die Wichtigkeit und den Reiz dieser Aufgabe anzudeuten, sofern es wichtig und reizend seyn kann, die stets in Dunkel gehüllten Anfänge der poetischen Geistesthätigkeit irgend eines Volkes zu erforschen und darzulegen: denn es kann nicht streitig gemacht werden, dass die Literatoren noch nicht bis in die Propyläen der Geschichte der Spanischen Poesie eingedrungen sind. Freilich müssten einer ganz gesicherten und genügenden Darstellung zugleich jene Denkmäler und Documente zu Grunde liegen, welche uns die Spanier noch immer vorenthalten, und auf die wir gewiss noch lange verzichten müssen; allein schon aus den gedruckten Ueberresten der alten Literatur, sowie aus den zerstreuten Nachrichten und literärischen Vorarbeiten würde sich mit Hülfe eines geübten Blickes eine bedeutungsvolle Untersuchung anstellen lassen, und hiezu würden die Pariser so wie verschiedene Deutsche Bibliotheken die wünschenswerthen Mittel darbieten. Eine Aufgabe, wie diese, ist in Betracht der Forderungen, welche die gegenwärtige Zeit an einen Geschichtsschreiber der alten Poesie einer Nation macht, keine der leichten. Es kommt hier darauf an, sich durch die Dornen des historisch-kritischen Weges zu arbeiten, ohne auf die glattere Bahn der ästhetischen Behandlung abweichen zu dürfen. Hiermit soll der Werth der leztern nicht geläugnet werden: es ist und bleibt vielmehr das lezte Ziel der Literatur-Geschichte, auf den Charakter und innern Zusammenhang der Literatur einzugehen und uns von geistigen Erscheinungen auch eine geistige Anschauung zu eröffnen; für die neuere Literatur empfiehlt sich diese Behandlungsweise unbedingt, da jene keine historischen und philologischen Schwierigkeiten in sich trägt und sich überdiess mit Rücksicht auf Geschmacksregeln entwickelt oder unbewusst den Einfluss philosophischer Bildung [1133] erfahren hat. Allein für die Geschichte der mittlern Poesie ist diese Art der Untersuchung oder vielmehr der Betrachtung für jezt noch unfruchtbar, ja schädlich; denn ohne einen Funken Licht über dieselbe zu verbreiten, wird die ästhetische Kritik, wenn sie nichts weiter ist als solche, nur zu Missverständnissen Anlass geben, indem sie einen an ganz entlegenen Erscheinungen geübten Blick mitbringt. Der Beurtheiler der romantischen Poesie muss schlechterdings auf das Einzelne und Kleine eingehen, da sich an dieses die wesentlichsten Bemerkungen über das Kunsttalent der Dichter knüpfen, er darf nie übersehen, dass sich bei ihnen ein Theil des Geistes, dessen Daseyn wir *a priori* doch wohl zugeben müssen, in die Form gezogen hat. Allein eben für diese Einzelheiten schärft sich das Auge nur durch das Studium der Sprache, der Kunstform und gewisser historischer Verhältnisse, und darum muss Beurtheilung und Forschung hier in einer Person vereinigt seyn. Wir haben noch in unsrer Zeit Geschichtsschreiber der Literatur gesehen, welche ohne die geringsten Vorstudien, ohne Sach- und Sprachkenntnisse die Poesie des Mittelalters behandelt oder sich absprechende Urtheile über sie erlaubt haben, ohne recht bedenken zu wollen, dass die frühern Dichter jenes Zeitraumes durch eine sorgfältige, ja feine Behandlung der Sprache und des Verses, worin die Provenzalischen Troubadours noch jetzt unübertroffen dastehen, den Typus der gebildeten Dichtkunst aufgestellt und den Neueren auf die fruchtbarste Weise vorgearbeitet haben. Welchen Mängeln diese Art der Literaturgeschichte ausgesezt ist, kann das bekannte Werk eines geachteten Schriftstellers bezeugen. Wie Vieles ist in Bouterwek's Geschichte der Poesie und Beredtsamkeit in den Abschnitten über das Mittelalter versehen! Rec. durchliest nur die wenigen Seiten (27—46), welche die älteste Spanische Poesie betreffen, und findet eine nur zu reiche Ausbeute von Irrthümern und Versehen, die er auf keine Weise entschuldigen kann. Ohne des Verfassers Urtheile zu berühren, führt Rec. die literärhistorischen Verstösse an, die ihm bei einem einmaligen Durchlesen aufgefallen sind, um zu zeigen, dass seine Behauptung keine Grille ist, allein er hebt auch die kleineren Fehler aus, weil der Geschichtsschreiber auch diese vermeiden soll. Bei Seite 28 ist zu bemerken, dass Sanchez seine Sammlung nicht 1775, sondern 1779 veranstaltete. S. 31 steht: »Ein artiger Zufall ist es, dass der fromme Mann seine Verse selbst Prose nennt.« Prosa heisst in der Sprache des Mittelalters auch Erzählung in Versen [1134]. S. 32 wird der *Tesoro* dem König Alfonso X. unbedingt zugeschrieben, ohne dass Sanchez' bedenkliche Zweifel an der Aechtheit desselben angeführt werden. Vergessen ist die charakteristische Bemerkung, dass ein Theil des Werkchens in geheimen Ziffern geschrieben ist, nicht erwähnt Alfonso's Gedicht *de las querellas* und sein *Tesoro* in Prosa. S. 35. Alfonso XI. regierte nicht von 1324, sondern 1312. Daselbst heisst es: »Nach dem Berichte der spanischen Litteratoren hat Alfons XI. eine allgemeine Chronik in Redondilien verfasst.« Diesen seltsamen Irrthum hatte schon Sanchez (I, 171) berichtigt, allein der Verfasser scheint diesen Literator nicht gelesen zu haben, dessen »Commentar voll philologischer (soll heissen: litterärhistorischer) Gelehrsamkeit« ihm langweilig vorkommen mochte. Nic. Antonio hatte den Irrthum eingeführt.

In Argote de Molina's *Nobleza de Andalusia* heisst es im Index: *cronica por Don Alonso*; schlägt man aber das Buch auf, so findet sich nichts, als eine Stelle aus der versificirten Geschichte Alfonso's XI.; wahrscheinlich also rührt der Index von einer andern Hand, als der des Verf. her; Antonio hatte sich mit der Angabe im Index begnügt. Auf derselben Seite steht zu lesen: »Die Redondilien kamen nun (durch Alfons XI.) zu Ehren« — allein schon Alfons X. hatte sich dieser Versart bedient. S. 37 wird gesagt, der Infant D. Juan Manuel sei 1362 gestorben, wiewohl N. Antonio und Argote, aus welchen die Notiz über Manuel entlehnt ist, gezeigt haben, dass diess die falsche Jahrzahl einer spätern Grabschrift ist, und der Infant 1347 starb. S. 42: »Er nennt sie *coplas*. Also waren es gewiss keine Alexandriner.« Vgl. hiemit das in Alexandrinern geschriebene Gedicht vom Cid, v. 2286 [= 2276 in d. Ausg. v. Vollmöller]:

Las coplas deste cantar aquis' van acabando.

Daselbst wird es wahrscheinlich gemacht, dass der Infant mit einem D. Juan Manuel im Cancionero eine Person sei. Diess ist aber schlechterdings unwahrscheinlich. Wer einige Kenntniss der alten Spanischen, Provenzalischen, Französischen, Deutschen und Italienischen Liederbücher besitzt, wird sich erinnern, dass sie den Stand der Dichter bei ihren Namen stets bemerken; dieser Juan Manuel kann also nicht der Infant gewesen seyn und wirklich war er ein Portugiesischer Dichter, der anderthalb hundert Jahre später lebte und von welchem Hr. Böhl v. Faber einige Lieder und eine Notiz mittheilt. S. 46 wird versichert, das Werk des J. Ruiz de Hita habe sich nur zum Theil erhalten. Aber [1135] auch hier hat schon Sanchez gezeigt, dass es drei Handschriften desselben gibt, die sich ziemlich ergänzen. — Mit Versehen dieser Art, welche des Verfassers Eilfertigkeit deutlich verrathen, kann eine treue Darstellung der Literaturgeschichte unmöglich bestehen. Frei von Vorurtheilen und ausgerüstet mit genügenden Vorkenntnissen muss der Geschichtschreiber der älteren Spanischen Literatur den Muth fassen, in einen Wald poetischer Producte, in ein Labyrinth ungeprüfter Nachrichten und widersprechender Auslegungen einzudringen und aus dem Fragmentarischen ein zusammenhängendes Ganzes zu schaffen, wobei denn gar manche folgenreiche Frage in Betracht kommt.

Rec. hält es nicht für unpassend, der Beurtheilung eines Werkes, das der unmittelbaren Anschauung der ältern Castilianischen Poesie gewidmet ist, einige Fingerzeige über gewisse, von dem Geschichtschreiber dieser Poesie wohl zu beherzigende Punkte beizufügen, indem er die Hoffnung hegt, Hr. B. v. F. möge seinen oben erwähnten Plan, uns Aufklärungen über die Dichter seiner Sammlung mitzutheilen, nicht für immer aufgegeben haben. —

Es scheint unerlässlich, das ganze christliche Spanien zusammenzufassen; doch kann Castilien als Mittelpunkt festgesetzt werden. Die ganze Klarheit der poetischen Anfänge entwickelt sich aus dem richtigen Auffassen des Verhältnisses zwischen Volks- und Kunstpoesie; diesen Punkt muss der Forscher stets im Auge behalten, er muss, um sich zur rechten Einsicht zu erheben, vorzüglich auf die Form eingehen und das Herausbilden der Kunstpoesie aus der volksmässigen beobachten. Die lezte, eine bescheidene Pflanze des vaterländischen Bodens, offenbart sich vorzugsweise in einfacher Form; es fragt sich, welche in Castilien die altnationale gewesen. Nur zwei Versarten dürften hier um den Preis streiten, der Alexandriner und die trochäischen Redondilien der Romanze (*redondillo mayor*). Ersterer tritt uns in den alten Denkmälern zuerst entgegen, allein er zeigt sich (in dem Gedicht vom Cid) so roh, ungelenkig und unmusikalisch, dass wir in ihm nicht die natürliche, lebendige Sangweise des Volkes, sondern ein mühsames Streben, sich einer fremden Form zu bemächtigen, erkennen: der Verfasser scheint ein Gedicht in höherm Styl beabsichtigt zu haben. Dass auch schon Berceo, Ruiz de Hita u. a. sich vierzeiliger Alexandriner-Strophen bedienten, darf uns nicht irren, denn diese Form ist erweisliche Nachahmung; in derselben dichtete schon um [1136] 1140 der Franzose Thibaut de Vernon, und ihre Anwendung für die geistliche und moralische Dichtkunst war allgemein. Manche Umstände zeigen, dass der s. g. *redondillo mayor* in dem Spanischen und Portugiesischen Sprachgebiete (nicht in dem Catalanisch-Provenzalischen) der älteste und nationalste Vers gewesen. Auch die Assonanz muss als uralt und volksmässig anerkannt werden; als nachher die Kunstdichter auftraten, ward sie als kunstlos fast völlig verbannt, selbst in der erzählenden Gattung musste sie dem Reime weichen, so dass lezterer als ein zuverlässiges Kriterium für die Unvolksmässigkeit einer Romanze gelten kann (demnach sind in Grimm's *Silva* als unächt auszustossen die Romanzen S. 141 und 314, die auch innere Spuren des Kunstliedes tragen).

Weitere Fragen und Untersuchungen drängen sich bei der Betrachtung der Castilianischen Kunstpoesie hervor. In ihrer vollendeten Gestalt als Hofpoesie erscheint sie erst zu Anfang des fünfzehnten Jahrhunderts: allein es liegt am Tage, dass sie bereits im Stillen mehrere Bildungsmomente durchwandelt hatte. Eben so leicht lässt sich die Bemerkung machen, dass sich verschiedene ausländische Fäden in ihr durchkreuzen. Offenbar hat die poetische Literatur dreier Länder einen grössern oder geringern Einfluss auf sie ausgeübt, nämlich die Provenzalische, die Catalanische und die Gallicisch-Portugiesische.

Was den Einfluss der ersteren betrifft, so glaubt der Marques von Santillana (doch wohl in Bezug auf eine Ueberlieferung), die Kunstpoesie (*estas artes*) sei von den Lemosinern nach Spanien verpflanzt worden. Die Höfe verschiedener Könige von Leon und Castilien, namentlich von Alfons IX und Alfons X, waren die Sammelplätze der Troubadours; einer der lezteren, G. Riquier, feiert Alfons den Weisen als den freigebigsten Beförderer der Dichtkunst. Höchst merkwürdig und für den Castilianischen Charakter bezeichnend bleibt es hiebei, dass Alfons sich in Castilianischer Sprache niemals einer Kunstform der Troubadours bedient hat; allein wiewohl die ernsten und stolzen Castilianer den bunten Formspielen der Provenzalischen Muse nicht huldigten, und noch weniger ihren Geist sich anzueignen strebten, so gelang es ihnen doch nicht, ihre Einwirkung gänzlich abzuwehren, und schon der Name *Trobadores*, den sich die früheren Spanischen Dichter beilegten, kann diess bezeugen.

[1137] Diese Einwirkung auf Castilien dauerte selbst nach dem Untergang der Provenzalischen Hofpoesie fort, da sich die Dichter in dem angränzenden Reiche Aragon der Sprache und Kunstformen der Troubadours zum Theil bis in das fünfzehnte Jahrhundert beflissen und hierin von ihren auf Nationalsinn und Nationalsprache eifersüchtigen Königen, deren Vorfahrer selbst als Troubadours sich gezeigt hatten, ermuntert wurden. Bekanntlich liess König Johann I. 1390 zu Barcelona ein *Consistorio de la gaya sciencia* nach dem Muster der Toulouser Blumenspiele errichten; diess stockte nachher eine Zeitlang, ward aber von dem Marques von Villena von Neuem organisirt. Dieser merkwürdige

Mann glaubte sich zum poetischen Apostel für Castilien berufen; das Verhältniss, in welchem er zu den Dichtern dieses Landes stand, ist für den Geschichtschreiber der Spanischen Poesie sehr beachtenswerth. Offenbar hatte er die Absicht, die Kunstregeln der in Aragon noch immer gelesenen und verehrten Troubadours auch in Castilien geltend zu machen: er verfasste zu dem Ende eine Poetik, worin die »Trobadores antiguos« und die aus ihnen abstrahirten Vorschriften der Dichtkunst als Muster aufgestellt wurden. Das Werk war an den Marques von Santillana gerichtet, der sich nach diesen Lehren bilden und vermöge seines Ansehns auf die übrigen Dichter des Königreichs, »damit diese den Namen Troubadours mit Recht führten« wirken sollte. Dieses Streben blieb nicht ohne Erfolg, wenn man das Ansehn erwägt, zu welchem die Poetik des Provenzalen Ramon Vidal gelangte; wenigstens verwahrt sich Santillana in der Vorrede zu seinen Sprichwörtern bei Erwähnung einiger metrischen Freiheiten, die er sich erlaubt hatte, gegen den Vorwurf, er habe den Vidal nicht gelesen. Allein das auffallendste Beispiel von dem Nationalsinne der Castilianer [1138] ist das, dass sich auch noch jezt kein Dichter des Landes der Provenzalischen Versarten, selbst nicht des über ganz Südeuropa verbreiteten Hendecasyllabus, bedient; Versarten, wie sie Villena in seinem Tractat [in *Mayans y Siscar's Orig. de la leng. española* 1873². S. 282; 1. Ausg. 1737] ganz im Geschmack der Troubadours aufstellte, z. B.:

> Vuestra bondad por ser loada de mi
> Havrà sazon sea mas conocida —

oder

> Cuidado tengo yo de ti,
> Ai alma, por tu mal facer.

finden sich nicht im *Cancionero* und einige darin vorkommende sogenannte Sonette (von 41 Zeilen) sind sogar Italiänisch geschrieben, als wäre die Castilianische Mundart dazu nicht passend gewesen; doch werden dem Marques v. Santillana einige Castilianische Hendecasyllaben zugeschrieben (s. Sarmiento p. 217)[1].

Die dritte Literatur, welche auf die Gestalt der Castilianischen Kunstpoesie wirkte, ist die Gallicisch-Portugiesische. Die Gallicische Mundart beherrschte Anfangs ausser Gallicien auch die Provinz *Entre Minho e Douro* und verbreitete sich von da

[1] [Vgl. Ticknor, Gesch. d. span. Lit. Deutsch v. Julius. I. 266. Anm. 1.]

mit den Waffen der neuen Portugiesen über Südportugal, wo sie nachher ihre Ausbildung empfing; allein noch zu Ende des 13. Jahrhunderts war die Sprache jener Provinz die poetische des Königreichs. Ueberraschend ist es, dass sich dort, was in Castilien niemals gelingen wollte, schon im 13. Jahrhundert eine Liederpoesie im Geist und in der Form der Provenzalischen ausbildete: der von Stuart herausgegebene, schon oben erwähnte, *Cancioneiro* thut diess auf eine unwidersprechliche Weise dar, wir finden hier die Kunstformen der Troubadours auf das Genaueste durchgeführt. Der Literaturgeschichte liegt die Untersuchung der Frage ob, auf welche Weise die Provenzalische Lyrik in Portugal Eingang gefunden. Vorläufig ist die Erklärung, dass sie durch reisende Kunstdichter etwa von dem Castilanischen Hofe aus hinübergepflanzt worden, die wahrscheinlichste, wenn auch [1139] die Troubadours nirgends einer Verbindung mit Portugal erwähnen. Alsdann wäre zu untersuchen, ob neben der provenzalischen Schule in Portugal, welche nicht lange geblüht zu haben scheint, eine nationale bestanden, oder ob sich diese nach dem Verfall der ersteren gebildet habe. Die Muthmassung Santillana's (Sanch. I. S. LVII), dass die Castilianer den Portugiesen die *versos de arte mayor* verdankten, würde das Alter der einheimischen Kunstpoesie sehr hoch hinaufrücken, da schon Alfons X. sich dieser Strophenart bediente. So viel aber ist augenscheinlich, dass die Portugiesisch-Gallicische und Castilianische Dichtkunst von jeher in lebendiger Wechselwirkung standen, wobei aber erstere den Vorrang behauptete; bekanntlich schrieb Alfonso X. seine *Cantigas* in Gallicischer Sprache und Versweise, und Santillana versichert sogar, was aber nicht zu glauben ist, dass man früher in Spanien nur Gallicisch gedichtet habe (Sanch. I. S. LVIII); er selbst, so wie der noch vor ihm lebende Archidiaconus von Toro bedienten sich aber zuweilen der Gallicischen Mundart; doch fand auch das umgekehrte Verhältniss statt.

Diesen und ähnlichen Gegenständen muss derjenige eine gründliche Untersuchung widmen, der bis in das Herz der Altspanischen Poesie eindringen und uns eine befriedigende Auseinandersetzung derselben geben will. Dass er aber alsdann auch der *Floresta* des Herrn B. v. F. eine besondere Rücksicht schenken muss, lässt sich aus dem über sie Gesagten abnehmen.

Friedr. Diez.

Petri Alfonsi Disciplina clericalis.

Zum ersten Mal herausgegeben mit Einleitung und Anmerkungen von **Fr. Wilh. Val. Schmidt.** Ein Beitrag zur Geschichte der romantischen Literatur. Berlin, Enslin. 1827. — 172 S. 4° [1]).

Moses, ein Spanischer Jude aus dem Anfang des zwölften Jahrhunderts, gelehrt wie Viele seiner Nation in geistlichem und weltlichem Wissen, fühlte sich in seinen Forschungen durch die Gnade Gottes plötzlich erleuchtet über den wahren Glauben. Folgsam dem göttlichen Wink bat er um die Taufe und empfing sie am Tage des heil. Petrus 1106 zu Huesca in Aragon in Gegenwart des Kaisers von Spanien Alfonso, der bei dem Bekehrten Pathenstelle einnahm. Mit der Mosaischen Lehre zugleich dem Namen ihres Stifters entsagend, nannte er sich dem Apostel, unter dessen Auspicien die Feierlichkeit geschehen war, und seinem fürstlichen Pathen zu Ehren *Petrus Alfonsi* (sc. *filius spiritualis*). Verläumdungen von Seiten der Juden folgten seinem Uebertritt: Gottesverachtung, Unkunde des Mosaischen Gesetzes, weltliche Eitelkeit wurden ihm als Motive jenes Schrittes vorgerückt. Diese Vorwürfe bewogen ihn zunächst, seine *Dialogi contra Judaeos* zu schreiben: sie sollten seine Handlungsweise rechtfertigen, indem sie die Vorzüge des Christenthums vor den anderen Religionen ins Licht sezten. Diese kurze Nachricht aus seinem Leben verdanken wir ihm selbst [348]. Seine *Dialogi* wurden nachmals berühmt unter den Theologen und öfters angeführt; Vincentius Bellovacensis hat einen grossen Theil derselben fast wörtlich in

[1]) [Jahrbücher für wissenschaftliche Kritik, Stuttgart u. Tübingen 1829, S. 347—352 incl.]

ein *Speculum historiale* aufgenommen, und 1536 wurde das ganze Buch zum Erstenmale gedruckt.

Als Gegenstück zu diesem Werk entwarf Petrus Alfonsus um eselbe Zeit, wie es scheint, seine *Disciplina clericalis.* Wenn nes, als ein rein theologisches Werk, die von Gott ausgegangene eisheit zum Gegenstand hatte, so war dieses derjenigen Weist gewidmet, welche der Mensch aus der Erfahrung der Jahrnderte sich selbst erworben, der eigentlichen Philosophie des bens. Auch zu dieser Arbeit fühlte sich der Verf. von göttnem Hauche begeistert: *„quia igitur me, licet peccatorem"*, sagt im Eingange, *„Deus multimoda vestire dignatus est sapientia, lucerna mihi credita sub modio tecta lateat, eodem spiritu instigante, ad multorum utilitatem hunc librum componere admonitus sum."* Der Inhalt des Buches besteht in moralischen Sentenzen, welche durch Parabeln und kleine Erzählungen erläutert und bestätigt werden; die Form ist, wie in der früheren Schrift, die des Dialogs. Lehren wie Beispiele sind nicht des Verf. Werk, er selbst gesteht, dass er sie aus Arabischen Quellen entlehnt habe; es ist sogar wahrscheinlich, dass er sein Buch zuerst in Arabischer Sprache niederschrieb, worin die Spanischen Juden wohlbewandert waren, und es sodann zu gemeinem Besten ins Lateinische übersezte. (*„Deus in hoc opusculo sit mihi in adjutorium, qui me librum hunc componere et in latinum transferre compulit."* [S. 33.]) Form und Inhalt des Werkes zeugen unwidersprechlich für seinen morgenländischen Ursprung: es ist derselbe Geist der Belehrung und Erfindung, der die *Disciplina clericalis* wie die Tausend und Eine Nacht beseelt, und es ist bemerkenswerth, dass Petrus Alfonsus, der sich als eifriger Gegner des Islams zeigt, den morgenländischen Charakter seines Originals nicht verwischte, wiewohl er übrigens die dem Christen anstössigen Stellen verbannte (*„vitandum . . . ne quid in nostro tractatu inveniatur, quod nostrae credulitati* (Glauben) *sit contrarium"* [S. 34]), vielleicht auch sein Original hin und wieder abkürzte (*„modum tamen consideravi, ne, si plura necessariis scripserim, scripta oneri potius sint lectori quam subsidio"* [S. 34]). Auch Silvestre von Sacy erklärt sich für die Arabische Abstammung des Buches, doch vermochte er nur eine einzige Fabel desselben, die von der Schlange, dem Menschen und dem Fuchs, in der Arabischen Literatur nachzuweisen, ein Umstand, der den Werth dieser

Mährchensammlung nur erhöht. Wenn das Werk des Petrus Alfonsus hiernach nichts Anderes als ein moralisches Lehr- und Exempelbuch seyn sollte, so wird der Titel *Disciplina clericalis* Jeden befremden, dem des Verfs. eigene Erklärung, dass er die moralische Bildung der Kleriker (*„est nomen ex re: clericalis disciplina; reddit enim clericum disciplinatum“* [S. 34]) beabsichtigte, nicht bekannt ist.

[349] Ein Werk wie dieses hätte sich dem für jede Art der Belehrung, vor Allem für die parabolische, so empfänglichen Mittelalter empfehlen müssen, wären auch seine Sprüche nicht so sinnvoll gedacht, seine Beispiele nicht so kunstvoll erfunden gewesen. Vorzüglich mussten die lezteren ansprechen. Es sind ungefähr dreissig Erzählungen, theils ernsten, theils lustigen Inhalts, und schon durch ihre Mannigfaltigkeit unterhaltend. Mehrere derselben, welche man eigentliche Novellen nennen kann, warnen vor hinterlistigen Weibern, deren unerschöpfliche Gewandtheit in wohlerfundenen Beispielen anschaulich gemacht wird, andere vor falschen Freunden; einige zeigen die Folgen der Leichtgläubigkeit und Unbesonnenheit, andere erzählen weise geschlichtete Rechtshändel; mehrere Stücke sind ächte Schwänke, die von Seiten der Erfindung nichts zu wünschen übrig lassen, gewöhnlich lösen sie das Thema, wie ein Schadenfroher in seine eigene Falle geräth; eingestreut sind kleinere Thierfabeln, zum Theil aus der Aesopischen Sammlung geflossen. Das Interesse, welches das Mittelalter an dem Buche nahm, zeigt sich in der Verehrung, mit der man den Verf. und sein Werk nannte, in einzelnen Nachahmungen sowie in vollständigeren Bearbeitungen der ganzen Sammlung.

Ein Theil der Erzählungen floss in das berühmte Fabelbuch *Gesta Romanorum* und verbreitete sich besonders durch das damit zusammenhängende wahrhaft Europäische Volksbuch »Die sieben weisen Meister« über alle Länder: aus dieser oder aus der unmittelbaren Quelle schöpften andere Novellen- und Fabeldichter oder Fabelsammler. Die Uebersetzungen, welche wir von dem merkwürdigen Buche besitzen, sind alt-Französisch, allein gewisslich waren diese nicht die einzigen. Dass die nahgelegene Provence sich das Buch wird zu eigen gemacht haben, lässt sich erwarten; Rec. macht in dieser Hinsicht auf die Stelle eines Troubadours aufmerksam. Peire Cardinal wünscht sich die geistigen

Vorzüge, die nach seiner Annahme den Bekennern der verschiedenen Religionen eigenthümlich sind; er sagt (s. Raynouard's Choix Bd. IV S. 361)

> Dig vuelh aver de Sarrazi,
> E fe e ley de crestia,
> E subtileza de paia
> Et ardimen de Tartari.

»Ich wünsche mir die Sprüche des Saracenen, Glauben und Gesetz des Christen, Scharfsinn des Heiden und Kühnheit des Tartaren.« Die Sprüche der Araber scheinen hiernach so rühmlich bekannt gewesen zu seyn, wie der Scharfsinn des Aristoteles oder die Kühnheit der weltstürmenden Mongolen (denn diese sind unter den Tartaren zu verstehen), und auf welche Autorität könnte man die Aeusserung des Dichters mit besserem Rechte beziehen, als auf eine provenzalische Bearbeitung der *Disciplina clericalis?* Die älteste Französische Uebersetzung ist *Chastoiement d'un père à son fils* aus dem dreizehnten [350] Jahrhundert, welche bis jetzt schon zweimal, doch nicht ganz vollständig, zuerst von Barbazan 1760, dann von Méon 1808 herausgegeben worden ist. Diese alterthümliche Uebersetzung kann auf Zierlichkeit und zweckmässige Treue Anspruch machen; es ist zu bemerken, dass sie gegen den Gebrauch damaliger Dichter ihre Quelle nicht nennt. Den Geist der Uebertragung kann eine kurze Stelle aus der ersten Erzählung vom halben Freunde anschaulich machen. Peter Alfonsus sagt: „*Arabs moriturus, vocato filio suo, dixit ei: Dic, fili, quot tibi dum vixisti acquisieris amicos? — Respondit filius et dixit: Centum, ut arbitror, acquisivi mihi amicos. — Dixit pater: Philosophus dicit: Ne laudes amicum tuum donec probaveris eum. Ego quidem prior natus sum et unius dimidietatem vix mihi acquisivi*“ [S. 35]. Die Uebersetzung lautet [II, S. 44]:

> Avint si qu'il amaladi,
> Morir quida trestot de fi;
> A son fill a donc demandé
> Quanz amis as tu conquesté
> Tant com as vescu entre gent?
> Le filz li a dit[1]: plus de cent.
> Li peres entendi assez,
> Que nes (ne les) a pas bien esprovez.
> Moult as, dit il, bien esploitié,
> Se tu i as tant porchacié,

Mais tu ne te dois mie venter
Ains que viegnes a l'esprover.
Beax filz, moult a que ge sui né,
Et si n'ai ge pas tant erré,
Que je me soie porchacié
Fors d'un seul ami la moitié.[1])

Seit man die Poesie des Mittelalters eines genaueren Studiums gewürdigt, hat sich die Aufmerksamkeit der Forscher mehrmals auf das ungedruckte Original des *Chastoiement* gerichtet. Englische und Französische Literatoren hatten Gelegenheit, das Werk aus Handschriften kennen zu lernen, auch geben sie einzelne Notizen darüber; der Engländer Douce u. A. lieferte in *Ellis' Specimens* [S. 39—45] eine vollständige Inhaltsangabe der *Disc. cler.*, allein Keiner wollte sich zur Herausgabe des kleinen Buches entschliessen. Endlich i. J. 1815 erklärte Roquefort in seinem Werk „*De l'état de la poésie française*“ [S. 182], dass Méon eine Ausgabe des Lateinischen Originals mit zwei noch ungedruckten Französischen Uebersetzungen, einer metrischen und einer prosaischen, vorbereite. Der Herausgabe mochten Schwierigkeiten im Wege stehen, denn erst 1824 erschien das Werk auf Kosten der Gesellschaft Französischer Bücherfreunde (*Société des bibliophiles français).* Es zerfällt in zwei Abtheilungen, deren erste unter dem Titel: *Disciplina clericalis, auctore Petro Alphonsi, ex Judaeo Hispano* etc. den Lateinischen Text nach mehreren Handschriften nebst einer alt-Französischen Uebersetzung in Prosa, die zweite unter dem besonderen Titel: *Le Chastoiement d'un père à son fils* etc. eine alt-Französische Uebersetzung in Versen enthält. Die prosaische Uebersetzung ist dem Original gegenüber gedruckt, sie ist ziemlich treu und scheint in die zweite [351] Hälfte des fünfzehnten Jahrhunderts zu gehören. Die metrische Uebersetzung hat ein höheres Alter; sie ist minder treu als die oben angeführte von Barbazan herausgegebene.

Was wir so lange gewünscht hatten, diess wird uns auf einmal in Fülle geboten. Kaum sind drei Jahre verflossen, so erscheint von einer anderen Seite eine neue Ausgabe. Durch einen fast sonderbaren Zufall war Hrn. Schmidt das Daseyn der

[1]) [An einigen Stellen weicht hier Diez von der Orthographie und Interpunktion des Barbazan-Méon'schen Textes ab.]

Méon'schen Ausgabe unbekannt geblieben; er glaubte, in dem Buche, auf welches sich gegenwärtige Anzeige bezieht, den ersten Druck der *Disc. cler.* zu liefern. Diess Versehen hat seiner Ausgabe in manchem Betracht geschadet; wenn Rec. aber glauben könnte, dass die Kunde von Méon's Ausgabe das Erscheinen einer so gelehrten Arbeit, wie der des Hrn. Schmidt, verhindert hätte, so würde er jenes Versehen als ein glückliches Betrachten. Wem es um ein genaueres Studium der *Disc. cler.* zu thun ist, der muss nun freilich beide Ausgaben neben einander haben, die des Deutschen Gelehrten wegen ihres gründlichen Commentars, die des Französischen wegen der grossen Hülfsmittel, die sie bietet.

Der Text, welchen Hr. Schmidt liefert, gründet sich auf eine von ihm aufgefundene Handschrift der Breslauer Universitätsbibliothek. Noch ehe der Herausgeber diesen Fund that, hatte er durch Vermittelung des hohen königl. Ministeriums der geistlichen, Unterrichts- und Medicinal-Angelegenheiten eine Abschrift des in Paris aufbewahrten Cod. reg. Nr. 5397 erwirkt, wozu noch der Vortheil kam, dass Hr. Hase in Paris bedenkliche Stellen desselben mit einer schon von Montfaucon erwähnten, von Hrn. Hase wieder entdeckten, Handschrift von S. Germain verglich und berichtigte. Der auf diese Weise gewonnene Text ist leidlich; manche Unebenheiten des Styls sind ohne Zweifel dem Spanischen Verf. selbst zuzuschreiben, der sich als einen schlechten Lateiner bewährt.

Die Anmerkungen zu gegenwärtiger Ausgabe sind literärhistorischen, exegetischen und philologischen Inhalts. Diese dreifache Richtung verfolgend, führt der Herausgeber theils die Lehren und Beispiele der *Disc. cler.*, wo diess thunlich ist, auf ihre Quellen zurück, und weist ihre Verbreitung und Verzweigung durch die gesammte Literatur nach; theils gibt er Sinn- und Sacherklärungen, und sucht die Bedeutung der Mährchen auszulegen; theils endlich beschäftigt er sich mit Berichtigung des Textes und zuweilen mit der Etymologie einzelner Wörter. Der literärhistorische Theil der Arbeit ist offenbar der wichtigste: hier erblicken wir den Herausgeber mitten in seinem Gebiet. Mit grosser Belesenheit führt er uns auf die Quelle jeder einzelnen Fabel und Erzählung, mag sie nun in Palästina, Indien, Phrygien, Griechenland oder Arabien fliessen; keine Literatur durfte sich seinen Nachforschungen entziehen. Gegen die Ableitung der Mährchen bei Alfonsus aus der heil. Schrift, aus dem uralten Fabelbuch *Hitopadesa* oder der Arabischen Bearbeitung des *Bidpai*, aus dem Aesop und Anderen wird [352] sich nichts einwenden lassen. Ob aber die Erzählung von der Ehebrecherin, die mit Hülfe ihrer Mutter dem unerwartet heimgekehrten Gatten ein Stück neu gewebter Leinwand zu betrachten vorhält, hinter welchem der versteckte Liebhaber die Thüre gewinnt, wirklich aus Aristophanes Stelle in den Thesmophorien geflossen ist, welche lautet:

— — — Das auch hat er nie gesagt,
Wie die Frau, indess sie dem Manne zeigt ihr Oberkleid,
Am Lichte, was das prächtig sei, den verhülleten
Liebhaber auslässt —,

bleibt doch noch sehr fraglich. Mit derselben Belesenheit verfolgt der Herausgeber die Spuren der *Disciplina clericalis* in der späteren Literatur, vom zwölften Jahrhundert bis auf Wieland herab, indem er Uebersetzung, Bearbeitung und Anspielung mit gleicher Aufmerksamkeit betrachtet. Die Vortheile dieser Methode, einen Schriftsteller zu behandeln, sind einleuchtend. Nicht allein wird, indem der Ausleger sich rückwärts wendend die Quellen seines Verfs. untersucht, ein Massstab für dessen Verdienst gegeben, und auf der anderen Seite, indem er seinen Einfluss auf die spätere Literatur nachweist, seine historische Bedeutung ins Licht gesezt — es wird zugleich Literaturkenntniss befördert, und durch die Vergleichung der verschiedenen Gestaltungen, welche der Urstoff unter den Händen der Bearbeiter angenommen, das ästhetische Interesse erregt. Nebenbei wird man sich über die Bequemlichkeit der Phantasie verwundern müssen, die statt eigene Bildungen zu versuchen, nur zu gerne ein Gegebenes ergreift, und diess nach eigener Anlage und Neigung modificirt und umbildet; besonders pflegen sich ältere Fictionen durch den Schein der Wahrheit, womit zeitliche und örtliche Entfernung sie bekleiden, ihr zu empfehlen. Die Dichter des Mittelalters prangen mit Fabeln und Erfindungen aller Art, die sich bei näherer Betrachtung meist als Nachahmungen und Reminiscenzen ausweisen.

Rec. glaubt sich einer näheren Auseinandersetzung des literärhistorischen Commentars enthalten zu müssen, da ihn diese bei der Natur des Gegenstandes in allzu specielle Erörterungen verwickeln würde, und der gelehrte Herausgeber zur Erläuterung seines Autors gerade genug und an einigen Orten vielleicht schon zu viel gegeben. Auch die sinn- und sacherklärenden, so wie die philologischen Anmerkungen zeigen, wie sehr Hr. Schmidt seines Gegenstandes mächtig ist; und so schliesst Rec. diese Anzeige mit der Bemerkung, dass diese Ausgabe der *Disc. cler.*, welcher er recht viele Leser wünscht, zur Erhaltung und Beförderung des Geistes gründlicher und zweckmässiger Forschung, der sich in dem Gebiete der mittleren Literatur thätig seigt, beizutragen geeignet ist. Friedr. Diez.

Fragmentos de hum cancioneiro inedito,

que se acha na livraria do real Collegio dos nobres de Lisboa. Impresso a custa de **Carlos Stuart**, Socio da Academia de Lisboa. Em Paris, no paço de sua Magestade Brittanica. 1823 [1]).

Dieser schon vor mehreren Jahren erschienene, in Deutschland aber, wie sich vermuthen lässt, noch gänzlich unbekannte und doch von jedem, der sich mit der Poesie, Litteraturgeschichte oder den Sprachen des neuern Europas beschäftigt, sehr zu berücksichtigende Liederschatz befindet sich handschriftlich in dem s. g. Adelscollegium zu Lissabon. Der Ritter Stuart, früher grossbrittannischer Botschafter am französischen Hofe, nahm auf einer Reise nach Portugal Notiz davon, liess ihn mit diplomatischer Genauigkeit abschreiben und gab ihn in Paris unter obigem Titel heraus. Die Form der Handschrift, von der ein Facsimile Kunde gibt, ward auf das Strengste beibehalten und nur eine so geringe Zahl [i. e. 25] von Abdrücken veranstaltet, dass das Buch eine litterärische Seltenheit bleibt. Aus einer beigefügten Nachricht über die Beschaffenheit und das Alter der Handschrift, so wie über das muthmassliche Alter der Gedichte hebt Rec. das Wichtigste aus. Es ist eine Pergamenthandschrift in gross Folio, die ausser dem Liederbuch noch ein *Nobiliarium* enthält, beide unvollständig; letzteres füllt 36 Blätter, dann folgt der *Cancioneiro*, der 75 Blätter einnimmt. Die Schrift (Majuskel) scheint in das vierzehnte Jahrhundert zu gehören und könnte selbst noch älter sein; die Seiten sind in zwei Columnen getheilt, jedes Lied sollte mit Musiknoten

---

1) [Berliner Jahrbücher für wissenschaftliche Kritik, 1830, Bd. I S. 161 bis 172 incl. — Vergl. ob. S. 53.]

begleitet werden, wie man aus dem zwischen den Zeilen der ersten Strophen gelassenen Raume schliessen kann. Der Sprache nach stammen diese Poesieen aus dem dreizehnten Jahrhundert und gehören wohl noch vor die [162] Regierung des Königs Dionysius; es finden sich mehrere Gallicismen darin. Einige Lieder, fährt der Verf. der Nachricht fort, scheinen aus dem Provenzalischen übersetzt, die meisten sind portugiesische Originale, wie diess vorkommende Namen und Sitten bezeugen. Nach einer andern Notiz, die dem Text unmittelbar vorangeht und von einem andern Verf. herrührt, gehört die Schrift in das vierzehnte oder funfzehnte Jahrhundert und die Gedichte in die Zeit des Königs Dionysius oder seines Sohnes Petrus.

Um die Bedeutung dieser neu entdeckten Liedersammlung für die Geschichte der portugiesischen Poesie ins Licht zu setzen, ist es zweckmässig, die Denkmäler der letztern vom zwölften bis zum vierzehnten Jahrhundert zu überblicken, was in der Kürze geschehen kann.

Manoel de Faria e Sousa hat in seiner *Europa portuguesa* das Bruchstück eines Gedichtes über die Eroberung Spaniens durch die Mauren bekannt gemacht, das man bei der Einnahme des Schlosses *Lousan* unter dem ersten oder zweiten Könige von Portugal gefunden haben soll; der leichtgläubige Mann setzt es ohne Bedenken in das achte Jahrhundert. Der erste Vers fehlt in seinem Abdruck, wiewohl sich in den Glossen darauf bezogen wird; man hat ihn in neuern Zeiten nachgeliefert. (S. Denis, *Résumé de l'histoire litt. du Portugal.* Paris 1826.) Die Form des Gedichtes zeugt aber unwidersprechlich für seine spätere Entstehung: es ist in regelmässigen Octaven, *versos de arte mayor*, abgefasst, einer Strophengattung, die sich als das Produkt einer auf den höhern Styl gerichteten Kunstperiode zu erkennen giebt, und so können wir, auf diess innere Kennzeichen gestützt, jenes vielbesprochene Fragment nicht über das dreizehnte Jahrhundert hinaufsetzen. Ausserdem giebt Manoel de Faria e Sousa drei Minnelieder der beiden Ritter Gonçalo Hermiguez und Egaz Moniz Coelho; diese kleinen Gedichte, die nach der Angabe des Herausgebers in die letzten Jahre Alfons I. († 1185) [163] gehören, sind als die ersten Versuche in Redondilienform höchst beachtenswerth. Von den Liedern des Königs Dionysius († 1325), welche zwei Sammlungen ausmachen sollen, ist bis jetzt noch keins ans Licht getreten; ebenso wenig Kunde haben wir von den Gedichten seines Nachfolgers Alfons IV., so wie seiner natürlichen Söhne Alfonso Sanchez und Petrus, Grafen von Barcelos. Der *Cancioneiro* des letztern, der für verloren ausgegeben wurde (Velasquez von Dieze S. 70), hat sich, wie die dem gegenwärtigen Liederbuche beigefügte Nachricht uns lehrt, erhalten. Auch Petrus I. († 1367) zeigte sich als Dichter: eine ihm zugeschriebene Romanze hat Balbi in seinem *Essai statistique sur le royaume du Portugal* [Bd. II, Appendix S. VII] bekannt gemacht, ohne jedoch seine Quelle nachzuweisen. Vier Lieder dieses königlichen Dichters sollen in der Sammlung des Garcia de Resende stehen [s. Kausler, *Canc. geral.* Bd. II S. 67—69], die wohl auch noch andere Produkte des vierzehnten Jahrhunderts enthalten möchte.

Man ersieht hieraus, dass, was sich von dichterischen Versuchen vor Dionysius Regierung erhalten hat, kaum als eine Vorübung gelten kann, dass aber die Nationallitteratur durch ihn, wenn auch vielleicht nicht begründet, doch gewiss in Flor gebracht wurde. In der That ruht auf seinem Haupte der ganze Schimmer der altportugiesischen Dichtkunst: die Leistungen seiner Söhne sind mittelbar zugleich sein Werk; unter ihm ward nach einem Briefe seines Sohnes Alfons die Sprache veredelt (*Europa portug.* III [1680] p. 381); er war es, der den elfsylbigen Vers in Portugal einführte oder doch gewiss sich dessen bediente (Velasquez S. 69; Obras de Camoens, t. III, p. IX ed. de Paris 1815); und es ist nicht zu bezweifeln, dass andre Sänger geringeren Standes mit ihm wetteiferten, so dass man in der zweiten Hälfte des dreizehnten Jahrhunderts an der äussersten Gränze von Europa eine neue vielleicht sehr eigenthümlich gefärbte Blüthe der erotischen Dichtkunst entfaltet sah. Der Graf Dom Pedro, Dionysius Sohn, führt in seinem von Manoel de Faria herausgegebenen *Nobiliarium* sechs Edelleute auf, die er Troubadours nennt, und die zum Theil unter seines Vaters Regierung lebten. (S. diesen *Cancioneiro, advertencia.*) Unzweifelhaft wurden die Werke dieser Sänger frühe zusammengestellt. Der Marques von Santillana versichert in seinem bekannten Sendschreiben, er habe in seiner Kindheit einen grossen Band portugiesischer und gallicischer Lieder von Dionys und andern Dichtern, deren er zwei [164] anführt, gesehen (*Carta* p. LVIII). Hierbei ist es für Portugals Culturgeschichte von Wichtigkeit, dass allen Zeugnissen und Denkmälern zufolge, dieser Zweig der Litteratur ausschliesslich vom Adel gepflegt wird, der es für einen Ehrenpunkt hielt, der Nation auch in den Künsten des Friedens voranzuschreiten. An der Spitze dieser Bestrebungen standen Könige, eine Erscheinung, die dem Geiste der Ritterzeit zu sehr entsprach, als dass sie sich auf Portugal beschränken könnte, die sich aber doch hier und in andern Reichen der pyrenäischen Halbinsel im höhern Grade zeigte als irgend anderswo. Noch in der zweiten Hälfte des dreizehnten Jahrhunderts sass auf dem Königsthrone von Navarra der grösste französische Lyriker der Zeit, Thibault von Champagne, in Castilien regierte Alfons X., fruchtbar als Dichter in zwei Sprachen und eifersüchtig auf litterärischen Ruhm; in Aragon vertheidigte sich Petrus III. mit dichterischen und ritterlichen Waffen gegen Philipp von Frankreich, und in Portugal gründete Dionys, wie bemerkt, eine Epoche der Nationallitteratur. Der Antheil, welchen Könige an der Dichtkunst nahmen, musste von weit fruchtbareren Folgen seyn, als es obenhin betrachtet scheinen möchte, sey es auch nur, dass sie den Dichterberuf adelten, den der Clerus, der damalige Gelehrtenstand, mit Geringschätzung behandelte und selbst von der Kanzel angriff, und den man im Allgemeinen mit dem niedern Berufe des Fiedlers, Taschenspielers und Seiltänzers zu vermengen geneigt war. Uebrigens können mehrere Fürsten des dreizehnten Jahrhunderts auch auf jenes höhere Verdienst Anspruch machen, dass sie ihren Nationen in dem Gebiete der Poesie eine Geistesform zeigten, die wir als wohlgewählt anerkennen müssen. Von Friedrich II., Alfons X. oder Dionys wird man diess nicht läugnen wollen.

Von der Litteratur, in welcher sich der letztere dieser Fürsten auszeichnete, bildet nun der von Hrn. Stuart herausgegebene Codex einen merkwürdigen Bestandtheil. Zwar müssen wir vorläufig die nicht gleichgültige Frage, in welchem Verhältniss sich diese Liedersammlung zu der unter Dionysius und seinen Nachfolgern bestehenden Litteratur befand, aus Mangel an Kenntniss derselben auf sich beruhen lassen; allein auch abgesehen von seinen historischen Beziehungen bleibt gegenwärtiger *Cancioneiro* für uns von nicht geringem Interesse. Ueber sein Alter können wir nicht genügend entscheiden; der Herausgeber setzt ihn in Betracht der [165] Sprache mit Bestimmtheit vor Dionysius Regierung; allein diese Behauptung ist so gewiss problematisch, als die Sprache vor dem vierzehnten Jahrhundert sichtbarlich zwischen verschiedenen Richtungen schwankte und noch keine strenge Form anerkannte. Von historischen Stellen aber, die in solchen Fällen die befriedigendste Aufklärung zu gewähren pflegen, findet sich nur die folgende wenig bedeutende (Blatt 94, Spalte 1):

> De quantas cousas en o mundo son
> non vejo eu ben, qual poden semellar
> al rey de Castella e de Leon etc.

Da hier der König von Castilien und Leon besungen wird, so kann wenigstens diese Canzone das Jahr 1229 rückwärts nicht übersteigen, wo beide Reiche in der Person Ferdinands III. vereinigt wurden; allein welchen König der Dichter im Auge hat, bleibt zweifelhaft. Er vergleicht ihn mit der See und legt ihm unter andern Eigenschaften ihre Freigebigkeit bei:

> . . . outros, a que da
> grandes herdades e muit' outro ben
> e tod' esto, que vos cuncto, aven
> al rey, se o souberdes conoçer.

Rec. wagt hierzu nur die Bemerkung, dass von dieser Seite kein castilianischer König so berühmt war wie Alfons X., und erlaubt sich auf den Grund eines ziemlichen Grades von Wahrscheinlichkeit, die ganze Liedersammlung unter dessen Regierung zu setzen, so dass die Meinung des Ritters Stuart wie wohl auf anderem Wege gerechtfertigt würde.

Unsre nächste Frage betrifft den Verfasser, der nirgends geradezu genannt wird. Bedeutend wäre es, wenn wir darthun könnten, dass diese starke aus mindestens 260 Liedern bestehende Sammlung das Werk verschiedener Sänger oder wohl gar nichts Geringeres sey, als ein Strauss von Geistesblüthen einer ganzen Dichterperiode, etwa wie die sogenannte manessische Sammlung. Dazu sieht Rec. indessen keine Möglichkeit; er fühlt sich vielmehr bewogen, sie für das Product eines einzigen allerdings ungewöhnlich fruchtbaren und nicht eben geistvollen Troubadours zu erklären. Mit Beiseitesetzung innerer auf dem Styl beruhender Gründe, dass z. B. die beständige Wiederholung derselben Ideen doch wohl für einen Urheber zeugen müsse, wogegen sich einwenden lassen würde, dass diese Einförmigkeit des Inhaltes auch als ein Charakterzug damaliger Poesie gelten könne, beruft sich Rec. nur auf den äusserlichen [166] Umstand, dass im Falle der

Mehrheit der Verfasser, ihre Namen dem Gebrauche gemäss ihren Abtheilungen beigefügt worden wären, dass aber der Name eines Verfassers recht wohl in dem verlorenen Anfang der Handschrift niedergelegt sein konnte; die Fruchtbarkeit der alten portugiesischen Dichter kann ohnehin nicht bestritten werden. Hierbei ist freilich vorauszusetzen, dass einige in der Mitte des Manuscriptes fehlende Blätter ebensowenig eine Namensüberschrift enthalten hätten als die übrigen. Rec. hat in dem Texte einen Namen bemerkt, den er für den des Verfassers oder, wenn man lieber will, eines der Verfasser zu halten geneigt ist; doch ist die Stelle nicht frei von Dunkelheit. Der Dichter sagt von der Dame (Blatt 59, Spalte 2).

joana est' ou sancha ou maria
a, por que eu moiro e por que perdi
o sen. e mais vus endora diria
j o a n c o e l l o sabe que e sy (?).

Anderswo nennt er seine Geliebte *filla de don paay moniz* (48. 2) und etwas früher (48. 1) bekennt er, dass er eine Verwandte liebe; das Liedchen ist niedlich genug, um es zugleich als eine der Proben, die Rec. von diesem seltenen *Cancioneiro* zu geben sich berufen fühlt, mit beigefügter Interpunction hier mitzutheilen, wer des Portugiesischen kundig ist, wird diesen Dialect ohne sonderliche Mühe verstehen:

Eu soon tan muit' amador
do meu linagen, que non sey
al no mundo querer mellor
d' una mia parenta, que ei.
E que sa linnagen quer ben,
tenn' eu, que faz dereit' e sen,
e eu sempr' o meu amarei.

Senpre serviç' e amor
eu a meu linnagen farei;
en tanto com' eu vivo for
esta parenta servirei,
que quero mellor d'outra ren.
e muito serviço en mi ten,
se poderei e poderei.

Pero nunca vistes moller
nunca chus pouco algo fazer
a seu linnagen, ca non quer
en meu preito mentes meter;

e poderẽa me prestar
par deus muit e non lle custar
a ela ren de seu aver.

E veede se mia mester [167]
da tal parenta ben querer,
que m' ei a queixar, se quiser
lle pedir algon a veer.
Pero se me quesesse dar
algo, faria me precar
a tal parenta e valer.

Die Häuser Coello und Moniz waren aber wirklich stammverwandt. „*Coellos*", sagt der Verf. der *Europa port.* (III [1680] 239), „*deciendcn de don Egaz Moniz*".

Locale Beziehungen sind auffallend selten; doch scheint *entre Douro e Minho* des Dichters Heimath und der Schauplatz seiner Liebe zu seyn; einmal drückt er den Entschluss aus, bei Oporto seine Wohnung aufzuschlagen (54. 1):

Pois non ei de don' alvira
seu amor e ei sa ira,
esto farei sen mentira:
pois me vou de sanctavaya,
morarei cabo d'amaya
en doyr' (Douro) entr' o port e gaya.

Der letztere Ort ist wohl Miraguaya, Porto gegenüber am Douro.

Die Sprache unseres *Cancioneiro* ist die gallicische, die sich von der später ausgebildeten portugiesischen durch ihre grössere Annäherung an den Grundtypus der romanischen Sprachen leicht unterscheidet; bekanntlich aber hatte die Landschaft *entre Douro e Minho* mit Gallicien diesen Dialect gemein, der in Portugal und Castilien vorzugsweise, wie etwa das Provenzalische in Oberitalien für die Sprache der Poesie galt und noch bis gegen die Mitte des 15. Jahrhunderts ein entschiedenes Ansehen behauptete. Die Sprache des Liederbuchs bietet manche sehr beachtenswerthe Züge, da Rec. sie aber nicht zum Gegenstande dieser Bemerkungen machen will, so führt er beiläufig nur die Einzelheiten an, dass sie noch den Artikel *lo* (portug. *o*), so wie das Pronomen *lo, la* anerkennt (*poileu* ist aufzulösen in *pois lo eu*), dass sie die altromanischen Formen *en* oder *end* (franz. *en*), *ome* (franz. *on*); *ren* (franz. *rien*), *allur* (franz. *ailleurs*), *ca* statt *que* bewahrt hat; *señor* wird als Feminin gebraucht; merkwürdig ist die durch den

Infinitiv gebildete Verstärkung des Präsens, so *vejo veer* ich sehe, *levo levar* ich trage; dass die ganz eigenthümliche Form *cha* von dem provenzalischen *ja* herstamme, wie man behauptet hat, kann Rec. nicht glauben [168], lässt aber ihre Ableitung dahingestellt seyn. Verschiedene Wörter finden sich in keinem portugiesischen Lexicon.

Um nun noch einen Blick auf Form und Inhalt der Gedichte zu werfen, stellt Rec. die Bemerkung hin, das der *Cancioneiro* eine mehr als allgemeine Kenntniss derjenigen Liederpoesie verräth, die zu ihrer Zeit für musterhaft galt, der provenzalischen. Doch ist nicht zu verschweigen, dass das fremde Prinzip nicht über das Formelle hinaus eingegriffen hat, wovon wir nur einige wenig bedeutende Züge abrechnen, die sich wie gelegentliche Huldigungen vor den Leistungen der Troubadours ausnehmen, etwa wie manche unsrer deutschen Dichter sich klassischer Versweisen und einzelner Anspielungen aus der Mythologie der Alten bedienen, ohne das ihrer eignen Zeit Gemässe verläugnen zu wollen. Dahin scheinen Ausdrücke zu gehören, wie *ome lige* von der Vassallenschaft der Liebe gebraucht (67. 3), *entendedor*, Liebhaber (81. 1), *cousimento e mesura*, d. i. Rücksicht und Höflichkeit (46. 3) und einige andre. Auch hier legen sich die Sänger einen Titel bei, der, um eine höhere Manier des Dichtens zu bezeichnen, auf provenzalischem Boden entsprungen war. So heisst es im *Cancioneiro* (101. 2):

> Pero eu vejo aqui trobadores,
> sennor e lume d'estes ollos meus,
> que troban d'amor por sas sennores
> non vei eu aqui trobador par deus etc.

Von weitern Kunstausdrücken fand Rec. nur das ganz provenzalische *cantar* (108. 1) und das gallicische *cantiga* (91. 2), beide für Lied gebraucht. Auch in den Versarten mischt sich Fremdes mit Einheimischem; ihre Zahl ist sehr gering, wiewohl schon Alfons X. den Versuch gemacht hatte, die verschiedensten Verse von sechs bis funfzehn Sylben in gallicischer Mundart nachzubilden; lesenswerth sind die von Nic. Antonio gegebenen Beispiele (*Bibl. hisp. vetus* II. 80. Note). Vorherrschend findet sich der zehnsylbige Vers mit männlichem Reim, den man, sofern eine tonlose Schlusssylbe zutritt, unschicklich genug *Hendecasyllabus* zu nennen pflegt; dessgleichen der achtsylbige männliche, der bekannte Novellenvers der mittlern Poesie. Seltner erscheint der nationale Redondillo acht- oder siebensylbig; einige andre Gattungen verdienen keine Erwähnung.

[169] In dem Strophenbau zeigt sich eine Einfachheit, die sich kaum mit dem Begriffe der Kunstpoesie verträgt. Die Versarten zu mischen hat der Dichter nur selten und nur in beschränktem Masse versucht, wie etwa in folgendem kleinen Liede (47. 2):

A ren do mundo, que mellor queria,
nunca meu ben quis dar, sancta Maria,
mais quant end eu no coraçon temia,
ei, ei, ei,
sennor, sennor, agora vi
de vus, quant eu senpre temi.

A ren do mundo, que eu mais amava
e mais servia nen mais desejava,
nostro senhor, quant end eu receava,
ei, ei, ei etc.

E que farei eu cativ' e cuitado,
que eu assi fiquei desamparado
de vos, porque cuita grand' e cuidado
ei, ei, ei etc.

Des Refrains bedient sich der Sänger mit Vorliebe; einmal braucht er ihn selbst in der Mitte der Strophe (63. 2 Ora etc.); diese Figur ist ächt national, und der tändelnden Poesie ganz gemäss; die Spanier und Portugiesen haben sie im Uebermasse angewandt, die etwas ernstere Muse der Provenzalen aber hat sich niemals recht damit befreundet. Den Troubadours ist es abgelauscht, wenn derselbe Reim durch alle Strophen des Gedichtes greift oder doch die Strophen paarweise verbindet; beides ist hier herrschende Form und nur selten beschränkt sich der Reim auf die einzelnen Strophen [170]; auch kommt das artige Spiel vor, dass ein Reim strophenweise von einem andern abgelöst wird, so wie die den Troubadours geläufige Flexion des Reimwortes in folgender Art (104. 2):

Se eu podesse d e s a m a r
a, que me senpre d e s a m o u etc.

Mit Uebergehung andrer Tändeleien werde nur noch angeführt, dass sich auch das s. g. Geleite findet; wie bei den Provenzalen wiederholt es in seiner Reimstellung den letzten Theil der Strophe, ist aber weder an das Lied noch an eine dritte Person gerichtet und so seiner ursprünglichen Bestimmung gänzlich entrückt.

Wenn nun dieses Denkmal altportugiesischer Liederpoesie von Seiten der Form einen nur mässigen Grad von Gewandtheit und Manichfaltigkeit darbietet, so können wir ihm, zu dem Inhalt uns wendend, den Vorwurf merklicher Eintönigkeit nicht ersparen. Mangel an Empfänglichkeit für das Objektive, jene Hauptquelle lyrischer Einförmigkeit, ist ein Zug, der die erotischen Dichter des zwölften und dreizehnten Jahrhunderts überhaupt bezeichnet, das Gemüth dieses portugiesischen Sängers scheint aber für die Eindrücke der Umgebung fast gänzlich verschlossen; Naturschilderungen oder nur leichte Anspielungen auf Naturgegenstände würde man vergebens suchen, daher denn auch das Gleichniss, sofern es auf Beobachtung äusserlicher Dinge beruht, kaum vorkommt, denn es ist vielleicht die einzige Ausnahme, wenn die Geliebte einmal mit dem Rubin verglichen wird.

Unterhaltend aber bleibt es, manche der aus Troubadours und Minnesängern bekannten Liebeshuldigungen auch hier wieder zu finden. So wird die Schüchternheit des Liebhabers, die ihm den Entschluss, der Dame seine Neigung zu gestehen, jedesmal, so oft er vor sie tritt, zu nichte macht, in einem eignen Gedichtchen ausgesprochen (75. 4):

Nunc' assi ome de señor [171]
esteve, com' og' eu estou,
ei dir, u ela e, sabor
mais d' outra ren e pois y vou
non ll' ouso dizer nulla ren,
pero lle quero mui gran ben.

E cuido ll' eu senpr' a dizer,
quando a vir per bona fe,
a coita, que me faz aver,
e pois que vou, u ela e,
non etc.

Quanta coita e quant' affan
m' ela no mundo faz levar,

ben lle cuid' eu dizer de pran,
mais pois m' ant' ela veg estar,
non etc.

Verschwiegenheit ist auch hier ein heiliges Gesetz: lieber will der Dichter eine Lüge sagen, als seine Dame nennen:

Muitos me veen preguntar
mia señor, a quen quero ben,
e non lles quer end eu falar
con medo de vos pesar en etc. (50. 4.)

Zuweilen glaubt man, selbst bis auf die Mundart, einen Provenzalen zu hören, z. B. in den Worten:

E quant eu veg as outras mas de prez,
a tant' eu mais desejo mia señor. (77. 2.)

oder mehr noch in diesen Versen:

Non me cuidaria cambiar
por ney nen por emperador. (47. 3.)

Folgende gleichfalls im Geiste der Provenzalen gesungenen Strophen mögen diese geringen Proben beschliessen (50. 3):

Quanto me nenbra de vos, mia señor,
en qual affan me fazedes viver
e de qual guisa leixades amor
fazer en mi quanto xel quer fazer,
enton me cuid' eu de vos a quitar;
mais vos, pois vos veg e vus ouço falar,
outro cuidad' arei (?) log' a prender.

Porque vus vejo falar mui mellor
de quantas donas sei e parecer,
e cuid' eu como sodes sabedor
de quanto ben dona deu a saber,
este cuidado me faz destorvar
de quant' al cuid' e non me quer leixar
partir de vos nen de vus ben querer.

Indem wir nun diese Bemerkungen, zu welcher der [172] gallicische Cancioneiro den Stoff lieferte, schliesslich zusammenfassen, gewinnen wir das für Portugals Litteraturgeschichte nicht unerhebliche Resultat, dass daselbst ungefähr seit der Mitte des dreizehnten Jahrhunderts eine von den Grossen des Landes ausgegangene und gepflegte, zum Theil nach dem Muster der Provenzalen gebildete, Liederpoesie bestand. Wie nun diese Form der Lyrik, worin wir den merkwürdigen Versuch eines entlegenen, von Europa gewissermassen abwärts strebenden Volkes erkennen, sich in geistiger Hinsicht an die Richtung andrer Europäer anzuschliessen, allmählich und dergestalt einer andern weichen musste, dass das, was die Nation sich vorlängst angeeignet hatte, der s. g. Hendecasyllabus, später als eine Erfindung der Italiäner von neuem eingeführt werden konnte, diess auseinanderzusetzen, bleibe der Geschichte der neuern Poesie überlassen.

F. Diez.

ANTIQUISSIMA

GERMANIAE POESEOS

VESTIGIA.

COMMENTATIO,

QUA

AD AUDIENDAM ORATIONEM

PRO

ADITU MUNERIS PROFESSORIS ORDINARII

IN FACULTATE ARTIUM

DIE XVII. MARTII H. XI. IN AULA VICARIA

A SE HABENDAM

ACADEMIAE REGIAE FRIDERICIAE WILHELMIAE RHENANAE

PROCERES, PROFESSORES, DOCTORES, CIVES

AMPLISSIMOS, CLARISSIMOS, ORNATISSIMOS

EA, QUA PAR EST, OBSERVANTIA

INVITAT

FRIDERICUS DIEZ,

PHIL. DOCTOR.

BONNAE 1831.

EX OFFICINA NEUSSERIANA.

Quantopere fortuna in ea nobis bene consuluit, quod inde a XII et XIII saeculo tam multa poeseos nostrae monumenta servavit, quae tum quia cultum vitae populi nostri per splendidum quoddam temporis spatium qualis fuerit ostendunt, tum propter praestantiam suam studiis commendanda sunt; tantopere doleamus oportet, deperdita esse fatorum injuria tantum non omnia priorum temporum poeseos specimina, quibus, praesertim ethnicis, majorum nostrorum et sensum poeticum et mores indolemque plane nondum cum aliis mixta cognosceremus. Nam et quae auctores aequales, tam populares quam exteri, de antiquissima nostrae poeseos conditione tradunt, angusta neque ea sunt, quibus multum de ingenio, forma argumentis ejus explanetur; attamen quo rariora sunt monumenta, eo intentius vel levissima vestigia persequi debemus. Itaque fieri quidem non potuit, quin recentioris aevi homines dispersa illa indicia passim eruerent iisque pro suo quisque consilio uterentur, sed partem praetermiserunt, alia minus bene explicarunt. Quare neque inutile, nec in eo quod nunc antiquitatibus patriae impenditur studio ingratum doctis videbitur institutum, quibuscunque veterum auctorum locis poesi nostrae, quae ejus a primo ad undecimum usque saeculum conditio fuerit, aliquid luminis afferatur, eos de integro collectos atque in ordinem redactos interpretari.

§ 1.

Carminibus delectatos esse veteres Germanos, plures antiqui scriptores in universum confirmant, quorum primo loco proferendus est Tacitus, de bellicis eorum carminibus haec enarrans: »Fuisse apud eum et Herculem memorant, primumque omnium virorum fortium ituri in proelia canunt«, rel.[1]). Cujus [4] varias quae exstant loci interpretationes afferre, ut alienum meo proposito, omittam, duo tamen sunt, quae notanda mihi existimem, primum istud carminum genus, antequam proelium committeretur, cantatum esse, quamquam et inter ipsam pugnam cantasse Germanos idem Tacitus auctor est[2]), alterum, non illis pariter atque aliis gentibus cantores proprie in hoc officium constitutos comites aut duces fuisse.

Nec praeterire licet notissimum illud Juliani imperatoris testimonium, quo Germanorum cantus etsi non commendatur, artem tamen poeticam, ut nemo non videt, maximae illis voluptati fuisse probatur. *Ἐθεασάμην*, inquit, *τοὶ καὶ τοὺς ὑπὲρ τὸν Ῥῆνον, Βαρβάρους ἄγρια μέλη λέξει πεποιημένα παραπλήσια τοῖς κρωγμοῖς τῶν τραχὺ βοώντων ὀρνίθων ἄδοντας καὶ εὐφραινομένους ἐν τοῖς μέλεσιν*[3]).

Venantius Fortunatus, qui inter Francos occidentales vitam agebat, magnumque Germaniae tractum peragraverat, poeseos artisque musicae apud Germanos non sine laude, verborum sententiam si recte perpendis, facit mentionem. Operae pretium est integrum fere locum apponere, ut qui ad rem non minimum faciat:

»Sed pro me reliqui laudes tibi reddere certent
Et qua quisque valet te prece, voce, sonet,
Romanusque lyra, plaudat tibi barbarus harpa,
Graecus Achilliaca, chrotta Britanna canat.
. . . Nos tibi versiculos, dent barbara carmina leudos
Sic varianto tropo laus sonet una viro«[4]).

Vocabulum barbarus quin idem hoc loco valeat atque germanicus, haud dubium est[5]). Harpa, francice harpha, in-

---

[1]) Germ. c. 3.

[2]) Hist. II, 22.

[3]) Misopogon init. [p. 337] Reprobatur Germanorum cantus ab aliis quoque scriptoribus. Eorum e numero est monachus Engolismensis [ap. Duchesne, Hist. Franc. II, 75] ita scribens (ann. 787): »Franci naturali voce barbarica frangentes [in] gutture voces potius quam exprimentes«; et Venantius Fortunatus, cujus haec sunt verba: »Apud quos (barbaros) nihil dispar erat aut stridor anseris, aut canor oloris.« Vid. praef. ad Gregor. pap. in Biblioth. max. t. X p. 528.

[4]) lib. VII epist. 8. [Biblioth. max. X p. 567, oder bei Migne, Patr. lat. Bd. 88 S. 244.]

[5]) Barbaros constat inprimis appellatos esse Germanorum populos, ex quo tempore Romanum imperium occupassent. Quo sensu voc barbari haud

strumentorum musicorum tam Germanis [5] proprie dictis quam inprimis Anglosaxonibus gratissimum. Achilliaca quid sit, vel chrotta, non est hic enucleandi locus. Leudus theot. leot, liot. In ejusdem scriptoris praefatione ad Gregorium papam haec reperies verba: »sola saepe bombitans barbaros leudos harpa relidebat«, quae verba siquidem istam litterarum initialium harmoniam spectamus, ad illius metrici systematis similitudinem constructa esse videntur, quod alliterativum hodie appellamus.

§ 2.

Erant poetae et cantores plebi pariter ac principibus acceptissimi et fere sancti habebantur, ita ut impune castra hostilia adirent. Quam in rem chronographum audi Novaliciensem de joculatore quodam ex gente Longobardorum, quibus Carolus magnus bellum intulerat, ita narrantem: »Contigit joculatorem ad Karolum venire et cantiunculam a se compositam . . . rotando in conspectu suorum cantare«, rel.[1]). Praesertim regum ac procerum epulis hilaritatem afferre solebant cantores et musici, quod ex nonnullis, quos hic adducam, locis cognosci poterit. Theodoricus magnus ad Boethium: »Cum rex Francorum, scribit, convivii nostri fama pellectus a nobis citharoedum magnis precibus expetisset« etc.[2]). Eginhardus de Carolo magno: »Inter

raro apud Venantium aliosque scriptores ejusdem aetatis invenitur, velut apud Cassiodorum in Var. IV. 3 [ap. Migne l. c. t. 69 p. 612], Ennodiumque in Bibl. max. IX, 429 [Epigr. LVII]. Quin idem sibi ipsi cognomen vindicabant Germani, posteaque in Slavos Normannosque transferebant, cujus rei testimonia inveniuntur in Monum. Germ. historic. II, 755 [?], nec non in Leibnitii script. rer. Brunsv. passim. — Linguam nostram vel barbaram appellant scriptores antiqui, ut poeta Saxo, Ermoldus Nigellus aliique multi: vel theotiscam, cujus vocis primum, quod equidem sciam, exemplum in annal. Lauriss. legitur ann. 788. Mon. Germ. I. 172; alia vide apud Nithardum Hist. III. 5 [Monum. Germ. II, 665], Otfridum in praef. [p. 1], Monachum Sangallens. v. Bouquet t. V. p. 111; vel denique germanicam vid. Lup. Ferr. ap. Bouq. VI. 404; VII. 488. 501. Saepissime linguae primigeniae dialecti discernuntur, veluti, ne in his rebus enumerandis multus videar, francica (v. Ermoldum, Einardum, Otfridum), frisiaca (in annal. Lamb. ap. Murat. rer. Ital. scr. II. II. 93), saxonica (cf. vit. S. Idae in Mon. Germ. t. II p. 571), anglica rel.

[1]) V. Du Chesnii script. rer. fr. t. II p. 225.

[2]) Cassiod. Var. II. 40. [ap. Migne l. c. p. 570.]

coenandum, ait, aut aliquod acroama aut lectorem audivit«[1]). Addo hunc Thegani locum de Ludovico pio: »Quando in summis festivitatibus ad laetitiam populi procedebant thymelici[2]), scurrae et mimi cum coraulis et citharistis ad mensam coram eo, tunc ad mensuram [coram eo] ridebat populus« et quae seq.[3]).

[6] § 3.

Iam vero, quae de variis carminum generibus a majoribus nostris excultis tradant et historiographi et poetae, dispiciamus. Mythici argumenti poemata nemo nisi egregius scriptor Romanus, cui optimam veteris Germaniae descriptionem debemus, commemorat. En ipsa ejus verba: »Celebrant (Germani) carminibus antiquis, quod unum apud illos memoriae et annalium genus est, Tuisconem deum, terra editum et filium Mannum, originem gentis conditoresque«[4]). De quibus verbis magna quidem est interpretum discordia, quae tamen, quum parum ad rem nostram faciat, praetermittenda est. Id unum addo, vetus illud munus nec id Musis indignum, mundi creationis carminibus celebrandae, abjectis poetas paganorum superstitionibus haud neglexisse, quod vatum munus auctor Beovulfi eleganter ita describit:

»þaer vás hearpan sveg	Ibi fuit citharae strepitus
svutol sang scôpes.[5])	dulcis cantus poetae.
sägde se þe cuþe	cecinit is, qui norat
frumsceaft fira	originem hominum
feorran reccan.	e longinquo deducere.
cväþ, þät se âlmihtiga	narravit, omnipotentem deum
eorþan ve (orhte)« rel.[6]).	terram creasse.

[1]) Vita Carol. cap. 24. [In Pertz' Ausgabe lesen wir an dieser Stelle audiebat.]

[2]) [Theganus schreibt themelici.]

[3]) Vita Hludov. imp. cap. 19 [ap. Duchesne, Hist. Franc. t. II p. 279].

[4]) Tac. Germ. cap. 2

[5]) Scôp, poeta, Francis scôf (gloss. Doc. 1. 233, scôf-leod, Gl. Mons. 402.) a scafan, creare, vox multo nobilior reique congruentior nostra dichter a dictando h. e. dicta faciundo.

[6]) [Diez' Orthographie und Interpunktion ist beibehalten; vgl. damit Heyne's Ausg. des Beovulf S. 5 V. 89 sq.]

Nec omnem novi Christiani ethnicae doctrinae memoriam abjecerunt, cujus rei antiquissimum carmen wessobrunnicum exemplum praebet notatu non indignum [1]).

§ 4.

Carminum historicorum persaepe fit mentio, verum id »annalium genus« raro oblivionem effugit. Ex iis scriptoribus, qui hujusmodi poematum reddunt testimonia, principem hic quoque locum occupat Tacitus, de Arminio scribens: »Caniturque adhuc barbaras apud gentes« [2]).

Inprimis Gothorum nobilissima gens magnam historicorum poematum copiam memoria custodiebat, qua de re insigni hoc loco Jornandes, episcopus Ravennas, [7] nos certiores reddit: »Quemadmodum (sc. expeditio quaedam Gothorum) et in priscis eorum carminibus pene historico ritu in commune recolitur« [3]).

Adjicio alterum ejusdem scriptoris locum: »Ante quos (sc. Amalos) etiam cantu majorum facta modulationibus citharisque canebant . . . quales vix heroas fuisse miranda jactat antiquitas« [4]).

Quibus carminibus, ut virorum doctorum sententia fert, ad Gothorum annales condendos usus est Cassiodorus, nec praetermittendum, unum ex his carminibus ab ipso commemorari. »Extat, inquit, gentis Gothorum [Gothicae] hujus probitatis exemplum, Gensimundus [Gensemundus] ille, toto orbe cantabilis« [5]). Verba, nisi me omnia fallunt, non difficilis explanationis. Gensimundus enim a Gothis ille quidem canebatur, sed qui ubicunque gentium ac terrarum celebraretur, dignus nostro visus est.

Audiendus quoque Paulus Diaconus de Alboino, celebri Longobardorum rege: »Alboin vero ita praeclarum longe lateque nomen percrebuit, ut hactenus etiam apud Bajoariorum gentem quam et Saxonum, sed et alios ejusdem linguae homines . . . in eorum carminibus celebretur« [6]). Laudes igitur heroum neutiquam

[1]) Vid. Hildebrandlied ed. Grimm. p. 88; Massmanni erlaeuterungen zum wessobrunner gebet. 1824 [p. 8].

[2]) Annal. II. 88.

[3]) De rebus geticis c. 4.

[4]) Ibid. c. 5.

[5]) Var. VIII. 9 [ap. Migne, Patrolog. lat. t. 69 p. 740].

[6]) De gestis Longob. I. 27. [ap. Migne, Patrolog. lat. t. 95 p. 476.]

finibus includebantur singularum gentium, sed cani apud alios quoque germanicae stirpis homines solebant.

Eginhardus porro, quod satis notum est, sed hic minime omittendum, Carolum magnum carminibus Germanorum antiquis non mediocrem curam operamque impendisse his verbis enarrat: »Item, ait, barbara et antiquissima carmina, quibus veterum regum actus et bella canebantur, scripsit memoriaeque mandavit« [1]); eundem locum poeta Saxo, qui se tempore Arnulfi imperatoris vixisse testatur, metrice ita exprimit:

»Nec non quae veterum depromunt praelia Regum,
Barbara mandavit carmina litterulis« [2]).

Barbara carmina hic quoque valent germanica[3]), nec dubium, quin [8] regibus intelligi barbaros, inprimis Francorum principes, voluerit auctor. Carolus igitur, etsi nulla cuiquam tum temporis disciplina posthabitus, vulgaria carmina colligere, manu sua describere [4]) atque ediscere [5]) dignatus est, quae res non mediocri iis est commendationi. Idem Eginhardus altero loco [6]): »Legebantur ei historiae et antiquorum res gestae« (alii: regum gesta). Poeta Saxo:

»Res antiquorum gestas, Regumque priorum (al. piorum)
Ipse legi sibimet fecerat assidue« [7]).

Mos erat regum et principum, anagnostas alendi, qui inter coenandum aut quandocunque placuisset legerent dominis, unde Otfridus ad Ludovicum Germanum: »Thaz er sâ lesan heizi.« [Krist ed. Graff S. 5. V. 88.] Innuuntur vero libri latini: anna-

[1]) Vita Caroli c. 29.

[2]) Carol. lib. V. v. 543. [ap. Leibn. Scr. rer. Br. I. 168.]

[3]) Quod miror unde in dubium vocare Wartonius, vir alioqui sagacissimus, qui hac de re ita scripsit: »But we are not informed, whether these were Scandinavian, Celtic or Teutonic poems.« Vid. History of English Poetry nov. ed. [1824] t. I p. LV. Hickesius contra, vocari barbara illa carmina, quod gothico sermone scripta, autumat. V. Gramm. theot. p. 1. [in Ling. Vett. Sept. Thesaurus 1705. t. 1 pars II.]

[4]) Fuit enim artis scribendi peritus, quamquam »parum prospere successit labor sero inchoatus.« Alii aliter interpretantur.

[5]) Ita plerique formulam memoriae mandare explicant. Forte autem non erraverit, qui duce Otfrido (in praef.) sensu posteris tradere eam sumserit.

[6]) Libro supra laudato, c. 23. [In der Pertz'schen Ausg. = c. 24.]

[7]) lib. V. v. 375. [ap. Leibn. Scr. rer. Br. I p. 165.]

libus enim et historiis, sermone vernaculo scriptis, Francos omnino caruisse, auctor est idem Otfridus[1]).

Audiamus de eodem carminum genere Altfridum, episcopum Monasteriensem, Eginhardo aequalem: »Oblatus est coecus, ait, vocabulo Bernlef, qui a vicinis suis valde diligebatur eo quod esset affabilis et antiquorum actus et regum certamina bene noverat psallendo promere«[2]). Testimonium praeclarum tum propter miram suam cum Eginhardi loco priore convenientiam, tum quia insignem hominum illorum erga poetas benevolentiam, supra § 2 memoratam, denuo confirmat.

Theganus contra de Ludovico pio: »Poetica carmina gentilia, inquit, quae in juventute didicerat, respuit, nec legere nec audire nec docere voluit«[3]). Poetica valere videtur fabulosa, gentilia ethnica[4]), docere coram aliis recitare. [9] Respuit igitur commendata sibi, ut conjici licet, a patre carmina ethnica; quis enim ignorat, quanto Christiani fervore omnia fere paganorum opera, tanquam a diabolo perfecta, deleverint?

His junge Poetam Saxonem de Carolo magno ita scribentem:

»Est quoque jam notum, vulgaria carmina magnis
Laudibus ejus avos et proavos celebrant,
Pipinos, Carolos, Hludowicos et Theodricos
Et Carlomannos Hlotharriosque canunt«[5]).

Quae hic citantur poemata, ea nolim confundas cum antiquissimis ab Eginhardo memoratis. Neque enim difficile est intellectu, recentiora poetam carmina, forsitan hymnos, desig-

[1]) In praef. lat. [p. 5.]

[2]) In Vita S. Ludgeri, episc. Monasteriensis († 809) ed. Leibnit. [Scr. Rer. Brunsv. I. lib. II.] p. 91. De Berulefio deque cantoribus coecis cf. praestantissimum librum G. Grimmii, hac inscriptione insignitum: die deutsche heldensage, p. 377.

[3]) Cap. 19. [ap. Duchesne, Hist. Fr. II p. 279.]

[4]) In alia hic quidem sententia versatur G. Grimmius, qui vertit volksgesaenge. At vero gentilis inde a quarto aerae Christianae saeculo duplici sensu sumitur, semel quum barbarum significat, ut apud Cassiod. in Var. V. 1. VIII. 17. [ap. Migne l. c. p. 643 et 750] (gentiles victu, Romanos sibi judiciis obligabat) VIII. 21. rel. [ap. Migne l. c. p. 754], deinde quum paganum, quae posterior significatio saeculo VIII. et IX. praevaluit; cf. Mon. Germ. I, 46, II. 228. 380. 676; Gloss. Aug. [Dives.]: gentilis, heidanisc. (Diutiska I 212).

[5]) Lib. V. vers. 117, [ap. Leibnit. Scr. Rer. Brunsv. I. p. 161.]

nasse[1]). Duchesnio ceterum affirmanti, auctorem miscere Caroli decessores cum ejus majoribus, assentiri nequeo, quum nemo non videat, Hludowicos illos, Theodoricos, Hlothariosque Merovingorum stemmati, Carolingia cum stirpe conjunctorum ex Ansberti tempore, qui proavus fuerat Caroli, adscribendos esse[2]).

Haec sunt carminum ante Caroli magni tempora compositorum quae exstant vestigia; ad recentiora me converto. Quod hic primum profero testimonium, Ekkehardo IV. debetur, monacho Sangallensi († c. 1070). Anno enim 894. (al. 895.) Adalbertus a Babenberg, dum acerrime litigat cum Salomone, episcopo Constantinensi nec non cum Hattone archiepiscopo Moguntinensi ex arce sua dolo tractus est et occisus; quibus rebus copiosius explicandis se abstinuit Ekkehardus et de causis quidem, quas ipsius verbis hic necesse est commemorari. »Sed astutia, inquit, hominis in falsam regis gratiam suasi, qualiter Adalpert fraude ejus de urbe Papinborch detractus, capite sit plexus . . . quoniam vulgo concinatur et canitur, scribere supersedeo«[3]).

[10] Idem auctor de fortissimo quodam Henrici I. milite, Churzibolt cognominato, haec refert: »Multa sunt, quae de illo concinnantur et canuntur, quae, quia ad nos redeundum est, praeterimus, nisi quod provocatorem Sclavum, giganteae molis hominem, e castro regis prorumpens, novus David lancea pro lapide straverat«[4]).

Witichindus pugnam ad Heresburgum (a. 914) commemorans qua Everardus, Conradi I. imp. frater a Saxonibus fugatus est, carminum bellicorum non modo mentionem facit, sed etiam specimen proponit ingenii poetarum popularium non ignobile: »Inito certamine, inquit, tanta caede Franci mulctati sunt, ut a mimis declamaretur, ubi tantus ille infernus esset, qui tantam multitudinem caesorum capere posset«[5]).

Chronicon Quedlinburgense (contin. ad ann. 1025) de celebratissimo quondam apud Germanos heroe Theodorico haec

---

[1]) Exhibentur hymni latini, haud scio an supra dictis similes, in Bouqueti collectione V. 407. VI. 264. VII. 305.

[2]) Rer. franc. script. II, 174 sq.

[3]) In casibus S. Galli, vid. Mon. Germ. hist. t. II p. 83.

[4]) Ibid. p. 104.

[5]) Annal. lib. I. ap. Meibom. t. I. p. 636. Cf. Schmidtii aeltere deutsche geschichte t. II. p. 97. [?]

habet: »Et iste fuit Thideric de Berne, de quo cantabant rustici olim.«[1]). Illud notandum, quod carminum de Theodorico Veronensi jam suo tempore memoriam abjectam esse persuadere nobis vult auctor, quanquam ad ipsum saeculum XVI. canendo eo et celebrando magnopere se vulgum oblectavisse neminem hodie fugit, qui in historiis aevi medii vel leviter sit versatus[2]).

Denique Chronicon Urspergense [ap. Pertz, Mon. VIII p. 225]: »Erbo [»Aerbo«, Pertz] et Boto, inquit, paterno de sanguine Noricae gentis antiquissimam nobilitatem trahebant, illius nimirum famosi Erbonis [»Aerbonis«, Pertz] posteri, quem in venatu ab insonte (leg. a bisonte) [»a visonta«, Pertz] bestia confossum vulgares adhuc (1126) cantilenae resonant«[3]). Famosus ille, quando vixerit quidve egerit, equidem compertum non habeo; quod ad posteros, alter, Boto, defunctus est anno 1104.

§ 5.

[11] Paucissima hujus ordinis exstant monumenta nec ea integra, videlicet I) certamen inter Hildebrandum et Hadubrandum, antiquissimum fortasse theotiscae poeseos specimen, II) laudes Ludovici regis, quorum alterum carmen videtur populare, alterum a clerico quodam compositum; in utroque explanando minutam viri docti posuerunt curam, III) carmen de Ottone I. imperatore latino-theotiscum, quod tamen macaronicae, quam vocant Itali, poeseos nec antiquissimum est exemplum nec praestantissimum[4]).

---

[1]) V. Script. rer. Brunsv. a Leibnitio edit. t. II. p. 273. Grimmii deutsche heldensage p. 32.

[2]) Scripsit Theodoricus a Niem ineunte saec. XV: »Hunc etiam regem Theodoricum Alemani dilexisse videntur, quem adhuc Theodoricum de Berne Germaniae vulgus appellat, necnon quasdam de ipso cantilenas in vulgari t[h]eutonico ad ipsius regis laudem dictaverunt, quae adhuc plerumque per rusticos et mocchanicos (nos: handwerker) decantantur.« De schismate lib. III c. 8 [ed. Norimberg. 1532]. Ut Berne pro Verona apud veteres Germanos, ita legitur Verna apud Italos; vid. il Dittamondo [von Fazio degli Uberti] p. 209 nov. ed. [Venezia 1821]. Alia multa testimonia tam vetustiora quam recentiora collegit G. Grimmius lib. supra laud.

[3]) p. 185 Schmidtii aeltere deutsche geschichte, II. 403. [?]

[4]) Adsunt alia in libris Anglosaxonum, ut videre est in Wanleji libr. vett. septentr. catal. [in Hickes, ling. vett. sept. Thes. 1705 t. II], ubi poematia ex

Exstat praeterea carmen de Walthario Aquitanico latinum illud quidem heroicisque versibus (saec. X.) compositum, sed e theotiscis, ut abunde patet, fabulis ab auctore Ekkehardo Sancti Galli monacho depromptum. Opinatur quidem G. Conybearius, poema anglosax. the Traveller, a se publicatum, in Saxonia ante Britanniam expugnatam esse conditum; quod si ita esset, carmen haberemus medio quinto saec. idque e Germanico solo natum, quod, licet postea refectum fuisset, maximum tamen in poeseos Germanicae historiam momentum haberet. At virum doctum patriarum antiquitatum amore ulterius justo provectum quis non videat?[1])

Hic denique haud abs re fuerit, illam virorum doctorum [afferre] opinionem, carmina quaedam latina, partim septimo partim saeculo nono e theotiscis sive translata sive ad theotiscorum exemplaria esse facta[2]), cui me tamen opinioni assentiri non posse doleo, etsi esse theotisca poemata latine versa non modo non nego, verum etiam affirmo exemplumque infra proponam (§ 9). Sed de poematis jamjam memoratis quid sit sentiendum, videamus.

Ex his veterrimum, quod ita incipit:

»De Chlothario est canere rege Francorum«[3])

teste ipso editore »juxta rusticitatem« h. e. lingua romana rustica compositum[4]) indeque latine versum illud esse oportet. Metrica ejusdem carminis ratio [12] id habet notabile, quod interpres hanc vulgarium poematum consuetudinem secutus esse videtur, ut non bini vel terni, sed quam plurimi versus in eandem desinant syllabam, qua consuetudine et antiquissima carmina franco-gallica nec non hispanica utuntur.

vocibus non modo Anglosaxonicis latinisque composita, sed etiam alia graecis referta inveniuntur (v. p. 147. a. 261. a. 110. b.).

[1]) Vid. Illustrations on Anglo-Saxon Poetry p. 28.

[2]) Altdeutsche waelder t. II. p. 31.

[3]) Vita S. Faronis episcopi Meldensis, auctore, ut putatur, Hildegario, Meldensi episcopo; exhib. in Actis S. S. Ord. Bened. Saec. II. p. 617.

[4]) Juxta eodem sensu ab aliis quoque usurpatur, veluti a Frodoardo Eginhardoque in his dicendi formulis: juxta theotiscam linguam h. e. theotisce, juxta propriam linguam i. e. propria ling.

Alterum carmen, quod incipit ab hoc versu:

»Aurora cum primo mane || Tetram noctem dividens«[1])

tum quod versuum genus et stropharum ab artis poeticae apud majores nostros indole ac ratione aberrat, tum vero quod Angelbertus (nomen cetera obscurum), se carminis nostri praedicat auctorem, non interpretem, latinae itidem originis sit necesse est. Et profecto illis quidem temporibus ad celebrandos casus eventusque memorabiles decantari latinae quoque catilenae solebant, quod luculentis demonstrari, si opus esset, testimoniis possit[2]).

Nec minus denique archetypum tertium esse carmen videtur, cui hoc initium:

»Audite omnes fines terrae errore cum tristitia«[3]);

quod vix dubitandum, quum quis et versus quales sint, et tempus, quo sit scriptum, consideraverit, quippe quo tempore, puta exeunte saeculo nono, abolescere Longobardorum in Italia sermo jam coepisset[4]).

§ 6.

Memorantur et s a t y r i c a c a r m i n a, siquidem huc pertinent, quae de Lotharingiae episcopis narrat Chronicon Cameracense. Hi ante Conradum II. imp. electum promisisse Goziloni, viro nobili, dicuntur, sese neminem illo invito imperatorem esse agnituros, »quod tamen, ut chronographi verbis utar, episcopi primi infregerunt, qui se primos dederunt, c a n t i c u m q u e p o p u l i m a l u m facti sunt«[5]).

---

[1]) Bouquet. VII. 304.

[2]) Vid. inter al. in Mabill. [vett.] anal. I. 376. »carmen de adventu Ludovici Augusti Aurelianos« (h o d i e O r l e a n s) anno 814, ubi haec verba leguntur: »Hoc chorus cleri populique [»populoque«, Mab.] turba Saphicum metrum [»carmen«, Mab.] recinens precetur.«

[3]) Murat. antiq. it. III. 712.

[4]) Quem eodem tamen saeculo ineunte viguisse hoc Pauli Diaconi loco possit probari: »Rector, quem S c u l d a h i s lingua propria dicunt (Longobardi).« 1, VI. c. 24 [ap. Migne l. c. Bd. 95 S. 640.] — Omnia, quae supra memoravi, poemata a clericis facta videntur, quod ut credam faciunt alia ejusmodi nonnulla, de quorum origine nemo erit qui dubitet, Milani Veronaeque scilicet encomia (Murat. script. rer. ital. II. II. 989 seq. Mabill. vett. anal. p. 409.) nec non laudes Landulfi (ap. Mur. I. c. 286.) [?]

[5]) l. III. c. 50 [ap. Pertz, Mon. t. IX. p. 485.] Schmidtii d. gesch. II. 403.

[13] His adjungerem, quod in capitulari quodam Caroli Magni constitutum est: »Qui in blasphemiam alterius cantica composuerit, vel qui ea cantaverit, extra ordinem judicetur«; si modo exploratum esset, maledica illa cantica utrum theotisca fuerint necne, qua de re in utramque partem disputari possunt multa[1]).

§ 7.

Quamquam heroicis aetatibus minoris esse momenti minorique diligentia excoli solet amatoria poesis, uti Anglosaxonum aliorumque antiquitatis populorum exemplum docet, non tamen plane eam apud veteres Germanos neglectam esse existimo, neque quibus aliquid luminis afferatur vestigia desunt. Huc spectat Otfridianum illud »Saicorum cantus obscoenus«, quod mitiorem tamen in partem interpretandum puto, quandoquidem fieri non potuit, quin saecularia vel jocosa reprobanda viro monachico ac delenda viderentur[2]). Neque aliud quidquam intelligere eum opinor, nisi carmina illa celeberrima, winiliot vocabulo theotisco nuncupata, de quibus in capitulari anni 789 ita statuitur: »De monasteriis minutis, ubi nonnanes sine regula sedent, volumus ut . . . nullatenus ibi winileodes scribere vel mittere praesumant«[3]). Quod vocabulum in glossis Monseensibus vertitur: »plebeji psalmi, sive cantica rustica«[4]) originemque trahit ex wine, amicus, socius, et liot carmen, unde cantilenas ad excitandam hilaritatem socialem compositas significari conjicitur. Hujus modi carminum, quod magnopere dolemus, nihil ad nos pervenit.

§ 8.

De cantilenis magicis apud veteres Germanos, quos paganorum more divinationibus auspiciisque in universum deditos esse constat, Hrabanus Maurus haec tradit: »Litteras, quibus utuntur Marcomanni [infra scriptas habemus] . . . cum quibus carmina sua incantationesque ac divinationes significare procurant, qui adhuc paganis ritibus involvuntur«[5]).

[1]) Georgisch [Corpus juris Germanici antiq. Hal. Magd. 1738] p. 496.

[2]) Otfr. in praefat. lat. [S. 1.]

[3]) Georgisch p. 575.

[4]) Pezii thesaur. I. p. 375. 402. [?]

[5]) De inventione linguarum, in Opp. ed. Col[oniae] t. VI. p. 334.

[14] Quorum incantamentorum usus tantum ceperat animos mentesque hominum, ut christianis adeo temporibus nemo iis uti dubitaret, cujus rei Von Arx, V. C. [= vir clarissimus?] in notis novae Ekkehardorum editioni a se adjectis exemplum e codice manu scripto profert luculentissimum. »Huic commento, ait, postea addita fuit fabula alia, S. Notkerum (Balbulum) nempe hic tamdiu daemonem pedibus protrivisse, quoad usque is calcantem se cantilenam quamdam docuisset, cui vulgus multis saeculis virtutem magicam attribuebat«[1]. Quam tamen cantilenam is, qui fabulam scripsit, transmittere nobis non curavit.

Exstant carmina magica duo saxonica ad morbos depellendos confecta, saeculo ut putatur IX. Hujuscemodi cantilenarum vocabulum anglosaxonicum est g a l d o r a g a l a n cantare, island. galdr.[2]).

§ 9.

Magnus inter poemata sacra in laicorum usum condita fuisse h y m n o r u m numerus videtur, qui tamen, si excipis antiquissimam cantilenam wessobrunnicam, monumentum poeseos nostrae egregium, brevem insuper ad S. Petrum hymnum psalmique Davidici fragmentum quoddam, deperditi sunt cuncti. Verum non omnia deperditorum deleta sunt vestigia. Quod primo loco notandum est, restat hymnus ad S. Gallum non ignobilis, latine ille quidem scriptus, sed testante praefatione ipsi praemissa, e theotisco translatus, neque indignum est notatu, etiam metro theotisco interpretem se adstrinxisse. En ipsa praefatio carminis; »Ratpertus monachus (vix. saec. IX. desinente) . . . fecit et c a r m e n b a r b a r i c u m de S. Gallo cantitandum«, quod postea fratrum quidam, cum rarescere qui id saperent videret, ut tam dulcis melodia latine luderet, quam proxime potuit transferens, talibus operam impendit:

»Núnc incípiéndúm = est míhi mágnum gáudiúm,
sánctiórem núllúm = quam sánctum únquam Gállúm« rel.[3]),

[1]) Monum. Germ. hist. II. 98.

[2]) Abundant libri anglosaxonici exorcismis, magnam partem rhythmicis; vid. in Wanleji Catalogo p. 114 b, 115 a, 225 a [ap. Hickes. ling. vett. sept. Thes. 1705. t. II.], et in Raskii a n g e l s a k s i s k s p r o g l a e r e, ed. 1. p. 158. 159.

[3]) Monument. Germ. hist. t. II. p. 33

Alia quae memorantur, prorsus periere. In vita Mathildis reginae, uxoris Henrici I. Germ. regis, haec verba reperies[1]): »Posthac neminem voluit [15] audire carmina secularia cantantem; nec quemquam videre ludum exercentem: sed tantum audivit sancta carmina de Evangeliis vel aliis sacris Scripturis scripta. Nec non in hoc sedulo delectabatur, ut de vita vel passione Sanctorum sibi cantaretur«; (post ubitum scil. filii, Henrici). Carmina ab auctore citata saecularia quin theotisca fuerint, nemo in dubium revocabit, nec est, quod »sancta carmina« eadem lingua composita esse dubites, quum, quantum ad linguam inter utrumque cantilenarum genus discrimen auctor faciat nullum.

§ 10.

Denique et ipsi libri sacri vatum opera vernacule sunt redditi. Quis est, cujus notitiam Otfridi nomen fugerit vel harmonia evangeliorum saxonica? Huic carminum generi, ne ullum antiquae poeseos nostrae monumentum silentio praeteream, dialogi Salvatoris cum Samaritana poematisque de S. Georgio fragmentum adnumero.

Hoc in loco ex praefatione »in librum antiquum« a Flacio vulgata haec verba repetere non alienum esse videtur: »Praecepit namque (Ludovicus pius) cuidam viro de gente Saxonum . . ut vetus ac novum testamentum in germanicam linguam poetice transferre studeret . . . Juxta morem vero illius poematis omne opus per vitteas distinxit, quas nos lectiones vel sententias possumus appellare«[2]). Omnis ista praefatio, si verum quaerimus, nihil in se habet, quod non sit fide dignum; nihilo tamen secius esse eam subdititiam a viris doctis mota est suspicio propterea quod desideretur in utroque exemplari Harmoniae saxonicae, tam Monacensi quam Cottoniensi. At haud fuerat sane, quod illam ibi quaererent. Nil impedit, quo minus e codice postea deperdito depromptam eam credamus, qui tamen utrum nobilissimum illud carmen sit complexus, in dubio est, quamquam (quod aliquid ponderis habet), in codice saltem Monacensi non raro puncta inveniuntur sententias (vitteas supra dictas, i. e. witteâ, witze) distinguentia.

[1]) Leibn. script. rer. Brunsv. I. 202.

[2]) Catal. test. verit. fol. 93. edit. 2. 1562. [— ed. 1597 4°. t. II. p. 120.]

Der Roman von Fierabras,

provenzalisch. Herausgegeben von **Immanuel Bekker**. Berlin bei G. Reimer. 1829[1]).

»Das Gedicht, das hier zum ersten Mal gedruckt erscheint, ist dem Herausgeber freundschaftlich mitgetheilt von Hrn. Professor Lachmann, der es vor einigen Jahren in der fürstl. Bibliothek zu Wallerstein gefunden. . . . Die Handschrift (71 Pergamentblätter in Quart, die Seite zu 36 Zeilen, mit farbigen Anfangsbuchstaben für die durch den Reimwechsel bestimmten Absätze) früher im Besitz *majoris monasterii congregationis S. Mauri* zu Paris, ist während der Revolution durch mancherlei Hände gegangen, bis sie endlich in ihrem Werth erkannt und der Litteratur gerettet worden durch den Fürsten Ludwig von Oettingen Wallerstein.«

Diess ist Hrn. Bekkers kurzer aber genügender Bericht über Beschaffenheit und Schicksale der Handschrift. Wenn er Hrn. Lachmanns Fund mit Recht einen willkommenen nennt, so nennen wir, und wohl mit demselben Rechte, die öffentliche Mittheilung dieses Schatzes eine nicht minder willkommene. Wir erhalten hiermit die erste vollständige Ausgabe eines der zahlreichen durch ihren Einfluss auf ganz Europa ausgezeichneten altromanischen Heldengedichte, und zwar eine Ausgabe, worin wenigstens ebensoviel geleistet ist, als in den besten von dem Auslande uns zugekommenen Abdrücken verwandter Dichterwerke. Sie ist des Kritikers würdig, der mit einem auf dem Felde klassischer Philo-

---

[1]) [Berliner Jahrbücher für wissenschaftliche Kritik, 1831, Bd. II S. 153 bis 160.]

logie längst geübten Scharfblick ein verwandtes Gebiet betritt, wo noch so vieles zu leisten ist. Mögen daher die (S. 151) versprochenen ausführlichen grammatischen Erörterungen uns nicht allzulange vorenthalten werden!

Der Name Fierabras ist allbekannt, die Fabel durch das Buch der Liebe [ed. Büsching und v. d. Hagen. Berlin 1809. 8°, S. XXXVI—XLIV u. S. 143—268] allgemein zugänglich, so dass eine Darlegung derselben hier vom Ueberfluss sein würde.

[154] Auch in diesem Gedichte, wie meist in den Romanen von Karl dem Grossen, gilt es den Kampf zweier Welten, doch findet sich die Einheit der Fabel in der Wiedererwerbung verschiedener durch die Sarazenen geraubter Reliquien, wie auch der etwas unbeholfene Eingang ankündigt; die kirchliche Tendenz ist nicht zu verkennen. Eine Fülle von poetischem Gehalt liegt einzeln in dem Werke zerstreut und entschädigt für manches Unverhältnissmässige der Erzählung. Die epische Wiederkehr zahlreicher Verse und Formeln, so wie die von dem Sänger häufig ausgesprochene Vorahndung grosser Dinge erinnern erfreulich an Homerische und Altdeutsche Dichtung. Auch müssen wir der wohlgewählten Epithete erwähnen und selbst die Bemerkung, dass sie als Gemeingut in allen altromanischen Heldengedichten verwendet erscheinen, wofür die Vergleichung der von dem Herausgeber vorangestellten altfranzösischen Bruchstücke überzeugend spricht, kann die Bedeutung dieses poetischen Beiwerkes nur erhöhen, welches hierdurch auf eine gemeinsame volksmässige Grundlage des Heldengesanges zurückzuweisen scheint. Hierher gehören stets wiederholte Ausdrücke wie: Karl mit dem blühenden Barte (die Weisse desselben anzudeuten), Alda (Rolands Braut) mit dem klaren Antlitz, Gott, der Himmel schuf und Thau, der gewölbte Schild, das Schwert mit goldnem Knauf, der steinbesetzte Helm, der goldgezierte Harnisch, das bemähnte Ross; die Helden werden abgehärtet genannt, im Zorn wandelt ihr ganzes Blut sich um, ihr Antlitz wird schwarz wie eine Kohle u. dgl. Um wenigstens den Ton des Gedichtes fühlbar zu machen, theilen wir hier die erste angemessene Stelle in gebundener dem Original möglichst angepasster Uebersetzung mit, worin nur der eine längere Reihe von Versen verkettende Reim mit dem auf zwei Verse beschränkten vertauscht werden musste.

Fierabras, der Heide aus Alexandrien rüstet sich gegen den heranrückenden Karl (V. 122):

Der Heid' aus Alexandrien vernahm den Kriegsbericht [155]
Und traun, ihr könnt mir glauben, die Mähre freut ihn nicht,
Ruft seine Sarazenen, von wildem Grimm verzehrt:
»Seid fertig, sprach der König, begebt euch schnell zu Pferd!
Ich will mich im Gehölz, im dichten Busch verstecken,
Kann ich in Thal und Wald den König Karl entdecken,
So soll mein schneidend Schwert ihm durch den Nacken schwirrn,
Dem Roland seinem Neffen zerschmettern das Gehirn,
Ihm und dem Olivier, dem Führer seiner Schaar,
Die Köpfe will ich senden der schönen Floripar.«
Nun waffnet man den König dort auf dem Wiesengrund,
Von seiner Waffenrüstung thu' ich nur das euch kund:
Er foderte Florensa, ein Schwert, das furchtbar schnitt.
Mor'das bracht' es ihm wankend, da solche Angst er litt,
Dass eine Schüssel Blutes ihm aus der Nase schoss;
Drauf führten sie herbei sein castilianisch Ross.
Gewaffnet ward der König auf baumbedeckten Matten
Auf Morimonda's Berg in hoher Felsen Schatten,
Ganz nah an einer Quelle, da wo ein Oehlbaum stand;
Zehn Admiräle legten ihm an sein Schlachtgewand.
Die Rüstung, die er trug, wär' nicht genug zu preisen,
Sie waffneten ihn doppelt in Stahl und auch in Eisen,
Er fürchtete vor niemand für einen Deut Gefahr.
Es reichten ihm drei Schwerter die Christenfeinde dar;
Baptisma und Gramanh, Florensa d'Anticlier,
Florensa hing dem König zur linken Seite schwer.
Sie hielten an dem Zügel ihm sein gescheckter Pferd,
Von Elfenbein der Sattel schien wohl von hohem Werth.
Rasch springt er in den Sattel, berührt den Bügel nicht.
Herab an seinem Nacken hing seines Schilds Gewicht,
Gehüllt in — (jana?) von Stahl bis an den Rand,
Belegt mit goldner Platte, nur Gold war hier verwandt:
Ihn zierten funfzehn Buckeln, geformt von Golde rein,
Auf jeder dieser Buckeln war ein Karfunkelstein,
Die sah man heller leuchten als Kohlen in der Gluth:
Wohl schien er so zu Rosse ein Herr voll Macht und Muth!
Er packte dann zwei Büchsen — wer schätzt sie hoch genug? —
Am Bogen fest des Sattels, den seine Schecke trug,
Gefüllt mit einem Balsam, der Gott gedient einmal;
Hiermit gesalbte Wunde macht fürder keine Qual.
Er hatte sie zu Rom, im Münster dort geraubt,
Der Balsam hängt zur Rechten, da er ihn nöthig glaubt,
Zur Linken hängt Gramanh grad' an dem Sattelbug.
Gewalt'ger war kein Ritter, den je die Erde trug.

Wenn er an Christ nur glaubte, sein Leib getauft nur wär',
Er mässe sich mit Roland, so auch mit Olivier.
Zu Pferde sind die Heiden, wohl hundert tausend Mann,
Doch Fierabras, der König, ritt allen kühn voran.
Er liess den Zügel schiessen dem schön gescheckten Pferd,
Nie hat ein Ross dem Reiter so hülfreich sich bewährt.

Die hier erwähnte Floripar ist die aus Calderons Brücke von Mantible bekannte Prinzessin Floripes, Fierabras Schwester, nicht, wie bei dem spanischen Dichter zugleich seine Geliebte; Moredas ist der Name eines Sarazenischen Königs.

Der Ursprung des Romanes verbirgt sich in ein geheimnissvolles Dunkel. Das Gedicht, sagt sein Verf., betrifft eine wahre Geschichte; ein Mönch, Richier, der [156] erst Ritter war, dann Geistlicher, fand sie zu Paris unter dem Hauptaltar der S. Dionysiuskirche und zog auf den Rath Karls (im Original steht nur der Anfangsbuchstabe des Namens, an der Ergänzung ist aber kaum zu zweifeln) das Gedicht heraus. Bekanntlich wurden in der Benediktinerabtei St. Denis Annalen des Französischen Reiches geführt, die allmählich Bedeutung und Ansehn einer amtlichen Reichschronik gewannen, so dass es bei Geschichtsschreibern und epischen Dichtern besonders des 13. und 14. Jahrhunderts zur Sitte ward, sich auf sie als eine untrügliche Quelle zu berufen. So unter andern die zum Kreise Karls gehörigen Romane *Aimeri von Narbonne*, *Enfances d'Ogier*, *Pepin* und *Berthe*, *Gerard von Vienne*, *Doolin von Mainz*, *Karl der Kahle*, *Aubri* (vom letztern zwar bezweifelt es Hr. Bekker; man sehe aber *Catal. de la bibl. du duc de la Vallière,* I. II. 214). Mit obiger Erzählung ist uns nun zwar der Name des Verf. nicht gegeben, allein der Französische Ursprung des Werkes wird uns dadurch ziemlich nahe gelegt; nehmen wir noch seine örtliche Beziehung auf die Abtei S. Denis, deren vornehmste Reliquien es zu feiern bestimmt scheint, so wie die überall durchblickende Verherrlichung des Französischen Namens, so können wir an seinem Französischen Ursprunge nicht mehr zweifeln und es hätte mit dem prosaischen Fierabras in Französischer Sprache, den wir noch besitzen, eine und dieselbe Quelle. Betrachten wir nun auch die sprachliche Seite des Werkes genauer, so kündigt es sich uns auf eine überzeugende Weise als Interlinearübersetzung eines Französischen Originals in provenzalische Mundart an, die ihre Quelle keinen Augenblick verläugnet. Eine so gedankenlose Umwandlung eines

Dialektes in einen andern, eine blosse Formveränderung kann in dichterischen Werken, versteht sich, nicht vor sich gehen, ohne dass fremde Bildungen und Phrasen sich mit einmischen, wozu Sylbenmass und Reim Anlass genug geben. Besonders haben sich in unserm Gedichte die Reimwörter einer fremdartigen Formation unterwerfen müssen [1]), daher finden sich Infinitiv-Flexionen in *er* statt *ar*, wovon die Sprache sonst kaum ein Beispiel kennt (Rayn. II. 141), Gerundien der zweiten Conjug. auf *an* und zahlreiche andre Französische Bildungen, wie *caleya* (*callée*), *espeya* (*espée*). Aber auch ausser dem Reime fehlt es nicht an Gallicismen. Wiewohl nämlich allerdings der Unterschied der Französischen und Provenzalischen Mundart ursprünglich nur auf einer Formverschiedenheit beruht, so wiederholt sich auch hier eine der Sprachgeschichte wohlbekannte Erscheinung: einzelne Wörter verändern ihre Bedeutung, andre verschwinden und neugeschaffene treten an ihre Stelle; es tritt also auch ein materieller Unterschied ein. Dass beide Mundarten schon um das 12. Jahrhundert in divergirender Richtung ziemlich weit fortgeschritten waren, würde [157] sich aus zahlreichen Beispielen darthun lassen. So bedeutet *guerrier* auf rein Provenzalisch Feind, auf Französisch Krieger, *errar* in ersterer Sprache irren, in letztrer reisen, auch Partikeln wie *ades*, *alques* u. a. zeigen eine Bedeutungsverschiedenheit, und mehrere derselben gehören nur der einen oder andern Mundart an: so ist *ges*, *mest*, *tro* nur Provenzalisch, *buer*, *mar*, *illuec*, *avec*, *chez* und jener Unterschied zwischen *par* und *por* nur Französisch. Es kann also auch im Provenzalischen von Gallicismen die Rede sein, und der alte Grammatiker Raimon Vidal wusste diess recht wohl. Unser Fierabras aber bietet der Gallicismen so manche dar, dass er für Grammatik und Wörterbuch nur mit Vorsicht benutzt werden dürfte. Als einen der stärksten müssen wir z. B. das apokopirte *nos* und *vos* für *nostre*, *vostre* hervorheben, auch *sire* (*siru*) für *senher* gehört hierher; *estre* (*être*) für *esser* ist seiner Bildung nach gleichfalls Französisch, wiewohl Provenzalischen Handschriften nicht ganz fremd; *entre* in der Bedeutung zusammen

[1]) Die lyrischen Dichter enthalten nur wenige Spuren dieser Licenz; unter den von Raynouard angeführten Fällen (I. 445) ist ausser *floria* auch *aguessa* zu streichen, welches als mundartlich in dem prosaischen Albingenser-Krieg öfters vorkommt.

wird sich wohl ebenso verhalten; *a cèrtas* beschränkt sich bei den Provenzalen wenigstens auf die Prosa. Aber auch diese und andre Eigenheiten abgerechnet lässt sich in der Sprache des Fierabras nicht die der bessern Handschriften lyrischer Dichter erkennen; wir glauben einen bestimmten gleichwohl nicht ungemischten Dialekt vor uns zu haben, denselben, der uns bis auf kleine Verschiedenheiten auch in dem Albigenserkrieg des Guillem von Tudela entgegentritt und der, um ihn mit Beispielen zu bezeichnen, *caval, lor, laychar, autre, faita* nicht *chaval, lur, laissar, altre, facha* setzt. Wenn der Herausgeber mit Beziehung auf den in unserm Roman vorliegenden übrigens mässigen Formenwechsel behauptet, dass die Provenzalische Sprache »überall nicht scheint fertig geworden, nicht zur Besinnung über sich selbst gekommen zu sein«, so bedarf dieser Ausspruch doch wohl einer ziemlichen Einschränkung. Die einzelnen Dialekte jener weit verbreiteten Sprache waren, so weit wir sie zu verfolgen und abzumarken im Stande sind, in sich abgeschlossen und möglichst vollendet; (wir beziehen uns hier auf eine von uns vorgenommene, auf Urkunden gestützte Prüfung verschiedener Dialekte) und es fragt sich nur, welches Verhältniss der höhere Styl zu den Volksmundarten einnahm, eine Frage, die für die Literaturgeschichte einigermassen lehrreich sein muss. Hier fürchten wir nun nicht zu irren, wenn wir behaupten, dass nur die Poesie, und zwar vorzüglich die lyrische, in deren Charakter das Streben nach Eleganz und Künstlichkeit lag, sich einer konventionellen Sprache bediente, wozu die wichtigsten Dialekte benutzt wurden, dass sich die Prosa dagegen mit den einzelnen Mundarten begnügte, indem sie sich von dem Urkundenstyl, aus dem sie hervorgegangen, kaum zu entfernen wagte. Liegt ja doch die Foderung eines bestimmten Sprachstyls schon in den Wechselgesängen der Dichter, die nächste Veranlassung desselben in ihrem Wanderleben! Betrachten wir daher die prosaischen Werke mit Aufmerksamkeit, so finden wir überall bestimmte Dialekte ausgesprochen, die nur einen auf leichte Schattirungen der Aussprache g e g r ü n d e t e n [158] Formenwechsel zulassen, als *c* neben *t* (*gardec* und *gardet*) *o* neben *u* (*lor*, *lur*), kaum *ch* neben *c* (*charitat, caritat*) oder *ch* neben *t* (*drechura, drectura*). Dagegen braucht ein und derselbe Dichter, z. B. Bernart von Ventadour im Reim, wo also an keine Verfälschung durch Abschreiber zu denken, gleicherweise die zum Theil grammatisch verschiedenen Formen *far* und *faire*, *fatz* und *fai* (*facit*), *fatz* und *fau* (*facio*), *val* und *vau*, *sui* und *son*, *tener* und *tenir*, *conques* und *conquis*; niedrige Ausdrücke, wie der Artikel *le*, *con* (mit) *de tu* möchten bei den Lyrikern kaum vorkommen, und selbst das Füllwort *pas*, womit die Prosa so freigebig ist, wird sichtlich vermieden. Hiernach können wir einen prosaischen und poetischen Styl unterscheiden, von welchen jeder in seiner Weise, der eine in örtlicher Beschränkung, der andre in dem Streben nach Allgemeinheit einer bestimmten Regel folgte. —

In Hrn. Bekkers orthographischem System glauben wir noch einiges Schwanken zu bemerken. Wir finden gewöhnlich *aujatz*, *greujatz* geschrieben, aber auch *auiatz*, *greuiatz* und *j* gesetzt, auch wo es kein gequetschtes *i*, wie in *jorn*, *ajudar*, *ja* (letzteres aus *de-jam*) voraussetzt, nämlich in *major*, *majestat* u. a. Allerdings gehört dies zu den verwickelteren Fragen der Grammatik und würde sich erst nach genauer Erkenntniss der Dialekte entscheiden lassen. Nicht minder wichtig ist die Abtrennung der Affixe. Durch das Anfügen gewisser Sylben oder Buchstaben werden neue Bildungen unter der Herrschaft eines und desselben Accentes geschaffen; das Abreissen derselben beeinträchtigt nothwendig die Aussprache: man vergleiche *grazidaus* (besser vielleicht *grazidavs*, d. h. *vos* in *vs* wie *nos* in *ns* syncopirt) mit *grazida us*. Zuweilen ist die Trennung kaum möglich, da beide Wörter durch einen euphonischen Vocal zusammengehalten werden. So schreiben einige Handschriften (z. B. 7614) *nois*, *eil*, *sieus* etc. d. i. *no(i)s*, *e(i)l*, *si(e)us* mit eingeschaltetem *i* und *e*, eine Epenthesis, die auf einen feinen Unterschied der Aussprache hindeutet. Wie ist aber in diesen Fällen zu trennen? Auch in der Handschrift des Fierabras findet sich *queys*, *beys* und vermuthlich auch *sieus*, und der Herausgeber schreibt gegen die Meinung der Handschrift *que s. be s. si eus.* Uebrigens muss zugestanden werden, dass durch die Trennung die Deutlichkeit gewinnt, und diese muss, der ohnehin unentschiedenen Aussprache gegenüber, in unserm orthographischen System als leitendes Prinzip betrachtet werden; nur über die Methode der Trennung und ob sie überall zulässig, können sich die Meinungen theilen. Dass Hr. Bekker den Gebrauch des Apostrophs vor dem Artikel »vom

Uebel« nennt, können wir ebensowenig billigen, wie das in die Luft gestellte *n* oder *lh* in Formeln wie *no n es, ja lh a,* wogegen er doch *de l'aver, que l'avia* mit Apostroph schreibt: das *l* aber ist hier ganz in demselben Falle, d. h. man kann sich Aphäresis oder Apocope dabei denken.

Hr. Bekker hat seine Ausgabe mit Anmerkungen verschiedenen Inhaltes begleitet, die ein längeres, sorgfältiges Studium der romantischen Poesie so wie der beiden [159] Schwestersprachen Frankreichs bezeugen. Nur einige Emendationen und grammatische Bemerkungen erlauben wir uns hervorzuheben.

Vers 1. *le* als Artikel dürfen wir allerdings nicht ignoriren, wiewohl es eine platte Form ist; wir finden es ausser den von dem Herausg. bemerkten Fällen auch im *Parn.* dreimal und in den Handschriften 2701 und 7227 häufig. Raynouard, der sich auf die Dichtersprache beschränkte, hat es nicht aufgenommen und aus demselben Grunde fehlt ihm auch die bei den Prosaikern unzähligemal vorkommende, für den Nom. Sing. beider Geschlechter gültige Form *li.* — V. 15. Die Emendation *del fer* aus *defrir* giebt einen etwas gesuchten Sinn; das in dieser Verbindung mehrmals gebrauchte Verbum *ferir* möchte passender sein. — V. 278 lässt sich einfacher mit weggeworfenem *la* berichtigen: Collectiva werden überall, auch in unserm Gedicht (V. 63) mit dem Plural construirt. — Sehr willkommen ist die Anmerkung zu V. 364 über die sonderbare Formel *petita d'ora,* worin *de* gänzlich erstarrt ist. Zu den umsichtig gesammelten Beispielen gehört auch *ab tantas d'armaduras* in einer Urkunde *(Hist. de Langued. III. col. 307).* — Die V. 385 vorgeschlagene Schreibung *l'aus* statt *la us* wird sich nicht bestreiten lassen; die Form *aus* (ein), die sich zu *us* verhält, wie *cadaus* zu *cadus,* findet sich auch *Gl. Occ. 34. b. 166. a. 283. b.* [?] *Rayn. V. 160. Zeile 15* [?]. — V. 594. Der Dichter scheint sich in der That die Freiheit zu erlauben, *a* als Hülfsverbum vor oder nach einem Vokal zu unterdrücken, wie er es mit der Präposition *a* thut (V. 4834); ersteres erlaubt sich auch die Gräfin von Dia in dem Vers: *qui (a) ab*[1]) *els acordamen* (Parn. Occit. S. 58). — V. 1787. *foc* (war) scheint hier den Vorzug zu verdienen vor *fol: fouc* und sogar den Plural *fouguen* hat der Albigenser-Krieg häufig *(Hist. de Lang, III.)* — V 2702. Die Lesart *no us,* die in *n'us*

[1]) [Im P. Oc. steht *qui a'b els* etc.]

corrigirt wurde, lässt sich durch die hinten angehängte Stelle aus dem franz. Fierabras, der auch die Negation hat, rechtfertigen. Auch in einigen andern Stellen würden sich die Lesarten der Handschrift gegen des Herausgebers im Allgemeinen gewiss sehr besonnene und scharfsinnige Emendation vertheidigen lassen, so V. 308 *a julgier* nach der eben zu V. 594 gemachten Bemerkung, 2715 *en aychi*, 3042 *d'enviro* u. a. m. — 2747 *mar betada*, ein mehrmals im Altfranz. vorkommender Ausdruck (z. B. Renart III. 309 *mer betée*, wo Méon erklärt *rivage de la mer*) bedeutet vermuthlich das rothe Meer; *betatz* (geröthet) stammt wohl vom Lat. *beta*. — 3857. Die Vermuthung *s levet* statt *levet* thut nicht noth, da *levar* in reciproker Bedeutung, wiewohl es dem provenz. Sprachgebrauch nicht ganz gemäss ist, doch auch V. 611, im Altfranz. aber sehr häufig vorkommt. — 4220. Mit Recht erkennt Hr. Bekker in *paganor*, *Francor* die Lat. Genitive *paganorum*, *Francorum*; diese merkwürdige Form liefert eine wesentliche Bereicherung der Altfranz. Grammatik. — V. 4975. *colpa enclinada* entspricht sicher dem Ausdruck *coulpe batre* (*Rou* 4077. 5912. *Nouv. Rec. de fabl.* II. S. 339 V. 272 [1]) und dem mönchslateinischen *culpam facere*.

Es sei vergönnt, noch einige in den Anmerkungen [160] unberührte Stellen zu prüfen. V. 9. *don li moc son leulier* verstehen wir nicht und lesen: *don li mot son leujier*; so im *Karles le Cauve: ou moult de biaux mos a* [2])! — 34. Warum nicht getrennt *e pestres?* — 275. *lo* [3]) *paya chai a terra: costal pas a bauzat* giebt keinen Sinn, da der zweite Satz kein Verbum hat; man streiche daher das Colon und übersetze: »fällt köpflings (*bauzar* ital. *balzar*, vgl. V. 4665) zu Boden«. — 328. *et Olivier cavalga, l'auferan endemis.* Man tilge das Komma, denn *endemis* ist nicht Perfekt, sondern Particip mit Adverbialbedeutung (rasch, spornstreichs vgl. V. 1784) und *cavalgar* kann, wie unser reiten, mit dem Accusativ gebraucht werden. *S. Lays de Marie* [I.] S. 242 V. 547. *Gerard* 868. *Rou* V. 9580. — V. 453. statt *bona ventura* ist abzutheilen *bon' aventura*; *la vesprada* dagegen lässt sich vertheidigen. —

[1]) [An letztgenannter Stelle steht: *sa corpe batoit*, wie auch im Fierabr. ed. Bekker V. 4975 Anm.]

[2]) [Aus welchem früheren, theilweisen Drucke des *Karles le Cauve* Diez das obige Citat geschöpft hat, vermag ich nicht anzugeben; vgl. übrigens *Hist. littér. de la France* Bd. 26.]

[3]) [Diez hat hier *lo* statt des handschriftlichen *el* gebessert.]

V. 885. Statt *e so nebot* lese man *é (ia).* — 1222. *areire*[1]) *s'es tornis;* sicherer, bis das Verbum *tornir* nachgewiesen ist: *areir*[1]) *es estornis.* — 1339. *destapa* für *destopa* (Altfr. *destouper*) scheint verdächtig. — 1449. *el sanc* besser *e'l,* so öfter, als 2842. *e l'us* statt *el us,* 3858. *e'l duc.* — 1783. *s'es paorzis;* warum nicht *s'espaorzis?* Altfr. *espoerir,* Ital. *spaurire.* — 2070. *que bel sap avizar;* richtiger: *que be'l* etc. — 2520. Statt *can* zu lesen *tan?* — 2737. *n'a valat;* die abgekürzte Form *valar* lässt sich ohne Beweis nicht annehmen; besser daher *avalat,* wozu man das Auxiliar *a* supplirt. — 2769. *s'en chet las* verstehen wir nicht und schreiben daher *senchet la s.* — 3193. *fasatz a longuier;* diese Construktion möchte sich nicht belegen lassen, mit der Schreibung *alonguier* (Zögerung) ist geholfen. — Auf die Bedeutung einzelner schwieriger Wörter einzugehen, würde uns hier zu weit führen; unter den grammatischen Eigenheiten aber bemerken wir das Wort *man* (Hand) als Maskulin gebraucht, die bei den Prosaikern nicht seltne paragogische Form *meravilhoses,* das weibliche *tala* (solche), das nebst *quala* auch im prosaischen Alb. Kr. vorkommt, die Form *quinh* (welcher), die in Raynouard's Grammatik fehlt, wiewohl sie *Choix III. 409* [*e quinas gens es vos?*] zu lesen ist, das Zahlwort *melia* (bei andern *milia, mila*) u. dgl.

Vorangeschickt sind bedeutende Proben Altfranzösischen Heldengesanges, um auf die innere Verwandtschaft jener Dichtungen aufmerksam zu machen. Und wie hätte diess überraschender und lebendiger geschehen können, als durch so reichliche Auszüge? Von dem gewiss allseitig ansprechenden Gedichte, Gerard und Viane, nach Uhlands Abschrift, sind allein über 4000 Verse mitgetheilt. Auch in der Recension dieser Texte sowie in den dazu gehörigen Noten bemerken wir den einsichtigen Kenner der gesammten romanischen Sprachfamilie[2]), dem jeder Freund der Poesie des Mittelalters für so gehaltreiche Gaben sich verbunden fühlen muss.

F. Diez.

---

[1]) [Unwesentliche Aenderung statt des handschriftlichen *areyre.*]

[2]) Aufgefallen ist uns die auch in einer Anmerkung wiederholte Schreibung *nulsoudor* und *nussoudor* für die bekannten *milsoudor* und *missoudor.* Das Wort ist dunklen Ursprungs. Im Mittellatein ward es durch *emissarius* ausgedrückt (s. Carpentier [*Gloss. nov. Par.* 1766. 2°]), worin aber seine Etymologie nicht erklärt ist; ebensowenig wird man der von einem Dichter gegebenen Ableitung *qu' ieu ai vist caval milsoldor a pretz de trenta sols tornar* beipflichten.

Altfranzösische Grammatik,

worin die Conjugation vorzugsweise berücksichtigt ist. Nebst [374] einem Anhang von alten *fabliaux et contes* u. s. w. Von **Conrad von Orell**, Lehrer in Zürich. Zürich bei Orell, Füssli u. Comp. 1830[1]).

Verstehen wir unter Grammatik eine innere Geschichte der Sprache, die von einem bestimmten Entwicklungsprincip ausgehend, den ganzen Sprachstoff in seinem organischen Zusammenhange darzustellen sucht, so gehört eine solche Geschichte auf die Französische Sprache angewandt zu den fruchtbarsten und lehrreichsten Untersuchungen auf dem gesammten Europäischen Sprachgebiete. Während wir einen Theil der Sprachen nur in dem Zustande der Stetigkeit kennen, wie er uns in gebildeter Literatur entgegentritt, so dass wir über ihre frühere Lebensperiode auf historischem Wege nicht zur Einsicht zu gelangen vermögen, kann dagegen bei der Französischen Sprache, wie bei verschiedenen andern, recht eigentlich von einer Geschichte die Rede sein: wir erblicken hier einen fortschreitenden Organismus, und es ist die richtige, allerdings mit eigenthümlichen Schwierigkeiten verbundene Aufgabe der Altfranzösischen Grammatik, die Gesetze, nach welchen sich jener Entwicklungsprozess gestaltet hat, so wie diesen selbst in seinen zeitlichen und örtlichen Beziehungen nachzuweisen, da wir eine zwecklose Willkühr in der Sprachbildung als vernunftwidrig nicht anerkennen dürfen. Nirgends aber scheint uns eine solche nach Zeit und Ort möglichst scheidende und ordnende Methode mehr nothzuthun, als in einer Sprache, wie der Altfranzösischen, die einen solchen Ueberfluss an

---

[1]) [Berliner Jahrbücher für wissenschaftliche Kritik, 1831, II, S. 373—381.]

Flexions- und Wortformen darbietet, dass sich nothwendig die Vorstellung eines chaotischen Zustandes, einer gänzlichen Verwirrung und Verwilderung damit verbindet. Denn welchen Eindruck können anders die gleichbedeutenden grammatischen Formen *ameve*, *amoue*, *amoe*, *amowe*, *ameie*, *amoie*, *amoy*, sämmtlich aus *amabam*, hervorbringen, oder die dem Wörterbuch angehörigen *ex* und *iauls* von *oculus*, daneben aber noch *els*, *euls*, *eus*, *eux*, *euz*, *oels*, *oes*, *ielx*, *iex*, *yes*, *yex*, *ieus*, *ieux*, *ials*, *iax*, *iaux*, *iauz*, *iox*, *oils?* Es wird niemand einfallen, der den Zweck der Sprache einigermassen im Auge behält, alle diese Bildungen, von welchen mehrere allerdings der schwankenden Orthographie zuzuschreiben sind, als einer Zeit und einem Orte angehörig zu betrachten. Dass Formenreichthum Mundarten voraussetzt, ist ein Satz der allgemeinen Grammatik [375], dessen Anwendung gefordert werden kann, da die Ansicht der Struktur einer Sprache grossentheils dadurch bedingt wird. Wir dringen also auf Unterscheidung der Mundarten, sollte diess auch nur in allgemeinen Umrissen geschehen, da allerdings einer speziellen auf alle Formen angewandten Scheidung oft unüberwindliche Hindernisse entgegenstehen; allein eine allgemeine Charakteristik derselben, mit der Buchstabenlehre verknüpft, würde einen wesentlichen Bestandtheil der Altfranzösischen Grammatik ausmachen. Es versteht sich, dass, wer nach dieser Methode verfährt, sich einer peinlichen Vollständigkeit in Aufzählung aller Nebenformen überheben kann, da er den Leser in den Stand setzt, sich einen Theil derselben selbst zu konstruiren oder zu erklären; wer dagegen ohne jene Elemente — Buchstaben- und Dialektlehre — sich mit dem Sammeln aller möglichen Formen begnügt, welche die Litteratur darbietet, der wird auch bei dem angestrengtesten Fleisse seine Aufgabe nie befriedigend lösen.

Wenn wir nun zu der Grammatik des Herrn v. Orell uns wendend nicht umhin können zu bemerken, dass sie den eben angedeuteten höhern Foderungen nicht völlig entspricht und uns den Organismus der Sprache nicht gehörig zur Anschauung bringt, so legen wir dagegen mit Vergnügen das Zeugniss ab, dass sie in praktischer Beziehung, als Hülfsmittel zum Lesen der Schriftsteller, sich als eine tüchtige und fleissige Leistung empfiehlt, und wenn auch der Verf. keine Darstellung der Buchstabenverhältnisse voranschickt, so macht er doch im Einzelnen öfters auf den Uebergang der Laute und besonders, was wir nicht genug billigen können, auf die ältesten Flexionsformen aufmerksam; mit vorzüglichem Fleisse ist das Verbum behandelt. Wir setzen die Frage bei Seite, in wie fern eine Deutsch geschriebene Grammatik der durch eine reiche und selbständige Litteratur wichtigen Altfranzösischen Sprache, jetzt, da wir von dem verdienten Raynouard eine historische Grammatik der Französischen Sprache überhaupt erwarten, ein zeitgemässes Unternehmen genannt werden kann, und kümmern uns, wie billig, nur um den innern Werth des mit vieler Liebe für die Sache ausgearbeiteten Buches. Es ist diess zwar nicht die erste Grammatik dieser Mundart: schon Raynouard hatte in [376] seiner *Comparaison des langues de l'Europe latine* diejenigen Formen der ältern Französischen Sprache aufgestellt, die sie mit dem, was er romanisch nennt, gemein hat, allein Hr. v. Orell hat ganz unabhängig gearbeitet, so dass wir jene fragmentarische Sprachlehre nicht einmal die erste Grundlage der seinigen nennen dürfen. Roqueforts sehr flüchtigem Glossar thut er zu viel Ehre an, indem er es an zahlreichen Stellen berichtigt; was man übrigens mit der Grammatik in der Hand ausrichten kann, zeigt sich S. 80 recht überraschend, wo ein von Roquefort aufgeführtes Substantiv *ouren*, das *operarius* bedeuten soll, als ein Verbum *(ourent-habuerunt)* nachgewiesen wird, und so ist das Buch durchweg reich an gründlichen Berichtigungen. Von dem nun, was wir nach dieser allgemeinen Würdigung desselben anzumerken hätten, wollen wir einiges einer kurzen Zusammenstellung verschiedener, die alte von der Neufranzösischen Sprache unterscheidender Einzelheiten anknüpfen. Zuvor aber bemerken wir noch zwei Punkte. Erstlich sehen wir von dem Verf. zuweilen die regressive Methode angewendet, wodurch, wiewohl diess gewiss seine Meinung nicht war, in dem Leser der Eindruck entstehen kann, als sei die ältere Sprache gewissermassen eine Anomalie der neuern. Zweitens ist der Mangel an Deklinations- und Conjugationstabellen sehr empfindlich, da man nicht überall im Stande ist, sich aus den mitgetheilten Belegstellen selbst dergleichen zu entwerfen.

Der Artikel bietet folgende Hauptformen dar:

Masc.	Sing. lo, li, le.	Fem.	la, li, le.
	Plur. li, les.		li, les.

In dem Gebrauch dieser Formen, deren Menge die Deutlichkeit nicht beeinträchtigt, da Numerus und Casus in sich selbst genügend unterschieden werden, lassen sich einige Feinheiten erkennen: in der Regel z. B. beschränkt sich der männliche Plural *les* auf Substantiva, die in *s* endigen, und es ist also nicht richtig, wenn der Verf., diese Regel nicht fühlend, für den Nominativ Plural das Paradigma *les bon mur* aufstellt; zwar würde er einige Fälle für sich anführen können (bei *Villehardouin* p. 213 steht einmal *les chevalier* statt *li*), allein diese vermögen die Regel nicht zu entkräften.

[377] In der Flexion des Substantivs haben sich beim Masculin schätzbare Trümmer der Lateinischen Declination erhalten, die Unterscheidung nämlich des Nominativs und Accusativs, theils nach dem Muster der zweiten Declination durch ein *s* (Nom. *murs*, Acc. *mur*, Plur. Nom. *mur*, Acc. *murs*), theils nach dem der dritten durch Accentversetzung (*emperéres*, *empereór* aus *imperátor*, *imperatórem*). Der Vf. ist über diesen Punkt zu kurz: er führt zwar viele in den Bildungssylben *eres* flektirte Wörter an, übergeht aber fast alle Wurzelflexionen, wie *liérres* (Dieb) Acc. *larrón*, *niéz* (Neffe) Acc. *nevón* (Tristan 422, 267) und das wichtige *sires*, Acc. *seignór*[1]), in dem aber beide Formen schon vermengt erscheinen (vgl. Trist. 223, Rou [ed. Pluquet] 8534 [? 8862], Thib. p. 71, *Instit. de Littleton* p. 16[2]), Fabl. II. 166 [V. 5], 338 [V 10]), was auch bei *ancestre*, *ancessor* statt findet (Rou 2995, Fabl. I. 174 u. oft). Merkwürdig ist *Karles*, Acc. *Karlon* oder *Challon*, *Pierres*, Acc. *Pierron*, gleichsam aus Lateinischen *Carolus Carolonem*, *Petrus Petronem* hervorgegangen. Das Neufranzösische folgt meist der Accusativform; aus den beiden Casus *sires* und *seignor* aber hat es zwei verschiedene Wörter gebildet. Aehnlich verfuhr schon die alte Sprache mit dem Genus lateinischer Substantiva, indem sie ihnen ein doppeltes Geschlecht beilegte und neue Formen darnach schuf, z. B. *rain* und *rame* aus *ramus*, *fueil* und *fueille* aus *folium*, und was ursprünglich nur Wirkung einer Unentschiedenheit war, wurde nachher Ursache neuer Bedeutungen, und so heisst schon [378] im Altfranzösischen *fueille* Laub, *fueil* Blatt eines Buches (vgl. Thib. 38, Fabl. II. 208 V. 751). Hr. v. O. übergeht zwar diese

[1]) Eigentlich ist *sires* der Nomin. von *sieur*; von *seignor* lautet er *seindre*, das kaum vorkommt.

[2]) [Diez meint hier Littleton's *Tenures*. Lond. 1617. S. 16, 17.]

Lehre von den *Heterogeneis*, der wir eine sorgfältige Ausführung gewünscht hätten, entschädigt uns aber durch einen belehrenden »Excurs über Hauptwörter, die ihre Bedeutung verändert haben«.

Das Adjektiv besitzt noch die alten Comparativa *mieldre*, *pire*, *maire* (Abrahams, Brut. p. 76 [V. 11]), *mendre*, *graindre* mit ihren Accusativen *meillor*, *peor*, *maior*, *menor*, *graignor*; das Neufranzösische hat auch hier wieder bald die Nominativ-, bald die Accusativform gewählt. Der Verf. aber unterscheidet diessmal wenig, wenn er sagt, man fände *menor* neben *meindre*, *meillor* neben *mieldre*. Ausser den obigen führt er noch an *ancianor* älter, *juvenor*, *forçor*, zu welchen besondre Nominativformen unsers Wissens fehlen, die eigenthümliche Bildung *plusor* findet sich unter dem Pronomen aufgeführt, *hautor* aber (Trist. 3002) vermissen wir.

Wir halten uns bei den zahlreichen Formen des Pron. person. nicht auf, die der Verf. fleissig zusammengetragen — doch fehlt *tu* als Accus. und *lié* für *lui* (häufig im Rou) — und bemerken nur als unterscheidend für die Altfranzösische Sprache die Contraktion *ges*, *nes*, *ses* u. a. aus *je les*, *ne les*, *si les*, worin das *l* vokalartig zerfliesst. Beim Possessiv findet noch die oben bemerkte Unterscheidung des Nominativs und Accusativs statt, wie in *mes*, *mon*, welche Formen sich noch jetzt in *messire* und *monsieur* erhalten haben. Die der heutigen Sprache fehlenden Pronomina sind: *cel*, *cestui*, *cul*, *âl (aliud)*, *auquant*, *nus* (aus *ne unus*), *nessun*, *pluriex*. Bemerkenswerth ist *qui* in der Bedeutung »wenn man«: *c'est un vain estude qui veult*, »eine vergebliche Arbeit, wenn man will«. Diesen elliptischen Gebrauch des Relativs zeigen auch verschiedene andre Sprachen, vielleicht schon das Lateinische, häufig das Provenzalische (Rayn. I. 237), das Portugiesische *(da lindeza vossa, dama, quem a ve. Camoens.)*, das Mittelhochdeutsche [379] *(swer inch mit lêre bestât deist ein verlorn arbeit. Iwein* (ed. Benecke u. Lachmann 1827) *202. — Wie wîz der biderben herze sint, der si wil umbe kêren. Walther* [ed. Lachmann 1827] *S. 35, V. 36)*, und noch jetzt sagen wir: »eine schöne Geschichte, wer sie glaubt«.

Das Verbum *estre* (von *esse*, keineswegs von *stare* abzuleiten) ist an einigen Stellen schon defektiv und leiht Tempora von *estèr (stare)*. Doch hat sich erhalten vom Imperfekt: *ere*, *ert*, *erent (eram, erat, erant)*, vom Futur: *iere*, *iert*, *ierent (ero, erit, erunt)*;

8*

das alte Imperfekt lebt noch jetzt in Dialekten fort; s. *Oberlin*, *sur le patois lorrain* p. 112; Stalders Landessprachen 351. Nicht bemerkt hat der Verf. eine Art periphrastischer Conjugation, *aver* mit dem Particip Perfekt verbunden: *le me ayez contee*, d. i. *le me contez (Bekk. Fierabr. p. X. 879*[1]*)*, *estre* mit dem Präsens: *soit aidanz*, d. i. *aide* (Thib. 139).

In den Partikeln ist das Neufranzösische sehr verarmt: eine Menge alter einfacher Ausdrücke mussten neuen zum Theil weitläuftigen und geschmacklosen Bildungen weichen. Man betrachte folgendes kleine Verzeichniss erloschener oder veralteter Partikeln: *ades, alques, altresi, ans, antan, buér, estre, giere, iluec, jouxte, jus, leur, lez, lués, mar, mon, mult, nes, nonques, o, oan, onques, orc, porvec, prop, prou, puér sempres, sus* (auf), *tempre, tres* (hinter), *ui, viaus, voire*. Dem Verf. fehlen *o*, ja *(il ne respont ne o ne non. Renart* [ed. Méon III.] S. 74, V. 21790*)*, *chiés, tres, por, voire* u. a. und in der Angabe der Bedeutung, so wie in der Ableitung ist er nicht immer genau noch glücklich, wie eine Reihe von Beispielen mitunter zeigen wird.

Alques bedeutet weder *alors* noch *aussi*, wie freilich die Glossarien behaupten, stammt weder von *aliquando*, noch *aliquoties*, sondern von *aliquam* und hat dieselbe Bedeutung »ziemlich«, der Ton liegt auf der ersten Sylbe, daher es auch in *auqs* synkopirt wurde *(Rou 2510)*. Demnach heisst: *qui alques traist as murs sun pere (Rou 7454)* »der seinem Vater ziemlich nachschlug«; *si estoit en cele saison, que les eves sont auques lées (Fabl. II. S. 90, V. 19)* »es war in der Zeit, wo die Wasser ziemlich breit sind«; wie könnte man es hier mit *alors* oder *aussi* ausdrücken? Vgl. noch besonders Villehard 381: *les menuz, qui ne valoient gaires . . . et les autres, qui auques valoient:* »die Geringen, die nicht viel galten, und die andern, die etwas galten«. — *Avec* scheint von dem altromanischen *a* (mit) und *oc* (diess) mit in *ue* umlautendem *o (auec)* abzustammen; [380] so auch *porvec* (desswegen) von *por oc; illuec* nicht von *illuc*, da seine zweite Sylbe betont ist, sondern von *illo loco*. — *Buer* mag wohl von *bona hora* abzuleiten sein, wie *mar* von *mala hora*. — *Dira*, ein Ausruf der Beschwörung, steht mit *dea, diva* (Mutter Gottes) in keiner Verbindung, da, wie der Vers:

[1] [Der ganze Vers (aus den Haymonskindern) lautet:
Quelle est la vostre loy? or le m'ayez contée.]

tien le divi, tien le divi (Ren. 23841) beweist, der letzten Sylbe der Ton gebührt. — *Donc* kann nach der Schärfe der etymologischen Regel nur von *de unquam* herkommen: der Zeitbegriff hat vielleicht durch das hinzugetretene *de* eine nähere Bestimmung erhalten; es bedeutet »dann«. — Neben *en* (davon) soll nach Einigen auch *ne* stattgefunden haben; unser Verf. bezweifelt diess, und allerdings sind die bis jetzt angeführten Stellen nicht streng beweisend. Der unmetrische Vers: *que l'ewe ne perde sa freidor* würde sich durch die Emendation *l'ew'en* herstellen lassen. Doch darf nicht verschwiegen werden, dass in neueren Mundarten jenes bestrittene *ne* noch vorkommt; s. *Oberlin, pat. lorr.* p. 105. — *Entre* mit folgendem *et* hat die auch von dem Verf. bemerkte Bedeutung »zusammen«, wobei es seine Wirkung auf den Casus beibehält, so dass *entre lui e son compaignon vienent* wörtlich bedeutet: »zwischen ihm und seinem Gefährten kommen sie«, dem Sinn nach »er und sein Gefährte kommen«. Aehnlich ward in der mittleren Latinität *inter* mit folgendem *et* in der Bedeutung »sowohl — als auch« gebraucht, was noch beim Italien. *tra* geschieht. Das Gälische *eadar* (zwischen) wird in demselben Sinne gesetzt. — *Lués* (sogleich) kann keine Schwierigkeit machen: es ist das Provenzalische *lues*, das Spanische *luego* von *locus*. — *Mun*, eine Partikel, die sich überall mit »gewiss, genau« übersetzen lässt, wird von *modo, num, omnino* u. dgl. abgeleitet; der Verf. denkt an die Deutsche Interjektion »mein« und an *imo*. Man sollte beim Etymologisiren doch auch die wissenschaftliche Gränze halten, um die Sache nicht gar verdächtig zu machen. — *Ne* (und nicht) kann nicht gleichbedeutend mit *et* gebraucht werden; es steht nie affirmativ, sondern nur in der unbestimmten oder negativen Aussage, so wie in dem direkten und indirekten Fragsatz und das angeführte Beispiel: *des que diex fist Adan ne Eve* ist mit dem folgenden, eine Negation enthaltenden, Vers *ne fu aferes si deffez* zu ergänzen. Eigentlich inhärirt dieser Partikel der Begriff des Zweifels und erst in Verbindung mit einer Negation oder einem Füllwort wird sie negativ. — *A oés* eine meist [381] in Urkunden, doch auch in Gedichten vorkommende adverbialische Redensart entspricht dem Provenzalischen *a obs* (zum Vortheil), und drückt in den Gesetzen Wilhelms des Eroberers das Lateinische *ad opus, ad usum* aus (cap. 3). Es wird also unrichtig mit *a son gré* übersetzt. — *Ore, ores* von Hrn. v. O. durch »jetzt« erklärt, hat doch auch zuweilen die Bedeutung »damals«, z. B. *quel cort tint ore Asuerus (Bible Guiot 276)*; *ki ores ert de grant poissance (Rou 341)* und öfter. — Das dem Verf. fehlende *par*, zur Verstärkung dienend, und gewöhnlich mit *mult*, *tant*, *trop* verbunden, z. B. *tant par est sages* »so sehr weise ist er«, erinnert an das Lat. *per* in *permagnus*. Im Rou findet sich einigemal die Schreibung *part* (4411, 11276), wobei doch wohl an das Provenzalische *part* (über) nicht zu denken ist, wiewohl *très* (sehr) ähnlich aus *trans* entstand. — *Puér* (fort) wünscht der Verf. einer nähern Prüfung unterworfen zu sehen. Mit dem Worte hat es seine Richtigkeit, es ist das Provenzalische *por (Rayn. III. 409)* und stammt offenbar von *porro*. — *Quar* kommt in der Bedeutung »doch«, nicht allein beim Imperativ, sondern auch beim Optativ vor: *qar Renart ne me lesse vivre (Ren. 9996)* »liesse mich R. doch nicht leben!« *quar vos éust li lox mengiez (Fabl. II. S. 144, V. 6)* »hätte euch doch der Wolf gefressen«! — *Sempres* heisst auch »sogleich«; der Verf., diese Bedeutung nicht anerkennend, schreibt *s'emprès* (nachher), allein in den *Vers sur la mort* (pag. 12, Zeile 19) fällt es in den weiblichen Versabschnitt: *et il lor fera sémpres*, und eben hier bedeutet es »sogleich«, wodurch die Frage entschieden wird.

Fr. Diez.

Ueber die jetzigen Romanischen Schriftsprachen,

die Spanische, Portugiesische, Rhätoromanische, Franzoesische, Italiaenische und Dakoromanische mit Vorbemerkungen über Entstehung, Verwandtschaft u. s. w. dieses Sprachstammes von **L. Diefenbach**. Leipzig bei Ricker, 1831 [1]).

Eine vergleichende Darstellung der auf dem Titel bemerkten Sprachen bildet den Hauptinhalt der gegenwärtigen Schrift, von der wir rühmen können, dass sie mit gebührender Kenntniss des Gegenstandes abgefasst ist, wiewohl wir weit entfernt sind, der Methode und Betrachtungsart des Verfs. überall beizupflichten. Mit dem vorliegenden Buche denkt Hr. Diefenbach seine Arbeiten über jene Sprachklasse nicht zu schliessen; er verspricht uns noch eine in Beispielen anschauliche Geschichte des ganzen Lateinischen Sprachstammes mit seinen Mundarten von seinem ersten Entstehen bis in die neuesten Zeiten, und sucht uns vorläufig nur in das Wesen jener Sprachen einzuführen.

Man hat sich bis dahin bei Vergleichung derselben auf die vier litterärisch gebildeten beschränkt; der Vf. hat sie zuerst auch auf das Churwälsche (des Oberlandes) und das Walachische ausgedehnt, und wir glauben, mit vollem Rechte. Wollte man die erstere dieser Sprachen einer genauern Prüfung unterwerfen, wobei es vorzüglich auf Vergleichung der benachbarten Dialekte ankäme, so würde man vielleicht zur Ueberzeugung gelangen, dass ihr keine andere Grundlage zukäme, als die der Südfranzösischen oder Italiänischen, sie auch keineswegs in ihrer gegenwärtigen Gestalt auf jenes hohe Alter Anspruch machen dürfte, welches

[1]) [Berliner Jahrbücher für wissenschaftliche Kritik, 1831, Bd. II S. 577 bis 584.]

Verschiedene ihr zugestehen, die in ihr eine kaum veränderte *romana rustica* erblicken wollen. Leider fehlt es [578] ihr unsers Wissens an alten Denkmälern; auch die juristischen, deren Herausgabe man nun entgegensieht, steigen nur wenige Jahrhunderte hinauf. So wie wir sie vor uns haben, ist sie ein Patois, von wenigen Tausend Menschen geredet, und nimmt kaum einen höhern Rang ein, als die übrigen zahllosen Volksmundarten der Schweiz und Oberitaliens. Schon dass sie als Mittelglied zwischen Italiänisch und Französisch dasteht, muss auf ihren unabhängigen Ursprung Verdacht werfen; dazu erwäge man die Buchstabenverhältnisse, die in ihr auf eine so regellose und widrige Weise verschoben sind, dass wir die Ursache davon nur in einer gewaltsamen Mischung suchen können, die auch durch zahlreiche fremdartige Wörter weiter bestätigt wird. So geht das lateinische *a* über in *o*, *ei*, *i*, *au*, *ai* und *u*, das *o* in *u*, *ie*, *ieu*, *oi*, *ö* und *u*, und nicht viel besser werden die übrigen Vocale und mehrere Consonanten behandelt. Die Zahl der dieser Sprache ausschliesslich eignen Lateinischen Wörter ist überaus gering, dahin gehören *veder (vetus)*, *ruver (robur)*, *mieur (mus)* und wenige andre. Nicht mit Unrecht stellt sie Hr. D. der Französischen näher als der Italiänischen, wiewohl sie sich in der Wortbildung weit mehr zur letztern neigt, da sie die Syncope im Allgemeinen verwirft und volle Formen liebt. Grammatisch hat sie mit dem Französischen den Plural in *s* gemein, die Pronominalformen *d'els* (nicht *di loro*), *niess* für *noster* (wie im Altfranzösischen *nos*), *tschel* (Franz. *cel*); ähnlich ist auch die Conjugation, besonders des Verbums *haver*. Als grammatische Eigenheiten bezeichnen wir den Ablaut im Singular vieler Nomina *(chierp*, pl. *corps*; *criess*, pl. *crossa*; *iess*, pl. *ossa)*, das ächte Neutrum in verschiedenen Pluralformen *(la membra*, *la corna)*, die durchgreifende Bildung des weiblichen Adjectivs in *a*, die der Ordinalzahlen in *avel (terzável)*, das Neutrum *ei*, es (Spanisch *ello*), das mangelhafte Perfect *(udí*, *udít*, *udínen)*, das mit *venire* gebildete Futurum, so wie das auch auf die [579] erste Conjugation angewandte Inchoativum *(cultivar*, Präsens *cultivésch)*.

Von grösserer Wichtigkeit für Sprachforschung ist das Dacisch-Walachische. Bei ziemlicher Mischung mit Slavisch und andern angränzenden Sprachen [Cihac, Dict. d'étymol. daco-rom. Francfort I. 1870. II. 1879. 8°.] hat es den Romanischen Charakter bewahrt, wie schon Vater gegen Adelung zeigte, der es für ein Mittelding von Romanisch und Slavisch erklärt hatte. Drei Punkte verdienen bei dieser Sprache unsre besondre Aufmerksamkeit. Erstlich ihre verhältnissmässige Reinheit von Germanischen Einflüssen, ein zur Beurtheilung der übrigen Romanischen Sprachen wichtiger Umstand. Sodann die in ihr enthaltenen allgemein Romanischen Ausdrücke, welche den gemeinsamen Ursprung dieser Sprachen aus der niedern Latinität bekräftigen. Solche Ausdrücke (welchen wir einige grammatische beimischen) sind: *focu, calu (caballus), cercare, chiămare, pĕtră, bucă, vechiu, lasare, culcare, carcare, batere, tocare, galantu, sala, gradină* (Garten), *păntece* (Bauch), *bére* (Bier) u. a., welche an die Stelle der verschwundenen *ignis, equus, quaerere, vocare, lapis, os, vetus, sinere* u. s. f. getreten sind. Endlich ihre Aehnlichkeit mit dem Italiänischen, sowohl in Wortbildung und Orthographie (vgl. *ochiu, urecchie, genunchie, ghiaçiă, primăvéră* u. s. w.), wie in Formenlehre und Syntax, und zwar hier besonders in der Bildung des Plurals so wie in der Gestalt und Construction der Pronomina. Aber auch ihre Abweichung von dem Italiänischen ist beträchtlich. Der dem Namen angehängte Artikel, der Vokativ in *e*, die ganz Lateinische Flexion *am* im Verbum *(laudáam — laudabam)*, ihre fast kindische Umständlichkeit im Gebrauch des Artikels und Pronomêns, sodann in der Wortbildung der Uebergang Lateinischer Vocale in das dunkle *Jerr* (das wir hier durch *ă* ausgedrückt haben) geben ihr ein selbständiges Gepräge. Die Zahl der Lateinischen ihr allein angehörigen Wörter ist nicht sehr bedeutend: wir rechnen dahin *udu (udus), splenă (splen), adaugere, ningere, lingere, vorbă (verbum, sermo)* u. a. Die Ursache jener entschiedenen Aehnlichkeit zwischen ihr und der Italiänischen Sprache ist übrigens ein noch zu lösendes Problem; ohne Zweifel aber ist der Zusammenhang beider Sprachen in früheren Jahrhunderten zu suchen, als Adelung gethan hat, und wir glauben, dass Hr. D. hier auf richtigem Wege ist.

Wir führen nun einige Bemerkungen und Ansichten des Verfs. an. Eine Mittheilung [S. 21] über das Sardische [580], die er einem gebildeten Sarden verdankt, scheint uns der Aufmerksamkeit werth: »Ausser den nicht eigentlich einheimischen Sprachen, der Catalonischen und Italiänischen, gebe es drei Romanische Dialecte auf der Insel, den einen nach dem Spanischen hinneigend, den andern nach dem Süditaliänischen, den dritten, heute noch eine Art von *romana rustica*, dem alten Latein in Formen und Wörtern noch ungemein ähnlich. Dieser letztere werde in ungefähr 24 Dörfern im Innern des Landes noch gesprochen.« Einige der im Mithridates gegebenen Sprachproben, besonders die dritte, haben auch uns überzeugt, dass die rein Sardischen Mundarten einer genauern Untersuchung werth sind: möge es Hrn. D. gelingen, uns in seinem grössern Werke einige Aufschlüsse darüber zu liefern und möge er überhaupt, sowohl den für das Sprachstudium merkwürdigen Volksmundarten, wie besonders den längst verblühten Schriftsprachen, die eine alte Literatur für sich anführen können, wie dem Provenzalischen, Catalanischen, Gallicischen, eine recht genaue Rücksicht schenken und dagegen die zahllosen und ermüdenden Patois kurz und übersichtlich behandeln!

Dass sich die Romanischen Nomina zum Theil aus dem Lateinischen Ablativ gebildet, wie Hr. D. (S. 27) behauptet, hat wenig für sich und vieles gegen sich; in Bezug auf die ältern Sprachen von Frankreich hat Raynouard die doppelte Bildung aus Nominativ und Accusativ bereits so gelehrt gezeigt, dass dagegen Hrn. D's. Ausruf: »Unbegreiflich, wie Raynouard den Accusativ zu Grunde legen konnte!« sehr leicht in die Wagschale fällt. Betrachten wir die Frage von dem Standpunkte der allgemeinen Grammatik aus, so wird es sich nicht läugnen lassen, dass der Accusativ, da er den directen Gegensatz des Nominativs bildet und sich zu diesem verhält, wie Wirkung zu Ursache, eine wichtigere Begriffsbeziehung in der Sprache ausdrückt, als der Ablativ, und, wenn wir richtig folgern, auch in der Wortbildung eine höhere Stelle einnehmen muss. Es bleibt ferner ein Widerspruch, dass man den Ablativ schlechthin zur Bezeichnung des Accusativs oder Nominativs gebraucht haben und ihm erst mit Zugabe einer Präposition (wie des Italiänischen *da*) sein ursprüngliches Verhältniss wieder eingeräumt haben sollte. Unsre Ansicht der Sache ist kürzlich diese: In sämmtlichen hieher gehörigen Sprachen liegt eine doppelte Bildung der Nomina vor, theils nach dem Nominativ, theils nach [581] dem Accusativ: dass diess, eine frühere Unterscheidung beider Casus voraussetzt, ist nur für das Französische sicher, für die übrigen Sprachen hypothetisch. Im Italiänischen, so wie es vor uns liegt, geschah die Bildung der Nomina nach der Nominativform und nur alsdann wählte man die des Accusativs (was auch von andern Romanischen Sprachen gilt), wenn er den Stamm des Wortes, der in zahlreichen Ableitungen fühlbar bleiben musste, deutlicher erkennen liess, daher *vergine* aus *virginem;* nur *uomo* und *gurge* für das analoge *nomine* und *gurgite* machen eine Ausnahme. Enthielt aber auch der Accusativ den Namen nicht, so wagte man dennoch nicht zum Ablativ zu greifen, was wir nicht zu übersehen bitten: man sagte daher *lume*, *tempo, petto, marmo, solfo, pondo, uopo, lato, capo,* nicht *lumine, tempore* u. s. f., wiewohl der Ablativ hier den Stamm enthielt; *pecora* (Schaf) statt *peco* ist eine missrathene Bildung nach dem Plural; nur *genere* und *ente* (Ding) sind Ablativformen, allein das erstere ist ein vermuthlich erst später durch die Wissenschaft eingeführtes Wort (unter dem Volk war zu Castelvetro's [1505—1571] Zeit noch *geno* gebräuchlich und auch das Provenzalische hat die richtige Bildung *ges*), und *ens* war aus phonetischen Rücksichten kaum anders zu behandeln. Bildungen nach Nominativ und Accusativ zugleich sind u. a. *cespo* und *cespite, ladro* und *ladrone, sermo* und *sermone, strido* und *stridore, piéta* und *pietà, immago* und *immagine.* Man hat gefragt, warum *cavallo* aus *caballus* oder *caballum* und nicht kürzer aus dem Ablativ *caballo* entstanden sein soll; allein ist denn das apocopirte *s* oder *m* beim Nomen ein grösseres Wunder als bei andern Redetheilen, ist es nicht vielmehr der Italiänischen Sprache charakteristisch? Man vergleiche *sotto* von *subtus, amavamo* von *amabamus, amava* von *amabam.* — Die Spanische Sprache bildet den Plural der Nomina grossentheils nach dem Accusativ, wozu ihre Neigung zur Consonantendung Anlass gegeben haben kann. Im Französischen, welches ähnlichen Grundsätzen folgte, sind die Accusativformen *mon, ton, son, rien* unbestreitbar. Das Churwälsche hat u. a. die Provenzalischen Nominativformen *ségner, méglier, ménder, láder, pescáder, rubáder* u. a., sodann das Particip in *us* aufzuweisen. Das Walachische verhält sich dem Italiänischen ähnlich, nur sind die Nominativformen hier noch häufiger und stärker, wie in *lămpasu (lampas), papirusu, cenusă* [582] *(cinis), leu (leo);* die Doppelform *tigră* und *tigridă* ist dem Lateinischen ganz gemäss.

Ueber die ursprünglichen Diminutivformen der Romanischen Sprachen äussert sich der Vf. [S. 30] also: »Indem das Menschengeschlecht immer mehr seine Derbheit, aber auch seine Kraft verlor, war es selbst Diminutiv seiner Vorzeit geworden; diess musste Einfluss auf seine Sprache haben. Das Diminutiv der alten Sprachen hatte für den Nachkommen Kraft genug, um ihm den Grundbegriff des Wortes ohne den Nebengedanken von Verringerung oder doch Verzärtelung zu bezeichnen. . Man vergönne mir bei dieser Gelegenheit eine kleine Ausschweifung, nicht sowohl Abschweifung des Räsonnements«. Nun folgt diese Ausschweifung auch wirklich. Allein diese ganze historisch-philosophische Ansicht ist uns zu hoch gewesen; auch hat es uns geschienen, als könnte man die Neigung zum Diminutiv ebensowohl als ein Merkmal der Stärke betrachten und etwa so sagen: »Dem damaligen Menschen im Bewusstsein seiner Kraft erschienen die äussern Gegenstände geringfügig, daher er sie in der Sprache gern als Diminutiva behandelte, sich selbst aber nannte er nach wie vor *homo*, nicht *homulus*«. Zu der in Romanischen Sprachen allerdings bemerklichen Vorliebe zu Diminutivendungen haben nach unserer Meinung verschiedene Ursachen beigetragen. Zum Theil lagen sie schon in der Grundsprache *(capriolo, fagiolo, castello)*, zum Theil mag man sie bei wirklich vorliegendem Begriff von Kleinheit oder Niedlichkeit gewählt haben *(pisello, arbuscello, lodola)*, ein grosser Theil derselben diente zur Unterscheidung der Bedeutungen: man bildete *coltello, couteau* zum Unterschiede von *coltro, coûtre* (Pflugeisen), *fratello*, *sorella* zum Unterschiede von *frate, suora; tignuola* (Motte), weil *tinea* in der Form *tigna* eine andere Bedeutung angenommen u. d. gl.; bei weitem aber die meisten sind nichts als Formverstärkungen, wozu vor allen die Franz. Sprache hinneigt, daher *marteau, volpil* (Fuchs), *oiseau, agneau*, für die klanglosen *voup, ave, agne.* Die eigentliche Geltung der Lateinischen Diminutivendung *lus* verschwand dabei und man musste, wie in *fratellino, oiselet* neue Bildungen versuchen. Beides, die Modifikation der Grundformen um der Bedeutung willen und die Formverstärkungen haben offenbar ihren Grund in dem Streben nach Verständlichkeit und haben sich ausser der Diminutivform [583] vielfach ausgesprochen. Zahlreiche Lateinische Nomina, besonders solche, die im Nominativ und Accusativ einsylbig sind (wie *ver, aes, vis, nas, rus, splen, spes*), verschwanden in den neuesten Sprachen entweder ganz, oder mussten sich eine Verlängerung gefallen lassen *(caisseau, prima-*

vera), was auch wegen Abschleifung der Endungen bei mehrsylbigen geschah *(oreille, orage* ((sonst: Luft)) statt *auris, aura)*. So suchten die neuen Sprachen durch Extension zu ersetzen, was sie an Intension verloren hatten und darum möchten wir auch ihre Vorliebe für das Diminutiv nicht aus einem moralischen, sondern aus einem rein etymologischen Grunde erklären.

An einer andern Stelle (S. 32) behauptet der Vf., die Allgemeinheit zahlreicher, in die Romanischen Sprachen eingedrungener Germanischer Wörter müsse die Hypothese hervorrufen, als seien sie in die Römische Sprache schon vor ihrer Verbreitung eingedrungen, doch bemerkt er selbst, dass die Geschichte darüber schweige. Allein ist denn diese Hypothese wirklich nöthig und wird sie nicht vielmehr dadurch verdächtig gemacht, dass fast nur die zum Krieg und Staatswesen gehörigen Deutschen Ausdrücke den Romanischen Sprachen gemein sind, und dass also die Mischung erst mit der Herrschaft der Germanen nach dem Falle des Römischen Reiches vor sich ging? Diese Wörter abgerechnet, ist das Verhältniss der Mischung überall sehr ungleich: am stärksten ist sie ohne Zweifel im Französischen, auch erfuhr es durch die Normannen eine neue Mischung und vielleicht wurden damals erst mehrere, die Schiffahrt betreffende Wörter (*sigler*, segeln, *esturman*, Steuermann, *flotte, mast, esquiper, guimple* u. a.) eingeführt.

Räthselhaft ist allerdings die S. 41 bemerkte Fremdartigkeit Churwälscher Partikeln, indessen würden sie sich bei genauerer Prüfung bis auf wenige Ausnahmen im Lateinischen oder Deutschen nachweisen lassen. Solche wie *davos* (hinten), *si* (auf), *ca* (dass), *sco* (wie), *pir* (doch) können freilich keine Schwierigkeit machen; *strutsch* (kaum) ist wohl das Ital. *strozzo* für *strozzato* (eng), *nagutta* (nichts) von *ne gutta*, *cura* (wann) und *suenter* (nach) sind die Provenzal. *quora* und *seguentre*, *niglur* (nirgends) verwandt mit dem Franz. *ailleurs*; *navend* (weg) von *ab inde* mit vorgesetztem *n* wie in [584] *nunder* (woher), *beăr* (viel) ist mit dem Schweizerischen *hërete* (Last) verwandt, sowie *fig* (sehr) mit *fitz* (S. Stalder) und *memma* (zuviel) scheint aus M e n g e verderbt; *bucca* (nicht) ist, wie uns scheint, mit *bucca* (Mund, Bissen) identisch und hat negative Bedeutung angenommen.

Mit Sorgfalt und Einsicht gearbeitet sind die grammatischen Tabellen; nur hätten wir bei der Buchstabentabelle die Unterdie Unterscheidung zwischen betonten und tonlosen Vocalen und die Angabe der Stelle des Buchstaben (an-, in-, auslautend) gewünscht. Auch lassen sich hin und wieder kleine Versehen bemerken. Das *a* z. B. geht im Churwälschen nur vor *l* und *n* in *au* über *(maun, cauld)*, *áu* in *áu*, tonlos in *u (ureglia)*, *e* in *ei* nur vor *n*, *i* auch oft in *ei*. *p* inlautend in *b* und *v*, auslautend in *f (sabienscha, riva, luf)* *qu* auch in *tsch (latsch* von *laqueus)*, *ge*, *gi* in *sche*, *schi (pinscher, schiender)* *l* anlautend in *ly (lyina* von *luna)* u. d. gl. Mit mehr Ausführlichkeit — Beispiele durften hier nicht fehlen — würde sich ein noch anschaulicheres Bild des Verhältnisses der sechs Sprachen unter sich ergeben haben.

Die hin und wieder vorkommenden Etymologieen sind nicht immer wohl erwogen. Die Ital. Partikel *da*, eine Zusammensetzung von *de ad* analog mit *dentro, davanti*, soll durch Umkehrung aus *ad* entstanden sein, *medesimo* ist unserm Verf. seltsamer Weise ein Superlativ oder auch ein unbestimmtes Ordinale von *me* oder der Enclitica *met*, da es doch auf dem Grund der alten Form *smetessme* längst entschieden ist, dass es aus *semetipsissimus* entstanden; das Churwälsche Pronomen *jou mez, titez, el sez*, eine merkwürdige Abkürzung von *ego me ipse, tu te ipse, ille se ipse*, ist der Verfasser gleichfalls von *met* abzuleiten geneigt. Das Französische *étre*, wollen wir nur noch bemerken, kommt nicht von *stare* her, da man eine Accentsylbe nicht so leicht syncopirt, sondern ganz handgreiflich von dem im Provenzalischen und Italiänischen erhaltenen *ésser*, woraus nach einem hier nicht zu entwickelnden Grundsatze der Französischen Wortbildung *esre* und dann *estre* entstand, ganz genau wie *tistre* aus *téisser*, *conoistre* aus *conóisser*, *naistre* aus *náisser*, *creistre* aus *créisser* u. a. m.

F. Diez.

Der Cid. Ein Romanzen-Kranz.

Im Versmaasse der Urschrift, aus dem Spanischen vollständig übersetzt von **F. M. Duttenhofer.** Stuttgart, Löflund, 1833. VIII u. 235 S. 8°[1]).

Ausländische Dichterwerke metrisch zu übertragen ist empfehlenswerth, weil es der einzige Weg ist, neben dem Inhalte auch den Styl des Originals wiederzugeben, worin sich der Genius des Dichters auf die unmittelbarste Weise ausspricht, dem aber die Prosa ihrer Natur nach widerstrebt; metrische Werke aber ohne poetischen Gehalt metrisch zu übersetzen, ist verlorene Arbeit und das oft unbewusste Streben, dem Style nachzuhelfen, verleitet zur Untreue und giebt ein falsches Bild des Originals. Die zahlreichen spanischen Romanzen, welche die Geschichte des Nationalhelden Cid Ruy Diaz umfassen, sind, da sie nicht einer und derselben Feder entsprangen, von sehr ungleichem Werthe. Volkslieder sind nur wenige darunter und diese sind allerdings poetisch: sie lassen sich ohne Schwierigkeit an ihrem Style erkennen, den man aus den von Jacob Grimm mit richtigem Gefühle für den Volksgesang ausgewählten carolingischen Romanzen kennen lernen kann; den übrigen nicht volksmässigen, wenn auch namenlosen Stücken ist zwar nicht sammt und sonders dichterischer Geist abzusprechen, allein viele derselben tragen die Kennzeichen verbildeten Geschmacks, ein Haschen nach Gleichnissen selbst aus der alten Geschichte und Mythologie, einen pomphaften Ausdruck und dazu überall die Neigung, den einfachen Helden recht trotzig und hochfahrend auftreten zu

---

[1]) [Berliner Jahrbücher für wissenschaftliche Kritik, 1833, II, S. 535, 536.]

lassen. Herder fühlte diese Mängel recht wohl und gab daher eine Bearbeitung oder Umdichtung, keine Uebersetzung der Cid-Romanzen [s. Ges. Werke. Tübing. 1805. 8°. Bd. 3]; er tilgte was ihm ungehörig schien und so gab es ein anziehendes viel gelesenes Buch. Wer uns gleichwohl diesen Dichtungskreis in strenger Uebersetzung vorlegen will, den führt nur ein Weg zu glücklicher Lösung seiner Aufgabe: er sammele, sichte und wähle als Kritiker. Der Text der gegenwärtigen Uebersetzung ist, wie die Vorrede berichtet »der von Escobar besorgte und im Jahr 1828 von Brönner in Frankfurt herausgegebene«. Die Sache ist eigentlich die: Escobar sammelte vor etwa hundert und funfzig Jahren die Romanzen vom Cid; die erste Ausgabe ist v. J. 1688, Recensent kennt nur die zweite v. 1702; von dieser Sammlung ist die Frankfurter ein Abdruck. Allein diess Hülfsmittel ist für einen Uebersetzer nicht ausreichend, da es bei weitem nicht alle Romanzen liefert, die man in den verschiedenen *Romanceros* und *Cancioneros* findet: von den fehlenden könnte Rec., der sie früher selbst einmal zusammengetragen, leicht ein Verzeichniss geben. Da Hr. D. sich ganz auf Escobar beschränkte und nicht einmal die Sammlungen von Grimm [s. ob. S. 1] und Depping [s. ob. S. 11] benutzte, da er also Gutes wie Schlechtes aufnehmen musste, so verleitete [536] ihn, wenn er eine unpoetisische Arbeit vor sich hatte, sein poetisches Gefühl ganz gegen sein Versprechen, uns eine »in Wort und Form treue Uebersetzung« zu liefern, zu der eben berührten Methode des Besserns, wobei leider auch Missverständnisse des Originals unterliefen. Rec. kann dies gleich mit der ersten Romanze belegen, Vs. 21—34:

mandó llamar á sus fijos
y sin decilles palabra
les fue apretando uno á uno
las fidalgas tiernas palmas,
no para mirar en ellas
las quiromanticas rayas
que este fechicero abuso
no era nacido en España,
mas prestando el honor fuerzas
al pesar del tiempo canas
á la fria sangre, y venas,
nervios, y arterias eladas,
les apretó de manera,
que dixeron: señor, basta.

Wörtliche Uebersetzung: »er (Cids Vater) liess seine Söhne rufen und ohne ihnen ein Wort zu sagen, presste er einem nach dem andern die zarten Junkerhände zusammen, nicht nur in ihnen zu betrachten die chiromantischen Linien, denn dieser Hexen-Missbrauch ist nicht in Spanien entstanden, sondern indem die Ehre trotz der Zeit und den grauen Haaren Kraft verlieh dem kalten Blute und den eisigen Adern, Nerven und Arterien, presste er sie dergestalt, dass sie sagten: »Herr, es ist genug«. Poetische Uebersetzung des Hrn. D. [S. 4]:

Seine Söhne lässt er rufen;
Und, ohn' auch ein Wort zu sagen,
Von den dreien edlen Brüdern
Eines jeden Hand er fasste;
Nicht, um chiromant'scher Weise
Ihre Linien zu betrachten:
Denn in solchen Zauberkünsten
War er fremd als edler Spanier;
— Mehr hielt er auf Ehr' und Kühnheit,
Zeugen sind die weissen Haare —
Sondern ihre frischen Hände,
Blutvoll und voll Nervenkraft, er
Nun erfasste, so gewaltig,
Dass sie riefen: Herr, o lass es!

Es werden also die weissen Haare, bei dem spanischen Verfasser ein Zeichen der Schwäche, hier zu dem der Kühnheit, und das kalte Blut des Greises verwandelt sich in das frische der Jünglinge. Ob der deutsche sagen darf: den dreien edlen Brüdern, giebt Rec. beiläufig zu bedenken. — Hr. D. hält sich übrigens streng an die Form des Originals und bildete daher auch die Assonanz nach; in wiefern dies trotz dem Vorgange bekannter Meister rathsam sei, bleibe dahingestellt: ohne diese Fessel würde gegenwärtige Uebertragung gewiss mehr Gelenkigkeit zeigen.

F. Diez.

Teatro español anterior á Lope de Vega,

por el editor de la floresta de rimas antiguas castellanas. Hamburgo, en la libreria de F. Perthes, 1832 [1]).

Der Herausgeber der *Floresta de rimas antiguas* (Hr. Böhl v. Faber) liefert uns in dieser Sammlung ein neues Hülfsmittel zur Kenntniss der ältern spanischen Litteratur, welches bei der ausserordentlichen Seltenheit der Originale den Dank und die Unterstützung aller Freunde dieser Litteratur verdient, und so ist zu hoffen, dass der Herausgeber bald im Stande sein werde, den unter der Bedingung günstiger Aufnahme versprochenen zweiten Theil, welcher minder oder gar nicht bekannte Schriftsteller enthalten soll, baldigst nachfolgen zu lassen.

Der vorliegende Band umfasst nicht weniger als 24 Schauspiele verschiedener Gattung entweder vollständig oder auszugsweise, sechs dramatische Darstellungen, nämlich von Juan del Encina, desgleichen acht spanisch geschriebene des Portugiesen Gil Vicente, vier eigentliche Lustspiele von Torres Naharro, eine gleiche Zahl von Lope de Rueda nebst Proben zweier Schäferspiele desselben Verfassers. Die Auswahl scheint dem Referenten zweckmässig, und was noch fehlt, um einen anschaulichen Begriff von den verschiedenen Richtungen der beginnenden dramatischen Kunst in Spanien zu geben, würde Hr. B. v. F. in dem zweiten Bande nachzuliefern Gelegenheit haben. Da der Grundbegriff der dramatischen Gattung in der als gegenwärtig dargestellten motivirten Handlung liegt, so ward der Dialog im

---

[1]) [Berliner Jahrbücher für wissenschaftliche Kritik, 1833, II, S. 633—640.]

engern Sinne mit Recht und so viel dies bei den Anfängen der dramatischen Litteratur möglich ist, ausgeschlossen: man würde daher den sogenannten [634] *Mingo Rebulgo* hier vergebens suchen, auch die untheatralische *Celestina*, ein Roman in Form des Dialogs, war zur Aufnahme nicht geeignet.

Die Darstellungen *(representaciones)* des Juan del Encina, der sich auch als lyrischer Dichter einen Platz im *Cancionero general* erwarb, eröffnen diese Sammlung: sie haben für uns fast nur noch historisches Interesse, da sie uns wichtige Fingerzeige über Entstehung und frühere Gestalt der spanischen Bühne geben. Der Verf. selbst nennt sie *Eclogen (eglogas)*, und in der That sind es Gespräche gewöhnlich zwischen Hirten und Hirtinnen in streng lyrischer Form, aufgeführt bei feierlichen Gelegenheiten, z. B. in der Christnacht, vor den Augen hoher Personen. Die Ueberschrift des ersten Stückes lautet z. B.: »*Ecloge*, vorgestellt in der Nacht der Geburt unsers Erlösers zwischen vier Hirten, Johannes, Matthäus, Lucas und Marcus«; die des zweiten: »Vorstellung auf die sehr gebenedeite Passion und Tod unsers Erlösers zwischen zwei Eremiten, einem alten und einem jungen, der Veronica und einem Engel«. Auch Gesänge waren eingemischt, so dass also schon das Singspiel, wie im Keime, in diesen kleinen theatralischen Unterhaltungen lag: die darin vorkommenden aus der Geschichte der lyrischen Dichtkunst bekannten *Villancicos* waren zum musikalischen Vortrage bestimmt; in der ersten Ecloge wird ein solches *Villancico* nach dem Vorschlage eines der Hirten „*y dos á dos cantiquemos*“ als Duett behandelt, in der fünften und andern Eclogen singt das ganze Personal.

Erwägt man die angeführten Umstände und Erscheinungen, so wird man die Ansicht nicht abweisen können, dass auch in Spanien wie in andern Ländern Europa's die religiösen Darstellungen, wenn auch nicht als die einzige, doch gewiss als eine Hauptquelle des reichen Stromes dramatischer Poesie betrachtet werden müssen, wozu die Lyrik nur die Form hergab.

[635] Wenn daher Juan del Encina seine *Autos Eclogen* nennt, so darf man, wiewohl er Virgils *Eclogen* kannte und bearbeitet hatte — eine Probe hat Bouterwek [Geschichte der Künste und Wissenschaften Bd. III (1804) S. 120] mitgetheilt — doch den Ursprung des spanischen *Auto's*, geschweige des Dramas überhaupt, nicht in der bucolischen Poesie der Römer suchen.

Gerade der Umstand, das Encina's Schauspiele ganz original sind und nicht einen Zug Virgilischer Dichtkunst zeigen, dass selbst die Personen altchristliche Namen führen, spricht dafür, dass Encina eine einheimische Sitte vorfand, woran er trotz seiner Kenntniss des römischen Dichters nichts ändern mochte. Dass die redenden Personen Hirten sein mussten, kann recht wohl seinen Grund in den Weihnachtsdarstellungen haben, worin, wie es scheint, die heil. drei Könige als Hirten gekleidet, dem Christuskinde ihre Gaben darbrachten. An welchen Fäden indessen die weit älteren dramatischen Versuche des Marquis von Villena und des von Santillana hangen, bleibt näherer Prüfung anheimgestellt.

Encina's *Eclogen,* um ihnen diesen Namen zu lassen, sind theils geistlichen, theils weltlichen Inhalts. Unter letzteren befindet sich auch ein Fastnachtsspiel *(egloga representada en la noche postrera de carnal, que dicen antruejo o carnes, entre quatro pastores),* ein kleines Sittengemälde aus dem niedern Leben, nicht ohne Kraft und Laune ausgeführt. Seine Schäferwelt ist übrigens keine arkadische; er führt uns in eine derbe Realität, die, mit grösserem Talente behandelt, eine gewisse komische Wirkung nicht verfehlen würde, in nüchterner Prosa aber hingestellt, wie es hier meist geschicht, kein sonderliches Interesse erregt.

Bei dem Portugiesen Gil Vicente galt es dem Herausgeber um eine vollständige Mittheilung aller von diesem anmuthigen Dichter in spanischer Sprache geschriebenen Dramen. Die Form ist bei ihm immer noch die lyrische wie bei Juan del Encina, auch Gesänge sind eingemischt; an poetischem Sinne jedoch ist Vicente dem Spanier, den er in der Form vielleicht zum Muster nahm, weit überlegen und wenn er an Erfindungskraft und Einsicht in das Wesen des Dramas Zeitgenossen und Spätern nachsteht, so übertrifft er an Zartheit und lyrischer Weichheit die meisten derselben. Die kleineren Stücke werden von ihm nicht mehr *eglogas,* sondern *autos* genannt. Das erste enthält eine für die Geschichte des portugiesischen Theaters nicht gleichgültige [636] Notiz: es zeigt, wie auch schon andre bemerkt haben, dass diese Gattung aus Spanien nach Portugal eingeführt ist und zwar durch den Verf. selbst. »Hirtenspiel von der Geburt unsers Herrn (so lautet die Ueberschrift), das erste, das in Portugal vorgestellt wurde, in Gegenwart des Königs Don Manuel und der

Königin Donna Beatriz, seiner Mutter, und der Frau Herzogin von Braganza in der zweiten Nacht der Geburt des Fürsten Don Juan des dritten in Portugal« (d. 6. Juni 1502). Ursprünglich bestand es nur in dem Monolog eines Kuhhirten, der dem königlichen Kinde ländliche Gaben darbringt; »der Königin aber (so lautet eine zweite Notiz) gefiel es so wohl, dass sie den Verf. bat, es in der Christnacht auf die Geburt des Erlösers angewendet zu wiederholen, weswegen er das folgende *Auto* zwischen sechs Hirten dichtete«. Dieses folgt nun und als eine weitere Merkwürdigkeit ist anzuführen, dass die Hirten ihre Gabenopfer nicht nur mit Gesang, sondern auch mit Tanz begleiten.

Um nun auch einen Begriff von Vicente's Vorzügen und Mängeln zu geben, erlaubt sich Ref., den Inhalt des Auto's N. 9 kurz auseinanderzusetzen. Cassandra, ein Hirtenmädchen, und ihr Liebhaber Salomo treten auf; sie erklärt sich mit jungfräulichem Stolze gegen die Ehe, weil sie die Freiheit des Weibes vernichte, und weist seine Anträge bestimmt und mit Gründen ab. Er entfernt sich, um ihre Muhmen zu Hülfe zu rufen, unterdessen giebt sie in einem trotzigen Liedchen ihren Entschluss, sich den Fesseln der Ehe nie zu fügen, von neuem zu erkennen. Die Muhmen, drei an der Zahl, erscheinen, aber auch ihren Lobpreisungen des Liebhabers, ihren Bitten und Ermahnungen widersteht Cassandra; der Werber, sagt sie, sei untadelhaft, allein der Beste könne, wenn er einmal Herr sei, sich ändern. Nun werden die drei Oheime zum Beistande gegen die Spröde aufgeboten; sie treten auf, ein musikalisches, ächt volksmässiges Liedchen singend.

O wie zornig ist das Mädchen,
Gott, wer wagt's, ihr zuzusprechen?

Weidend ihre Heerde wandelt
Im Gebirge sie daher,
Reizend ist sie wie die Blumen, -
Zornig ist sie wie das Meer.

Komischen Effect, aber ohne des Dichters Absicht [637], macht das biblische Argument eines dieser Oheime: »Am Anfang schuf Gott Himmel und Erde mit allem was darin ist, Meer und Gebirge rief er aus Nichts hervor und es war wüst und leer«, und in diesem Stile zeigt er ihr, dass die Ehe eine göttliche Stiftung und ein Sacrament sei. Sie versetzt mit Gewandtheit, gegen die von Gott gestifteten Ehen habe sie nichts einzuwenden, allein es gebe welche, die der Teufel stifte, und niemand könne voraussehen, welches Loos ihm falle. Der Leser erwartet nun endlich eine dem Liebenden günstige Auflösung, allein plötzlich nimmt die Handlung durch eine seltsame Wendung einen religiösen Character an, der das Interesse unbefriedigt lässt. Cassandra entdeckt den Anwesenden den wahren Grund ihrer Sprödigkeit: sie wisse, sagt sie, dass Gott Mensch werde und eine Jungfrau ihn gebären solle, sie selbst halte sich für diese auserwählte Sterbliche. Jesaias, einer der Verwandten, erklärt ihr, die Mutter Gottes dürfe nicht stolz und eitel sein wie sie, sondern demüthig und milde — und in diesem Augenblicke öffnet sich ein Vorhang und enthüllt die Geburt Christi unter dem Gesang der Engel; alle beten an, Cassandra bekennt ihre Schuld, allein von dem eigentlichen Gegenstande des Stückes ist keine Rede mehr. Den Schluss macht ein Liedchen zu Ehren der Jungfrau, worin sich die ganze Naivetät des altportugiesischen Stiles ausspricht; die Reime sind nicht streng gehalten:

Lieb- und huldreich ist die Jungfrau,
Wie sie schön und reizend ist.

Sag' mir einmal an, du Seemann,
Der du deine Schiffe leitest,
Ist das Schiff und auch das Segel und der Stern
Wohl so schön?

Sag' mir einmal an, du Ritter,
Der du dich in Rüstung kleidest,
Ist die Rüstung und das Ross und Schlachtgetön
Wohl so schön?

Sag' mir einmal an, du Schäfer,
Der du deine Heerde weidest,
Ist die Heerde sammt dem Thale und den Höhn
Wohl so schön?

Auch das Lustspiel »Der Wittwer« *(el Viudo)* leidet an grossen Schwächen und zeigt, wie wenig man noch über das Wesen der dramatischen Poesie aufgeklärt war. [638] Es zerfällt im Grunde in zwei verschiedene nur durch die Identität der Personen zusammenhängende Stücke; das erste derselben führt uns einen um eine treffliche Gattin trauernden Wittwer und als unterhaltendes Gegenstück einen Ehemann vor, der sich über die Leiden seines

Standes beklagt; das zweite zeigt uns einen Prinzen, der, seltsam genug, in zwei Mädchen, die Töchter des Wittwers, auf einmal verliebt, um ihretwillen als Knecht die gröbsten Arbeiten verrichtet, bis er Gelegenheit hat sich zu entdecken, worauf, da seine Leidenschaft für beide gleich heftig ist, die für ihn bestimmte durch das Loos bezeichnet wird und die andre dem unterdess angekommenen Bruder des Prinzen zufällt. Diese Fehler gegen Composition und Characteristik werden jedoch durch die für jene Zeit sehr wackere Ausführung möglichst vergütet: bei aller Nachlässigkeit und einer gewissen Uncultur sinkt dieser einnehmende, allgemeinerer Anerkennung würdige, Dichter nie zu Plattheiten herab, selbst die eingestreuten Lebensbetrachtungen zeugen von derjenigen innern Bildung, die wir einem Dichter nie erlassen dürfen. Man vergleiche in dem zuletzt erwähnten Schauspiele z. B. die Unterhaltung der Schwestern über den Tod ihrer Mutter, S. 79. — Zum Schlusse werden uns noch einige Stellen aus einer Tragikomödie und einem *Auto* des Dichters mitgetheilt, die sein Talent im Komischen über jeden Zweifel erheben; zugleich entfernt er sich hier von der streng lyrischen Form und bedient sich der aus dem spätern Drama bekannten vier- und fünfzeiligen *Redondilien*.

Bartolomé Torres Naharro, der dritte in der Sammlung, Gil Vicente's Zeitgenosse, ist diesem an Erfindungskraft und dramatischer Geschicklichkeit überlegen, muss ihm aber an poetischem Gefühle, an Zartheit und Innigkeit weichen. Naharro gilt für den Schöpfer des durch Calderon zur Vollendung gebrachten Nationallustspiels. Allerdings sehen wir das Intriguenstück in poetischem Stile bei ihm schon auf einer bemerkenswerthen Höhe; im formellen jedoch zeigen Lope de Vega und Calderon unendlich mehr Mannichfaltigkeit: bei Naharro findet sich u. a. weder die Romanzenform, von welcher Calderon einen so angemessenen Gebrauch gemacht, noch der eilfsylbige Vers; auch theilte jener seine Lustspiele in fünf Acte, für die er nach seiner eignen Versicherung den Ausdruck *jornadas* wählte (Velasquez von Dieze S. 323); erst Cervantes erkannte die Eintheilung der Komödie in drei [639] *jornadas* für zweckmässiger, entlehnte also diese Einrichtung nicht, wie Bouterwek durch ein Versehen anführt (S. 285), von Torres Naharro. Die Zahl der Schauspiele des letzten ist acht, die hier abgedruckten sind

Imenea, Jacinta, Calamita, Aquilana. Bei der ungemeinen Seltenheit des Originals — auch die Göttinger Universitätsbibliothek besass es nicht, als Bouterwek schrieb — bilden diese Dramen eine wahre Zierde der gegenwärtigen Sammlung. Der Herausg. hat es für nöthig geachtet, nicht allein in den verschiedenen Stücken hin und wieder zu streichen, im Ganzen doch 748 Verse! sondern auch die *introitos* und *argumentos* als zweckwidrig und störend ganz wegzulassen.

Den Beschluss macht der als Dichter und Schauspieler zu seiner Zeit hochgefeierte Lope de Rueda, dessen Arbeiten schon in die Mitte des sechszehnten Jahrhunderts fallen. Sie sind in Prosa, nicht in *jornadas*, sondern in Scenen getheilt. Der vorliegende Abdruck seiner vier Komödien *Eufemia, Armelina, de los engaños, Medoro* ist nicht nach der einzigen und höchst seltenen Originalausgabe, Sevilla 1576, sondern nach einer Copie derselben veranstaltet; die komischen Zwischenspiele unter dem Titel *el Deleitoso, Logroño* 1588 hat der Herausgeber sich um keinen Preis verschaffen können. Lope de Rueda ist eine erfreuliche Erscheinung in der spanischen Litteratur, doch scheint Hr. B. v. F. ihn in den angehängten »Andeutungen für deutsche Leser« zu hoch zu stellen; er ist ein Meister im Burlesken, die Bedienten-Scenen sind unvergleichlich, sein Dialog leicht und lebendig, sein Stil wo es sein muss edel, auch zeigt er mehr Characteristik als andre grössere Dichter seiner Nation, allein seine Motive sind zu oberflächlich [640], und in der Composition vermisst Referent die schönen Verhältnisse der einzelnen Theile, welche nothwendig sind, ein harmonisches Ganzes zu bilden. Gleichwohl würden einige seiner Stücke, von geschickter Hand bearbeitet, auch auf der neueren Bühne noch Wirkung thun.

Beigefügt ist diesem *Teatro español* ein erklärendes Verzeichniss verschiedener in dem *Diccionario de la Academia española* fehlender Wörter. Refer. stimmt den Auslegungen des in dieser Sprache sehr erfahrenen Herausgebers bei, findet jedoch das Verzeichniss allzu kärglich, besonders für die mundartlichen und volksmässigen Ausdrücke bei Gil Vicente und Lope de Rueda unzureichend. Bei ersterem z. B. finden sich auf wenigen Seiten [S. 45 sq.] fremdartige Wörter und Bildungen (wie *placentorio, vido* sah, *tirte afora, zelura, letijo, namorar, entirrado, naquel* u. a.), bei denen der weniger Geübte Anstoss nehmen wird. Nicht verwerfliche Spracheigenheiten bieten sich hin und wieder dar; Referent bemerkt nur die Wörter *soncas* (gewiss), *pra* für *pora* (S. 21), das veraltete, auch in *Sanchez coleccion* vorkommende *solombra* (S. 83 Schatten), wovon also *sombra* eine Contraction wäre, *hemencia* (Andacht, S. 48) von *vehementia* (?), die Zusammensetzungen *per-hundo* (sehr tief), *per-dañosa* S. 20 (sehr schädlich), worin *per* wie in *perdoctus* verstärkend steht, was sonst den romanischen Sprachen fremd ist, endlich das nach altspanischem Brauche für Präsens stehende Imperfekt: *por mirar al ruiseñor como cantaba* (S. 66), *Digas tu el marinero que en las naves vivias* (S. 65).

F. Diez.

Die Lusiaden des Luis de Camoëns,

verdeutscht von **J. J. C. Donner.** Stuttgart, 1833 [1]).

Es ist ein glücklicher Zufall, dass zugleich mit Tieck's anziehender Novelle [Tod des Dichters (1833) in Tieck's Schriften Bd. 19 (1845) p. 201 sq.], aus welcher uns Camoëns Persönlichkeit in sprechender Wahrheit entgegentritt, eine im Ganzen so wohlgelungene Verdeutschung seines Meisterwerkes erscheint, wie die gegenwärtige: beide Erscheinungen werden, wie wir hoffen, dem edlen Dichter, der bei manchen Verirrungen so viel Erhabenes und Reizendes bietet, neue Verehrer und Freunde gewinnen. Von dieser Uebersetzung der Lusiaden, wie der Titel nach dem portugiesischen *os Lusiadas*, nachher in *Lusiada* entstellt, allerdings lauten muss, waren früher einzelne Proben theils im Morgenblatt, theils in einem besondern Abdrucke [Schlegel, Blumensträusse etc. Berl. 1804] mitgetheilt worden; Dank dem Hrn. Verf., dass er sein Werk trotz abrathenden Stimmen mit so viel Liebe und Beharrlichkeit zum Ziele geführt [2]). Was ein Uebersetzer überhaupt zu leisten habe, ist vielfach erörtert worden und bedarf hier keiner neuen Ausführung; ein Uebersetzer der Lusiaden wird auf Würde und Glanz des Ausdrucks besondern Fleiss verwenden müssen: denn hierin thut es der Portugiese selbst den grössten italiänischen Meistern zuvor. Das Ziel einer Nachbildung muss sein, sich als

[1]) [Berliner Jahrbücher für wissenschaftliche Kritik, 1834, II, S. 492—499.]

[2]) Die frühern deutschen Uebersetzungen waren 1) von einem Ungenannten, Hamburg 1806, zwei Bände; 2) von Kuhn und Winkler, auf dem Titelblatte nicht genannt, Leipzig 1807. In das Lateinische, Italiänische, Französische, Englische wurden die Lusiaden weit früher übertragen.

solche so wenig wie möglich zu verrathen, ein gänzliches Aufgehen mit dem Original widerspricht natürlich dem Begriffe einer Nachbildung, und so müssen wir nach unserm Gefühle von gegenwärtiger Arbeit sagen, dass sie diesem Ziele sehr nahe gekommen: nirgends lässt sich ein Kleben am Buchstaben, überall ein freies Reproduciren bemerken und diesen Vorzug müssen wir als [493] Ersatz nehmen für einzelne bei der Vergleichung mit dem Original hervortretende Ungenauigkeiten, die gewöhnlich leicht zu vermeiden waren.

Zum Beleg unsrer Ansicht stellen wir einige schwierigere oder berühmtere Strophen hier zur Schau, denen wir ein Paar Bemerkungen beifügen. Die beiden ersten Strophen lauten also:

Die Waffen und die glorreich edlen[1]) Recken,
Die von der Lusitanier Abendstrand
Durch nie zuvor befahr'ne Meeresstrecken
Vordrangen hinter Taprobana's Land,
Die, gross in Mühsal und in Kriegesschrecken,
Vollbracht, was niemals Menschenkraft bestand,
Ein neues Reich zu bau'n in ferner Zone,
Das sie erhoben zu der Länder Krone:

Zugleich der Fürsten ruhmgekrönte Thaten,
Die Reich und Glauben mehrend weit und breit
Der Africaner und der Asiaten
Ruchlose Gau'n dem Untergang geweiht:
Und sie[2]), die ärndtend[2]) tapfrer Werke Saaten
Von dem Gesetz[2]) des Todes sich befreit,
Soll mein Gesang in aller Welt verkünden,
Wenn sich Natur und Kunst in mir verbünden.

Gewiss sind diese Stanzen sehr gelungen. Das alterthümliche Recke für *barões* wird man sich gefallen lassen, da es den Begriff genau wiedergiebt; die Stelle »das sie erhoben zu der Länder Krone« (*que tanto sublimaram*), so wie die Stelle: »Und sie, die ärndtend tapfrer Werke Saaten« (*e aquelles que per obras valerosas*), sind nicht nach den Worten, sie sind aber im Geiste des Dichters. Nur für *assinalados* (ausgezeichnet) möchte glorreich edel etwas pretiös lauten, wir würden hocherhabne vorschlagen; vielleicht ist auch Natur und Kunst etwas zu

[1]) [»edeln« (Donner).]
[2]) [»Sie«, »ärntend«, »Gesetz« (Donner).]

modern: »wenn Geisteskraft und Kunst sich mir verbünden« wäre vielleicht angemessener. Hören wir noch die folgende Stanze:

Verstumme denn, was weiser Griechen Ahnen,
Was Troja's Söhn' auf weiter See vermocht,
Von Alexander[1]) schweige, von Trajanen,
Der Ruf der Siege, die ihr Arm erfocht:
Dich sing' ich, Hort ruhmvoller Lusitanen
Die weithin Meer' und Länder unterjocht:
Verstumme, was die Muse grauer Zeiten
Besang, vor andern, grössern Herrlichkeiten!

Die beiden ersten Verse drücken hier die Meinung des Dichters nicht bestimmt genug aus, der unter *sabio Grego e Troiano* ohne Zweifel Ulysses und Aeneas mit Bezug auf die Homerische und Virgilische Dichtung verstand, der von Hrn. D. gebrauchte Plural gestattet aber der [494] Interpretation zu grossen Spielraum; eine leichte Aenderung, die uns auch von der Umschreibung »der Griechen Ahnen« befreit, könnte abhelfen:

Verstumme denn, was auf des Meeres Bahnen
Der Grieche, der Trojaner einst vermocht;

wobei wir nur den Untergang des Prädicats *sabio* zu bedauern haben. Der fünfte und sechste Vers des Originals lauten:

Que eu canto o peito illustre Lusitano
A quem Neptuno e Marte obedeceram.

Gegen die Uebersetzung des erstern derselben lassen sich zwei wesentliche Einwendungen machen: Die Apostrophe »dich sing' ich« ist dem Dichter ganz fremd und ward auch dem Uebersetzer weder durch Versbau noch Reim zugeführt; sodann beschränkt der Ausdruck »Hort ruhmvoller Lusitanen« die Auslegung schlechthin auf *Gama*, was aber nicht in der Absicht des Dichters lag, dessen Helden überhaupt die Lusiaden, d. h. ebensowohl, wie er in der 12. Stanze sagt, *Nuno*, *Egas*, *Fuas*, *Magriço* wie *Gama*, waren. Auch im sechsten Vers hätten die Götternamen wohl beibehalten werden können. Wir würden daher lieber sagen:

Den Muth besing' ich hoher Lusitanen
Die Mavors und Neptunen unterjocht.

[1]) [»Alexandern« (Donner).]

Einige Stellen aus der berühmten Erzählung von Ignez de Castro werden den Geist der gegenwärtigen Uebersetzung noch deutlicher hervortreten lassen. Diese Erzählung, auf welche die Portugiesen stolz sind, ist durchaus classisch und auch in der Nachbildung wünscht man jedes Wort wiederzufinden. Hören wir zuerst Strophe 120 [Canto III], worin der durch Geheimniss und Einsamkeit erhöhte Liebesgenuss mit den weichsten Farben idyllischer Poesie geschildert ist:

In Ruh', o Ines, warest du gebettet,
Da du der Jahre süsse Frucht gepflückt,
An einen heitern, blinden Traum gekettet,
Den dir das Schicksal, Holde, bald entrückt,
In des Mondego Blüthenaun gerettet,
Die deines schönen Auges Thau beglückt,
Wo du Gebirg' und Thal in süssen Schmerzen
Den Namen lehrtest, der dir lebt' im Herzen.

Wir bedauern, an dieser wohlklingenden Strophe Einiges aussetzen zu müssen. Der erste Vers ist unübertrefflich; sollte aber im zweiten das Präteritum gepflückt nicht störend sein? Der Dichter denkt sich das Pflücken der Früchte, welche Jugend und Liebe darboten, als etwas Gegenwärtiges (*colhendo o doce fruito*), der Uebersetzer giebt es als etwas schon Vergangenes [495], wodurch die ganze Schilderung leidet. Der sechste Vers lautet im Original *de teus formosos olhos nunca enxuito:* (Mondego) von deinen schönen Augen nimmer trocken; uns scheinen die Thränen gemeint, welche die Todgeweihte ihren Kindern zollt und welche Mondego, soferne er nämlich eine Quelle aus Ignez Garten in sich aufnimmt, stets in seinem Bette hegen wird; mit dieser Ansicht lässt sich der Ausdruck beglückt nicht vereinigen. Camoëns mischt hier reflectirend und prophetisch, als Dichter, in die Schilderung der höchsten irdischen Seligkeit die Ankündigung des feindlichen Schicksals, daher im 4. Vers die Erinnerung an den Unbestand menschlichen Glückes, im 6. die Andeutung von Ignez Tod. Endlich können wir im 7. Vers das Wort Schmerz nicht billigen, welches der in Frieden Gebetteten für jetzt noch fremd sein muss. Die treffliche Str. 125 [C. III], worin Ignez vor ihren Richter geschleppt wird, übersetzt Hr. D. recht glücklich so:

Erhob sie thränenvoll die frommen Blicke
Der Augen zu des Himmels hellem Licht,

Der Augen; denn die Hände band in Stricke
Des rauhen Henkerknechtes harte Pflicht.
Und wie das Herz im kläglichen Geschicke
Der Kleinen ihr voll banger Ahndung bricht,
Begann sie so, zum grausen Ahn sich wendend,
Den Lieblichen die letzten[1]) Blicke spendend.

Noch bemerken wir in dieser Episode ein kleines Missverständniss. In der Strophe 127 sind die Verse

— — — so por ter sujeito
O coração, a quem soube vencella

übersetzt:

— — — weil ein Herz ihr glühte,
Das sie mit Liebe zu umfahn gewusst,

als wenn das Herz des Prinzen von Ignez umstrickt worden wäre; der Sinn ist: weil sie ihr Herz dem unterwarf (Amor), der die Macht hatte, sie zu unterjochen.

Wir erlauben uns noch, um auch Hrn. D. Geschicklichkeit im Nachbilden des Kräftigen zu prüfen, einige Stanzen aus der Erzählung von Adamastor mitzutheilen; die Erscheinung dieser Riesengestalt ist um so eindrucksvoller, als das Wunderbare hier plötzlich in den durchaus realen Stoff eingreift. Strophe 39 [Canto V]:

Noch sprach ich, als in mächtiger Entfaltung
Ein Riesenleib erschien im Lüftereich
Von hässlicher, gigantischer Gestaltung: [496]
Rauh war sein Bart, sein Antlitz[2]) kummerbleich,
Die Augen tief und hohl, furchtbar die Haltung,
Die Farbe blass und fahl, der Erde gleich,
Die Haare voll von Erde, kraus und hässlich,
Die Lippen schwarz, die Zähne gelb und grässlich.

Tadelhaft ist Riesenleib von gigantischer Gestaltung. Str. 56, Adamastors schreckliche Täuschung schildernd:

O dass diess Wort die Sinne mir nicht raubte!
Von einem Berg umschlungen fand ich mich,
Als ich in meiner Lieben Arm mich glaubte,
Auf öder Heide, wild und schauerlich!

---

[1]) [»lezten« (Donner).]
[2]) [»Antliz« (Donner).]

Vor einem Felsen steh' ich, Haupt an Haupte,
Ich, der ein Engelantlitz [1]) wähnt vor sich,
Nicht Mensch hinfort, in stumme Ruh gebettet,
An einen Fels, ein andrer Fels, gekettet.

Statt »auf öder Heide« lese man hier »mit wilden Struppen« (*de aspero mato*) und beziehe diess auf den Berg.

Etwas an Hrn. D's. Arbeit ist besonderer Anerkennung werth, die von ihm beobachtete, von den meisten unsrer Dichter und Uebersetzer so sehr vernachlässigte Reinheit des Reimes. Bekanntlich nahmen es die deutschen Sänger des 13. Jahrhunderts nach dem Vorgange der Provenzalen mit diesem Punkte sehr genau: sie verlangten vollkommenen Gleichlaut der Reimsylben, so dass sie z. B. das offene von dem geschlossenen *e* getrennt hielten, mithin legen nicht auf Segen gereimt haben würden. Sie schreiben sich also eine strengere Regel vor als selbst die Italiäner thun und vermuthlich auch die Provenzalen thaten; *e*, *ä*, *ö* so wie *i* und *ü*, *g* und *ch*, *d* und *t* als reimend gelten zu lassen, fiel ihnen gar nicht ein. Als man in der Folge das Technische nicht mehr mit der Feinheit behandelte, diente zum Reim schon die blosse Aehnlichkeit des Lautes; besonders lässt sich diess seit Anfang des 16. Jahrhunderts wahrnehmen, wo *e* und *i* nicht mehr von *ö* und *ü* unterschieden ward. Dass jedoch neben der wirklichen Unbeholfenheit der Dichter auch die Vermischung und zweifelhafte Aussprache verschiedener Buchstaben, besonders in dem mittlern Deutschland, zu dem Verfall der Reimkunst beitrug, die umgekehrt von den Pflegern der Sprache als Mittel gegen jene Missbräuche hätte gerichtet werden sollen, ist nicht zu läugnen.

[497] In neuester Zeit ist die Nothwendigkeit einer feineren Behandlung des Reimes auch aus dem praktischen Gesichtspunkte, um das Ohr für den Unterschied ähnlicher Laute empfänglicher zu machen, wieder anerkannt worden und wir dürfen auch hier A. W. Schlegel's vorleuchtendes Beispiel nicht unerwähnt lassen, und so freuen wir uns, dass wir, was selbst der hochverdiente Gries vernachlässigte, in gegenwärtiger Verdeutschung geleistet sehen. Wir Neuere, deren Orthographie so sehr im Argen liegt, können natürlich nur auf Gleichlaut, nicht auf Buchstäblichkeit des Reimes halten; aber erstern sollten wir mit Genauigkeit be-

[1]) [»Engelantliz« (Donner).]

obachten, so dass selbst das offene und geschlossene *e*, welche beide auch historisch verschieden sind, nicht zusammenklingen dürften. Möchte diess eine der Früchte sein, die das Studium unsrer alten Poesie uns verheisst!

Noch werfen wir einen Blick auf den Dichter, um uns über das, was wir oben seine Verirrungen nannten, zu erklären. Die grossen Vorzüge der Lusiaden, von welchen Tieck neuerlich so begeistert gesprochen, sollen nicht verkannt werden: Camoëns Schöpferkraft, die sich jeder Geistesform bemächtigte, die gleich siegreich das Liebliche und Rührende wie das Erhabene und Grauenvolle hervorbrachte, sichert ihm eine ehrenvolle Stelle unter den Dichtern aller Jahrhunderte. Seinen Kunstansichten jedoch scheint jene Geistesfreiheit zu mangeln, die sich durch die Vorurtheile der Zeit hindurch ihre eigene Bahn bricht und es der Kritik anheimstellt, das Geleistete zum Gegenstande ihrer Abstractionen zu machen. Die Mischung des Christlichen mit dem Heidnischen, welche man zu Camoëns Zeiten als etwas Kunstgerechtes betrachten mochte, ist in der Art, wie wir sie in seinem Werke finden, als ein [489] ineinander Bestehendes, Verträgliches, theoretisch ein Widerspruch und muss praktisch die seltsamsten Verwickelungen erzeugen; selbst durch Unterordnung des einen dieser Elemente unter das andre ist nicht abzuhelfen. Allerdings figuriren die alten Gottheiten bei ihm nur als allegorische Wesen, wie er selbst im Bewusstsein jenes Widerspruchs klar andeutet, allein auf diese Weise wird von dem Leser, der den heidnischen Bacchus zu dem Gott der Christen beten sieht, eine Abstraction gefodert, die sich mit dem hingebenden Genusse eines poetischen Werkes nicht wohl verträgt, um so mehr, wenn man sich besinnt, dass jene Allegorien aus einer unhaltbaren Kunstansicht, nicht aus der Natur der Dichtung hervorgegangen sind. Nur einem Genius wie Camoëns konnte es gelingen, durch alle Mittel und Reize der Darstellung den nachtheiligen Eindruck jener seltsamen Complication, wenn auch nicht völlig, zu beschwichtigen.

Was uns indessen störender scheint, als jenes Getriebe der griechischen Götterwelt in einem neuern Nationalepos, ist die antiquarische Gelehrsamkeit, aus welcher Camoëns meist seine poetischen Bilder und mancherlei Anspielungen schöpft; sämmtliche wichtigere mythische und historische Namen des Alterthums wurden über diese neue Aeneis ausgeschüttet. Allerdings sind manche dieser wissenschaftlichen Gleichnisse trefflich ausgeführt, wie jenes von Polyxena in der Ignez de Castro, allein durch den damit getriebenen Missbrauch verlieren sie Geist und Leben, und erscheinen am Ende als ein äusserlich angebrachtes Beiwerk ohne innere Bedeutung. Wenn der Dichter z. B. seinen Adamastor mit dem Coloss von Rhodus vergleicht:

So gross an Gliedern war er traun! und ohne
Zu dichten, darf ich sagen, dass er leicht
Den rhodischen Colossus, diese Krone
Der sieben Wunder einst, an Höh' erreicht —

so erfährt unsre Einbildungskraft keine Anregung, da [499] uns das Object der Vergleichung allzu fremd ist, und wenn wir uns wirklich über seine Grösse unterrichtet haben, so bekommen wir zwar eine mathematisch bestimmte Vorstellung von Adamastor's Grösse, allein das Gleichniss bleibt kalt und farblos, ungefähr als wenn der Dichter das Mass gradezu angegeben hätte. Wie anders wusste Dante durch die einfache, von körperlichen Verhältnissen entlehnte Figur: »ich vergleiche mich eher mit einem Riesen, als ein Riese mit Lucifers Arm« die schauerliche Grösse dieses Letzteren vorzustellen.

Im übrigen sind Camoens Kunstansichten durchaus zu loben, auch ist die einfache Zweckmässigkeit seiner Composition anerkannt. Einigermassen fremd dem sehr bestimmt ausgesprochenen Plane scheint uns ein gewisses Streben nach Universalität: die Lusiaden sollten dem Portugiesen Alles sein, nicht allein seine Aeneis, sondern auch seine göttliche Comödie. Darum wird Gama am Ende seiner mühevollen Fahrt von Thetys, die an Virgils Sibylla erinnert, in die Mysterien der Schöpfung eingeweiht, allein wir lassen uns diese kleine *divina commedia* gerne gefallen, da sie in der That vortrefflich ist. Ebenso können wir die sehr subjective Haltung des Dichters nicht als etwas Ungehöriges betrachten: er selbst ist seinem Helden nicht fremd, sein Leben war noch mit den nächsten Folgen der von ihm besungenen Thaten verflochten, ja was er mit dem Griffel, fast selbst mit dem Degen, vollbracht, bildete das letzte Glied in der Kette jener denkwürdigen Begebenheiten, und so fühlte er sich befugt, auch seines Strebens und seiner Schicksale zu erwähnen: diese, die wie bekannt sehr bitter waren, berührt er bei seinen stoischen Gesinnungen nur selten, aber einmal bricht die ganze Wehmuth seines Innern durch und wirkt mit der vollen Gewalt der Poesie, X, 9:

Die Jahre fliehn hinab, schon ist vorüber
Mein Sommer bald, und lässt dem Herbste Raum
Der Geist erstarrt vom Schicksal immer trüber,
Sein Flügel, sonst so kräftig, regt sich kaum[1]:
Mich zieht mein Gram zu Lethe's Strom hinüber,
Zu träumen dort den ewig schweren Traum,
Doch was ich hege für mein Volk im Busen,
Vollende du mir, Königin der Musen.

Friedr. Diez.

---

[1]) [»Und seines Flügels Walten ahnd' ich kaum« (Donner).]

Elnonensia.

Monuments des langues Romane et Tudesque dans le 9e siècle, contenus dans un manuscrit de l'abbaye de St. Amand, conservé à la bibliothèque publique de Valenciennes, publiés par **Hoffmann de Fallersleben,** avec une traduction et des remarques par J. F. Willems. Gand, 1837 [1]). [2. Ausg. 1845.]

Die Denkmäler des neunten Jahrhunderts, welche uns hier mitgetheilt werden, sind, ausser einem unbedeutenden lateinischen Liede auf die heilige Eulalia, ein französisches auf dieselbe Heilige [2]) und das aus einer schlechten Abschrift bekannte deutsche Lied auf Ludwig's III. Sieg über die Normannen i. J. 881. Hrn. Hoffmann, bekanntlich hochverdient um deutsches Alterthum, ist hiermit ein neuer Fund gelungen, für welchen ihm Kenner und Freunde sowohl deutscher wie romanischer Litteratur zu wahrem Danke verpflichtet sind. In der Hoffnung, das längst verloren geglaubte Original des Ludwigsliedes aufzufinden, begab er sich im September 1837 ausdrücklich von Brüssel nach Valenciennes, da die öffentliche Bibliothek letzterer Stadt die Handschrift der Abtei St. Amand (Elno), wo es einst Mabillon gefunden [3]), in sich aufgenommen, und hier entdeckte er es in der That nicht ohne weitläufiges Nachsuchen in einem Codex des neunten Jahrhunderts; ihm voran ging auf dem nämlichen Blatte das erwähnte roma-

[1]) [Berliner Jahrbücher für wissenschaftliche Kritik Jahrg. 1839 Bd. I S. 549—552.]

[2]) [Spätere Ausgaben und Abdrücke: Den von *Koschwitz*, *Les plus anciens monum.* etc., Heilbr. 1880 [2], p. 4 aufgeführten füge noch hinzu: *Dinaux*, *Trouv. de la Flandre*, Paris 1839, p. 6 sq.; F. Wolf, Ueber die *Lais* etc., Heidelb. 1841, p. 467 sq.; *du Méril*, *Hist. de la poés. scandin.*, Par. 1839, 8°, p. 233 sq.; *du Méril*, *Essai philos.* etc., Par. 1852, 8°, p. 401 sq.; *Bormans*, *Analyse critiq. de mon éd. de R. de Vos*, in dem *Messager des sciences et des arts*, Gand 1837, vol. V p. 504.]

[3]) [*„Reperi olim in codice Elnonensi germanicum rythmum.“* *Annal. Benedict.* vol. III p. 229.]

nische Gedicht, beide von derselben aber von anderer Hand als der übrige Inhalt des Buches geschrieben. Hr. Willems glaubt in diesen Gedichten die Schriftzüge des gelehrten Mönches und Dichters Hucbald, der bei Karl dem Kahlen und dessen Kindern in Gunst und mit dem Hofe Ludwig's III. in Beziehung stand, zu erkennen, ein Umstand, der für die Geschichte beider Denkmäler nicht gleichgültig ist.

I. Was nun zuvörderst das romanische Gedicht betrifft, so wird seine Bedeutsamkeit für die Geschichte der französischen Sprache mit der Bemerkung, dass das einzige Schriftdenkmal des neunten Jahrhunderts bis dahin die allbekannten Eidschwüre vom Jahre 842 waren, und dass sich aus dem zehnten Jahrhundert kein sicheres Denkmal aufweisen lässt, hinlänglich bezeichnet sein. Welch ein Licht haben diese letzern trotz ihrer Rohheit bereits über den grammatischen Character der Sprache verbreitet! Eine einzige neue Zeile aus jener Zeit würde unfehlbar irgend eine Ausbeute für die Grammatik bieten; nun aber erscheint ein grösseres, vollständig erhaltenes, poetisches Denkmal von bestimmter Sprachform, um die Eigenthümlichkeiten jener Eidformeln zu bestätigen und unsre Ansichten in dieser Beziehung bedeutend zu erweitern. Wir erlauben uns, das kleine Gedicht, um einige sprachliche Bemerkungen daran knüpfen zu können, hier wiederzugeben:

Buona pulcella fut eulalia.
Bel auret corpſ bellezour anima.
Uoldrent laueintre li deo inimi.
Uoldrent lafaire diaule seruir.
Elle non eſkoltet leſ malſ conſellierſ.
Quelle deo raneiet chi maent ſuſ enciel. [550]
Ne por or ned argent ne paramenz.
Por manatce regiel ne preiement.
Ni ule coſe non lapouret omqipleier.
La polle ſempre non amaſt lo deo meneſtier.
E poro fut preſentede maximiien.
Chi rex eret aceſſ diſ ſoure pagienſ.
Illi en ortet dont lei nonqi chieſt.
Qued elle fuiet lo nom christiien.
Ellent adunet lo suon element.
Melz ſoſtendreiet leſ empedementz.
Quelle perdeſſe ſa uirginitet.
Poroſ furet morte a grand honeſtet.

Enz enlfou lo getterent com arde toſt.
Elle colpeſ non auret poro noſ coiſt.
Aczo noſ uoldret concreidre li rex pagienſ.
Ad une ſpede li roueret tolir lo chieef.
La domnizelle celle koſe non contrediſt.
Volt lo ſeule lazſier ſi ruouet kriſt.
In figure de colomb uolat aciel.
Tuit oram que pornoſ degnet preier.
Qued auuiſſet denoſ chriſtuſ mercit.
Post la mort et alui noſ laiſt uenir.
Par ſoue clementia.

Grammatische Züge, auf welche vornehmlich zu merken ist, scheinen uns folgende: 1) Der Artikel, der in den Eiden nicht vorkommt, wie wohl die deutsche Abfassung ihn zeigt, findet sich hier wenn auch spärlich angewandt; er lautet Masc. Nom. Sg. *li*; Acc. *lo*; Nom. Pl. *li*; Acc. *les*; Fem. Sing. *la*, Pl. fehlt. Diese Formen sind der spätern Zeit schon bekannt. — 2) Der Casuspartikeln überheben sich die Eide durchaus: es heisst *pro deo amur* (Gen.), *que son fradre jurat* (Dat.) u. s. w.; der Casus musste also aus der Stellung des Nomens oder aus der Natur der Verbums erkannt werden. So auch hier *li deo inimi*, *lo deo meneſtier* (Gen.), *presentede Maximiien* (Dat.), aber doch *figure de colomb*. In den übrigen Fällen haben *de* und *a* rein präpositionale Geltung. — 3) Die Bezeichnung des Casus oder Numerus durch Zutritt oder Wegfall eines *s* ist in beiden Denkmälern genau beobachtet; nur hat unser Lied einmal *krist* für das harte *krists*. — 4) Das Zeichen der ersten Declination ist in den Eiden überall *a*; hier bereits *e*, nur dass der Dichter durch den Namen Eulalia verführt, den er nicht ändern wollte, in den beiden ersten Versen sich zur höhern Form bequemt (*buona*, *pulcella*, *anima*) und auch am Schlusse das klangvollere latein. *clementia* gebraucht. — 5) Für das Adjectiv ergibt sich der merkwürdige Comparativ *bellezour*, d. i. provenzalisch *bellazor*, eine noch unerklärte Form. — 6) Für die Conjugation ist ein gewichtiger Umstand hervorzuheben. Die Formen *auret*, *pouret*, *furet*, *voldret*, *roueret*, welche Vergangenheit ausdrücken, müssen sich in Rücksicht ihres flexivischen *r* auf die latein. *habuerat*, *potuerat*, *fuerat*, *voluerat*, *roga*[ve]*rat* gründen. Alle romanischen Sprachen sind oder waren im Besitze dieses Tempus: im Span. und Portug. dauert es vollständig, im Walachischen und Neuprovenzalischen zum Theil noch fort; die Italiäner bewahren *fora* aus [551] *fueram*; nur der franz. Mundart schien es bis dahin völlig fremd. Seine Bedeutung entspricht, wie im Portugies. und Altspan. der des Perfects oder Imperfects: der Dichter stellt z. B. *fut* und *avret* auf dieselbe Stufe der Vergangenheit. — 7) Ein anderer Gewinn für die Grammatik ist die noch ganz einfache Negationsmethode mit *non* ohne das verstärkende *pas*, worin unser Lied wieder genau zu den Eiden stimmt. — Später scheint sich *non* in *no*, *ne* verkürzt zu haben, indem es zugleich die Substantiva *pas* oder *mie* zu sich nahm.

Das schätzbare kleine Denkmal ist nicht ohne unklare Stellen, zu deren Beseitigung Hr. Willems Anmerkungen, so wie eine lateinische und französische Uebersetzung beigefügt hat. Es sind ihm dabei mehrere Fehlgriffe begegnet, die wir aus dem Wunsche, den ältesten poetischen Versuch in romanischer Zunge möglichst aufgeklärt zu sehen, hier anzeigen wollen, indem wir überzeugt sind, dass sie nur in der Kürze der Frist, binnen welcher der höchst achtbare Hr. Verf. die Entdeckung seines Freundes der litterarischen Welt mitzutheilen sich aufgefordert fühlte, ihren Grund haben.

Vers 3. *laveintre* ist mit *l'attirer* übersetzt, mit Beziehung auf das Verbum *aveindre* in Roquefort's altfranz. Glossar. Dieses Verbum bedeutet eigentlich »hervorholen« und ist nach dem Wörterbuche der Academie noch jetzt im Gebrauche; allein diese Bedeutung gibt hier keinen Sinn. Dagegen ist *veintre* (genau wie unser Dichter schreibt) eine erweisliche altfranz. Form für *vaincre*: man sehe *Chanson de Roland* p. 86 [Ausg. v. F. Michel, Par. 1837], wo es zweimal [St. CLXI. V. 12 u. 14] vorkommt. Es ist demnach abzutheilen *la veintre*. — V 5. *eskoltet* ist Hrn. W. das Imperf. *auscultabat*. Die ältesten Werke haben dafür entweder *escolteret* oder *escoltout*, nie *escoltét*. Es muss also das historische Präsens sein, dessen weitgreifender Gebrauch im Altfranz. schon [1837] der Alles sehende Grammatiker J. Grimm IV. 144 hervorgehoben. — V. 8. *regiel* ist mit *décret* gegeben; uns scheint es das neufranz. *régal* in der Bedeutung des ital. *regalo* (Geschenk): Drohungen, Geschenke, Bitten vermochten nichts. — Ganz verfehlt ist die Uebersetzung von V. 10: *illa puella semper non amavit deo imprecari*. *Amast* ist *amasset* und *menestier ministerium* (*métier*), auf keine Weise ein Verbum. Am Anfange des Verses supplire man *que* und übersetze: nichts konnte sie dahin bringen, dass sie nicht stets den Dienst (die Sache) Gottes liebte. — V. 13. *illi* ist

— lat. *ille*, wie in *Chans. de Roland* [Ausg. v. Fr. Michel] p. 79, nicht in *il li* zu theilen, da *enorter* keinen Dativ regiert. *Dont lei nonqi chielt* überträgt Hr. W.: *ne a lege caderet*. *Lei* ist Dativ von *elle* und *chielt* entspricht offenbar dem impersonellen ital. *cale*, altfranz. gewöhnlich *chalt*, *chaut*, hier mit Diphthongirung des *a* in *ie*, wie in *regiel*, *pagiens* u. a. Er ermahnt sie, was ihr aber nicht anliegt, den christl. Namen aufzugeben. — V. 19. *lo* muss Schreibfehler sein für *la*. *Com arde tost* wird übersetzt: *qui ardet cito*. Dieser Gebrauch von *com* möchte sich nicht rechtfertigen lassen; vielmehr scheint es für *com si* (= *quasi*) zu stehen, wie zuweilen das ital. *come* und das span. *como:* man warf sie in das Feuer, als solle sie sogleich verbrennen. — V. 20. *poro nos coist* nach [552] Hrn. W. *porro nobiscum sit: coist* soll nämlich lat. *co-sit* bedeuten. Dürfte aber *nos* nicht schicklicher, wie im Provenz., für *no-s*. d. i. *no se* (lat. *non se*) genommen werden dürfen, wie V. 18 *poros* für *poro se* gilt? *No* für *non* ist zwar selten aber erweislich. *Coist* aber deutet buchstäblich auf *coiser* beruhigen (von *quietus*, mit Schärfung des *t* in *s*, wie in *hausser*, *dresser*, *menuiser* von *altus*, *directus*, *minutus*) und der Sinn wäre: dadurch (*poro*, lat. *per hoc*, nicht *porro*) gibt er (der König) sich nicht zufrieden. Indessen könnte *coist* auch für *coit* (lat. *cogitat*) stehen und *s* wäre eingeschoben wie in *dist* (lat. *debet*) in den Eidformeln, eine im Altfranz. häufig vorkommende Sache. Der Sinn wäre alsdann: sie hatte keine Schuld, darum kümmert sie sich nicht (um die Strafe). — V. 21 übersetzt Hr. W.: *le roi païen voulut en vain nous convertir à sa loi*, indem er *aczo* mit *aisement* erklärt; dies ist aber das prov. *aizo* und das spätere franz. *iço*, jetzt *ce*, *cela*. Dessgleichen scheint *nos* wieder aus *no se* verkürzt und der Sinn der Stelle ist: dies wollte der König (sich) nicht glauben. — V. 25. *volát* ist Perfect, wie in den Eiden das mit Unrecht als Präsens aufgefasste *jurát* = *gisuor* in der deutschen Abfassung. — Andre Schwierigkeiten oder Eigenheiten des Ausdrucks lassen wir für jetzt dahingestellt.

II. Ueber das schon vielfach besprochene deutsche Gedicht, dessen ursprünglicher Text bereits in die zweite Auflage von W. Wackernagel's trefflichem altdeutschem Lesebuche [Bas. 1839/40, 4°] übergegangen ist, haben wir wenig zu bemerken. Für das Product eines Volksdichters wird man das Ludwigslied nicht mehr halten wollen; gibt es sich aber auch nach Anlage und Tendenz deutlich als das Werk eines Geistlichen kund, so hat es sich doch des volksmässigen Elementes nicht erwehren können und darum steht es erquicklich da unter den ältesten Proben hochdeutscher Poesie. Vergleichen wir nun das Original mit den verschiedenen Bearbeitungen des Schilterischen Textes[1]), so müssen wir gestehen, dass Lachmann's scharfsichtige Kritik diesen selbst bis auf mundartliche Färbung dem ersteren sehr nahe gebracht hatte[2]); doch müsste manches, wie natürlich, zweifelhaft bleiben. Bestätigt hat sich z. B., um nur den Sinn betreffende Puncte zu berühren, Lachmann's Besserung *sê* (doch in der Form *sêo*) für s i c, Docens[3]) Conjectur *giwalt* für *giwaht*, welches letztere Wackernagel wieder in den Text aufgenommen hatte[4]); J. Grimm's *fol lôses* für *falloses*; Wackernagel's scharfsinnige Conjectur *manôn sundjônô* für *manon sin diono* oder *dionôn*, auch von J. Grimm (Gramm. IV. 475) unabhängig hiervon vorgeschlagen. Nun ist unter andern: *ih weiz her* statt des unbrauchbaren w e i l e r; das sinnvollere s o j u n g statt s o l a n g; *wunniônô* für Schilters *wanniano*, Docens *wâni âno*, Lachmann's *wârin âno* und Wackernagel's *wârun âno; gibuozta* für *giburtha; jah allen* für *sag allin* oder *gab allin*; *spilôdun ther vrankon* in Schilters Abdruck ist der Handschrift gemäss. Das Gedicht ist übrigens vollständig, nur am Ende sind einige Buchstaben zerstört, welche Hr. Hoffmann herzustellen versucht hat.

Fr. Diez.

---

[1]) [*1° Epinikion Rhythmo teutonico Ludovico regi acclamatum* etc. *Argentor.* 1696. 4°. — *2° Thesaur. antiquit. teutonic. Ulmae* 1728. fol.]

[2]) [*Specim. ling. Francic.* etc. *Berol.* 1825. 8°.]

[3]) [Lied eines Fränk. Dicht. auf König Ludw. III. Münch. 1813. 8°.]

[4]) [Altd. Leseb. Bas. 1835. 8°. 1839/40. 4°.]

Chronica del Famoso Cavallero Cid Ruydiez Campeador.

Nueva Edicion con una Introduccion Historico-Literaria por **D. V. A. Huber** etc. Marburg, Bayrhoffer, 1844. CXLVIII u. 355 S. gr. 8° [1])

Der spanische Nationalheld, dessen Leben die vorstehende Chronik erzählt, ist, seit Herder seine Romanzen herausgab [1805], auch in Deutschland so heimisch geworden, dass alles, was ihn betrifft, sei es poetischer oder historischer Art, auf einen gewissen Grad von Theilnahme rechnen darf. In der That haben die Volkslieder anderer Nationen, die man vielfach zu übertragen versucht hat, wenn sie auch jenen Romanzen an innerm Gehalt, an Tiefe oder Zartheit des Gefühles, an Frische und Naturkraft weit überlegen waren, keine so günstige Aufnahme unter uns gefunden als jene spanischen Poesieen. Allein freilich waren diese Dichtungen, deren Werth und Alter so sehr verschieden ist, zu einer kleinen Epopoe verbunden, in gefälliger, wenn auch etwas nachlässiger Form, von [423] lyrischem, aber keineswegs weiblichem Charakter, und, was die Hauptsache ist, zu einer Epopoe, welcher man volle historische Wahrheit unterzulegen geneigt war. Später wünschte man diesen Schatz auch in seiner Ursprünglichkeit kennen zu lernen; es erschienen wortgetreue Uebersetzungen, die aber, wie es scheint, wenig zusagten: Herders Geist hatte der fremden Dichtung einen so zauberischen Ton mitzutheilen und auch die schwächsten Stücke emporzuheben gewusst, dass sich das Publikum von neuem zu ihm zurückwandte; sein Cid

---

[1]) [Jahrbücher für wissenschaftliche Kritik, Berlin 1845, S. 422—438.]

war ein Nationalwerk geworden. Auch von den Originalien wurden in Deutschland mehrere Ausgaben veranstaltet, nachdem sogar das alte *Poema del Cid* in einem correcten Abdruck erschienen war. Nichts fehlte uns mehr als die lateinische und spanische Chronik. Letztere, die überaus selten geworden, den Freunden der spanischen Litteratur zugänglich zu machen, übernahm Hr. Prof. Huber, den sein vieljähriger Umgang mit der Sache, gründliche Kenntniss der spanischen Sprache und Litteratur, der Besitz vieler Hülfsmittel, selbst die eigne Anschauung des Landes vor Allen dazu befähigten. Das schön ausgestattete Werk bringt uns aber ausser dem Texte der Chronika auch eine Einleitung von nicht geringem Umfang über die Traditionen und Gedichte vom Cid, sowie über die Chronik selbst. Auf eine Würdigung der Verdienste des Hrn. H. um den Wiederabdruck kann Ref. nicht eingehn; er bemerkt nur, dass sich dieser Abdruck auf keine Handschrift (zu Paris findet sich eine solche), sondern auf die dritte und letzte Ausgabe (Burgos 1593) gründet, deren zahlreiche Fehler zum Theil mit Hülfe von Werken gleichen oder verwandten Inhalts berichtigt werden mussten. Wir haben es hier allein mit der Einleitung zu thun. Sie ist in spanischer Sprache geschrieben und kann unsern »Brüdern« über den Pyrenäen einen Begriff von deutscher Gelehrsamkeit und Regsamkeit beibringen. Diese Einleitung bietet so viele Ansichten und Resultate, sie behandelt so viele streitige und räthselhafte Punkte, dass die Geschichte der spanischen Poesie in ihren Anfängen dadurch fast eine neue Gestalt gewinnt. Eine sorgfältige, der Bedeutung des Gegenstandes angemessene Prüfung könnte [424] nur ein mit allen Hülfsmitteln ausgerüsteter Kritiker unternehmen Ref. beschränkt sich daher auf eine gedrängte Darlegung des Inhalts, die er hin und wieder durch eine Berichtigung oder durch einen Einwurf, sofern er ihn mit Gründen unterstützen kann, unterbrechen wird; unbegründeter Zweifel wird er sich überall enthalten.

Mit Recht sucht der Verfasser, bevor er sich zur Tradition wendet, die historische Grundlage derselben, die ja ihre Bedeutsamkeit und ihr Interesse bedingt, vorläufig im Allgemeinen festzustellen, indem er eine genauere Ausführung dieses Gegenstandes auf eine andere Gelegenheit verspart. Er stützt sich als auf das wichtigste Document, welches alle Zweifel an dem historischen Cid zerstreuen muss, auf die bekannte, von Risco herausgegebene und von Johann von Müller benutzte *Gesta Roderici* [im Anhang zu Risco's *Histor. del Cid*, Madr. 1792. 4°], von deren Aechtheit und Glaubwürdigkeit Hr. H. vollkommen überzeugt ist. Schon im Jahre 1829 hatten die spanischen Uebersetzer unsers Bouterwek das zuerst von Masdeu angefochtene Document in Schutz genommen und durch urkundliche Beweise vertheidigt. Ref. muss, wie sich versteht, dies historische Problem Hrn. H. und den Geschichtsforschern überlassen. Indem der Vf. nun von dem historischen zu dem sagenhaften Cid übergehend, in Erwägung zieht, dass sich nicht leicht eine geschichtliche Individualität finden wird, die der Einbildungskraft so lockende Seiten darbietet, wie unser Held, so glaubt er sich fast den Beweis ersparen zu können, dass der Cid bereits bei seinem Leben oder doch frühzeitig nach seinem Tode in ächten Volksliedern gefeiert worden sei. Diese Ueberzeugung wird man theilen müssen; gleichwohl ist uns ein auch sonst schon benutztes und hier an rechter Stelle geltend gemachtes Zeugniss aus einem lateinischen Gedichte auf die Einnahme von Almeria (1147) willkommen, worin der Cid mit klaren Worten bereits als Gegenstand des Gesanges und gewiss des Volksgesanges bezeichnet wird. Bei diesem Gedichte — ein Gedicht ist es freilich, aber in seinem Zusammenhange eigentlich nur ein Capitel in einer prosaischen Chronik von Alfons VII. — müssen wir einen Augenblick verweilen.

[425] Nach Hrn. H. rührt es von einem Augenzeugen her (*que no se puede dudar participase en aquella empresa*), allein der Verf. desselben sagt ausdrücklich in der Vorrede: *gesta Adefonsi imperatoris sicut ab illis qui viderunt didici et audivi describere ratus sum.* Dies thut nun freilich wenig zur Sache: in jedem Falle ist die Chronik nebst dem Gedicht nicht lange nach dem Geschehenen niedergeschrieben worden und jede Verdächtigung desselben muss als grundlos abgewiesen werden. Ref. bedauert nur, dass Hr. H. auf einen fehlerhaften Text baut, der keinen genügenden Sinn gibt. Die wichtigsten Verse aus dem ganzen Zeugniss sind die folgenden; der Chronist preist den berühmten Krieger Alvar Fañez:

Ipse Rodericus *mio Cid* semper vocatus,
de quo cantatur, quod ab hostibus superatus (leg. superatur),
qui domuit Mauros, comites domuit quoque nostros;(,)
nunc (hunc) extollebat(,) se laude minore ferebat.

Buchstäblich folgt hieraus zwar noch nicht, dass die im dritten Vers berührten Dinge Gegenstände des Gesanges gewesen, ein Chronist konnte sie auch auf anderm Wege erfahren haben; da sie indessen bei Gelegenheit des Gesanges erwähnt werden, so darf man Hrn. Hubers Interpretation getrost annehmen. Die Stelle ist, wie man leicht sieht, für die Geschichte aller epischen Volkspoesie von Interesse; sie bestätigt von neuem die Voraussetzung, dass sich die Anfänge dieser Poesie unmittelbar an das Leben und die Thaten des Helden knüpfen. Der carolingische Sagenkreis kann kein so altes Zeugniss aufweisen. Ref. würde auch einen früher vorkommenden Vers auf Alvar Fañez

cognitus et omnibus est avus Alvar, arx probitatis [426]

für das Alter der Sage hervorgehoben haben. Was ihm in obiger Stelle überdies beachtenswerth scheint, ist das gradezu als im Volksgesang vorkommend erwähnte Epithet des Helden »der Unüberwindliche« *(quod ab hostibus haud superatur)*, sodann der kleine vermuthlich auch traditionelle Zug, dass der Cid seinen Genossen Alvar Fañez erhoben und sich selbst gegen ihn zurückgesetzt habe. Weder das eine noch das andre scheint sich im *Poema del Cid* noch in den Romanzen zu finden.

Der Verf. beginnt nunmehr eine genaue Untersuchung über Spaniens älteste Volkspoesie, worin Ref. ihm mit Vergnügen folgt. Die Chroniken des vierzehnten Jahrhunderts enthalten öfters Anspielungen auf jene Poesie, brauchen aber niemals den Ausdruck *romances*, sondern immer *cantares*. Letzteres Wort hatte also damals noch nicht, wenigstens nicht ausschliesslich, die spätere Bedeutung, oder jene *cantares* waren etwas anderes als die eigentlichen Volkslieder d. h. die vom Volke selbst gedichteten und gesungenen Lieder. Da indessen die Chroniken auch sonst von den *cantares de los joglares* reden, so ist es sehr wahrscheinlich, dass sie unter *cantares* die grössern etwas kunstmässiger gehaltenen Gedichte verstanden, die von Spielleuten *(joglares)* vorgetragen wurden. Hier kommt es nun hauptsächlich darauf an, den formellen Unterschied beider poetischen Gattungen, der eigentlichen Volkslieder und der dem Volke vorgetragenen epischen Gedichte zu bestimmen. Bei der letztern hat dies keine Schwierigkeit: wir besitzen ein solches in dem von Sanchez bekannt gemachten *Poema del Cid*, was sich damit beweisen lässt, dass dieses *Poema* sich selbst den Titel *cantar* beilegt, v. 2286 [= 2276 ed. Vollm.]

las coplas deste *cantar* aquis van acabando.

Wir ersehen hieraus, dass die Form jener Epopöen eine aus der altfranzösischen Litteratur bekannte war [427], Alexandriner nämlich zu einreimigen Tiraden verbunden.

Je wichtiger das Resultat ist, welches der Verf. aus seiner Untersuchung gewinnt, um so sorgfältigere Erwägung verdienen etwaige Zweifel, die man dagegen vorbringen könnte. Ref. gesteht, dass er in Beziehung auf das *Poema* nicht ganz frei davon ist, wiewohl der Gedanke, der altspanischen Poesie durch des Verf.'s Argumentation mit einem Schlage etwas von dem epischen Glanze, der die altfranzösische so sehr auszeichnet, zugewandt zu sehen, auch für ihn etwas reizendes hatte. Allerdings kann eine von dem Volke selbst geübte und eine von gelernten Sängern oder Dichtern ihm vorgetragene Poesie auch in der Form zweierlei sein. Allein die Dichter, welche für die Spielleute arbeiteten, durften sie den Zuhörern etwas bieten, das gradezu aller rhythmischen Kunst ermangelte und in so weit unzweifelhaft hinter dem Volksliede zurückstand? Die ganze Kunst und das ganze Streben unsers spanischen Dichters besteht darin, in einer durch die Assonanz abgeschlossenen zwischen 8 bis 24 Sylben schwankenden Zeile, mit einer oft deutlich bezeichneten Pause in der Mitte, einen vollen Gedanken auszusprechen. Ref. ist keineswegs der Meinung, dass die Verse der ältesten romanischen Heldengedichte sehr glatt gewesen seien: die von Michel herausgegebene *Chanson de Roland*, der *Charlemagne* und andre Denkmale, die wir, aus dem Styl erweislich, in alten Abfassungen besitzen, würden dagegen zeugen; allein wenn man auch zugeben wollte, es sei in Spanien bei dieser Verskunst hauptsächlich darauf angekommen, in dem musikalischen Vortrage den Abschnitt einzuhalten und die Stimme auf der Assonanz ruhen zu lassen, die Sylbenzahl sei minder wichtig gewesen, so wird doch in dem Mehr oder Weniger der Sylben eine verständige Gränze stattfinden müssen, wenn das Heldenlied nicht in die kirchliche Prosa übergehen soll. Nimmt man hierzu, dass der Dichter im Gebrauche der Assonanz keine Regel beobachtet, indem er jene nach Willkür bei Seite setzt oder mitten in einer Periode aus einem Vokal zu einem andern übergeht, so wird man sich schwer überzeugen können, dass in Castilien im zwölften Jahrhundert eine Epik vorhanden war, wovon sich im *Poema del Cid* eine Probe erhalten. Hr. H. selbst gibt als ein Unterscheidungszeichen dieser Poesie, dem Volksliede [428] gegenüber, ihre grössere Kunstmässigkeit an, kann sich aber die Rohheit des *Poema* nicht verbergen. Dem Ref. scheint das Zusammentreffen des Titels *cantar*, den es sich beilegt und als den allgemeinsten Ausdruck für Lied kaum vermeiden konnte, mit den in weit spätern Chroniken vorkommenden *cantares de los joglares* kein hinlängliches Gewicht zu haben, um dem Gedichte im Widerspruch mit innern Gründen den Rang einer nationalen im Munde der Spielleute lebenden Epopöe einzuräumen. Vor allen Dingen wäre noch zu erwägen, ob es nicht als ein einzelner Versuch, die epische Form der Franzosen oder vielmehr der Provenzalen nachzubilden, betrachtet werden könnte; denn dass diese Form in Castilien sich unabhängig entwickelt haben sollte, ist schwer zu glauben. An einer Kunde jener Poesie konnte es in Castilien nicht fehlen, da sie in Aragon seit der zweiten Hälfte des zwölften Jahrhunderts bekannt genug sein musste. Wären aber die einreimigen Tiraden mit Alexandrinern in Spanien national geworden, so würden sich wohl noch andre Spuren derselben erhalten und die epischen Dichter der beiden folgenden Jahrhunderte schwerlich bloss die vierzeilige Strophe gewählt haben. Damit soll jedoch die Bedeutung des mit manchem schönen epischen Zug ausgestatteten *Poema* in der Geschichte der spanischen Poesie nicht angefochten werden: denn dass der Dichter aus dem Volksgesang schöpfte, dessen Dasein im zwölften Jahrhundert Hr. H. beweist, ist nicht zu bezweifeln: es wäre ein Wunder, wenn er sich dessen hätte enthalten können. Die im übrigen richtige Würdigung des Gedichtes ist nicht das geringste Verdienst, das sich der Verf. um die spanische Litteratur erworben hat: als Kenner der altfranzösischen und altdeutschen Poesie, vertraut mit der Structur des volksmässigen Epos, lehnt er z. B. die lockende von andern Gelehrten aufgestellte Behauptung, das *Poema* bestehe theilweise aus einer mehr oder weniger sichtbaren Zusammensetzung von Romanzen, als unerwiesen ab.

Hr. H. sucht nun, nachdem er in dem alten Gedichte vom Cid eine Probe der *poesia joglaresca* gefunden, und die Form derselben daraus abgeleitet hat, auch die des alten epischen Volksliedes zu bestimmen. Es ist nach ihm keine andre als die bekannte der Romanze, aber mit dem wichtigen Unterschiede, dass die kurzen Verse derselben nicht alternativ, sondern [429] consecutiv assoniren. Bei dieser Gelegenheit bestreitet er Jakob Grimm's in der *Silva de romances viejos* [p. VII] angewandtes und zuletzt in Andreas und Elene [p. LV—LVIII] überzeugend vertheidigtes Princip, wornach die epische Zeile aus zwei Halbversen besteht und keine Zerstückelung verträgt. Er setzt unter andern die ausdrückliche Vorschrift eines spanischen Metrikers, so wie eine Probe älterer Volkspoesie mit überschlagender Assonanz dagegen. Allein ist der Gesichtskreis eines Spaniers aus dem sechzehnten Jahrhundert aufgeklärt genug, dass ein über allgemeine Fragen der Rhythmik daraus hervorgehendes Urtheil uns überzeugen oder binden müsse? Und kann eine satyrische Strophe in einer ganzen andern Versart (mehr Volkswitz als Volkspoesie) etwas für das epische Volkslied beweisen? Dass die Assonanz hier alternire, ist nicht einmal erweislich, da der Mittelreim fehlt und der Chronist, der übrigens allerdings den Ausdruck *coplas* braucht, keine anderen Proben gibt: man darf, was Hr. H. in vier Verse abtheilt, mit demselben Rechte in zwei abtheilen:

Esta es Simancas, Don Orpas traydor,
Esta es Simancas, que no Peñaflor.

Praktisch kann die äussere Abtheilung der Verse allerdings streitig sein. Ref. erinnert z. B. an die italiänischen Alexandriner bei *Ciullo d'Alcamo*, die theils in Langzeilen theils in Kurzzeilen geschrieben werden; allein der Kritik bleibt ihr Recht damit unbenommen. Besässen wir Romanzen in alten Handschriften, so könnte man vielleicht aus der Interpunction ein äusserlich begründetes Urtheil fällen. Es ist noch nicht bemerkt worden, soll aber hier nicht als Argument, sondern als beiläufige Notiz angeführt werden, dass schon der älteste provenzalische Lyriker öfters die Versart der Romanze gebraucht, wo dann die Handschriften den metrischen Punkt an das Ende der Zeilen setzen:

empero no vueill c'om sapcha | mon afar de maintas res.
c'ambedui me son jurat | e plevit per sagramen.

Was Grimm's Ansicht noch eine gewisse Bestätigung gibt, ist dass der Abschnitt im epischen Verse der Spanier, ganz analog den epischen Versen der Franzosen (den zwölf- und zehnsylbigen) nach Gefallen des Dichters männlich oder weiblich sein darf, eine Freiheit, die sein Wesen nothwendig forderte, wie auch der provenzalische Sänger recht wohl gefühlt hat.

Als innerer Grund für die eben bemerkte Urform [430] des Volksliedes wird angeführt, dass sowohl die alternirende Assonanz der spätern Romanze wie die Vielsylbigkeit des Alexandriners sich mit der ursprünglichen Einfalt und Rohheit jener Liedergattung nicht vertragen würden; die Redondilienform aber muss angenommen werden, weil sie der Natur und dem Charakter des spanischen Idiomes und Volkes am angemessensten ist. Der äussere Beweis lässt sich mit Hülfe einer Romanze führen, die sich aus dem allgemeinen Untergange glücklicherweise erhalten hat. Sie fängt an *Tres cortes armara el rey* [*Cancionero de rom.* Anv. 1550. S. 164]. Diese Romanze zeigt die consecutive Assonanz auf *o*, denn die Formen *condes, cortes* u. dgl. kommen auf Rechnung des Schreibers, der die ursprünglichen aus dem Lemosinischen eingeführten Formen *conds, corts* in das spätere Castilianische übertrug. Andere Wörter wie *plazo, caballero* sind mit dem Accent auf der letzten Silbe *plazó, caballeró* zu sprechen. Diese Art die Verse zu lesen, ergibt sich aus dem Poema, worin man *albors, pendons, sods* statt *albores, pendones, sodes* schreiben und Alfonsó, *suyó, fablemós, fijás* der Assonanz zu Gefallen sprechen muss. Nur 13 Verse von 70 unterbrechen die Assonanz, eine Anomalie, die sich in einem so alten Liede aus der Nachlässigkeit der Sänger oder Schreiber leicht erklärt. — Ref. muss seinen Unglauben an dem Vorgetragenen offen bekennen. Es ist unerweislich, wenn auch spanische Gelehrte wie Sarmiento diese Meinung hegen, dass die lemosinische Form der castilianischen vorausgegangen: die in den ältesten lateinischen Urkunden vorfindlichen spanischen Wörter werfen diese mit aller Sprachentwicklung unverträgliche Hypothese um. Unläugbar aber ist, dass die castilianische Mundart in einigen alten Denkmalen noch nicht ganz rein abgesondert erscheint, dass Formen wie *pendons* statt *pendones* als Licenzen geduldet wurden. Eben so wenig ist zu läugnen, dass andre Denkmale, z. B. *Maria Egypciana* [bei Janer, *Bibl. de Aut. Esp.* Bd. 57 S. 307 sq.] sich einem gewissen Einflusse der lemosinischen Mundart hingeben. Allein in dem Umfange, wie Hr. H. will, ist dies auf keine Weise einzuräumen: nothwendig musste er sich an der lemosinischen Sprache selbst versündigen. Hier gibt es z. B. keine einsylbige Pluralform *conds*, sondern eine zweisylbige, provenzalisch *comte*, catalanisch *compte*, *comptes*; *bodas*, wäre es provenzalisch, liesse sich nicht in *bods* abkürzen, *pobres* nicht in *pobrs*. Ferner kann der Reim in den romanischen Sprachen [431] nur auf grammatisch betonten Silben ruhen: sein Wesen hängt ja mit dem Princip der Accentuation innig zusammen: es ist schon viel, wenn Troubadours zuweilen einsilbige tonlose Pronomina und Adverbia zum männlichen Reim benutzen. Was das *Poema* betrifft, auf dessen Reime Hr. H. sich beruft, so möchte es wenig beweisen, denn die zahlreichen Verse, die sich dem vorgeschlagenen Mittel nicht fügen, machen dies Mittel selbst verdächtig. Der Grund der so häufig verwahrlosten Assonanz ist in der Rohheit des Gedichtes zu suchen, die, wenn sie im Versbau eingeräumt wird, auch in der Anwendung der Assonanz eingeräumt werden darf.

Zur Bestätigung seiner Behauptung, die spanische Volkspoesie habe mit kurzen Versen angefangen, beruft sich der Verf. auf zwei ganz analoge Erscheinungen in der französischen Literatur, den *Gormond* [ed. Scheler. Brux. 1876. 8°; Heiligbrodt in Rom. Stud. III (1878) p. 501 sq.] und den *Aucasin* [letzte Ausg. v. Suchier. Halle 1878, 1881], beide, wie er sagt, in achtsilbigen Versen. Der erstere ist allerdings merkwürdig genug und reicht seinem Inhalte nach sehr hoch hinauf; indessen darf man ihn in der uns zugekommenen Abfassung, auf die es hier allein ankommt, nicht über die ältesten Heldengedichte in zwölf- oder zehnsilbigen Versen hinaufsetzen oder ihn etwa für ein Volkslied erklären, da er im Ausdruck nicht das geringste Alterthümliche zeigt und sich, gleich den verwandten Gedichten, bereits auf die geschriebene Ueberlieferung, namentlich auf das *Chronicon Centulense* [ap. Achery, Spic. ed. nov. II. p. 291 sq.] bezieht, das gegen Ende des eilften Jahrhunderts vollendet ward. Dies Gedicht ist die einzige bis jetzt bekannt gewordene Probe einer Epopöe in Tiraden von achtsilbigen Versen, man müsste denn die in Hinsicht ihres Alters besser beglaubigte Legende von der heil. *Fides* [ap. Labbe, bibl. nov. II. p. 528 sq.] anführen wollen. Es kommen in der alten Literatur Frankreichs solche einzelne, Ref. möchte sagen, provincielle Formen der epischen Poesie war: der Gerhard von Roussillon [s. P. Meyer in Roman. VII (1878) p. 161 sq.] in seinen verschiedenen alten Recensionen liefert ein anderes nicht minder merkwürdiges Beispiel derselben. Was nun zweitens den Aucasin anlangt, so durfte der darin gebrauchte Vers nicht mit dem des Gormond auf gleiche Linie gestellt werden [432]: er ist um eine Silbe kürzer und hat, wenn man so sagen darf, trochäischen Silbenfall, d. h. eine gleiche Silbenzahl vor dem Reim. Der Verf. erblickt darin *verdaderos romances franceses*: soll dies wirkliche Volkslieder bedeuten, so bedauert Rf., nicht beistimmen zu können. Es ist offenbar keine durch Prosa verbundene Zusammenstellung schon vorhandener Lieder, sondern freie Erfindung, worin die Prosa so wesentlich ist als die Verse, eine *cante-fable*, wie das letzte der Lieder, indem es Beziehung nimmt auf die Prosa, selbst aussagt, d. h. eine Composition, worin abwechselnd gesungen und recitirt ward. Uebrigens müssen alle Bemühungen, den achtsilbigen zum altepischen Verse zu erheben, an der einfachen Thatsache scheitern, dass der zehnsilbige in seinem epischen Zuschnitt bereits im zehnten Jahrhundert vorhanden ist.

Die Umgestaltung der ursprünglichen Romanzenform geschah nach Hrn. H. unter dem Einfluss der *joglares*. Diese vermochten ihren Alexandriner, da er dem Volke nicht zusagte, gegen den ältern einfachen Vers nicht zu behaupten und setzten daher zwei Redondilien für einen Alexandriner; die Assonanz der ungleichen Verse musste wegfallen, weil sich an der entsprechenden Stelle des erstern keine solche fand. Am Schlusse seiner Einleitung theilt der Verf. nachträglich einige ihm unter dem Drucke seines Werkes zugekommene Bruchstücke in der pariser Handschrift der Chronica enthaltener noch unbekannter Gedichte mit, die seiner Hypothese zu Statten kommen sollen. Doch ist er selbst noch ungewiss, ob er jene Gedichte für alte Romanzen nehmen soll, worin die Urform zu der vermittelnden des Alexandriners überzugehen im Begriffe ist, oder für Alexandriner, die sich in das Gewand der alternirenden Assonanz kleiden wollen. Rec. enthält sich jeder Bemerkung darüber, da ein bestimmtes Urtheil ohne Ansicht des Ganzen und ohne genaue Prüfung des Textes bedenklich scheinen muss. Wünschenswerth wäre aber allerdings die Herausgabe dieses Fundes, für dessen Verkündigung wir Hrn. Huber verpflichtet sind.

[433] Ref. hat vorhin die Muthmassung ausgesprochen, die Form des *Poema* könne sich aus dem Einflusse französischer oder provenzalischer Epik erklären lassen. Er darf nicht verschweigen,

dass der Verf. eine ganz abweichende Vermuthung über diesen interessanten Gegenstand mittheilt. Im fünften Jahrhundert schrieb nämlich der heilige Augustinus einen grossen für das Volk bestimmten s. g. Psalm gegen die Donatisten [*ap. Migne, Patrolog. cursus. IX* p. 23—31; *du Méril, Poés. pop. lat. antér. au 12e siècle. Par.* 1843 p. 120] in sechzehnsilbigen Versen alle auf einen und denselben Reim[1]); die Form dieses Psalmes, die dem Alexandriner des *Poema* am meisten gemäss ist, hatte vielleicht Einfluss auf die Bildung dieser Versart, denn sie konnte sich sehr wohl unter den Geistlichen und Laien in Afrika und demnächst in Spanien erhalten haben. Referent begleitet diesen Erklärungsversuch mit zwei Bemerkungen. Erstlich verträgt sich diese Popularität der im Augustinischen Gedicht vorliegenden Form, — denn für populär müssen wir sie halten, da sie sich trotz der ungünstigsten Umstände so viele Jahrhunderte unter dem spanischen Volke erhielt — nicht mit des Verf.'s Behauptung, das *Poema* habe wegen seiner Form (die ja doch mit jener fast identisch sein soll) nie populär werden können *(que nunca esta forma poetica fue mui popular en España).* Zweitens, zugegeben den Einfluss jener Form auf die Bildung spanischer Verse, könnte man dieselbe als Argument gegen den Verf. gebrauchen. Sie stimmt nämlich auf keine Weise zu dem Alexandriner des *Poema*, sondern in Silbenzahl und trochäischem Silbenfall, so wie in dem durchlaufenden Reim genau zu der bekannten angeblich spätern Romanzenform. Man vergleiche den lateinischen Vers

[434] abundantia peccatorum | solet fratres conturbare

mit dem spanischen

vido estar á Melisendra | en una ventana grande.

Was hindert uns nun zu behaupten, die heutige Form der spanischen Romanze mit der Assonanz am Ende des zweiten Halbverses, so wie J. Grimm sie feststellt, und nicht Hrn. Huber's kurze Verse seien die ursprünglichen, nämlich aus der volksbeliebten Psalmenform hervorgegangen?

Setzen wir auch alle positiven Gründe gegen die aufgestellte Urform der Romanze bei Seite, welchen Geist würde der epische Volksgesang in Spanien geathmet haben in den Banden eines so

[1]) [Vgl. W. Meyer, *Der Ludus de Antichristo und Ueber die latein. Rythmen.* München 1882. 8⁰.]

engen Verses? Ist es erlaubt, eine andere romanische Literatur zu vergleichen, so bietet die französische ein mit Ausnahme des kurzen Schlussverses ganz identisches Beispiel in dem schon erwähnten *Aucasin:* siebensilbige Verse (die weiblichen achtsilbig) mit trochäischem Fortschritt oder richtiger sechs Silben vor der Reimsilbe; eine Form, die trefflich passt zu dem weichlichen Tone des wunderlichen picardischen Productes.

Der Vf. kommt nun zu seinem Hauptgegenstande, der *Chronica del Cid.* Wichtige und schwierige Fragen bieten sich seiner Untersuchung dar. Das Verhältniss dieser Chronik zur allgemeinen musste festgestellt, den Quellen nachgespürt werden. Mit vorsichtiger Kritik rückt er voran, indem er selbst die entferntesten Zweifel sich aufwirft und sie zu lösen sucht. Ref. enthält sich, diese umständliche und etwas verwickelte, aber, wie ihm scheint, mit aller Umsicht und Genauigkeit behandelte Auseinandersetzung hier darzulegen; er begnügt sich, einige Puncte daraus hervorzuheben, die von allgemeinerem Interesse sein dürften.

Die Chronik des Cid steht in einem merkwürdigen Verhältniss zur allgemeinen, einem grossen unter Alfonsos X. Anleitung, wenn auch nicht von ihm selbst [435] verfassten Werke, das wir jedoch nach Hrn. Huber's Bemerkung nicht in seiner ursprünglichen Abfassung, sondern in Erwägung der Sprache in einer Erneuerung aus dem vierzehnten oder fünfzehnten Jahrhundert besitzen. Der Inhalt der Chronik des Cid trifft nämlich wesentlich mit der grösseren Hälfte des vierten Theiles der allgemeinen zusammen. Man hat daher behauptet, die erstere sei nichts anders als eben dieser vierte Theil der letztern. Zwar kommen Abweichungen vor — eine fleissige Auswahl giebt Hr. H. in einem besondern Anhang —, mit diesen würde sich aber jene Behauptung noch nicht entkräften lassen. Die beste Aushülfe wäre, wenn man annehmen dürfte, dass beide Erzählungen aus einem lateinischen Original zu verschiedenen Zeiten entsprungen wären. Auf der andern Seite giebt die Chronik des Cid in ihrer auf uns gekommenen Gestalt selbst zu verstehen, dass sie Einschiebsel aus der allgemeinen Geschichte von Spanien in sich aufgenommen. Rühren diese aus den speciellen Chroniken oder aus der allgemeinen her, d. h. war im letztern Falle ihr vierter Theil vor der Chronik vom Cid vorhanden? Den Verf. bestimmen gewichtige Gründe zur Hypothese von einer ursprünglichen Chronik des Cid, unabhängig von der allgemeinen, aber nachher mit Stücken aus derselben interpolirt um das zu bilden, was gegenwärtig jenen vierten Theil oder die Chronik des Cid ausmacht. Fragt man nun nach dem Alter dieser letztern, so ist es nicht wahrscheinlich, dass sie, wenigstens in der Landessprache, abgefasst wurde, ehe Alfons in seiner Chronik das Muster gegeben. Auch streitet der Umstand dagegen, dass die der Chronik des Cid angehörigen Facta in den ältesten Handschriften der allgemeinen fehlen, und doch würde der gelehrte König sie nicht übersehen haben. Was den Verf. unserer Chronik betrifft, so spricht Hr. H. die Vermuthung aus, der man gewiss ohne Bedenken beipflichten wird, sie sei, lateinisch oder castilianisch, von einem Geistlichen des Klosters San Pedro de Cardeña, das in dem Cid gleichsam seinen Schutzherrn verehrt habe, abgefasst worden.

Nicht minder inhaltreich ist die Untersuchung über die Quellen. Die einzige eigentlich historische ist die *Historia latina* (die *Gesta Roderici*) [s. o. S. 155]. Mit Ausnahme der Angelegenheiten von Valencia, wofür andere Quellen benutzt wurden, wird in der Chronik nichts erzählt [436], das in der *Historia* nicht ebenso und oft sogar mit denselben Worten vorkäme. Die zweite Quelle ist das *Poema*; ihm folgt die Chronik in vielen Begebenheiten mit grosser Genauigkeit, oft Wort für Wort. Wo jenes nicht ausführlich genug ist, wählt sie die *Historia latina* zur Führerin, ohne jedoch das *Poema* ganz unberücksichtigt zu lassen. In den Ereignissen von Valencia bis zur Eroberung dieser Stadt entfernt sie sich von beiden Quellen, um einen arabischen Bericht zu benutzen. Prüft man diese Parthie genauer, so erkennt man zwei verschiedene Theile darin. Der eine, von der Gesandtschaft des Sultans von Persien bis zum Begräbniss des Cid, zeigt einen traditionellen oder legendenartigen Charakter. In dem andern auf valencianische Angelegenheiten bezüglichen unterscheidet man einen Fond von Thatsachen, der sich nur durch einen in Valencia selbst verfassten Bericht genügend erklären lässt, wenn auch äussere Beweise fehlen. Gerade diese Parthie unserer Chronik gehört zu den interessantesten: ohne sie wäre es unerklärlich, wie der spanische Held mit so geringen Mitteln sich so bedeutender Städte wie Valencia und Murviedro bemächtigen konnte. Für den valencianischen Ursprung darf man namentlich anführen die Umständlichkeit des Berichtes und dass er für den Cid und die

Christen ungünstig lautet. — Darf Ref. bloss nach dem Eindruck urtheilen, den diese Untersuchung auf ihn hervorgebracht, so erklärt er sich mit dem Verf. vollkommen einverstanden.

Eine vierte Quelle wäre die Tradition, wie sie in den ältesten Romanzen enthalten sein musste. Indessen spricht sich unsere Chronik wie auch die allgemeine entschieden gegen die Poesieen der *joglares* als unglaubwürdig aus. Da sie aber gleichwohl aus dem *Poema* schöpft, so muss dies damals nicht mehr gesungen worden sein, der Chronist muss es geschrieben vor sich gehabt haben. Ref. bemerkt hierzu (wenn er alles richtig verstanden hat), dass der Chronist eine andere als die von Hrn. Huber entwickelte Ansicht von *poesia joglaresca* gehabt haben muss, da er an dem oben erwähnten Titel *cantar*, den das Gedicht sich beilegt, keinen Anstoss nahm: denn dass das Wort geschrieben vor ihm lag, konnte vernünftiger Weise keinen Unterschied machen. Die Chroniken des vierzehnten Jahrhunderts, unter welche auch die vom Cid gehören soll, müssen also wohl unter [437] *cantares de los joglares* eine andere poetische Gattung oder Form als die des *Poema* im Auge gehabt haben? — Gleichwohl giebt es, führt der Vf. fort, gewisse Züge, selbst ganze Abentheuer, die weder in den historischen Quellen noch im Gedichte vorkommen; woher können diese anders geschöpft sein als aus Romanzen oder der Tradition? Um diesen Widerspruch zu lösen, vermuthet Hr. Huber die Vermittelung einer lateinischen Chronik: die lateinischen Schriftsteller scheuten sich weit weniger aus der Volkspoesie zu schöpfen als die romanischen, wobei an die Turpinische Chronik zu erinnern ist. Doch kann dem Chronisten unbedingt manches Traditionelle in die Feder geflossen sein.

Es folgt nun eine genaue Classification der Romanzen vom Cid nach ihrem Alter. Hr. H. gedenkt diesen Gegenstand in einem eigenen Werke über die spanische Volkspoesie erschöpfender zu behandeln. Möge ihm Lust und Musse bleiben, diese Aufgabe, deren Bedeutung Niemand verkennen wird, bald zu lösen. Für jetzt folgen wir ihm noch einen Augenblick. Die Romanzensammlungen vom Cid enthalten die verschiedensten Erzeugnisse aus etwa vier Jahrhunderten; einige derselben gehören unter die ältesten Denkmale wahrhaft epischer Volksdichtung, andere sind im hohem Grade manierirt. Man muss drei Klassen unterscheiden. Die Romanzen der ersten Klasse übersteigen natürlich die seit

Anfang des sechzehnten Jahrhunderts veranstalteten Sammlungen und gehören ihrem Ursprunge nach zum Theil in das vierzehnte, dreizehnte, selbst in das zwölfte Jahrhundert, letztere also bald nach den Ereignissen entstanden. Dass diese alten Lieder, indem sie von Hand zu Hand, von Mund zu Mund gingen, Veränderungen und Interpolationen erfuhren, muss eingeräumt werden, im Einzelnen lässt sich dieses selbst nachweisen. Ein charakteristisches Zeichen dieser Classe liegt in gewissen Verschiedenheiten, womit dieselben Begebenheiten hier und in der Chronik vorgetragen werden. Hr. Huber macht die Individuen dieser und der folgenden Classen sämmtlich namhaft. (Das hohe Alter und der volksmässige Charakter einiger zur ersten Abtheilung gerechneten Gedichte kann etwas verdächtig scheinen, wenn man die Wortspiele, den gezierten Styl, hier und da auch einen gelehrten Ausdruck u. dgl. erwägt; allein es wäre voreilig, ehe man des Verf.'s noch zu erwartende Rechtfertigung angehört, darüber [438] aburtheilen zu wollen). Die zweite Klasse begreift die nach Chroniken gearbeiteten Stücke mit didactischer oder moralischer Tendenz. Für den Erfinder dieser Art von Romanzenfabrikation hält Hr. H. den Herausgeber des *Romancero* von 1551, Sepulveda. Die dritte Klasse endlich. aus dem Ende des sechzehnten oder Anfange des siebzehnten Jahrhunderts rührt von Dichtern her, welche die Sage wenig achteten und zum Theil aus eigner Phantasie schöpften. Wegen der Kriterien dieser Eintheilung muss Ref., um seinen Bericht nicht zu weit auszudehnen, auf das Werk selbst verweisen.

Fr. Diez.

Ueber die Casseler Glossen[1]).

Die von **E c k h a r t** [Francia orient. I. 853 sq.] herausgegebenen, von **G r a f f** [Diutisca III. 211, 212] berichtigten Casseler glossen aus dem 8ten jh. darf man mit vollem rechte ein denkmal romanischer zunge und zwar das älteste nennen das wir besitzen. so hebt also die romanische litteratur wie die hochdeutsche mit einem blofsen wörterverzeichnisse, letztere freilich mit einem wenn auch nicht viel älteren, aber reineren und gröfseren an. keine der früheren urkunden des mittelalters liefert der romanischen vocabeln so viele und so unverhüllte wie unser Casseler glossar. schade nur dafs aufser zahlreichen einzelnen wörtern alle stellen in zusammenhängender rede lateinisch ausgefallen sind. welchen werth hätte, wäre sie in der volkssprache ausgedrückt, die kleine conjugierübung am schlufse des denkmals (*intellego, intellexistis, mandasti, mandavi* u. s. f.). nur der imperativ *va*, kaum das perfect *quisistis*, läfst sich romanisch nennen. aber auch mit diesen mängeln verdienen diese glossen ob ihres hohen alters die sorgfältigste untersuchung, eine sorgfältigere wenigstens als ihnen hier zu theil werden kann: sie halten uns den übergang von der lateinischen zur romanischen sprachform auf die anschaulichste weise vor.

Welcher sprache aber gehört der romanische theil dieses glossars an? der italiänischen gewifs nicht. **E c k h a r t** glaubt die provenzalische darin zu erkennen, aus der die übrigen mundarten entstanden seien (da haben wir ja **R a y n o u a r d s** Hypothese).

---

1) [In Haupt's Zeitschrift für Deutsches Altertum VII. Bd., 1849, S. 396 bis 405.]

genauere erwägung aber führt zur überzeugung, dafs der verfafser sein romanisch im eigentlichen Frankreich und zwar in einer der nördlichen provinzen desselben lernte. dafür spricht der anlaut *w* statt *gu* in *wanz*, *windicas*, das übliche *u* statt *o* in *mantun* u. a., so wie einzelne formen und wörter, auf welche im folgenden aufmerksam gemacht werden soll. übrigens bezeugt auch dieses denkmal, so gut wie die eidschwüre, dafs das französische in seinen vocalendungen mit dem provenzalischen damals noch auf gleicher stufe [397] sich befand: *a*, plur. *as*, ist der schwächung *e*, *es* noch nirgends gewichen.

In der schreibung herscht, wie sich kaum anders erwarten läfst, grofse unbestimmtheit. wo nur *p* für *b*, *b* für *p*, *t* für *d*, *d* für *t*, *f* für *v* steht, ist leicht zu helfen, auch hat das schwanken der endungen zwischen den verschiedensten vocalen wenig zu bedeuten. leider aber sind mehrere wörter sehr entstellt, einige unkenntlich und vielleicht unauflöslich, so dass wir schwerlich ein original vor uns haben; denn so konnte sie der verfafser (ein Baier, wie man leicht erkennt) in Frankreich nicht gehört haben. es ist also der handschrift nicht überall zu trauen, aber trauen darf man ihr überall wo die vorliegende form den organismus der sprache nicht verleugnet. — ich hebe nun mit beifügung der althochdeutschen übersetzung diejenigen wörter heraus die entweder einer berichtigung oder deutung bedürfen oder sonst etwas bemerkenswerthes bieten; nur einige wenige lafse ich vorläufig unerörtert.

S. 853[a]. *mantun chinni.* franz. *menton*, dem Italiäner unbekannte ableitung. sollte *a* für *e* gar auf die nasale aussprache des *n* deuten, die dem *e* heutzutage die geltung des *a* verleiht? allein weiter unten steht auch *saccuras* für *seccuras*; überdies giebt es grammatische gründe, welche die entwickelung der nasallaute in der französischen sprache als ein späteres ereignis anzunehmen berechtigen.

853[b]. *vinuolu*, *chnin.* man lese wenigstens *vinuclu*, entsprechend den später vorkommenden formen *siccla* und *puticla*. wie aber in diesem worte, dem heutigen *genou*, der anlaut *g* durch *v* gegeben werden konnte, ist räthselhaft.

calcemel widarpani. für ersteres ist zu schreiben *calamel*, altfr. *chalemel*, jetzt *chalumeau* pfeife, röhre, prov. ausgeartet in *caramel*, für letzteres offenbar *widarpaini*. wenn die vorhergehende glosse *tibia pein* das schienbein oder dessen vorderen knochen bedeutet, so wird das begriffsverwandte *calamel* von *calamus* wohl die hintere oder dünnere röhre, das gegenbein, *widarpaini* (ein sonst nicht vorkommendes wort) bedeuten sollen.

teclavun anchlao. Graff [l. c. p. 211] liest aus der hs. *talaun*, was aber in *talaun* zu beſsern ist. *anchlao* soll *anchalo* knöchel [398] heiſsen; dies war also die frühere bedeutung des französischen *talon.* aber auch die heutige bedeutung ferse ist alt: schon im prov. Boethiusliede [v. 240] *sil pren per lo talõ* ergreift ihn bei der ferse. vergl. Ducange v. *talo.*

ardigas zachun. die angegebene bedeutung (zehen) kommt nur dem prov. *artelh* und franz. *orteil* (hennegauisch *artoil*) zu, wofür das verderbte *ardigas (ardiglas?)* hier einsteht, vergl. *nec vertat articulos pedum* (die zehen) *Form. Baluz.* 14. das ital. *artiglio* hat nur die lateinische bedeutung.

854[a]. *figido lepara.* ital. *fégato*, span. *hígado*, prov. *fetge*, franz. *foie*, von *ficatum* sc. *jecur*, eigentlich mit feigen gemästete gänseleber. die form, so wie sie das glossar giebt, ist darum nicht unwichtig weil sie die frühe accentverschiebung lehrt (nur der Walache sagt *ficát*), dessen zweite silbe, da sie *a* mit *i* tauschen konnte, nothwendig unbetont gewesen sein muſs.

intrange indintu. richtig erkennt Eckhart in *intrange* ein dem span. *entrañas* (eingeweide) entsprechendes nun verlornes wort, lat. *interanea*, mlat. *intranea*, altfr. *entreigne.* noch jetzt besitzt die hennegauische mundart, welche *gn* oft mit *n* tauscht, *intrane* sowohl wie *estrane.* über *indinta* s. Graff 1, 298.

troja suu. ältestes zeugnis für dies gemeinromanische wort, das im späteren mittellatein häufig hervortritt. seinen ursprung sucht man theils im kymr. *trwyn* schnauze (s. Leibnitz [*Collectanea Etymol.* 1717. I. 145]), theils im irischen *triath* männl. schwein (Potts Forsch. 2, 188), wie dies aber zugehen soll, wird nicht nachgewiesen. warum denkt man nicht lieber an lat. *trŭa* rührlöffel? ich beharre bei meiner frühern deutung (*Rom. Gr.* I. 35): *porcus trojanus* war dem Römer ein mit andern thieren gefülltes für die tafel bestimmtes schwein, eine anspielung auf das trojanische pferd, *machina foeta armis* Aen. 2, 237 wie nahe lag es nun, mit *sus trojana* ein mutterschwein, ein trächtiges schwein, *foetam porcellis* zu bezeichnen, *trojana* abgekürzt auf romanische weise in *troja.* dazu kommt noch daſs altspan. *troya* (Ruiz 688) auch einen mit eſswaaren gefüllten sack ausdrückt, vollkommen vergleichbar dem römischen *porcus trojanus*.

[399] *aucas causi.* es ist genau das prov. *auca*, altfr. *oe*, neufr. *oie* und ist schon dem frühesten mittellatein bekannt. sein ursprung kann nicht zweifelhaft sein. es giebt eine kleine reihe von bildungen vermittelst des suffixes *ica* aus latein. substantiven dritter decl., so mittellat. *natica* aus *natis*, *cutica* aus *cutis*, *caudica* aus *caudex*, so auch *avica*, zusammengezogen *auca*, aus *avis*, den allgemeinen begriff auf einen ganz speziellen beschränkt, wie *animalia*, fr. *aumailles*, in unserm glossar rinder bedeutet. die neuprov. sprache hat sich aus *auca* ein masc. *auc* gänserich gezogen (s. Honnorat), vergl. *auccos* (acc. pl.) in Eckharts *Comm. de reb. Fr. or.* 2, 904.

auciun censincli. ächte französische diminutivform wie in *clerçon* von *clericus*, *tronçon* von *truncus*. das wort findet sich wieder in *oison*, wofür die prov. mundart *aucon*, nicht das entsprechende *ausson*, bietet.

854 ᵇ. *birle pheral.* ohne zweifel ist das romanische *birle*, eigentlich *pirle*, abgeändert, nicht etwa verschrieben, aus *pisle*, altfr. *poisle*, neufr. *poele*, mlat. zuweilen *pirale* (*s* in *r* geschwächt) heizbares zimmer (fehlt prov.). die älteste form ist *piscle* im *Edict. Roth.* [Tit. LXXXVIII leg. 11 u. c. 221 in den *Mon. Germ. Leg.* IV. p. 54], sonst auch *pisalis*: es weist formell auf lat. *pensile*, syncop. *pēsile* (daher der lange vocal im fries. *pysel*, mhd. *pfisel*), allein der logische zusammenhang ist nicht deutlich. das alterthum redet von *horreum pensile*, das mittelalter von *domus pensilis*, *camera pendens*. dieser spur wäre nachzugehen.

esilos pretir. es ist das altf. *aissel*, jetzt *aisseau* schindel, von *ascicellus axicellus*, wogegen fr. *essieu* von *axiculus*. beachtenswert ist der anlaut *e* für fr. *ai*.

mediran cimpar. lat. *materiamen*, altfr. *merrain*. *merrien*.

pis first. nicht von *apex*, wie Eckhart annimmt: es ist unzweifelhaft das altfr. *pic* spitze, höhe, mit dem nominativzeichen *pics*, zusammengezogen *pis*, wie *ducs dus*, *arcs ars* u. dergl., ein rein französisches ganz unprovenzalisches verfahren, das also, wenn man unserm denkmal trauen darf, in so hohe zeit hinaufreicht.

capriuns rafuun. plural des französischen *chevron* sparren, eigentlich bock, worauf etwas ruht *(capreolus)*, prov. [400] *cabrion*, durch versetzung *cabiron*, im mittellatein wird *chevron* sonst durch *capro* ausgedrückt, richtiger wäre *caprio*, wie unser glossar bietet und die provenzalische form bestätigt: ebenso entsprang aus *arcus arcio*, franz. *arçon*.

deurus deohproh. der sinn des deutschen wortes ist bekannt, s. Graff [Sprachschatz] III. 278, woher aber das roman. *deurus*? man könnte *deurns* lesen, allein die *diurnales* waren eine fufs-, keine beinbekleidung. indessen scheint das räthsel nicht unlösbar: das mittellatein giebt diesmal aufschlufs. bei Isidorus [lib. XIX c. 22] findet sich *tubruci dicti quod tibias braccasque tegant*, bei Paulus Diac. [lib. IV c. 33] *coeperunt osis uti, super quas equitantes tubrugos*[1]) *birreos mittebant* (s. Ducange). *tubrucus* entstand aus dem deutschen *theoh-brôch theoh-bruoch* auf dieselbe weise wie *tudesco* aus *theodisc;* franz. konnte es *te-vrúc*, plur. *tevrucs tevrus* (vergl. oben *pis* für *pics*) lauten, wie *theodisc* hier *teois tiois* ergab. dass der schreiber anlautende tenuis in media umsetzte *(devrus)*, darf nicht wundern; sagt er doch auch *birle* für *pirle*.

fasselas facium. ein altfr. *faissele*, gebildet aus lat. *fascia*, ist nicht vorhanden. die *fasciolae* dienten zum festbinden der beinbekleidung, s. besonders Muratori's *Antiqq. ital.* 2, 434.

windicas wintinga. Das ahd. *winting*, altnord. *vindingr* bedeutet *fascia*, *fasciola*, das roman. *windica*, das wir hier kennen lernen, müsste fr. *guinche* oder *guinge* ergeben, da aus *dc* entweder *ch* oder *g* wird, vergl. *revancher* und *venger* aus *vind'care*. ist nun das altfr. *guiche guige* band dasselbe wort mit ausgestofsenem *n*?

wanz irhinc. franz. *gants*. merkwürdig ist *wanz* vollkommen auf altfranzösische weise geschrieben, d. h. *ts* durch *z* vertreten wie in *quanz* für *quants*, lat. *quantos*.

cava putin. keine romanische mundart kennt dies wort in der angegebenen bedeutung (bütte): es ist wohl *cuva*, fr. *cuve*, kufe, zu lesen; aber weiter unten findet sich das dimin. *cauuella potega* (bottich).

sisircol stauta d. i. *orca, cadus.* das romanische wort scheint entstellt, denn Eckharts dazu citiertes fr. *sisireau* [l. c. I. 861] ist nicht vorhanden. man darf erinnern an fr. *sesterot*, das aber ein bestimmtes mafs bezeichnet, von *sextarius*[2]).

[1]) Ducange: Tybrugos.

[2]) [Aus Versehen findet sich dieser ganze Absatz von *sisircol* bis *sextarius* noch einmal am Anfang von S. 401 wörtlich wiederholt.]

[401] *gerula tina zunipar. gerala* ist das altfranzösische *geurle* (s. *Nouv. fabl. p. p. Méon* I p. 220 v. 890), ital. *gerla* eimer, lat. *gerula*; hier gehört es als adjectiv zu *tina*.

siccla cinpar. über die uralte form *sicla* aus *situla* sehe man Muratori's etym. wörterbuch [in *Antiq. ital.* II. 1297], wo auch die gegenwärtige glosse angeführt ist.

caldarora chezi; lies *caldarola* = ital. *calderuola*, span. *calderuela* kleiner kefsel, oder *caldarona* = franz. *chaudron*.

cramailas hahla (kefselhaken). diesmal giebt der schreiber das französische wort in reinster form, neufr. *crémaillon, crémaillère*, mittellat. im capitul. de villis [Cap. 42] *cremaculus*[1]), in den gloss. Lindenbr. [i. e. *Gloss. latino-theotisc. ex manuscr. Lindenbrogii, ap. Eckhart, Comm. de reb. Franc. or.* II. p. 992] *cramacula*, mutmafslich vom niederl. *kram* eiserner haken.

sappas hauua. es ist das altfranz. *sappe*, ital. *zappa*, vielleicht vom griech. *σκαπάνη* grabscheit, *σκ* in *z* verwandelt. wie im ital. *zolla* aus ahd. *scolla.*

manneiras parta. der diphthong *ei* lässt auf ein verlorenes prov. *maneira*, franz. *manière* schliessen, entsprechend dem ital. *mannaja*, mittellat. *manuaria* handbeil.

855ª. *taradros napugaera* (bohrer). ebenso in dem *capit. de villis* [Cap. 42] (*Eccardi Comment.* 2, 914) *terebras* i. e. *caradros (taradros).* auch diese form ist erwünscht, sie klärt uns die geschichte des französischen *tarière* auf, das ursprünglich also *taradre* gelautet haben mufs, vergl. prov. *taraire*, churw. *teráder*. das suffix bezeichnet eigentlich handelnde personen, wie unser *er* in *bohrer;* gleichwohl beruht das wort auf blofser entstellung aus lat. *terebrum.* damit ist identisch ital. *taradore* nagender wurm, das die etymologen sonst im lat. *teredo* suchen.

deapis picherir. siluuarias follin. picherir heifst bienenkörbe, nimmer aber kann dafür ein roman. *deapis* stattgefunden haben, und was wäre *siluuarias*? vielleicht ist aus den worten *deapis siluuarias* zu lesen *apiarias de siluua* [402] durch einflickung so entstellt, indem die worte *de siluua* über *apiarias* geschrieben standen; freilich wäre alsdann das *s* in *deapis* zugesetzt. *apiarium* ist prov. *apiari*, franz. *achier, de silva.* entspräche dem deutschen

---

[1]) [Im lat. Text steht *cramaculus.*]

follin d. h. volle, aus dem walde oder von der heide genommene.

mandacaril moos (*muos* speise). Eckhart [l. c. I. 862] erklärt es richtig durch das mittellat. *manducaria*, daher altfr. *mangerie*, das eine bibelübersetzung für *convivium* braucht.

vivazin ili. es ist das altfranzösische adverbium *vias*, prov. *viatz*, dessen form sich aus der hier gegebenen trefflich erklärt, nämlich als comparativ *vivacius* im sinne des positivs, wie lat. *ocius*, mittellat. *citius* (z. b. in unserm denkmal und in den keron. glossen) gebraucht ward. ohne die vorliegende form müste man *viatz* ganz gegen den sprachgeist für eine ablativische nehmen, denn aus *vivax* konnte es nicht entstehen.

moi mutti. ersteres ist die unmittelbarste form des späteren *muid* von *modius*. aber was bedeutet die folgende glosse

quant a moi, in mana gemutte? Graff 2, 700 ist geneigt *gemutte* zu *muot (animus)* zu ziehen: welchen sinn aber gäbe alsdann die ganze formel? diesmal ist unschwer zu helfen. *quanta moi* (so ist abzutheilen) heifst *quantos modios* wie viele scheffel, also deutsch *huêo managu mutti*, wofür die hs. *in managu* setzt.

ajatutti wela alle. *aja* ist nicht, wie Eckhart [S. 863] wähnt, das französische *aide* [Eckh. *ayde*] auch nicht die dreisilbige interjection *aïe*, es ist das altfranzösische *aye* wohlan! portug. *eia*, span. *ea*, lat. *eja*, althochd. mit *wela* übersetzt. wichtiger ist *tutti* von seiten der form, welcher man wohl trauen darf, da der schreiber mit der endung *i* nicht verschwenderisch umgeht: diese form lehrt uns, dafs der sonst unerklärliche prov. plural *tuit* aus früherm roman. *tutti* durch umstellung hervorgieng, dass also die romanische sprache in Frankreich das flexivische *i* des plurals noch nicht gänzlich aufgegeben hatte, wiewohl man vielleicht schon einsilbig *tuttj* sprach.

tramoloti sapon (d. i. *saban*). das in seinen endsilben offenbar verschriebene wort, das französische *trémail* fischernetz, mittellat. *tremaculum*, bedeutet unserm glossator ein [403] gewebe, und hierzu stimmt auch das wallonische *tramaie*, das sogar ein geflecht aus reisern bezeichnet. hierdurch wird die herleitung aus *ter-ma-cula* (dreimaschig) sehr zweifelhaft, das romanische verbum *tramare* scheint befsere ansprüche zu haben.

gyppus hovarohter: ich halte *y* statt *i* nicht für zufällig, um so weniger, da dies die einzige stelle ist worin der schreiber jenen buchstaben braucht. im frühern mittelalter schrieb man häufig *gybbus*, indem man *y* etwas wie unser *ü* sprach, und daraus erklärt sich ital. *gobbo*, churwälsch *gob*, franz. *gobin*. ebenso gieng ital. *torso* aus *thyrsus*, *grotta* aus *crypta*, *borsa* aus *βύρσα*, *tomba* aus *τύμβος* hervor.

gulvium noila (hobel). es ist das französische *gouge* hohlmeifsel und erscheint schon bei Isidorus, theils *gubia*, theils *gulbia* geschrieben. dafs die letztere form guten grund hatte, zeigt das italienische *gorbia*, das man mit unrecht aus dem griechischen *γρόσφος* herleitet. das wort scheint aus dem iberischen aufgenommen: vask. *gubia* heifst bogen, *gubioa* kehle (s. Humboldts verzeichnis [in Urbewohner Hispaniens. 1821. S. 72]), auch unser kehle wird in dem sinne einer gehöhlten leiste gebraucht.

Noch eine die aussprache betreffende bemerkung. in einigen wörtern findet sich betontes *u* = neufranz. *o* = lat. *ō*: so in *mantun*, *talavun*, *capriuns*, *auciun*; die eidschwüre bieten *u* = neufr. *ou* = lat. *ō* in *amur*. in *pulmone* und *mansione* blieb *o* ungestört, weil hier lateinische wörter gemeint sind; selbst das unfranzösische *liones* für *ligones* scheint in diese classe zu gehören. lautete jenes *u* nun wie unser deutsches *u* oder wie das französische *u*? der verfaſser konnte in *auciun* und *capriuns* das deutsche *iu* gewählt haben um das französische *u* auszudrücken, dem der deutsche diphthong wenigstens nahe lag. indessen ist bei *auciun* zu bedenken dafs *i* hier derivativer natur ist und das wort dreisilbig lauten muste *auc-i-un*, durch versetzung des *i oison*. dasselbe gilt von *capriun*, wie die prov. form *cabr-i-on* zur genüge zeigt. es ist also aus unserm denkmale unerweislich dafs *u* damals schon den französischen umlaut ausgedrückt habe, und dies darf als ein für die geschichte der aussprache nicht [404] gleichgültiger punct bezeichnet werden. erst im mittelhochd. stellt sich *u* als *iu* dar.

Vorstehenden aufsatz hatte ich bereits niedergeschrieben, als ich Wilhelm Grimms höchst sorgfältige abhandlung über die *Glossae cassellanae* (Berlin 1848) empfieng. wie hätte ich ahnden können dafs mein in dem eingange angedeuteter wunsch so bald erfüllt werden sollte, ja eigentlich schon erfüllt war. der auslegung geht hier eine kritik der handschrift, eine untersuchung über das alter und die zusammensetzung des glossars voraus, deren wichtigstes ergebnis das ist, dafs der *Vocabularius s. Galli* daraus geschöpft haben müfse, dafs es eine probe der noch in ihrer umbildung begriffenen romanischen sprache des 7ten jh. enthalte. mit der höhern hinaufrückung seines alters wird natürlich auch die bedeutsamkeit unsers glossars gehoben. indessen habe ich mich mit der ansicht, dass es in seinem gesammten undeutschen theile romanisch, nicht auch lateinisch sei, noch nicht befreunden können, da ich in der sprachentwicklung einen gleichmäfsigen von einem bildungsprincip ausgehenden fortschritt annehme und z. b. *facias* neben *casa* nicht als nomin. sing., *timporibus* neben *animalia* nicht als nomin. plur. auffafse, wenn ich auch ein gewisses schwanken in den vocalauslauten zugebe. ich sehe in den Casseler glossen nur den versuch eines der romanischen sprache kundigen Deutschen (denn ein Wälscher, wie Grimm vermutet, würde nimmer anlautendes *v* mit *f*, *g* mit *c*, *p* mit *b* u. s. f. verwechselt haben) lateinisch schreiben zu wollen, wobei ihm aber romanismen in weit gröfserer menge unterliefen, als dies in andern glossarien, ja schon in Isidors etymologien, der fall ist. hiermit soll jedoch die frage keineswegs erledigt, sie soll nur weiterem bedenken empfohlen sein. ich füge nun meinen obigen auslegungen einige durch die abhandlung nötig gewordene berichtigungen und bemerkungen bei; in welchen deutungen wir zusammentreffen, lafse ich unerörtert.

Die conjectur *guinuolu* für *uinuolu* scheint gewagt, da sich lat. *g* nicht wohl als *gu* darstellt. die schriftzüge im facsimile erlauben das oben vermutete *uimuclu*, im original [405] vielleicht *iunuclu*, dem eine altfranzösische nebenform *junou* für *genou* entsprechen müste, wie auch *juncau* aus *gemellus* hervorgegangen neben *gemeau* besteht. — für *widarpani* hat die hs. *widarpeini*. — für *teclavun* hat sie in der that *talauun*, es kann aber nur verschrieben sein für *taluun* (*uu* = *ú*, wie in *suu* = *sú*), da die romanische sprache kein suffix *av* anerkennt. — *ardigas* kann auch *ordigas* gelesen werden, so *birle pheral* vielleicht *bisle phesal*, *facinn* vielleicht *famn*, doch scheint ersteres deutlich. — *cava*, fafs, ist nach Grimm das französische *cave* flaschenkeller. ich hätte diese erklärung nicht gewagt, aber man wird dazu genöthigt. — für *siccla* soll die hs. *siala* haben. mir scheint ersteres im facsimile unzweifelhaft. eine form *siala* konnte nicht aus lat. *situla* hervorgehen, und was wäre sonst ihr ursprung? — ob wirklich *deapir* für *deapis* aus der hs. zu lesen sei? für die deutung des wortes ist dies vor der hand gleichgültig. — auf die conjectur *vivaz vai* für *vivaziu* möchte ich nicht eingehen; ich berufe mich auf das oben bemerkte und füge noch bei dafs die adverbiale natur des wortes durch die synonymen adverbia *citius* und *argudu*, in deren mitte es steht, unterstützt wird. — *tramolot sapan* ist zu lesen.

Bonn.

Fr. Diez.

Gemination und Ablaut im Romanischen[1]).

Von **Friedr. Diez.**

Es ist von diesen grammatischen Potenzen hier nur die Rede insoweit sie als Mittel der Wortbildung eine Rolle spielen. Sind auch ihre Producte zum Theil von der Schriftsprache ausgeschlossen, so dürfen sie doch als Sprossen des überall mächtig wirkenden Sprachtriebes unsre Aufmerksamkeit einen Augenblick in Anspruch nehmen.

Gemination in diesem Sinne ist die unmittelbare Wiederholung desselben Wortes zu einem Ausdruck. Sofern sie nur zur Begriffsverstärkung des einzelnen Wortes dient wie im ital. *bello bello, pian piano, or ora*, ist sie nicht wortbildend, sie ist eine syntactische oder rhetorische Figur, die sich auf beliebige Wörter, zumal Adjectiva, Adverbien und Interjectionen anwenden lässt. Anders verhält sich das franz. *bonbon*: es ist eine Zusammensetzung, die ein neues Wort mit individueller Bedeutung ergibt.

Ich berühre zuerst diejenige Art der Gemination, die nicht das ausgesprochene Wort wiederholt, sondern, nicht unähnlich der Reduplication, wiewohl eigentlich [398] nur eine Abkürzung gemeint ist, zuerst den blossen Anlaut bis zum Stammvocal und dann erst das vollständige Wort ausspricht, wodurch feste Fügungen entstehen. Diese der Kindersprache entnommene Ausdrucksweise gewährt verschiedenen franz. Mundarten ein neues Mittel der Diminution, von dem sie reichlichen Gebrauch machen, wiewohl sie es mehr auf Taufnamen als auf gewöhnliche Appellativa anwenden. Beispiele solcher Diminutiva sind: hennegauisch (s. Hécart) *Ba-barpe* Bärbchen, *Bé-béle* Isabellchen, *Cha-chale* Karlchen, *Dé-défe* Josephchen, *fi-file* Töchterchen, *fré-frére* Brüderchen, *bé-béte* Thierchen, *co-coche* Schweinchen, *bo-boche* (franz. *bosse*)

[1]) [Höfer's Zeitschrift für die Wissenschaft der Sprache 1851 Bd. III Heft 3 S. 397—405.]

Bückelchen. Wallonisch (Grandgagnage) *bi-bise* gleich henneg. *bé-bête*. Picardisch (Corblet) *pé-père* Väterchen d. i. Grossvater, *mé-mère* Mütterchen, Grossmutter, *dé-det* Fingerchen, *fla-flate* Schmeichelrede. Lothringisch (*L. M. P. Dict. pat.*) ebenso *pé-père*, *mé-mère*, desgl. *ta-tan* Tante, *po-potte* Süppchen u. dgl. Neuprovenzalisch (Honnorat) *ma-maou* d. i. *ma-mal* etwas schlimmes, kleine Wunde. Im Italiän. und Span. sind mir keine Beispiele dieser Art begegnet. — Es ist noch kindlicher, wenn auch das zweite Wort abgekürzt wird wie das erste, wenn also beide nur bis zum Stammvocale ausgesprochen werden. Beispiele dieser Sitte liefert Italien und Frankreich. Comaskisch (P. Monti) *ba-bà* Amme (von *balia*), *bi-bì* Spielzeug der Kinder (*bimbo* Puppe), *bo-bò* Getränk (lat. *bua* nach Varro), *bro-brò* Unruhstifter (*brogliare*), *go-gò* Maulaffe (von *goffo* oder *gonzo*), *lo-lò* Spielzeug (*ba-locco*), *po-pò* Kindchen (lat. *pupus*). Cremonesisch (Peri) *lou-lou* Tölpel (*louch* = *allocco*). Piemontesisch (Ponza) *bu-bù* kleine Verletzung (it. *bua* dass., vgl. comask. *buba* Krankheit, venez. *boba* Eiter, griech. *βουβών*). Franz. *bo-bo* = piem. *bubù*, *do-do* Schlaf [399] (v. *dormir*), *ga-ga* verzogenes Kind (*gâté*), *go-go* Ueberfluss, alles vollauf (vgl. das mundartl. ital. *goga* Vorrath), *jou-jou* Spielwerk (*jouer*). Genferisch (Gloss. génev.) *clo-clo* Uhr (v. *cloche*). *Pa-pa* und *ma-man* sind aus der alten Sprache überliefert. Unser Lili, Lolo, Mimi sind von derselben Art.

Mehr verbreitet über das ganze Gebiet ist die unverkürzte Wiederholung des Wortes. Diese Wiederholung kann ein schon vorhandenes oder sie kann ein erst zu diesem Zwecke aus einem bekannten Stamme geformtes Wort betreffen. Von der ersten Art ist z. B. franz. *bon-bon*, normannisch (Duméril) *doux-doux* Süssigkeit, in derselben Mundart *boul-boul* Stier (engl. *bull*), cremonesisch *pe-pee* Füsschen; von der zweiten ital. *pissi-pissi* Geflüster (*pispigliare*), span. *gori-gori* Kindergesang (*gorgear* trillern). Viele aber stehen für sich allein als beliebig geschaffene Naturausdrücke, z. B. normann. *bron-bron* Spinnrad, oder als Producte des Zufalls, wenn sie nicht etwa aus verschwundenen Stämmen herrühren. Die meisten dieser Bildungen werden als Substantiva gebraucht, manche als Adverbia (ital. *venire lemme lemme* ganz sachte kommen), viele als Interjectionen, so dass sie eine Handlung onomatopoetisch begleiten oder darstellen, wie man beim Schlagen oder zur Bezeichnung des Schlagens ital. *toppa toppa* sagt.

Allein die einfache Wiederholung desselben Wortes war eine zu lose Art der Zusammensetzung und kam darum wenig in Anwendung. Inniger ward die Verbindung und klangvoller der Ausdruck, wenn der Vocal in einem der beiden Wörter eine Abänderung erfuhr (franz. *motion vocale* genannt), so dass beide den Eindruck verschiedener Wörter machten, wie im franz. *tric-trac*, im span. *flin-flon*, im ital. *ruffa-raffa*. Man darf [400] diese Bildung Ablautformeln nennen. Alle Vocale mit Ausnahme des *e* haben Theil daran, doch treten sie in einer bestimmten Folge ein, welche nur drei Gattungen gestattet: *I* + *A*, *I* + *O*, *U* + *A*. Also nur *i* und *u* treten in das erste, nur *a* und *o* in das zweite Wort ein. Die vierte Gattung *U* + *O* musste bei der allzu grossen Stamm- und Lautverwandtschaft beider Vocale wegfallen: sie hätte einen zu wenig bezeichneten Wechsel geboten. Von *o* + *ai* und *o* + *e* scheinen sich Beispiele darzubieten im franz. *miton-mitaine*, *ribon-ribaine*, im picard. *mélon-mélette* s. v. a. *pêle-mêle*, im cremon *gnignóon-gnignera* (s. v. a. ital. *tentennone*), *lillóon-lillera* (s. v. a. *lemme lemme*); aber man sieht leicht, dass dies ein Spiel ist mit bekannten Ableitungssuffixen, kein freier Vocalwechsel. Doch mögen ein paar wirkliche Abirrungen vorkommen, wie etwa picard. *madró-madrá* dickes unbeholfenes Weib, romagnol. *túnfete-túnfete* (= ital. *tippe tappe*). Fragt man nun nach dem historischen Verhältnisse dieser Ablautbildungen, so muss man vor allem anerkennen, dass sie bereits in der Grundsprache vorhanden waren. Denn wenn es bei Plautus, Persa, II. 3, 12 heisst *tax tax tergo meo erit*, so ist dies (nach dem Zeugnisse des berufensten Kenners) auf den Grund der ältesten Handschriften in *tux tax* zu berichtigen. Ein anderes Beispiel derselben Formel *u* + *a* ist *butu-batta* (*pro nugatoriis*) bei Naevius nach Festus ed. O. M[üller], p. 36. Auch die zum Theil schon im Griechischen vorkommenden Interjectionen *babae*, *papae*, *tatae*, *fafae* mögen erwähnt werden. Bei der Lebendigkeit und Sinnlichkeit der Tochtersprachen, bei ihrer Neigung zum Naturausdruck mussten diese Formeln allmählich viele in Umlauf kommen, ja für sie gibt es eigentlich keine Zahl und keine Grenze, sie entstehen in lebhafter [401] Rede von selbst und nur die üblicheren sind in einzelnen Wörterbüchern verzeichnet. Wer fühlt aber nicht mit J. Grimm Gramm. I³. 562 in der Formel *i* + *a* — »und diese ist ohne Vergleich die vornehmste, reichhaltigste« — deutsches Element? Auf diese mit ihrem Organismus verwebte Formel beschränkt sich die deutsche Sprache, wobei sie nur selten die ganze Ablautscala *a* + *i* + *u* erschöpft (*bif baf buf*); die romanische, welche sie mit sichtlichem Wohlgefallen in sich aufnahm, liess noch einige andre vielleicht althergebrachte, wie *u* + *a*, daneben gelten. Jene deutsche Formel aber ist vielleicht der stärkste und fruchtbarste Eindruck unserer auf die romanische Sprache, denn ein eingeimpftes fortwirkendes Princip der Wortbildung ist mehr werth als eine ganze Reihe von Wörtern. Die fremden dem romanischen angrenzenden Gebiete, das celtische und baskische, sind von der Sache, so scheint es, ganz unberührt geblieben. — Ich lasse nun, um die weite Verbreitung jener Bildungen anschaulich zu machen, ein nicht zu spärliches aus allen Mundarten geschöpftes Verzeichnis hier folgen. Es besteht sowohl aus einsylbigen wie aus mehrsylbigen Wörtern, die sich auch durch andre Redetheile trennen lassen, alle drei Fälle genau wie im Deutschen (*sing-sang, wirr-warr; winke wanke;* weder *giks* noch *gaks*).

I + *A*. Italiänisch *tric-trac* Kinderklapper, *tiffe taffe* Schläge, *ninna nanna* Wiegenlied. Piemontesisch (Zalli, Ponza) *bif e baf* ohne Verzug. Mailändisch (Cherubini) *no dì nè biff nè baff, cricch cracch* Geknarre, *lipp lapp* Nüsseknacken, *slipp slapp* Klingen des Geldes, *tin-tan* Geplauder, *misc-masc* Mischmasch. Comaskisch (Monti) *tarlic-tarlac* Klapper, *litta-latta* Schaukel. Parmesanisch (Peschieri) *cicch-ciacch* kleiner Sprung. [402] Romagnolisch *picc'-pacc'* Gemenge von Speisen. Neapolitanisch (Galiani) *de riffe e de raffe* mit Geraufe, *tricche-tracche* Art Feuerwerk, *bille-valle* Complimente, *ziffe zaffe* Schläge. Dreisylbige: ital. *chiccheri e chiaccheri* Geplauder, sicil. *tippiti e tappiti* Prügel. Spanisch *chis-chas* Waffengeklirr, *zis-zas* Schläge, *tris-tras* hartnäckig, *chiqui-chaque* Geräusch vom Reiben einer Sache, *ñifi-ñafe* leeres Gerede, Schnickschnack, *ñiqui-ñaque* armselige Sache, *rifi-rafe* Streit, Geraufe, *tripi-trape* Gerümpel, Verwirrung, *zipi-zape* Schlägerei, *triqui-traque* Klapper, *ringo-rango* Schnörkel, *nini-nana* leeres Geplauder. Zu beachten ist hier die Bindung beider Wörter durch den Compositionsvocal *i*. — Catalanisch *cric crac* Zertreten von Nussschalen, *flist flast* Schlägerei, *xip-xap* Geschlenker der Arme, *xarric-xarrac* Spielzeug, *balíga-balága* Gemengsel von Speisen, Ragout, *farrígo-farrágo* Plunder. — Französisch, sehr zahlreich, zumal in den Mundarten: *din-dan* Glockenklang (Richelet, *Dict. d. rimes*), *flic-flac* oder *fric-frac* oder *pif-paf* oder *tic et tac* Schläge, *mic-mac* = mail. *misc-masc*. *tric-trac* Brettspiel, *zig-zag* zackige Linie, *bicque-bac* Brunnenschwengel, Roquef. Suppl. Normannisch *binc-ban* Glocke (Duméril v. *bamboler*). Wallonisch *brif-braf*, *bris-bras*, *tih et tah* u. dgl. Genferisch *ric et rac* = franz. *ric-à-ric*, auch picard. *rique à raque*. Neuprovenzalisch *clin-clan* = fr. *clinquant*, *drin-dran* Glockenspiel, *estre en gnic e gnac* nie einig sein, *trin-tran* Schlendrian, *flist e flast*, *frist e frast*. *zist e zast* Schläge. Ferner franz. *bredi-breda* über Hals und Kopf, *clopin-clopant* hinkend (worin aber die Endungen grammatischen Sinn haben); lothring. *malin-malan* gleichbedeutend dem oben erwähnten picard. *mélon-mélette*; in Berry (s. Jaubert) *pertis-pertas* grundloses Gerede, [403] *balin-balan* schwankend, ungewiss, *bradin-bradan* eilig, *brandin-brandan* mit schlotternden Armen, *dalin-dalan* hinkend; normann. *vari-vara* in Unordnung; henneg. *pati-pata* Geschnatter; neuprov. *balhi-balha* über Hals und Kopf, *mari-mara* Gezänke, *pananni-pananna* hinkend. Mit dem Ablautvocal auf der vorletzten Sylbe: picard. *prendre ses cliques et ses claques* sich aus dem Staub machen; lothring. *je bique je baque* ich schwanke in der Wahl; wallon. *higne-hagne* im Begriff sich zu beissen, *hime-hame* verworrner Handel; im Jura (Mounier) *faire lippe-lappe* anlocken; neuprov. *de riflo e de raflo* s. v. a. *de quoi que ce soit*, *riga-raga* Klapper, *ringa-ranga* das Auf- und Absteigen zweier Dinge zu bezeichnen, *sica-saca* schwere Menge, *tifo-tafo* Geräusch des Kauens, *barlingo-barlango* Geläute der Lastthiere. Churwälsch *viri-vari* Mischmasch.

I + *O*. Ital. *ticche-tocche* Anklopfen = *ticche-tacche* (s. Cherubini), mailänd. *tin-ton* Geplauder = *tin-tan*, romagn. *din-don* Glockenklang, *parlêr in ir in or* ins Blaue hinein reden, mailänd. *barlich-barloch* Anklopfen, comask. *patatin-patatòn* Prügel, *pit-pot* Tändelei, *strica-stroca* Schaukelspiel. — Span. *flin-flon* kräftiger, blühender Mensch, *tripi-tropa* Krampf in den Eingeweiden: portug. *trique-troques* Wortgemenge. Catalan. *ñiqui-ñoqui* werthlose Sache = span. *ñiqui-ñaque*, *barliqui-barloqui* Quacksalber. — Französ. *cric et croc* Gläserklang, *tic et toc* = *tic et tac*, *de bric et de broc* so oder so; norman. *méli-mélo* Mischmasch; picard. *berlique-berloque* trunken (eig. hin- und herwankend, fr. *berloque*).

U + *A*, wenig üblich. Italiänisch *a ruffa-raffa* mit Geraufe (mundartl. *a riffa e raffa*), *buffa-baffa*; venezian. *non dir nè buf nè baf* kein Wörtchen sagen, [404] *zufe-zafe* Gehirn; sicilian. *tippiti e tàppiti* Schläge, auch *tippiti e tàppiti*. Diese Formel beschränkt sich auf Italien, auf das Land, wo man mit gleichem Vocalwechsel *tux-tax*, *butu-batta* gesagt hatte. Ein deutsches Beispiel ist *baf-baf*, *puf-paf*, desgl. *bus-bas* in einer latein. Chronik aus den Niederlanden s. Ducange s. v.

Ich habe das Etymologische dieser Doppelwörter nicht berührt: es in das Einzelne zu verfolgen, wäre eine undankbare Arbeit. Offenbar sind manche derselben reine von den Romanen selbst geschaffene Onomatopöien: andre scheinen gradezu aus dem Deutschen, so *clin-clan* (kling-klang), *pif-paf*, *zig-zag*, *misc-masc*, *viri-vari*. Wo man sie aber auf einheimische Stämme zurückzuführen vermag, da ist es unschwer zu erkennen, dass *a* den Laut, *i* den Ablaut hergibt, dass *i* dem *a* gewissermassen zur Unterlage dient. Die Umstellung der deutschen Formel wäre matt gewesen und ist nie versucht worden. Solche Fälle aber, worin das mit *a* bezeichnete Wort eine sprachliche Thatsache, das mit *i* eine Fiction ist, sind z. B. catal. *farrigo-farrago* (vom lat. *farrago*), *baliga-balaga* (span. *badulaque*), prov. *trin-tran* (comask. *tran-tran*, vgl. franz. *train*, *trainer*), franz. *flic-flac* (vgl. *flaquer*), *tic-tac* (mundartl. *tacoter* klopfen), normann. *bine-ban* (bamboler). Fictionen gestattet sich auch die Sprache, wenn sie statt des Vocals den anlautenden Consonanten abändert, so dass gereimte Formeln entspringen wie ital. *nè motto nè totto*, span. *cachi-vache*, franz. *tire-lire*, worin *totto*, *vache*, *lire* keine eigene Bedeutung zu haben scheinen.

Noch eins verdient angemerkt zu werden. Die wortbildende Kraft des Ablautes beschränkt sich nicht auf unbiegsame Formeln, sie schafft selbst Nomina und Verba, indem auch hier wieder *i* aus *a* abgeändert oder herabgestimmt scheint. Die Fälle sind, wie sich erwarten lässt, wenig zahlreich: ital. *bimbo* und *bambo* Kind, span. *chitlar* und *chatlar* plaudern, franz. vielleicht *cliquer* und *claquer* klatschen, wallon. *hiper* und *haper* = fr. *échapper*, prov. *quichar* und *cachar* quetschen nebst einigen andern.

Ein altprovenzalisches Prosadenkmal,

herausgegeben von **C. Hofmann**[1]).

In den gelehrten Anzeigen[2]) der königl. Bayerischen Akademie der Wissenschaften vom 24. Juli v. J. [1858 S. 73—79, 81—86] theilt Prof. Conr. Hofmann als eins der Ergebnisse seiner wissenschaftlichen Reise nach Frankreich und England ein bis dahin unbekannt gebliebenes provenzalisches Prosadenkmal des Britischen Museums mit, Schrift aus dem Ende des XI. oder Anfang des XII. Jahrhundert, von einer zweiten Hand durchgängig accentuirt und an einigen Stellen corrigirt. Es enthält eine wortgetreue Uebersetzung der Predigt Christi bei der Fusswaschung (Joh. Cap. 13—17), der Sinn ist daher überall ohne Schwierigkeit. Solche der Troubadourspoesie vorausgehende oder mit ihren Anfängen zusammentreffende Sprachübungen sind selbst für die Geschichte dieser Poesie nicht ohne Bedeutung, da sie uns das Verdienst erkennen lassen, welches die Dichter um die grammatische Ausbildung und Feststellung ihrer Mundart sich erwarben. Sehen wir von ihnen zurück, so wird uns allerdings auch Poesie geboten, das Boethiuslied, die Passion, Leodegar, die geistlichen Stücke der Handschrift von Limoges, das Alexanderfragment; allein nur das erste dieser Denkmäler lässt sich ein eigentlich provenzalisches nennen, die andern

[1]) [Jahrbuch für Romanische und Englische Literatur 1859 Bd. 1 S. 363 bis 366.]

[2]) [Nicht zu verwechseln mit den Denkschriften, noch mit den Abhandlungen der Bayer. Akad. der Wissenschaften. Die Anzeigen sind nur in den Jahren 1835 (Bd. I) bis 1860 (Bd. L) erschienen.]

alle neigen sich mehr oder weniger zur französischen Sprachform, müssen also wohl an der beiderseitigen Sprachgrenze entstanden sein. Das ist ein Vorzug des gegenwärtigen ziemlich umfangreichen Prosadenkmals, dass es im Ganzen rein provenzalisch ist und sich überdies einer so gleichmässigen Schreibung bedient, wie man sie nur irgend erwarten kann. Es erinnert in seinen Formen häufig an das Boethiuslied und ebenso häufig an die Handschrift von Limoges, die dem XI. Jahrh. angehören soll. Wie jenes diphthongirt es weder *e* noch *o* (*deus*, *posc*) und schreibt gleicherweise *son* und *sun*; wie beide setzt es niemals *z* für lat. *d*, indem es z. B. mit Boethius *auvir* (*audire*) schreibt; wie beide spricht es *eu* für *el* (B. nicht überall); wie beide kennt es in der 3. Plur. nur die Endung *en*, d. h. weder *an* noch *on* (*esgardaven*, *dizien*, *sien*, *garderen*, *agren*); wie die Handschrift von Limoges enthält es sich des indifferenten *n*. Alterthümliche Züge orthographischer Art sind etwa die folgenden. [364] *Ae* für *ai* in *paer* (*paire*), *maer* (*maire*, lat. *major*) begegnet nur in den ältesten Denkmälern: so *aezo* und *maent* im Lied auf Eulalia; dem entspricht altport. *ae* = neuport. *ai*. *G* für *c* im Auslaut, wie in *conog* (zweimal), vergl. im Boeth. *ag*, *volg*, *amig*, in der Passion *ag*, *jag* etc., in späteren Handschriften sehr selten, aber in Eigennamen lateinischer Urkunden noch lange fortdauernd. *Lli* oder *ll* statt des weder hier noch in den übrigen ältesten Sprachproben vorfindlichen *lh* oder *ill*, z. B. *molliat*, *acoselliadre*, *aparellar*, *tollas*, vergl. in einer Urkunde des X. Jahrh. *Choix* II, 41 *batalia*, *batailia*, im Boeth. *mallos*. in der Passion *aurelia*; in späteren Handschriften mit geringen Ausnahmen (besonders Beda) unüblich, wenn nicht das Latein dazu verführte, wie in *mollier* (*mulier*), *filia*. Aehnlich verhält sich *ni* (*permánia*, *essenïar*) für *nh*, *gn*. *Tz* kennt unsere Handschrift ebensowenig wie die von Limoges, Boethius, die Passion und das Alexanderfragment, es schreibt *peiz*, *sabez*, *apellaz*. Damit treffen alle Urkunden des X. und XI. Jahrh. zusammen, wenigstens scheint *tz* erst gegen das Jahr 1100 aufzukommen. Die späteren Handschriften setzen allgemein *tz*, einige wenige als Variante auch *z*, keine meines Wissens ausschliesslich *z*. Das Pron. *chi* kommt hier nur in dieser Schreibung vor, sowohl *chi* wie *qui* haben die eben genannten ältesten Denkmäler.

Aus der Grammatik ist vorerst der Plural des Possessivs, *toi*, hervorzuheben, wofür das unorganische *tei* noch nicht vorkommt, in der Passion gleichfalls *toi*; dem entspricht *soi* Boeth. und Pass., dafür hat unser Denkmal *si* (*si disciple* S. 83, Z. 37) kein Schreibfehler, denn es steht auch Boeth. v. 186, eine aus dem Altfranz. hinlänglich bekannte Form. Wir sahen so eben, dass das spätere *tz* durch *z* ausgedrückt wird; aber sehr oft steht *t* dafür, so in *certat(z)*, *tot(z)*, *espirith(z)*, *dizet(z)*, *fazat(z)*. Hier also, bei auslautendem *t*, wird die Declinationsregel verletzt, die sonst in diesem Denkmal auf das strengste durchgeführt erscheint. Da *t* nimmer wie *z* ausgesprochen werden konnte, so muss man es als eine mundartliche Einmischung auffassen. Die Handschrift von Limoges kennt nur dieses *t* und schliesst *z* wie *tz* völlig aus: *mort(z)*, *crot(z)*, *batut(z)*, *seret(z)* u. s. f.: in ihrer Mundart also ist es recht eigentlich zu Hause. Die Passion verwahrlost nicht selten das flexivische *s* oder *z*: es geschieht meist in den Endungen auf *t*, und auch hierin möchte eine mundartliche Scheu vor dem Auslaute *z* zu suchen sein. Ferner, Boethius hat nur einen Fall verletzter Declinationsregel, *mort* für *mortz* oder *morz*, also auch hier bei vorhergehendem *t*. Im G. v. Roussillon trifft man dasselbe *t* nicht unhäufig, und es fragt sich, ob man es corrigiren soll. Ebenso in S. Enimia. Bei den Lyrikern sind einige durch den Reim gesicherte Fälle nicht zu läugnen. Bern v. Ventadour wenigstens sagt in einem nicht allen Handschriften bekannten Geleite *Choix* III, 90 *amat* (*Imper.*): *viat*. Bekanntlich stiess die waldensische Mundart beide Buchstaben *t* und *z* im Auslaute ab, und selbst im Provenzalischen schwanden [365] sie in der 2. Pers. Plur., wenn *us* = *vos* sich anhing (*entende-us*): so wenig gesichert war dieser Laut. Wird nun *tz* in unserm Denkmal in *t* geschwächt, so sehen wir es in einem andern Falle in der kräftigen Form *sz* auftreten, da nämlich, wo es aus lat. *-stis* entstand, wie in *esz* (*estis*), *auvisz* (*audistis*), *quesisz* (*quaesiistis*), *elesquesz* (*elexistis*), *creesz* (*credidistis*) statt der üblichen *etz*, *auzitz* u. s. w., also eine wichtige Form des Perfects, die hier ausschliessende Geltung hat, denn das widersprechende *amaz* (im Orig. *amavistis*) 83, 35 [i. e. S. 83, Z. 35 von oben] muss *amatis* bedeuten, da für das Perfect doch wohl *amez* zu erwarten war. Diese Form hat also ihren guten etymologischen Boden und wiederholt sich in dem Adjectiv *jusz* (*justus*). Bekanntlich setzen andere Denkmäler der herrschenden Endung *tz* in diesem Tempus eine Form *st* entgegen (*aguest*, *romazest*), die aber mit dem Singular zusammentrifft.

Auf einen andern noch eigenthümlicheren Zug hat der Herausgeber bereits hingewiesen. Es ist die durchgeführte gewöhnlich accentuirte Flexionsendung *íi* (oder ij) der 1. Sing. des Perfects, gegenüber dem gemeinprovenzalischen einfachen *i*: *auvíi*, *eissíi*, wie ital. *udii*. *uscii*, und so in der starken Conj. *fezíi*, *dissíi*, *venguíi* u. s. f. Andere Doppelvocale, wie in späteren Sprachurkunden, kommen hier nicht in Anwendung. Was ist von diesem doppelten *i* zu halten? Sollte es wirklich wie zwei *i*, das erste betont, ausgesprochen werden? Dass es nicht bedeutungslos dasteht, beweist schon der Umstand, dass die oben erwähnte zweite Hand das zweite *i* überall zusetzt, wo die erste es ausgelassen, welches etwa viermal geschieht. Für eine grammatische Künstelei (in Beziehung nämlich auf lat. *ivi*) ist es schwerlich zu halten, denn von solchen Künsteleien ist unser Denkmal frei. Dieselbe Doppelung bemerkt man auch im Präs. *dii* (*dicit*) 75, 33 [i. e. S. 75 Z. 5 von u.]; 8, 9 [1]), gemeinprov. *di*, *ditz*; und für dieses *dii* findet sich ein Zeugniss ausserhalb unseres Denkmals, in dem mit ihm am meisten sprach- oder formverwandten MS. von Limoges, welches den zehnsilbigen Vers hat *e resors es, l'escriptura o dii*, *dii* aber reimt auf *aici*, ist mithin einsilbig. Darf man nun von diesem dreimal und nie in anderer Form vorkommenden *dii* einen Schluss ziehen auf die in Rede stehende Perfectflexion, so muss diese gleichfalls einsilbig gewesen sein, womit sie allerdings an grammatischer Bedeutung verliert; doch dürfte es als ein möglicher Fall angenommen werden, dass sich in dieser Schreibung eine damals nicht mehr streng beobachtete (daher von der ersten Hand oft nicht bezeichnete) Aussprache erhalten habe, worin *íi* dem *éi* der 2. Conjug., das Präs. *dii* dem Präs. *fái* analog wäre, in allen Fällen das tonlose *i* wie deutsches *j*, oder *íi* wie neugriech. *ε* lautete. Anderer Art ist dasjenige *íi*, welches nur inlautend in *díissii* (*dixi*), *díis* (*dixit*) und *díith* (*dictum*) vorkommt: *is iss* ist hier = lat. *x* (*cs*), *ith* = *ct*; für ersteres haben andere Handschriften *dieys* u. s. w. Was die Conjugation ferner betrifft, so fällt in der 3. Plur. des starken Perfects [366] das flexivische *r* jedesmal aus (*aguen*, *conoguen*, *receuben* für *agren* etc.); wie die sigmatische Form sich darstellte, ob sie den Ton auf dem Stammvocal festhielt (nach meiner Ansicht das ursprünglichere Verhältniss) oder

[1]) [Die Bedeutung dieses Citats ist mir nicht klar.]

auf die Flexion fortschob, ob also *presen* wie *aguen* oder ob *preseren* (die thatsächlich vorwiegende Form) galt, dafür fehlen die Beispiele. Das Imperfect Conj. flectirt hier bereits, wenn auch nicht durchgreifend, mit *a*, so 3. Sing. *jaguessa*, 2. Plur. *aguessaz*, *amassaz*, eine namentlich aus toulousanischen Urkunden bekannte Sitte. — Einzig in ihrer Art ist die oft gebrauchte Form der 2. Sing. des Perfects von *donar*, *donist*, neben dem regelmässigen *donest*; ihr Grund ist mir unbekannt.

Die bisher entdeckten altromanischen Sprachdenkmäler haben uns fast sämmtlich neue Wörter mitgebracht; auch hier wird man welche erwarten. *Enquar* (*enqueth* = *coepit*), von Rochegude, nicht von Raynouard angeführt, bisher nur aus dem G. v. Roussillon bekannt, ist, wenn es in der That von *inchoare* stammt (wie ich mit Hofmann glaube), eins der wenig zahlreichen lateinischen Wörter, die in dem nördlichen Theile des romanischen Gebietes, nicht in Italien fortlebten. Dasselbe gilt von *dozer* = *docere*, zu dem nun auch das Part. *dozens* Boeth. v. 155 gerechnet werden muss; das Verbum ging früh in *ducere* auf, das Part. *dotas* (: *totas*) Geistl. Lied 31, 16 erinnert noch stark an ersteres. Die Form *jau* (*gallus*) liess sich zwar schon aus *jals* Pass. de J. C. 49, 1, folgern; der Beleg aber kommt erwünscht, da er uns eine Stelle bei Guill. v. Poitiers *nom pretz un jau* erklärt, worin der Hahn dem Dichter denselben Dienst thut, wie dem des G. v. Roussillon die Nachtigall oder die Goldammer, die er zur Verstärkung der Negation gebraucht. Bartsch (Lesebuch)[1]) übersetzt *jau* mit *jota*, fügt aber keinen Beweis bei. Auch *gal* (platter Stein? bei Honnorat *gau* Oblate) könnte erwogen werden, aber eine urkundliche Form *jau* fehlt. — Bemerkenswerthe Partikeln sind *chaz* = franz. *chez*; *enguera* für *enquera*, auch in der Handschrift von Limoges (*engera*); *manema* (*continuo*), das gleichbedeutende altspan. *manamano*; *trecia que* (*antequam*, *usque modo*). — Die vorkommenden Schreibfehler sind bei der Klarheit des Inhaltes leicht zu berichtigen: so steht S. 85, Z. 20 *uisz* für *iusz* (lat. *juste*); S. 75, Z. 5 ist wohl *janome* für *lanomé* zu lesen.

Fr. Diez.

[1]) [2. Ausgab.: „*gal-s, jau-s* Hahn."]

Glossaire roman des chroniques rimées de Godefroid de Bouillon, du Chevalier au cygne et de Gilles de Chin,

par **Émile Gachet.** Bruxelles 1859. 4°. (447 S.)[1]).

Das vorliegende Buch ist das Werk eines Mannes, dessen erfolgreiche Thätigkeit hauptsächlich der Belgischen Geschichte und Alterthumskunde gewidmet war, dessen früher Tod als ein empfindlicher Verlust für die Wissenschaft zu beklagen ist. Ueber die mühevollen Arbeiten, die er im Auftrage des historischen Ausschusses der königlich belgischen Akademie der Wissenschaften mit grosser Einsicht und Gewissenhaftigkeit ausführte, so wie über seine übrigen, davon unabhängigen Schriften berichtet in einem Vorworte zu dem nach Gachet's Tode erschienenen Glossar Hr. Loumyer. Auch diese philologische Arbeit hatte G. auf Einladung des gedachten Ausschusses unternommen: sie war zur Erklärung der oben genannten in den *Monuments pour servir à l'histoire des provinces de Namur etc. publiés par le baron de Reiffenberg et A. Borgnet, tomes IV—VII*, enthaltenen historischen Gedichte bestimmt. Es war dem Verfasser indessen nicht vergönnt, eine Arbeit, die er mit Vorliebe pflegte, zu vollenden; der Tod überraschte ihn, nachdem er sie bis in den Buchstaben R fortgeführt hatte. Die Beendigung übernahm Hr. Prof. Liebrecht in Lüttich, der sich auch sonst um das Buch mehrfach verdient gemacht hat. Vorlängst schon hatte sich Gachet den Freunden

---

[1]) [Jahrbuch für Romanische und Englische Literatur 1861 Bd. III S. 108—114.]

romanischer Sprachkunde durch sein *Glossaire roman de Lille*, eine kleine, aber sehr willkommene Gabe, empfohlen; dieses neue *Glossaire roman* ist ein wichtiges, umfangreiches Werk, dessen keiner, der sich mit altfranzösischer Literatur beschäftigt, wird entbehren können. Für die Lexicographie dieses Dialectes ist noch lange nicht das geschehen, was durch Raynouard's in seiner Anlage zu rechtfertigendes, in seiner Ausführung häufig zu tadelndes, jedesfalls unvollständiges Werk für die des provenzalischen geschehen ist; aber freilich, dort ist die Aufgabe bei dem unvergleichlich grösseren Umfange der Literatur und dem weiteren Auseinandergehen der Mundarten bedeutend schwieriger. Sorgfältige Glossare über einzelne Schriftsteller sind um so dankenswerther: sie werden die unausbleibliche Unternehmung eines altfranzösischen Wörterbuches nicht wenig fördern.

Schlägt man nun das uns hier gebotene Glossar auf, so muss man bekennen, dass es, genau genommen, nicht dem entspricht, was man unter einem Glossar versteht: Erklärung der in einem bestimmten Denkmal vorkommenden Wörter und Redensarten. [109] Ueber diese Gränze geht unser Verfasser bei weitem hinaus. Er gibt die Bedeutung der Wörter möglichst vollständig, er fügt ihre Herkunft bei, er streut grammatische Beobachtungen ein. Am wenigsten sollte sich ein Glossar mit etymologischen Untersuchungen befassen, es hat seine Vorzüge anderswo; auch ist der beste Grammatiker und Kritiker nicht immer ein guter Etymologe; die Kunst des letzteren fordert eigene Studien, eine eigene Ausbildung. Wir wollen es indessen mit dem Begriffe eines Glossar nicht so genau nehmen: was uns ein Kenner aus seinen Collectaneen mittheilt, muss uns in jeder Form willkommen sein. Ich erlaube mir nun über die angedeuteten Seiten des Buches einige Bemerkungen.

Eine höchst verdienstliche Seite desselben ist die Begriffsbestimmung der Wörter. Hier beschränkt sich der Verfasser nicht auf die in seinem Texte vorliegenden Bedeutungen, er verfolgt sie auch ausserhalb desselben, er begründet sie mit Belesenheit und reifem Urtheil, wobei ihm seine nicht gewöhnliche durch historische und diplomatische Studien erworbene Kenntniss des Mittelalters sehr zu Statten kommt. Wer da weiss, wie rasch und leichtfertig in diesem Punkte manche Glossatoren namentlich auf altromanischem Gebiete verfahren, der muss sich durch die Gewissenhaftigkeit, womit G. seine Aufgabe behandelt, wahrhaft befriedigt fühlen. Man lese (um bei dem Buchstaben A stehen zu bleiben) die Artikel *adouber, afoler, agais, alcois, amanecy, ancui, angarde, anoyer* (wo z. B. Genin's Behauptung, die Alten hätten es nur impersonell gebraucht, niedergeschlagen und das fabelhafte Verbum *amicire* oder *amictre* weggeräumt wird), *arestuel, asambler, aucqueton, aumaçour.* Einer der sorgfältigsten Artikel ist *antif,* in welchem Worte zwei Bedeutungen unterschieden werden, »alt« von *antiquus*, und »hoch« von *altus*, deren jede also ihr eigenes Etymon in Anspruch nimmt, wiewohl einige Grammatiker, z. B. Raynouard und Henschel, nur die erste Bedeutung und das erste Etynom anerkennen. Zwar *tor antive* »alter Thurm« geht gut, auch *gas antis* »alte Wälder« (*Gir. de Ross.* Hofm. 6605) lässt sich hören; aber *val antis* »altes Thal«, *viés sentier antis* oder *viés voie antie* »alter Pfad« klingt schon seltsam, nun gar erst *chevaus grans et fiers et antis* »grosse, wilde und alte Streitrosse«, oder *escu à un lion anti* »Schild mit einem alten Löwen« (im Wappen). Allerdings gibt »hoch« zuweilen einen bessern Sinn; allein der Verfasser scheint in seiner Polemik gegen die Bedeutung »alt« zu weit zu gehen. Die Vorstellung »alter Pfad« [110] z. B. ist durch das Beiwort *viés* hinlänglich gesichert, dem sich *antif* als Synonym anschliessen konnte; und auch gegen die alten Rosse wird nichts einzuwenden sein: hiess ja auch Rolands Ross *Vieil-antif.* Die beste Stütze aber für des Verfassers Auslegung ist, dass die provenz. Mundart *altiu* (wenn auch nur, wie es scheint, in figürlicher Bedeutung gleich dem span. *altivo*) besitzt und dass auch im Französischen *autif* oder *hautif* nachweislich ist, so dass *antif* aus *altif* verderbt sein könnte. Ein Beispiel von dem mit Formeln überladenen Stile der altfranz. Epik aber ist es, wenn dieselbe Folge der Beiwörter ohne Unterschied auf Wälder wie auf Pferde angewandt wird, denn dem bemerkten *chevaus grans et fiers et antis* läuft *boscage grans et fiers et antis* gemüthlich zur Seite. — *Arrie-ban* übersetzt der Verf. richtig mit *arrière-ban* und erklärt es aus dem ursprünglich deutschen *heribannum*, *arribannum.* Wenn er aber dem prov. *auri-ban* (mit Raynouard) die nämliche Bedeutung anweist und Fauriel, der es mit *oriflamme* übersetzt, tadelt, so ist Fauriel in Schutz zu nehmen. Die Zusammenstellung mit *penon* in dem fraglichen Verse *(on a mot auriban e trop mot ric penon)* zeigt, dass es Fahne bedeuten muss: es heisst in der That Gold-Banner, denn die Banner waren oft mit Gold oder Gold-Stoff verziert, z. B. *le ban de Macedoine qui fut listé d'orfrois*, s. Ducange v. *bandum*. *Cornar l'auriban*, Ferabr. 602, verhält sich wie *cridar l'ensenha*, mittellat. *vexillum intonare* d. i. *signum canere*, denn an das Banner knüpfte sich das Feldgeschrei. — *Avouer* übersetzt der Verf. in einer bestimmten Stelle (*Chev. au cygne* 2418) mit *défendre*. Ich kann dem Worte weder hier, noch anderwärts diese Bedeutung abgewinnen. Es ist in der fraglichen Stelle die Rede von einem Rechtsstreit, worin der Kaiser zu Gerichte sitzt. Der Advocat des Klägers hat gesprochen, der Kaiser sagt (zu ihm): *faites vous avouer*. Hierauf erhebt sich der Präsident und fragt den Kläger, ob der Advocat für ihn plaidirt habe? Ja, antwortet dieser. Wie kann *avouer* hier vertheidigen heissen? Es ist offenbar »anerkennen, autorisiren«, Bedeutungen, die es noch jetzt hat. Der Verf. beruft sich noch auf das mittellat. *advocare*, welches sowohl *protéger, défendre* wie *reconnaître* heisse: „*les exemples allégués* (bei Ducange) *sont nombreux et ne permettent pas de garder le moindre doute*". Und doch zeigt es diese Bedeutung in keinem der von Ducange angeführten Beispiele; nur für *advocatum agere, causam defendere*, aber nicht für *defendere aliquem* kommt es vor. Nur darin scheint der Verf. Recht zu [411] haben, dass *avouer* aus *advocare* herrührt, nicht aus *votum*: port. und prov. *avocar* heisst anrufen, zu sich rufen, woraus die Bedeutungen annehmen, anerkennen erfolgen konnten.

Fast die Hälfte des Glossars ist mit etymologischen Untersuchungen angefüllt, und ihnen zu Gefallen werden viele Wörter, die keiner Erklärung bedurften oder die im Texte gar nicht vorkommen, herangezogen, so dass man das Werk mit einigem Rechte auch ein etymologisches Wörterbuch der älteren französischen Sprache nennen könnte. Der Verf. stellt die bemerkenswerthesten Deutungen bis auf die neueste Zeit zusammen, zuweilen ohne Kritik derselben, gewöhnlich aber mit einer solchen; nicht selten fügt er eine eigene Deutung bei. Dass ein Mann, der das Gebiet so vollkommen beherrscht wie Gachet, auch in dieser Beziehung sehr schätzbare Beobachtungen mittheilt, bedarf kaum der Versicherung. Wenn man ihm aber auch hier vollständige Urtheilsfähigkeit zugestehen muss, so wird man doch nicht umhin können auszusprechen, dass dieser Theil seines

Buches noch nicht zu vollständiger Durcharbeitung gelangt war, als ein frühzeitiger Tod den Verf. hinnahm. Offenbar fehlt es manchen theils fremden, theils eigenen Sätzen und Aufstellungen noch an der erforderlichen Prüfung, die sich nicht durch einen auf einen kurzen Zeitraum concentrirten Fleiss erreichen lässt: ein etymologisches Wörterbuch will Jahre lang gepflegt sein. Ich entnehme einige Proben seiner Arbeit auch hier dem Buchstaben A. Gleich das erste Wort, die romanische Partikel *a*, zeugt von einer Uebereilung: sie soll in der Bedeutung des franz. *avec* vom lat. *ab* herstammen, da sie im Latein zuweilen diese Bedeutung habe. Hier folgt unser Verf. blindlings Raynouard, der sich auf Stellen beruft wie: *certe scio, me ab singulari amore benevolentiaque tibi scribere*, worin *ab* bekanntlich den Sinn von *ex* oder *propter*, nicht den von *cum* ausdrückt. Die altfranz. Form *od* erklärt er aus euphonisch angefügtem *d*, das euphonische *d* aber am Ende der Wörter spielt im Franz. eine so kleine Rolle, dass die Entstehung von *od* aus *apud* eine viel grössere Wahrscheinlichkeit für sich hat. — *Abriéver* übersetzt der Verf. *abréger, accourcir et par suite se hâter*, in allen diesen Bedeutungen das latein. *abbreviare;* das Particip *abrievé* oder *abrivé* heisse meistens *prompt, empressé*. Er verwechselt hier zwei verschiedene Wörter, prov. *abreviar* von *breu* und *abrivar* von *briu*. „*La chronique des Albigeois* (fährt er fort) *nous offre plusieurs fois le mot abrivatz dans le même sens (empressé)*[1] *et il est remarquable que cette* [112] *acception ait échappé à M. Raynouard.*" Allein dieser hat das Wort II, 260, übersetzt es richtig und leitet es richtig ab. Wo also *abriévé* steht im Sinne von *abrivé*, ist es eine schlechte Schreibung und muss corrigirt werden. — Ueber *aé* heisst es: „*M. Genin tire le mot aé de aétas, selon la prononciation vraie du latin. C'est aussi l'avis de M. Diez*" etc. Die Annahme 1) dass die alte diphthongische Aussprache des lat. *aé* noch zur Zeit, als sich die französische Mundart vom Latein losriss, vorhanden gewesen, 2) dass dieser Diphthong *ae* sich in das zweisilbige *aé* gespalten habe, ist ganz in Genin's Geschmack. Meine Meinung aber war: *a-e* aus *ae-tat*, d. h. *a* aus *ae* und *e* aus *tat* oder *at*. *Acurer* in der Stelle *s'acurer mal dehait*, die Hr. Liebrecht ganz

[1] [Im *glossaire* zu der *Chronique des Albigeois* erklärt Fauriel das Wort *abrivatz* = *lancé, ayant pris son élan, se mouvant avec force.*]

richtig übersetzt ***imprecati sibi omnia mala***, soll seinen Ursprung in ***orare*** haben; es ist aber identisch mit dem gleichbedeutenden ital. ***augurare***, und zu unterscheiden von einem zweiten ***aeurer*** = lat. ***adorare***. — Das portugiesische ***alarido***, nach Moraes [*Diccionar. da ling. portug.* Lisb. 1813. 4°. 2 Bde.] „***clamor que se levanta ao travar a batalha***", also Kriegsgeschrei, nachher überhaupt (im Span. ausschliesslich) Geschrei, leitet Sousa [*Lex. etymol.* Lisb. 1789. 4°. 2. Ausg. 1830. 4°.] vom arab. *arîr* Siegesfrohlocken, und nicht gleichgültig ist es, dass die ***Chanson d'Antioche*** das Wort ***aride*** den Sarazenen als Alarmruf in den Mund legt, worin P. Paris das span. ***alarido*** wiedererkennt. Dass der Spanier aber ***alarido*** für ***alariro*** sprach, dazu konnte ihn das bei Wörtern, die einen Schall anzeigen, häufig angewandte Suffix ***ido*** (***bramido, graznido, ladrido, quexido, ronquido, sonido***) veranlassen, allein das genügt unserm Verf. nicht, er meint, man brauche nicht aufs Arabische zurückzugehen, als ob dies bei einem spanischen mit ***al*** anfangenden Worte ein so gewagtes Spiel sei; er verweist wegen ***alarido*** und ***arido*** auf das altdeutsche ***hairaida***, welches Heergeräthe heissen soll, eine Deutung, die man füglich kann auf sich beruhen lassen. — ***Atargier*** oder ***targier*** (aufhalten) deutet Ducange aus ***targe***, weil der mit einem schweren Schild belastete Kämpfer in seinen Bewegungen gehindert sei; dieser Deutung tritt G. bei. Ich hatte sie für unpassend erklärt, aus einem Grunde, den ich freilich im Sinne behielt, weil ich seine Anerkennung bei jedem aufmerksamen Leser voraussetzte. Wenn die Sprache, die lateinische oder romanische, aus einem Substantiv, das eine Sache, namentlich ein Geräthe oder Werkzeug bedeutet, durch blosse Anfügung der Biegungssilben ein Verbum formt, so will sie damit die Anwendung der Sache ausdrücken: ***targer*** von ***targe*** müsste also etwa heissen: mit der Tartsche decken, schirmen, wie [113] it. ***scudare*** mit dem Schilde decken. Von da bis zur Bedeutung mit der Tartsche belasten, endlich schwerfällig machen, aufhalten ist noch ein weiter Schritt. Dergleichen Abschweifungen von dem üblichen Gange der Begriffsentwicklung mögen in der Sprache vorkommen, müssen aber alsdann durch Beispiele belegt werden. Dagegen bot die lateinische Sprache ihr Verbum ***tardare***. Der Provenzale spricht ***tardar*** und ***tarzar*** und auch im Altfranz. bemerkt man ***tarzer*** oder ***tarser***. Sollte ***targer*** daraus entstanden sein? Es wäre möglich. Da ich indessen von dieser franz. Aussprache des prov. *z* kein Beispiel erreichen konnte, so zog ich vor, eine Ableitung *tardicare* aus *tardare* anzunehmen, so dass *targer* zu beurtheilen wäre wie *clinger* (gleichsam *clinicare*). Hiernach würde sich das altfranz. *targer* zum neufranz *tarder* wie das altfranz. *enferger* zum neufranz. *enferrer* verhalten.

Ein weiteres Zeugniss für Gachet's gründliche Studien legen die zahlreichen, alle Theile der Grammatik betreffenden Bemerkungen und Excurse ab. Auf eine nähere Besprechung derselben ist aber hier nicht der Ort einzugehen, da dieser Stoff seiner Natur nach eine zu grosse Ausführlichkeit verlangen würde. Nur eine gleich auf der ersten Seite vorgetragene Bemerkung von nicht unbedeutender Tragweite glaube ich nicht unberührt lassen zu dürfen. Die bekannten, dem Infinitiv vorangestellten Formeln *pour à*, *sans à*, die oft noch durch andere Redetheile unterbrochen werden, z. B. *pour vous à assalir, sans point à varier*, ganz entsprechend unserm »um zu«, »ohne zu«, hält der Verf. für einen aus dem Deutschen eingedrungenen Idiotismus flämischer Gränznachbarn, und glaubt die zweifelhafte Heimath gewisser französischer Schriftsteller daraus bestimmen zu dürfen. Die Folgerung wäre nicht gegen die Gesetze der Kritik, aber die Voraussetzung steht unsicher. Der erwähnte Ausdruck nämlich ist nicht bloss flämischen Schriftstellern eigen, man bemerkt ihn auf dem ganzen französischen Gebiete und selbst im Provenzalischen, was bereits aus *Roman. Gramm.* Thl. III. 222[1]) (1. Ausg.) ersichtlich gewesen wäre (wo auch die von unserm Verf. gerügte Anfügung des *à* an den Infinitiv bereits gerügt ist). Sodann ist, wie Grimm [1837] IV, 104 lehrt, der romanische Ausdruck nicht dem deutschen, sondern umgekehrt, der deutsche dem romanischen nachgebildet.

Vorstehende Bemerkungen nehme man als einen kleinen Beitrag zur Beurtheilung eines Werkes, das eine ehrenvolle Stelle in der romanischen Sprachwissenschaft einnimmt. Ich habe hauptsächlich einige Mängel desselben erwähnen wollen. Es wäre mir [114] leichter gewesen, das ausgesprochene Lob mit zahlreichen Beispielen zu belegen, womit ich aber der Sache wenig gedient haben würde. Wir Deutsche haben besonderen Grund, den Verdiensten eines Schriftstellers alle Anerkennung

[1]) [— S. 235 der zweiten und — S. 220 der dritten Ausgabe.]

widerfahren zu lassen, der auch das, was Deutschland auf diesem Felde zu leisten versucht hat, in den Kreis seiner Untersuchungen gezogen und es so den südlichen Sprachgenossen näher gerückt hat. Hierin liegt eine der Aufgaben unserer belgischen Mitarbeiter, die sie selbst sehr wohl erkannt haben. Was aber nochmals Gachet betrifft, so ist nicht unerwähnt zu lassen, dass Hr. A. Scheler im *Bulletin du Bibliophile belge* [1859 S. 347—351] eine treffende und elegante Charakteristik desselben gegeben hat, worin unter seinen übrigen Vorzügen mit vollem Rechte auch die Urbanität seiner Polemik hervorgehoben wird.

Friedr. Diez.

Étude sur le rôle de l'accent latin dans la langue française,

par **Gaston Paris.**

Paris u. Leipzig, Franck. 1862. 132 S.[1]).

Es war ein glücklicher Gedanke, die Rolle, welche der Accent, dieser wichtige Factor, in der gesammten romanischen Sprachbildung, speciell im Französischen spielt, zum Gegenstande einer Untersuchung zu machen, das in ihm liegende Princip in dieser Richtung zu bestimmen und dessen Wirkungen auf das genaueste nachzuweisen. Solche Monographien können für die Linguistik höchst erspriesslich sein, da es in ihrem Zwecke liegt, auch anscheinend geringere Ereignisse auf diesem Gebiete, worauf die Lehrbücher der Grammatik einzugehen nicht immer Anlass haben, aufzusuchen und in das System einzutragen. Die vorliegende Abhandlung ist eine von Hrn. Paris vor der Urkundenschule zur Erwerbung des Diplomes als *Archiviste paléographe* aufgestellte und behauptete These. In dem Vorwort beklagt der Verfasser, dass die Freunde der französischen Philologie in Frankreich selbst noch immer sehr selten seien und dass selbst die Mehrzahl derer, die sich mit der altfranzösischen Sprache beschäftigen, sie eben nur als eine Curiosität behandeln, als ob dies Fach nicht ebensowohl eine Wissenschaft sei wie die klassische oder orientalische Philologie. Es hat sich also im allgemeinen dort noch wenig geändert seit 1850, wo Hr. Paulin Paris (in der *Bibliothèque des chartes*) aussprechen konnte: *L'étude de la grande littérature*

[1]) [Jahrbuch für Romanische und Englische Literatur 1864 Bd. V S. 406—414.]

française pendant le moyen âge n'est pas répandue en France autant qu'en Allemagne, en Belgique, et même en Angleterre; peu de personnes sont au courant des travaux exécutés, des publications entreprises etc. Aber nicht allein war die Zahl der Freunde jener Literatur gering und ist es noch; auch den Leistungen der Herausgeber alter Texte fehlte es häufig an derjenigen Sorgfalt, ohne welche eine Ausgabe weder der Grammatik noch selbst der Literaturgeschichte genügt. In der That hat die neue Aera der französischen Philologie vieles gut zu machen, was die frühere vernachlässigt hat.

Herr Paris war, als er seine These unternahm, mit allem ausgerüstet, was zu ihrer Lösung erforderlich war. Ich bemerke nur, dass ihm auch Deutschlands grammatische Literatur [407] sehr wohl bekannt ist. Dazu zeugt seine Arbeit von Beobachtungsgeist und unabhängigem Urtheil: jeder, der sich mit der französischen Grammatik in wissenschaftlicher Weise beschäftigt, sei er Schüler oder Meister, wird aus ihr lernen können. Sie macht der neuen Schule Ehre.

In der Einleitung zeichnet der Verfasser jenes viel besprochene Ereigniss, die Herkunft und Entstehungsart des romanischen Sprachzweiges, in geistvoller Weise, und nachdem er den Satz anerkannt hat, dass der lateinische Accent in den Tochtersprachen im ganzen seinen Platz behauptet und mit Schöpferkraft, zumal im Französischen, tief eindringende, aber regelmässige Veränderungen in den Wortformen, Umwandlungen in der Natur der Vocale, Modificationen in dem System der Zusammensetzung und Ableitung hervorgerufen hat, mustert er zu seinem Zwecke alle Theile der Grammatik mit lobenswerther, nach Vollständigkeit strebender Sorgfalt. Zuerst das Substantiv in seinen einzelnen Declinationen, die bekanntlich im Altfranzösischen von Seiten der Betonung einige merkwürdige Züge darbieten, dann das Adjectiv, den Artikel, das Pronomen, das Zahlwort u. s. w. Es wäre überflüssig, den Gang, den seine Untersuchung geht, und die Beobachtungen, womit er die Grammatik bereichert, in einer etwas verspäteten Anzeige auseinanderzusetzen, da sich das Werkchen bereits in Aller Händen befindet. Besser wird es sein, einige durch die Lectüre desselben angeregte Bemerkungen, worunter einige Zweifel, die aber das Verdienst des Ganzen nicht schmälern sollen, hier anzuknüpfen.

Seite 33 bemerkt Hr. Paris mit Recht, dass die provenzalische Mundart dieselben Gesetze der Betonung anerkenne wie die französische, dass also der Hochton auch hier nicht über die vorletzte Silbe hinaufsteige. Das sagen schon die *Leys d'amors* [ed. *Gatien-Arnoult, Monuments de la littérature romane.* Toulouse 1841. 8°. I. 90]. Sie treten zugleich denen entgegen, welche behaupten, in *peregua, padena, sabeza* liege der Hauptton (*accent principal*) auf der ersten Silbe; auch in dieser Mundart schreitet er häufig von der drittletzten auf die vorletzte fort, wie in *ancóra, vergína, pistóla*, welche gegen die neufranzösischen *ancre, vierge, épître* übel abstechen. Man kann überhaupt der nördlichen Mundart das Lob nicht versagen, dass sie in manchen Fällen dem ursprünglichen Accent fester anhängt als die südliche, und ihm gern einen tonlosen Vocal aufopfert. Zuweilen scheint in letzterer die Betonung zu schwanken: [408] so in *apóstol* neben *apostól* (Papst), wenn das zweite gleichfalls aus *apostolus,* nicht etwa aus dem im Mittellatein dieselbe Bedeutung zeigenden *apostolicus* stammt; entschieden ist diese Abkürzung aus *apostolicus* in der Form *apostóli* = altfranz. *apostoile* anzunehmen, welches in Beziehung auf das letztere auch Hr. Paris glaubt. *Capítol* hat den Ton auf der vorletzten Silbe; Guillem v. Tudela 2816[1]) scheint aber auch *capitól* zu sprechen: indessen wird für *qu'era de capitól* zu lesen sein *que era de capítol.* Sollten jedoch nicht einzelne Fälle der betonten drittletzten vorkommen? Das Beispiel der italienischen oder catalanischen Mundart lag ja so nahe. *Grammática* bei Izarn *Choix* V, 229 ist unleugbar: wie aber auch hätte man sich erdreisten sollen, *grammatica* zu sprechen, das heisst, das wichtigste Wort der Schule so zu entstellen? Die *Leys* freilich lehren, man müsse Wörter, wie *grammatica,* wenn man sie ins Romanische herübernehme, möglichst (*al mays que podem*) nach dem romanischen Tongesetz aussprechen, also *grammatíca.* Um indessen diesen Conflict zu beseitigen, schuf man ein neues Wort *grammaticária* (vielleicht aus *grammaticalia*), zusammengezogen *gramáiria, gramáira;* wo *gramatica* vorkommt, ist ein Latinismus anzunehmen. So ist vielleicht auch *música* als Latinismus ge-

[1]) [Der volle Titel dieses Werkes lautet: *Histoire de la Croisade contre les Hérétiques Albigeois trad. et publ. p. M. C. Fauriel*, in der *Collection de Documents inédits sur l'Histoire de France, 1837, Serie I No. 6.*]

duldet worden; doch lässt sich über dies Wort nicht entscheiden, da es wenig vorkommt. *Cólera* könnte man schliessen aus *cólra*; allein der Schluss wäre bedenklich, denn neben *cólra* konnte *coléra* bestehen. *Lágremas* spricht Peire v. Corbiac [ed. Sachs] v. 383: *e de plors e de lágremas.* Bartsch (Jahrb. IV, 234) streicht das erste *e*, so dass *lagréma* herauskommt, und dem entspricht das neuprov. *lacrima*; Jean de Méung braucht einmal *lacrime* für das wohllautende *larme.* Das Wort war im Provenzalischen wenig üblich, indem, wo es anging, *plor* seine Stelle einnahm. Musste aber das unbestreitbare *cathólic* (bei Izarn und häufig bei G. v. Tudela) nicht im Feminin *cathólica* lauten mit betonter Antepenultima, also: *elh es cathólic, elha es cathólica?* Oder sprach man hier *catholíca?* Der Widerspruch wäre zu grell gewesen. Man führte ein neues, bequemeres Wort ein, *catholical*, das weder der Spanier noch der Italiener kennt, und sagte z. B. *sest fo catholicals* (der war katholisch), G. v. Tud. v. 347, *la fe catholical*, *Brev. d'am.* [ed. Azaïs I. v. 914] I, p. 37. Vielleicht danken noch andere Adjectiva dieses Schlages, die nur der Provenzale kennt, z. B. *evangelical*, demselben Motiv ihr Dasein, doch kann ich [409] *evangélic* nicht nachweisen. Aber es erklärt sich uns aus diesem prosodischen Motiv auch eine besondere, beim Adjectiv vorkommende Anomalie. Die weibliche Endung *a* lateinischer Adjectiva wird nämlich im Provenzalischen schlechthin beibehalten. Eine Ausnahme macht nur *frévol* von *frivolus*, dessen Feminin *frévola* lauten müsste. Da dies aber gegen das Tongesetz gewesen wäre, so verwies man das Wort zu den Adjectiven einer Endung, im Widerspruch mit dem italien. und span. *frívolo, frívola.* So erging es auch dem unlateinischen *árol*, welches gleichfalls einer Endung ist, wiewol Neubildungen fast durchaus zweier Endungen sind. Die spätern syncopierten Formen beider Adjectiva, *freul* und *aul*, bei welchen das Tongesetz *freula* und *aula* erlaubt haben würde, richteten sich natürlich nach den ältern Formen.

S. 38[1]) wundert sich Hr. Paris, dass ich in den Eidschwüren *déo* accentuire, weil es (in der Form *deu*, was hier dasselbe ist) zur Assonanz *e* gehöre, wogegen er in der Endung *eo* oder *eu* bereits den neufranzös. Mischlaut *eu* (*ö*) annimmt. Allerdings, sagt er, assonierte *deu* mit *e*, aber dasselbe thue auch *breu*, von

---

[1]) [Anm. 1.]

bref (?), und sicher habe man nicht *bréu* gesprochen. Nach meiner Ansicht liegt in *deu* ein echter Diphthong, kein Mischlaut. Schon die römische Volkssprache behandelte *deus* als ein einsilbiges Wort (vgl. Corssen, latein. Ausspr. I, 176)[1]), worin nur *e* den Accent haben konnte, nicht der Flexionsvocal *u*, und diese Aussprache ist der alten provenzalischen und zum Theil noch der neuern, sowie der portugiesischen Mundart verblieben. Dass auch im Französischen des 9. Jahrhunderts und später der Accent auf *e* haftete, das ergibt sich daraus, dass *e* durch vorgesetztes *i* diphthongirt oder, wie andere sich ausdrücken, gesteigert werden konnte (*diéu*), denn tonlose Vocale pflegt man nicht zu diphthongiren. Es ergibt sich ferner daraus, dass das am Ende stehende *u* ganz abfallen konnte, wie in der Form *dé*, welches, wenn man *deu* wie *dö* gesprochen hätte, unmöglich gewesen wäre, denn von diesem *dö* konnte man nichts abziehen. Dass aber ein solches *dö* tauglich gewesen wäre, mit *e* zu assoniren, lässt sich schwerlich annehmen, da das feine Gefühl des Romanen für die Reinheit des Reimes widerspricht.

S. 43 und 44 kommen die Formen aus dem Genitiv Plur. der zweiten Declination, wie *paienor, Francor*, da in ihnen eine Versetzung des Accents stattgefunden, in sorgfältige Erwägung. [410] Es kam hier auf Vollständigkeit der Belege an. In der That vermisst man nur *quartenor* = *quatuor annorum*. Bei der Deutung von *milsoldor* schwankt der Verf. zwischen *mille solidorum* und *mil sols d'or*, letzteres von Raynouard angenommen; allein *cheval mil sols d'or* lässt sich nicht construiren, auch steht ihm kein provenzalisches *milsoldaur* bestätigend zur Seite, denn auch hier heisst es nur *milsoldor*. In mehreren Fällen führt Hr. Paris die Endung *or* auch auf die des lateinischen Genitivs der ersten Declination *arum* zurück, und dagegen ist im Princip nichts einzuwenden; doch scheinen nicht alle Beispiele sicher zu stehen. *Chandeleur* aus dem liturgischen *dies candelarum* ist nicht zu bezweifeln. Bei *tenebrur*, das an das gleichfalls liturgische *hora tenebrarum* erinnert, ist dem Verf. wenigstens so viel gewiss, dass in der Endung nicht das bekannte Ableitungssuffix enthalten sei, da dies nie an Substantiva gefügt werde. Diese letztere Behaup-

---

[1]) [Allerdings handelt Corssen hier von der Trübung der Diphthonge, das Wort *deus* wird von ihm aber nicht erwähnt.]

tung geht etwas zu weit. Richtig ist, dass die mit *or* abgeleiteten Substantiva in der Regel aus Verben oder Adjectiven hervorgehen. Aber die Sprache hat zuweilen Motive, in ihren Wortbildungen von der strengen Regel abzugehen. Eins dieser Motive ist das der Anbildung, vermöge dessen sie solche Wörter, welche verwandte oder entgegengesetzte Begriffe ausdrücken, gern auf ein und dasselbe Suffix ausgehen lässt. Die italienische Mundart besitzt das dem französischen *tenebrur* ganz entsprechende *tenebrore*, und es ist wenig glaublich, dass sie dies aus *tenebrarum* sollte geformt haben, da sie sich der Endung *ore* aus dem Genitiv *arum* ganz enthält und z. B. das kirchliche *dies candelarum* durch *candelara*, nicht *candelore*, ausdrückt. Wie leicht aber konnte ein Wort wie *bujore* und dessen Gegensätze *chiarore, splendore, lucore* ein *tenebrore* nach sich ziehen. Auch aus dem provenz. *bruma* (Dunst) floss ein zweites Substantiv *brumor*, sowie aus *ira iror*, jenes vielleicht nach *vapor*, dieses nach *furor* gemodelt. *Pascor* aus *pascharum* ist gewiss möglich. Daneben stellt sich freilich *nadalor*, dessen Endung schwerlich als Genitivzeichen aufzufassen ist, denn was wäre *tempus natalium* statt *natale?* Was das männliche Geschlecht von *pascor* betrifft, so erklärt es sich leicht aus einer Gleichstellung mit dem Genus der meisten und üblichsten Namen der Jahreszeiten, die der Provenzale Matfre Ermengaud [*Brev. d'am. ed. Azaïs* I. v. 6417] S. 220 in einen Vers gebracht hat: *Autom, Yvern, Primver, Estieu.*

[411] Von grösserem Belang für die altfranzösische Grammatik ist eine andere, die erste und zweite Declination betreffende Behauptung des Verfassers, S. 45 fg. Die Endung *ain* in *Evain, nonnain* u. dgl. sei nicht aus dem latein. Accusativ *am*, denn sie würde in diesem Falle nicht auf den Plural, wie in *nonnains* übertragen worden sein; es liege vielmehr eine Diminutivform darin. Dies werde z. B. in einem unserer Texte dadurch bestätigt, dass gleichbedeutend *Porrete* und *Porrain* gebraucht werden. Auch finde sich diese Form besonders in Eigennamen, die ja die Diminution liebten. Sie komme ferner noch nicht in den ältesten Texten vor. Was die Endung *on* in *Charlon* von *Carolus* u. a. betreffe, so habe sie ihren Grund nicht im latein. *um*, sondern in einer Verwechselung mit der Endung *on* der dritten Declination (*Hues, Huon*). Unmöglich habe die im Latein kaum hörbare Endung *am* oder *um* den Ton annehmen können. —

Hr. Paris hat diese Lehre mit aller Umsicht und Geschicklichkeit ausgeführt; gleichwol habe ich mich bis jetzt von ihrer Richtigkeit nicht überzeugen können, doch ist hier nicht der Ort zu einer erschöpfenden Prüfung; ich erlaube mir nur einige Punkte zu berühren. Dass man die Form *ain* nicht auf den Plural übertragen haben würde, ist mir nicht wahrscheinlich. Wenn man einmal von *nonne* zu *nonnain* fortgeschritten war, so konnte man im Plural nicht wohl zu *nonne* zurückkehren; vielleicht hatte man auch das Beispiel von *suer, seror, serors* und ähnlichen vor Augen. Hr. Paris selbst gibt eine Vermischung der Numeri zu, wenn er sich den Singular *tenebror* aus dem Plural *tenebrarum*, wie eben bemerkt, entstanden denkt. Welches formelle Kennzeichen diminutiver Kraft trägt aber die Endung *ain?* Wollte man verkleinern, so boten sich andere unzweideutige Suffixe dar. Dass ein Dichter eine Person bald *Porrain*, bald *Porrete* nennt, kann für den Diminutivsinn von *Porrain* nichts beweisen, da er dieselbe Person auch *Porre* nennt. So wechseln denn auch *Eve* und *Evain*, und hier möchte man fragen: wäre es nicht unpassend gewesen, die Mutter des Menschengeschlechts Evchen zu nennen, wenn *Evain* in der That diesen Sinn ausdrückte? Bekanntlich flectierte man in den ältesten romanischen Predigten oder Uebersetzungen geistlicher Schriften die *casus obliqui* von Eigennamen, zumal den Accusativ, oft nach lateinischem Muster, wie *Ozu Ozam, Juda Judam* (selbst Genit. *Judé*), *Satanas Satanan, Jonathas* [412] *Jonathan*. Die Schwäche der lateinischen Flexion *am*, worin *m* verstummt sein soll, lässt sich gegen die französische Betonung dieser Silbe nicht einwenden, da die alte Volkssprache, worin jene Verstummung stattgefunden, nicht mehr vorhanden war, und man jetzt sprach wie man schrieb. *Evám* zu sprechen war der erste Schritt, *Evain* musste notwendig daraus erfolgen. Es ist etwas Aehnliches, wenn man im Altdeutschen zuerst Accus. *Evam*, nachher *Even* sprach. So gut nun *Eve Evain* seinen Grund hatte in *Eva Evam* (sofern man dieser Auffassung beipflichtet), so konnte auch *Pieres Pieron* (wofür die alte Passion noch *Petdrus Petdrum* setzt) seinen Grund haben in *Petrus Petrum*, indem man diesen Formenwechsel nachahmte und z. B. die Stelle „*cum esset Petrus in atrio . . . et cum vidisset Petrum*“ übersetzte: „*quant Pieres estoit en la cort . . . et quant ele ot véut Pieron*“. Entsprechend flectirte man *Lazares Lazaron*, und selbst einmal

Jesús Jesón. Im Grunde that man hiermit nur etwas, das die Sprache bei einem ihrer Pronomina gethan hatte: Nomin. *mes*, Accus. *mon* aus *méus meúm*. Aber die hier in Rede stehende Flexion der Eigennamen erster und zweiter Declination war nur ein Versuch der Sprache, den sie bald wieder fallen liess, wogegen sie den der dritten festhielt, die eine bessere Basis hatten: *Evain* und *Pierron* verschwanden, *Huon, Ganelon* und ihres Gleichen sind geblieben.

Bekannt sind die organischen Comparative. Ihre Zahl hat neulich Littré mit *ampleis* vermehrt, das er aus *ampliatius* für *amplius* entspringen lässt. Von *bel* besass man *bellezour*, für welches aber als Etymon *bellatior* aufgestellt werden musste. Hr. Paris weist S. 57[1]) nun auch das einfachere *belior* nach, um so schätzbarer, als dieser Comparativ im Lateinischen selbst kaum nachweislich ist. Ich fürchte indessen, dass in dem dafür angeführten Verse „*ne concenoit belior querre*“ zu lesen ist *belisor*, da *beliór* nur zweisilbig sein könnte wie *meliór*, nicht dreisilbig.

Zu den oben berührten Genitivformen rechnet man, als von *amborum* stammend, auch das normannische *ambure, ambore*, z. B. „*ambur en terre et en mer*“, d. i. sowol zu Land wie zur See. Allein noch hat kein Grammatiker dargethan, was der Genitiv hier soll; denn die Stelle wäre lateinisch: „*amborum in terra et in mari (terra marique)*“. *Amb* ist klar, *ore* kann weder eine Flexion noch eine Ableitung sein, [413] es muss in einer Zusammensetzung seinen Grund haben. Die Partikel *or*, die sich allerdings häufig anhängt, würde hier keinen Sinn gewähren. Ich vermuthete daher auf *uter, utrum*; aber ich gestehe, indem ich mich den Zweifeln des Hrn. Paris, der S. 62 *amborum* als Etymon annimmt, anschliesse, dass *amb-utrum* von Seiten der Bedeutung etwas Mangelhaftes hat. Nur die Einwendung, dass sich die französische Sprache des Pronomens *uter* nie bedient habe, kann ich nicht gelten lassen, denn es ist ein Erfahrungssatz der Etymologie, dass ein als Individuum erstorbenes Wort in einer Zusammensetzung noch fortleben kann: das geschah z. B. in *ne-ant*, dessen zweites Glied kein selbständiges Dasein hat. Ich versuche eine andere Deutung. Schon in meiner Note über das französische Wort hatte ich auf das entsprechende ital. *amburo* aufmerksam

[1]) [Anm. 2.]

gemacht. Da nun unser Wort nur in Italien und in der Normandie, nicht zwischen beiden Gebieten heimisch ist, so scheint es von dem einen auf das andere Gebiet verpflanzt zu sein, was bei dem Verkehr zwischen Normandie und Süditalien sehr möglich ist. Nimmt man an, es sei in letzterem Lande entstanden und schlägt man den daselbst fühlbaren griechischen Einfluss an, so scheint *ἀμφότερον* ein berechtigtes Etymon, um so mehr, als *ἀμφότερον — καί*, ganz wie *ambure — et*, engl. *both — and*, auch conjunctional gebraucht wird. Das richtige Product des griechischen Wortes wäre allerdings *amforo* oder *amfuro* gewesen; es war aber ganz natürlich, dass man es dem latein. *ambo* anbildete.

Auch mehrere wohlbegründete etymologische Deutungen bringt das Buch. Wenn aber *vrai*, provenz. *verai*, auf *verax* zurückgeführt wird[1]), so findet diese Deutung in dem Buchstaben ein unüberwindliches Hinderniss. Aus *verax* würde der Provenzale *veratz* geformt haben, wie aus *vivax viatz*. Auch Guessard's Deutung aus *veraceus* ist gegen alle Analogie. Es bleibt nur übrig, *veracus* anzunehmen, mag man nun darin ein an *verus* gefügtes Suffix *acus* erblicken, herbeigeführt durch das Beispiel des begriffsverwandten *merus meracus*, oder eine Umprägung von *verax* in ein Adjectiv zweier Endungen, die aber eher *veratz verassa* ergeben haben würde. — Den Schluss macht eine Untersuchung über das Metrische in den Versen auf die heilige Eulalia. Vielleicht ist es mir vergönnt, bei einer andern Gelegenheit darauf zurückzukommen.

[414] Ich schliesse diese Anzeige mit dem Wunsche, Hr. Paris möge fortfahren, die romanische Sprachwissenschaft mit seinen schätzbaren Beobachtungen zu bereichern. Friedr. Diez.

---

[1]) [S. 55.]

Zur Kritik der altromanischen Passion Christi[1]).

Nachdem ich im Jahr 1852 von den beiden durch Champollion-Figeac bekannt gemachten altromanischen Gedichten, der Passion Christi und der Legende vom heil. Leodegar, einen mit Anmerkungen begleiteten Abdruck herausgegeben hatte, erschienen drei Jahre später in den gelehrten Anzeigen der bayrischen Akademie der Wissenschaften kritische Bemerkungen über denselben Gegenstand von Prof. Conrad Hofmann, welche sich grossentheils, wie sich versteht, auf meine Behandlung und Auslegung des Textes bezogen. Es ist mir eine theure Pflicht, die bedeutende Aufklärung, welche den schwierigen Denkmälern durch die Forschung eines unsrer ersten Kenner, die sich über mehr als dreissig Stellen des ersten und über mehrere des zweiten Gedichtes erstreckt, zu Theil geworden, ausdrücklich, wenn auch spät, anzuerkennen. Die Kritik dieser Sprachurkunden hat allerdings etwas Missliches, das ich auch in meiner Ausgabe nicht unberührt gelassen habe: dass ihr die Vergleichung des Manuscriptes mit dem uns vergönnten Abdrucke versagt ist, dessen Zuverlässigkeit ich schon damals aus einigen Abweichungen vom Facsimile in Zweifel gezogen hatte. Auch Hofmann hebt diesen Misstand hervor und spricht dabei namentlich aus, dass die Mehrzahl der Fehler nicht der Handschrift, dass sie vielmehr den neueren Abschreibern zur Last falle, die Kritik also in Ungewiss-

[1]) [Jahrbuch für Romanische und Englische Literatur (1866) Bd. VII S. 361–380.]

heit sei, wem sie dieselben zuzuschreiben habe. Demungeachtet würde es eine grosse Selbstüberwindung kosten, mit der Berichtigung und Deutung der aus dem doppelten Gesichtspunkte der Grammatik und Litterärgeschichte anziehenden Denkmäler inne zu halten. Es wird nicht verloren sein, was, auch ohne Befragung des Pergamentes von Clermont, zum Besten derselben versucht wird: das beweisen die unterdessen erschienenen handschriftlichen Berichtigungen zum Leodegar. Ob in Frankreich später noch etwas für das eine oder andre unsrer [362] Gedichte geschehen, ist mir nicht bekannt; dass dies nicht lange ausbleiben wird, lässt sich von dem glücklichen Fortschritt, welchen die nationale Philologie daselbst gemacht, mit Zuversicht annehmen. Was nun unsre Studien betrifft, so wäre mit der einfachen Anerkennung einer gehaltvollen Forschung der Sache nicht gedient: diese Anerkennung ist unzweifelhaft schon geschehen. Ich gehe etwas weiter, indem ich der Abhandlung mehrere Randbemerkungen beifüge, zustimmende oder einen Zweifel aussprechende; doch beschränke ich mich für jetzt auf die Passion, welcher man den Vorzug, das bedeutendste Gedicht der vorlitterärischen Zeit zu sein, nicht bestreiten kann [1]).

Folgende Berichtigungen oder Erklärungen sind unbedenklich zu genehmigen: Strophe 2[b] *inter nos*, lies *in terra* nach dem Facsimile; 17[d] *siggnum*, l. *vigg nu m*; 29[a] *per cho inded*, l. *perchoinded* (der Verf. wird wohl *perchoinda* . . . *neiera* geschrieben haben, da das Fut. Indic. hier das richtige Tempus ist); 44[b] *occir fesant*, l. *occisesant*; 14[d] *to*, l. *t'o*; 48[d] *sil*, l. *fil*: 50[c] *seu neier*, l. *senneier* = *se neier*; 56[c] *Juda*, l. *vida*; 73[c] *non*, l. *nos*; 73[d] *es*

[1]) Sollten wir darin etwa nur ein Bruchstück, den letzten Abschnitt eines das ganze Leben Christi umfassenden, dem Otfriedischen ähnlichen, wenigstens in seinem Baustile ihm vergleichbaren Werkes besitzen? Der Anfang *Hora vos dic* ist geeignet, auf eine solche Vermuthung zu leiten, denn mit *hora* hebt nicht leicht ein erzählendes Gedicht an: man bedient sich dieser Partikel, wenn man zu einem neuen Abschnitt übergeht, wie im Leodegar 26, oder wenn man eine Vorrede vorausgeschickt hat. Es gibt allerdings erzählende Gedichte, die mit *Or entendez, Or faites pais* anheben, hier aber ist *or* die den Imperativ begleitende Interjection. Dass es freilich auch Poesien gab, die aus der Lebensgeschichte des Heilandes nichts anderes als seinen Tod zum Gegenstande hatten, ist bekannt; in der früheren lateinischen Litteratur des Mittelalters waren es hauptsächlich Hymnen und Elegieen.

mes, l. *esmes*; 77[d] *ne dest*, l. *redest* = *redenst*; 81[d] *sanz*, l. *s'ant*; 82[d] *jusche la*, l. *jusches a*; 92[b] *pece*, nicht = *pechez*, sondern = *piece*; 95[a] *et qui*, l. *equi*; 95[b] *soz*, l. *soi*; 106[d] *sil con l'audit*, l. *si l conjaudit*.

[363] Strophe 5. *cum el perveing a Betfage, vil' es desoz mont Oliver*. In *vil* erkennt H. nicht *vila* (Hof), sondern zerlegt es in die beiden Wörtchen *u* und *il*: »Betfage, wo es ist unter dem Oelberg«. Diese Umschreibung »wo es ist« für das schlichte Betfage am Oelberg (*ad montem qui vocatur Oliveti* Luc.) hat etwas Gesuchtes, Unübliches. Diese Auslegung wendet H. auch auf den Vers 30[b] *Gehsesmani vil' es n'anez* an, wiewohl *vila* hier im Original vorgezeichnet war: *tunc venit Jesus in villam, quae dicitur Getsemani* Matth. Man vermisst die Präposition vor dem Ortsnamen: da aber auch sonst dem Verbum *anar* transitive Kraft zugestanden wird, wie in *aler valées* (durch die Thäler wandern), so kann die Abwesenheit der Partikel kaum auffallen.

29[c] *Pedres fortment s'en aduned, per epsa mort no l gurpira*. Der zweite Vers enthält die Worte des Jüngers, der erste könnte also bestimmt sein diese Worte einzuführen, z. B. »Petrus versicherte oder betheuerte, er werde ihn nicht verlassen«. Diese vom Zusammenhang empfohlene Bedeutung ist aber in *adunar*, welches auch 43[c] und 101[a] vorliegt, nicht enthalten. Henschel hatte das mittellat. *idoneare*, *eduniare* (von einer Beschuldigung reinigen) darin erblickt; Hofmann, der uns dies mittheilt, findet mit Recht Schwierigkeiten der Form darin. Man könnte *advuet* lesen, denn auch das Bekennen (franz. *avouer*) ist ein Erklären, aber ein Erklären in Beziehung auf etwas Geschehenes, und *s'en* würde bedeutungslos dastehen. Ich wage einen andern Versuch. *Aduner* lässt sich auch als eine mundartliche Variante von *adoner*, neufranz. *adonner*, auffassen. Zwar hat unser Text immer *doner*, nie *duner*, allein vor *n* ist *o* unsicher, *passiun* z. B. steht gleichberechtigt neben *passion*. Das Verbum *s'adoner* aber hat im ital. *adonarsi* die von der Crusca hinlänglich sichergestellte Bedeutung sich ereifern, aufgebracht werden (eigentlich wohl sich hinreissen lassen): warum sollte es diese Bedeutung nicht auch in einer Schwestersprache entwickelt haben? Also »Petrus ereiferte sich heftig darüber« und nun folgen seine Worte ohne ein vorausgeschicktes *verbum dicendi*, [364] was auch der geringste Dichter sich erlaubt und was der unsrige 90[c] thut.

34[b] *zo lor demande que querént.* H. liest *queret* = *queretz*, durchaus zu billigen, wie denn auch auf diese directe Frage eine directe Antwort folgt.

47[b] *a coleiar fellon lo presdrent.* Ich hatte *colpeiar* = ital. *colpeggiare*, span. *golpear*, für *coleiar* vermuthet, indem ich mich an *colaphis cum ceciderunt* hielt. H. nimmt *coleiar* in Schutz, und seit ich bei Carpentier s. v. *colaphus* aus einem handschriftlichen Leben Christi die franz. Form des prov. Verbums gefunden *(jel ci hui main si coloier)*, entschied ich mich gleichfalls dafür. Nur halte ich *coleiar* nicht für abgeleitet aus *colada*, woher nur das vorhandene *coladeiar* kommen konnte, sondern unmittelbar aus dem Subst. *col*, indem das Verbum eine gegen sein Primitiv gerichtete Thätigkeit ausdrückt, wie z. B. das ital. *fiancheggiare* (die Seite verwunden).

48[a] *fins en las ostias estet Petre.* Mir schien *fins* ein Schreib- oder Lesefehler für *fors*, theils weil jenes im Prov. nicht vorkomme, theils wenn es darin vorkommen sollte, seine Bedeutung *(bis)* hier keinen rechten Sinn gebe. Ersteres berichtigte ich indessen einige Zeit nachher (Etym. WB. 2. Ausg.), und was das zweite betrifft, so scheint das prov. Wort nicht eigentlich das Ziel, sondern die Nähe auszudrüchen, wie in dem Verse *de lai de Monpeslier entro fis a Bordela* »bis nahe an Bordeaux«. Und so kann man auch in unsrer Stelle, wenn *fins* richtig gelesen ist, übersetzen »nahe an der Thüre stand P.«. Die bei Honnorat angegebene der Etymologie widersprechende Bed. »in« scheint mir eine spätere Ausartung.

48[c] *et de sa raison si l'esfred.* Man lese mit H. *esfredét* durch Versetzung des vorangehenden *et*, welches über *esfred* gestanden haben und vom Schreiber falsch eingerückt sein konnte. Ich nahm *esfred* für eine Zusammenziehung aus *esfrédet*, bin aber über einen solchen Vorgang unsicher geworden.

52[c] *de Jhesu Christi passion am se patierent a ciel jorn.* H. vermuthet *paiierent.* Darüber wäre denn doch [365] die Handschrift noch einmal zu befragen, denn die Schwestersprachen gestatten die Annahme eines altfranz. *patier.* Vorhanden sind prov. *pati* (von *pactum*), *pacha (pacta)*; *pateiar* findet sich verzeichnet im Gloss. occit., zwar unbelegt, aber unverdächtig.

70[b] der räthselhafte Vers *anz lai dei venir oculai sei* scheint mit glücklichem Scharfsinn und ohne starke Correcturen gelöst:

anz lui doi venjro cu l'aisci: »zwei (der Bösewichter) traten vor ihn mit dem Essig«; *venjro* nämlich schlecht geschrieben für *vengro*. Nur die fast unprovenz. Präposition *cum* befremdet etwas; überdies ist um des Reimes willen zu vermuthen, dass der Dichter statt des unfranz. *aisei* das bekannte *aisil* (s. Etym. WB. II.) [= S. 505 der 4. Ausg.] gebraucht habe.

80 ª *uns del(s) felluns chi sta iki, sus en la cruz li trenlazet.* Champollion hatte sich unter dem letzteren Worte *traslanzet* gedacht, ich schlug *li trais azet* vor, besser ist Hofmann's *li ten l'azet.* Aber auch hier, wie 70, empfiehlt der verletzte Reim, *aisil* zu setzen: *azet* und *aisei* scheinen mir in den Text hineingebrachte Provenzalismen, dieses aus jenem entstanden wie *aunei* aus *alnetum*.

93 ª *Christus . . . ja fos la carn*[1]) *de lui aucise, regnet pocianz se fena.* H. vermuthet für den letzten Vers *li regnet cristians ne fine.* Ich muss bei meiner Deutung beharren: *pocianz* ist ein vorhandenes Wort mit einer in den Zusammenhang passenden Bedeutung: *i* ward, wie öfters bei den Alten, wenn es sich mit *ç* oder *s* berührt, versetzt, also *pocianz* = *poissanz* wie unten *crecient* = *creissent*. Dem Schlusse des Verses fehlen zwei Silben und hier ist Raum für Conjecturen. Man könnte z. B. setzen *et no se fine:* »Christus, wenn auch sein Fleisch getödtet ward, herrscht mächtig und stirbt nicht«. Es ist nur anzufügen, dass *finer* sonst ohne Reflexivpronomen gebraucht wird.

95ᶜ *et li petit et li gran.* Es fehlt eine Silbe. H. bessert darum *et tuit li petit.* Ich hatte *petitet* vorgeschlagen und halte diese Ergänzung noch jetzt für sicherer, weil es leicht geschieht, dass von zwei gleichlautenden Silben eine der Feder entfällt.

[366] 101 ᵇ *a las femnes si parlet, 'dis vos neient ci per que creniez.* Die Versetzung von *dis* an die Spitze des ersten der beiden Verse scheint mir hinlänglich gerechtfertigt, wie auch die Verwandlung von *neient* in *venent* = *venez* eingeräumt werden darf.

120 ª *il des abanz sunt aserad.* Das Verbum ist schwierig. H. vermuthet *aferad*, also *aferar* für das vorhandene *esferar* »vorher sind die Jünger eingeschüchtert«, und dies fügt sich ganz wohl in den Zusammenhang. Wir werden gleich unten darauf zurückkommen.

[1]) [*charn*. Ausg. von 1852.]

120[c] *en pasche veng vertuz de cel.* Mit Recht wird *pasche* in *pas che* getrennt: dieselbe Partikel *en pas que* (sobald als) begegnet auch Strophe 100, bei den Späteren kommt nur das verstärkte *en eis lo pas* (auf der Stelle) vor. Von den Ostern, die freilich Strophe 23 auch *pasches* heissen, konnte hier keine Rede sein.

125[c] *lo cap a crut et vegurad, per tot es mund es adhorad.* Das allerdings unstatthafte *cap* liest H. *çap* = *sap* und erklärt dies mit Stamm »der Stamm ist gewachsen und stark geworden«. Es soll wohl *cep* heissen (lat. *cippus*), vielleicht hat die Handschrift *cæp*, *æ* für *e*, wie in andern Fällen. Nicht zu dulden aber ist die Crasis in *crut* für *créut* = pr. *cregut.* Die Besserung liegt nah, indem man die Verba im Perfect nimmt: *lo cep acrut* etc. »der Stamm wuchs und ward kräftig«, was freilich einen hibriden Reim gibt (*vegurad* franz., *adhorad* prov.), den sich aber der Dichter auch anderwärts gestattet.

Bald nach Erscheinung meiner Ausgabe theilte mir Prof. Delius über die beiden altromanischen Gedichte eine Reihe handschriftlicher Bemerkungen mit, welche, wie sich erwarten lässt, zur Aufklärung bedenklicher Stellen nicht wenig beitragen. Ich erlaube mir, mehrere derselben hier aufzunehmen. Einigemal trifft er mit Hofmann zusammen, so 17[d], wo er *ving nu m* [1]) für *siggnum*; 95[a], wo er *equi* für *et qui* liest; 100[a] wo er *en pas* ebenso auffasst.

26[b] *diables enenz en sa gola,* lies *er' enz* für *enenz.* Das Original hat *introiit,* meine Lesung war *ven enz.*

[367] 60[b] *que de sa mort posche s neger.* D. erkennt in *neger* (für *neyer*) das franz. *nettoyer* mit Berufung auf *denciar* Lex. rom. »damit er sich wegen seines Todes reinigen könnte«. Dieses irgend einmal vorkommende sonst unübliche *denciar* scheint mir verschrieben oder umgestellt aus *nedciar*, eine Abkürzung des letzteren in *neiar* halte ich für zu stark.

80[b] *sus en la cruz li trenlazet,* l. *ren l'azet.*

98[b] *cum soleilz soes esclairaz,* l. *si es* oder *s'i es* für *soes.*

101[c] *'dis vos, neient ci per que creniez'*, vgl. oben Hofmann. D. lässt den Text unangetastet und übersetzt: »er sagte: ihr Frauen, nichts ist hier zu fürchten«.

[1]) [S. ob. S. 207.]

111 [c] *sa passions peisons tostás, lo mels signa de deitat* »sein Leiden (bezeichnet) der gedörrte Fisch« cet. Trotz der Unvollständigkeit des Satzes, dessen Verbum erst aus dem folgenden *signa* gefolgert werden muss, ist die Erklärung annehmbar, da auch *peisons tostás* = *tostaz* dem lat. *partem piscis assi* Luc. 24 entspricht.

114 [a] *e par* [1]) *es mund coal allar*, l. *carnal* für *coal* »und durch diese irdische Welt zu ziehen« in loser Beziehung auf das vorhergehende *parlet*.

120 [a] *il des ubanz sunt aserad*. Wir sahen vorhin, dass H. *aferad* vorschlägt. D. verweist auf das vorhandene Verbum *escrar* (*enserar* Lex. rom.). Ehe nämlich der heil. Geist über sie kam, hielten sich die Apostel eingeschlossen: *cum fores essent clausae ... propter metum Judaeorum*. Sicher befriedigend. Ich bemerke nur, dass das im Text vorliegend *aserar* sich auch auf das ital. *asserrare* berufen kann.

Ich füge noch einige geringfügige Besserungen von mir selbst bei.

7 [d] *canted aveien de Jesu Crist. Aveien* würde dreisilbig sein: man lese *avién* wie *soliét* 115 [b] *serviét* 4 [?].

9 [b] *lo reis poderz*. Das nahe liegende *podenz* gewährt auch das alte Alexanderlied.

11 [c] *palis, vestit, palis, mantels*. Die Wiederholung von *palis* kann nur in einem Schreibfehler liegen. Es wird einmal heissen sollen *peliz*, welches sonst nur in [368] dem Compositum *sobrepeliz* vornommt. Matthäus weiss bloss von *vestimentis*.

21 [b] *als Judeus vengue en rebost*. Es muss *vengre* gelesen werden wie 100 [c].

58 [a] *cum aucidrai, cui vos est rei?* Der Verfasser wird für *cui* cet. geschrieben haben *cu vostre rei* gemäss der Stelle des Evangelisten *regem vestrum crucifigam*, wovon abzuweichen kein Anlass war.

62 [c] *corone* [2]) *prendrent de las espines*. Ich hatte die zu *espines* passende und das Metrum herstellende franz. Form *dels* für *de las* vorgeschlagen. Hr. Paul Meyer *(Sur le chant de S. Eul.)* scheint kein altfranz. Feminin *dels* anzuerkennen, wiewohl das neufranz.

[1]) [*per* Ausg. von 1852.]

[2]) [*corona* Ausg. von 1852.]

des den Vorgang einer solchen Form voraussetzt. Sie findet sich übrigens in *dels psalmes* 10ᵃ sowie in *dels honors* Leod. 2ᵃ. Erst durch die prov. Uebersetzung ist der Fehler in das Metrum gekommen.

67ᵇ *davan la porta de la ciptat.* Der Vers leidet an einer überfliessenden Silbe. An *porta de la ciptat* lässt sich nichts ändern: weder kann *porta la c.* noch *a la c.* gesagt werden. Der Fehler muss in der Präposition liegen. Vielleicht schrieb der Dichter *anz*, welches aber der Schreiber, da es in örtlicher Bedeutung schon etwas ungewöhnlich sein mochte, mit dem üblichen *davan* vertauschte. Dagegen ist Hr. G. Paris (*Sur le rôle de l'acc. lat. p. 128*) geneigt, in diesem wenn auch achtsilbigen Verse eine Art Cäsur (nach der fünften Silbe) anzunehmen.

72ᵈ *el escarnie rei Jhesum.* Man lese *escarneie* (Imperf.) wie *aveie* 8ᵈ.

76ᵃ *o deus, vers rex, Jhesu Christ.* Lies etwa *o vers rex.*

83ᵈ *qual agre dol, no l sap*[1]) *om vils* (Ms. *inls*). Ich nehme *agre* nicht für das Adjectiv, welches kein übliches Epithet zu *dol* ist, sondern für das Plusquamp. von *aver*, besser prov. *agra*, rein franz. *auret.* Damit verträgt sich auch die Abwesenheit des flexivischen *s.* Die Trennung des Substantivs *dol* von seinem Adjectiv ist ganz im Stile des Gedichts.

[369] 128 *Xpistus Jhesus qui man en sus*, l. *mans;* die dritte Person wäre nicht correct.

Es gibt der Stellen, welche der bessernden Hand bedürfen, noch mehrere und weit schwierigere, wie z. B. 68ᵇ; 125ᵃ·ᵇ. Warten wir aber, wo wir nicht durchkommen können, auf die Vergleichung der Handschrift, damit wir Zeit und Kraft nicht umsonst aufwenden.

Ich gehe nun noch auf einige andre Seiten unsres Gedichtes ein, die ich früher nur flüchtig oder gar nicht berührt habe.

Man darf voraussetzen, dass eine Sprachurkunde aus vorlitterärischer Zeit noch einzelne veraltete Wörter berge, solche, die sich, was Frankreich betrifft, im 12. oder 13. Jahrhundert nicht mehr vorfinden. Diese Voraussetzung wird durch die Erfahrung genügend bestätigt. Die Eidschwüre haben das unfranzösische *d' ist di*, Eulalia *regiel*, *polle*, Boethius *amosir*, *fremna*,

[1]) [*ab* Ausg. von 1852.]

guigre, nuallor, quandius somsis u. a., das Alexanderlied *parv* u. a., der Sermon *enquar* (später kaum vorhanden), *manemá*. Wo dergleichen Vocabeln fehlen, ist das Alter einer Sprachurkunde freilich noch nicht verdächtig, wo sie vorhanden sind, gehören sie zu den Kriterien desselben, liefern also ein positives, kein negatives Argument. Es sind in der Passion etwa die folgenden. *Alo, Allo* 29 ff. Adverb, von *ad locum*. *Baisol* [1]) 38^{b} von *basiolum*, sonst nirgends gebraucht. *Claufisdrent* 57^{b} einen Infinitiv *claufiger* oder *claufire* voraussetzend, wofür sich nur *cloufichier*, prov. *claufijar* vorfindet: *sus e la crot batut e claufiget* [2]), *Myst. d. vierges sages*. [S. 4] *Condormir, condurmir* 27^{c}, 31^{b} nur im Lat. vorkommend. *Cridazun* (emendiert) 72^{b}, lat. *quiritatio*. *Cuschement* 88^{b} [3]). *Den* 30^{a} Leod. 21^{a}[?], lat. *de-inde*. [370] *Des abanz* 102^{d} 120^{a}, desgl. *desanz* [4]) 42^{b} Leod. 31^{b}. *Ensobretot* 12^{c}, 47^{c} vgl. altfranz. *ensorquetot*. *Envenir* 44^{c}, lat *invenire*. *Equi* 111^{a} Adv., dafür *iki* 80^{a}, letzteres auch später üblich. *Nenperro* 85^{a}, d. i. *n-en-per-o* Adv. *Nuvol* [5]) 117^{d} von *nubilum*, aber weiblich wie *nubes*, prov. *nivol*. *Patier* 52^{d} schon oben beachtet. *Percoindar* 29^{a} von *percognitus*, sonst unbekannt. *Senps* 104^{b} von *simul*, später nur *essems*. *Vestit* 63^{b}, 11^{c}, lat. *vestitus*, ausserdem nur im Casseler Glossar. *Vila* 30^{b} (für *villa*) noch in latein. Bedeutung. Diese Wörter fehlen denn auch bei Roquefort und Raynouard. — Auch andre Wörter und Formen sind mehr oder minder beachtenswerth. *Adun* 34^{c}, 46^{b} = ital. *a uno*, noch später *aün*, aber unhäufig. *Am* 59 [?] aus *amb, ab*, das älteste Zeugniss dieser Form. *Angeles* 99^{a}, dreisilbig, später fast durchaus zweisilbig und zu sprechen *anjles*, vgl. *G. Paris*, *Sur le rôle de l'accent lat.* p. 26. *Arberjar* 97^{d}, alterthümliche mit ihrem radicalen *a* das althochd. *hari* abspiegelnde

---

[1]) [*baizol*. Druck von 1852.]

[2]) [Monmerqué und Michel drucken *clau figet*.]

[3]) *l'aromatizen cuschement*. Die prov. Form würde *cusc* sein: eine solche findet sich *Lex. rom.* II. 533, aber ihre Bedeutung ist in dem Bruchstück unsicher. Dagegen gebraucht der valencianische Dichter A. March *cant. d'am.* dasselbe Wort in der ziemlich klar vorliegenden Bed. blöde, schüchtern, und dies führt auf unser keusch, ahd. *kûski*, während das entsprechende altsächs. *cûsco* (Adv.) mit seiner Bed. geziemend, ehrerbietig der obigen Stelle vollständig genügt.

[4]) [*desans*. Druck von 1852.]

[5]) [*navols*. Druck von 1852.]

Form. *Azet* 80[b], von *arctum*, ausserdem nur vorhanden in einem gleichfalls geistlichen Gedicht. *Poés. relig. p. p. P. Meyer* p. 7. *Eps* 3[b], *medeps* 46[d], mehrfach bei den Alten. *Malabde* 116[c] gleichfalls Archaismus für *malaute*. *Meidi* 78[a] mit der männlichen Form *mei*, später weiblich *meie-di*, *mie-di* [1]). *Mel* 52[b] statt *mal*: so bereits im Fragm. v. Val., im Rolandslied p. 135 Müll. (1863) [= S. 212, 2. Ausg.], wo das handschriftliche *mal* keine Assonanz gibt, öfters im Renaut; diphthongiert *miel* im Leodegar [17[e]]. *Padir* 28[c], besser als das spätere *patir*. *Quaysses* 100[c], mit paragogischem *s*. *Saciar* 25[b] später kaum gebraucht neben dem üblichen *asaciar*. *Semper* drückt trotz seiner ganz lateinischen Gestalt öfters schon die Bedeutung *statim* [371] aus. *Sub* oder *sob* 16[d], 100[d] abgekürzt aus *sobre*, welches gleichfalls vorhanden ist. *Suscitar* 8[b] für das übliche besser assimilierte *reissidar (re-excitare) Toster* 111[c], 124[c] ital. *tostare*, fehlt prov. *Tradar* 38[b] von *tradere*, auch im Boethius und selbst der jüngeren Litteratur nicht ganz fremd. *Usque* 96[e] für *usque quo*. *Vassal* in der Bed. Kriegsknecht 92[c].

Zuweilen mischt der Verfasser nach dem Brauche seiner Zeit lateinische Wörter ein, aber nur liturgische, denn sicher war er ein Clericus. Dergleichen sind: *verus deus*, *spiritus*, *templum dei*, *ad dextris deu*, *secula*, *sepulcra*, *suspensus*, *passus* (Part. v. *pati*), wohl auch *judicar* 118[c] statt *jutjar*. Ueberdies unterwirft er romanische Wörter der lateinischen Schreibung, wie in *inter*, *semper*, *post*, *magis* (einsilb.), *adducere* (dreisilb.); *revivere* 9[c] aber lässt sich beurtheilen wie *receivere* Charlem., vgl. *G. Paris* l. c. p. 26. Es war schwer, sich ganz vom lateinischen Buchstaben loszusagen.

Was unsre Aufmerksamkeit besonders ansprechen muss, ist die grammatische Seite des Denkmals. Ich beschränke mich indessen auf einige Eigenthümlichkeiten aus der Lautlehre, da ich in meinen Abdruck die Formenlehre tabellarisch zusammengestellt habe, wozu freilich jetzt verschiedene Berichtigungen und Zusätze kommen würden.

---

[1]) Ich berichtige die Bemerkung in den altrom. Glossaren p. 62, dass *dies* im Romanischen schlechthin masculin sei. Ausser im Altitalienischen wird *dia* auch im Provenzalischen mitunter als Feminin gebraucht (s. Altrom. Denkm. p. 55, Gstl. L. [ed. Bekker in d. Abhandl. d. Berl. Akad. d. Wissensch. 1842. 4°. S. 387 sq.] num. 13. Z. 14), wozu die Endung *a* verleiten konnte. Altfranz. aber scheint *di* nur masculin zu sein, verbindet sich aber oft mit dem Feminin *mie* nach dem Vorbild von *mie-nuit*.

Die Schreibung *AE* für *e* in *quae* und *praciam* hat sich vielleicht aus merovingischer Zeit fortgepflanzt, deren Urkunden *macam*, *pracce*, *temporae* schreiben, und lässt sich auch im Leodegar bemerken, wo gleichfalls *quae*, *missae* (franz. *messe*), *pensaerz (penser)* vorliegt. Dieses *ae*, welches *ä* gelautet haben wird, ist zu unterscheiden von dem Diphthong *ae* = prov. *ai* in andern alten Sprachproben. Analog ist im Booth. *ee* für *ei* in *cobeetar* (dreisilb.) und *dereer* neben *dereir*.

I für *e* ist von geringer Bedeutung. Man sieht es in *lis* für *les* (Artikel), *omnis* für *omnes*, *seguin* für *seguen* (franz. *suivant*), *vidrit* für *vidret*. Leodegar schreibt gleichfalls *lis*, auch *mistier* (*mistirium* in merov. Urkunden).

Zwischen *O* und *U* bemerkt man, vornehmlich vor [372] *n*, dasselbe Schwanken wie anderwärts im Altfranzösischen und im franz. Mittellatein, vgl. *non*, *passion*, *sermon*, *ladron*, *fellon* mit *nu raizun*, *passiun*, *felun*, *tradetur* (mlat. *genitur* für *genitor*), *unque*, *dunc*, *sunt*, *mund*, *nuncent*, *numnat*, wogegen die ältesten provenzalischen Sprachproben *u* auf das schon im Lateinischen vorliegende *u* zu beschränken pflegen, Boethius z. B. *sunt*, *dunt*, *ultra*, doch *rascundre*, der Sermon *sun*, *munz*, doch *num (nomen)* schreibt.

Die aus *E* und *O* entspringenden Diphthonge *IE*, *UE* sind unserm Denkmal nicht bekannt. Es spricht *beu*, *cel*, *mel*, *ped*, *set*, *ven*, *deu*, *greu* = franz. *biel*, *ciel*, *miel*, *pied*, *sied*, *vient*, *dieu*, *grief*; nur im Pronomen *ciel* hat *ie*, das hier aus *i* hervorgeht, eine Stelle gefunden. Ebenso spricht es *fog*, *pod*, *lor* = *feu*, *peut*, *leur*. Auch Boethius und der Sermon wissen von diesen beiden Diphthongen nichts. Prov. *AU*, *EI*, *OI* = franz. *o*, *oi*, *ui* sind vorhanden, z. B. *aucidre*, *aurelia*, *destreit*, *peison*, *deit*, *enveier*, *noit*, ein franz. *oi* = prov. *ei* aber nicht. Ausser in *sou* (lat. *suum*) kommt die franz. Combination *OU* nirgends vor: um so sicherer ist ein wenn auch wiederholter Schreibfehler (27^d, 37^b) darin zu vermuthen für *son*.

Bei den Consonanten ist die Regel, welche im Auslaut keine Media erlaubt, noch nicht zur Geltung gekommen. Die Orthographie blieb hinter der Aussprache zurück und erst die spätere Zeit führte eine genauere Unterscheidung der Laute ein. Unser Schreiber setzt *ab* (einmal *ap petdres* 124^d durch Assimilation), *sab*, *prob*, *pod*, *vid* (lat. *vidit*), *peccad*, *ag*, *jag*, *fog*, *perveng*, *sosteg* und so thun seine Zeitgenossen allgemein. Entsprechend steht *v* für *f* in *serr*, *salv*. wie im Alexanderlied *parv*.

Sowohl *C* wie *CH* vertreten das lat. *c* vor *a*, z. B. *cab*, *carn*, *carnals*, *cantes*, *peccad*, *cher*, *branches*, *posche* (pr. *puescu*), *donches* neben *dunques*.

D wird nirgends auf provenzalische Weise durch *z* ausgedrückt und auch hier stimmen die ältesten Sprachproben bei, so dass diese durchherrschende Assibilation des *d* eine spätere Entwickelung scheint.

[373] Dass *G* in *neger* und *percogded* einem weichen Palatal entspreche, habe ich an einer andern Stelle berührt. Nicht zu übersehen ist die Combination *TG* anstatt des einfachen *g* in *lenguatges* 121ᵃ wovon hier vielleicht das älteste Beispiel vorliegt, geschrieben *lenguatgues*.

K für *qu* wird, ausser in *iki* 80ᵃ nicht gebraucht.

Indifferentes *N*, ein Merkzeichen provenzalischer Mundart, kommt vor, denn sowohl *tan*, *felon*, *ven*, *un*, *non* wie *ta*, *felo*, *ve*, *u*, *no* wird geschrieben; so im Leodegar *un* und *u*, *son* und *so (suum)*, *Ewruin* und *Ewrui*. Auch Boethius kennt dieses unsichre *n*, nicht so der Sermon, der nur von einem unwandelbaren *n* weiss. Französisch dagegen darf man auslautendes *M* für *n* nennen *(passium, ecirum)*, weil die Aussprache beider Buchstaben in diesem Falle dieselbe war.

Pleonastisches *P* zeigen *redenps*, *senps*, im Leodegar *devemps*, *cantomp*, *compte*, *corropt* (franz. *courroux*).

Auslautendes *T* scheint für *tz* oder *ts* zu genügen, wie in *mort* 3ᶜ, *talant* 19ᵃ, *part* 39ᵇ, *prendet* 36ᵈ, was man auch sonst bei den Alten wahrnimmt, vgl. Jahrbuch I. 364 (wozu noch Beispiele aus einer *Épître farcie ed. G. Paris*, Jahrb. IV. 313 kommen, wie *escotet*, *cuntrat*, *dent*). Ebenso genügt auslautendes *Z* schlechthin statt des hier und überhaupt in den ersten Quellen kaum gebrauchten, erst etwa gegen das Ende des elften Jahrhunderts üblicher gewordenen *tz*: so in *amenaz*, *poz* (lat. *potes*), *toz*, *letz (laetus)*, im Leodegar *asaz*, *mentiz*, *afflicz*, aber doch *pechietz* 38ᶜ, in S. Eulal. *empedementz* 16.

Was die metrische Seite des Gedichtes betrifft, so müssen wir das älteste romanische Beispiel des achtsilbigen Verses darin anerkennen. Der Bau desselben ist mit geringen Ausnahmen regelmässig und musste es sein, da das Werk, aus den Musiknoten zu schliessen, zum Gesange bestimmt war, wobei alle Strophen derselben Melodie unterlagen. Niemals greift der Sinn aus dem ersten Verspaar der Strophe in der Art in das zweite hinüber, dass ein im zweiten Vers angefangener Satz erst im dritten seinen Abschluss fände (darum ist 14[b] hinter *pechet* zu interpungieren). Unter den 516 Versen [374], aus denen das Werk besteht, finden sich etwa 12 die Silbenzahl verletzende, aber gewöhnlich leicht zu berichtigende: an mehreren ist dies in den obigen Bemerkungen zum Texte geschehen. In der Silbenzählung sieht man die ohne Zweifel durch die Volkspoesie überlieferten Regeln der Troubadours bereits ausgebildet. Die Endung *IA* (mit betontem *i*) z. B. wird im Boethius meist zweisilbig gebraucht, seltner einsilbig, wie in *di-a* und *dia* (lat. *dies*) *avi-a* und *avia;* im Reim und der Cäsur immer zweisilbig (daher 176 zu lesen ist *dis* für *dias*, im Reim auf *vis*). In unsrer Passion findet sich diese Endung kaum, *sia* 60[d] ist einsilbig, *sia* 90[d] ist unbestimmt. Die entsprechende verbale Endung *iet* ist einsilbig in *serviet*[1]) 4, *soliet* 115[b], *veniet* (geschrieben *vegnet*) 37[a], gleich dem altfranz. *eit* in *serveit, soleit, veneit* (auch hier *aveit* 42[b]); zweisilbig nur in *voliet* 52[b]. Im Boethius 70 ist die Pluralendung in *sol-ient* einsilbig. *Di-able* macht bei den Alten, und so in der Passion, stets drei Silben, bei den Späteren mitunter zwei wie im Neufranzösischen. Die tonlose Endung der Substantiva *ia* ist in beiden Gedichten zweisilbig, so *graci-a, glori-a, labi-a,* im Alexander *pecuni-a*, *Greci-a* und *Gretia*, im Boeth. *Grecia.* Die Endungen *UA*, *OA* sind in der Passion überall zweisilbig, *su-a, so-a, so-e, du-as,* auch im Boeth. *do-as.*

Alle altromanische Poesie gestattet den Hiatus und so ist er auch hier in voller Anwendung, kommt selbst zweimal in einem Verse vor, wie 110[c] *zo pensent il que entre els.* Im Leodegar 17[b] wird er einmal durch eingeschaltetes *t* getilgt: *ut il.* Synalöphe und Elision verhalten sich gleichfalls in bekannter Weise: *la'sgarded* z. B. ist wie *riqueza 'star* im Boethius.

In der Handhabung der Assonanz steht unser Christuslied den Epopöen gewiss nicht nach. Es ist nicht zu vermuthen, dass man einen Schmuck der poetischen Rede, für welchen jedes Zeit-

[1]) [Diese Form findet sich nicht im Boethius. Diez wird hier den Leodegar gemeint haben, woselbst *serviet* einsilbig vorkommt: 4, 6.]

alter Empfänglichkeit hat, der sich überdiess so leicht darbot, mit Nachlässigkeit behandelt haben sollte. Nur muss man, was die Gültigkeit der Assonanzen betrifft, im gegenwärtigem Falle einiges einräumen. Die Combination *ai* nämlich muss in [375] doppelter Geltung genommen werden, einmal als prov. Diphthong, wo sie auf *a* reimen kann, wie in *forsfait* auf *occiscsant* 44ª, *paschas* auf *faita* 23ᵇ und sodann als franz. Mischlaut, in welcher Eigenschaft sie auf *e* reimen darf, wie etwa (wenn man nicht ändern will) in *fait suscitet* 8ª, *montet sai* 117ª. Dass *éi* und *éu (deus)* mit *e*, *íu* mit *i*, *ói* mit *o*, *úi* mit *u* assonieren, versteht sich. Einige Fälle bedürfen allerdings einer wenn auch leichten Correctur, z. B. *fei baisarai* 36ᶜ lies *fai*, denn *ei* für *ai* zu schreiben, ist die Handschrift geneigt; *Jehsum trestot* 71ᶜ, l. *trestuit*, wie die Grammatik verlangt: *morir ver* 84ᶜ, l. *moren; espaventet carn* 110ª, l. *chair* oder *espaventat;* von *aisil* für *aisei* 70ᵇ, oder für *azet* 80ᵇ ist oben die Rede gewesen, von *broncs* für *branches* 10ᵇ, von *esteit* für *era* 108ᵇ, in den Noten zu den altrom. Gedichten. Zuweilen hilft Umstellung der Wörter. So möchten die Verse *et per lo pan et per lo vin fort saccrament lor commandét* 24ª zu lesen sein *et per lo vin et per lo pan . . . commanda*; statt *lo bons Jhesus* im Reim auf *baizol* 38ᵇ lies *Jhesus lo bons;* statt *est il* reimend auf *fied* 45ᶜ, l. *il est;* statt *asez escarnid* auf *vestiment* 64ª, l. *esc. asez;* statt *atras* [1]) *seguen* auf *gaimentan* 65ª, l. *seg. atr.* oder etwa *atr. siwant.* Zahlreiche Ungenauigkeiten hat erst die Mischung der Mundarten verschuldet, wovon gleich unten. Schwierig scheint mir nur das eine Reimpaar *mais per vos et per vostre filz plorez assaz, qui obs vos es* 66ᶜ: *nez* (lat. *natos*) statt *fils* ist nicht wahrscheinlich, da das Original Luc. 23 *filios* hat; vielleicht *qu' obs vos es i* oder *ei.* — Dass einigemal, dem Reim zu genügen, Accentverschiebung vorkomme, habe ich früher angemerkt. Auch bei Dichtern der folgenden Jahrhunderte begegnen Beispiele dieser Licenz, namentlich im Albigenserkrieg, worin man z. B. *avesqués (episcopus), crestianesmés. membrés (membra)* liest; bei M. Ermengaut, P. Cardinal, G. Riquier, endlich noch in den *Joyas del gai saber.* S. darüber G. Paris im Jahrbuch IV 316; Mussafia Handschriftl. Stud. Heft III.

Auf einen Wechsel des Reimes im Bezirk der Strophe wird kein Werth gelegt: ein und derselbe kann viermal gebraucht

[1]) [*detras.* Ausg. von 1852.]

werden, und auch hierin folgt die junge romanische [376] Poesie nur ihrem Vorbilde, der mittellateinischen, die in der vierzeiligen Strophe dasselbe that.

Von Bedeutung für die Geschichte der Poesie des Mittelalters ist die in unserm Gedichte vorliegende **Mischung der provenzalischen und französischen Mundart**, eine Mischung, die auch in andern dichterischen Versuchen frühester Zeit, im Leodegar, Alexander, im Mysterium von den klugen und thörichten Jungfrauen, nicht in der Eulalia, nicht im Boethius, nicht in den beiden prosaischen Stücken Fragm. v. Val. und Sermon, aber dann wieder in epischen Werken des 13. Jahrhunderts, zum Scherz auch bei den Troubadours stattgefunden. Es wäre eine unfruchtbare Mühe, alle in der Passion enthaltenen Merkmale des einen und des andern Dialectes dem Leser vorzurechnen, er findet sie von selbst. Hier kann es sich nur fragen: Wie erklärt sich diese Mischung? Hat sie ihren Grund in einer vorhandenen zwischen Provence und Frankreich schwebenden Mundart, einer Gränzmundart? Oder ist sie in Folge einer mangelhaft durchgeführten Umwandlung oder Uebertragung einer Mundart in die andre von einem ungeschickten Bearbeiter in einen ungemischten Text eingetragen worden? Die erste Frage habe ich schon früher verneinend beantwortet: auch in sehr gemischten Mundarten muss irgend ein grammatisches Princip die Oberhand behalten, hier aber erscheinen beide Mundarten willkürlich durcheinander gewürfelt. Vermuthet man Uebertragung, so ist das beste Mittel, um zur Urschrift zu gelangen, die Prüfung der Reimwörter, da sich diese nicht überall übertragen liessen, ohne den Reim (die Assonanz) zu verletzen [1]). Vor allen Dingen muss als [377] thatsächlich bemerkt werden, dass die nicht vom Reim berührten Wörter

[1]) Es ist eine Methode, die sich von selbst versteht. Ich habe sie schon vor Jahren auf den provenzalischen *Fierabras* angewandt und mit ihrer Hülfe dieses Gedicht als eine Uebersetzung aus dem Französischen bezeichnet (s. Jahrbuch für wissensch. Kritik 1831 S. 156) [s. o. S. 104 sq.], was sich nachher bestätigt hat. Später habe ich diese Sprachmischung mit einer ähnlichen im poetischen Albigenserkrieg verglichen (Roman. Gramm. erste Ausg. I. 76)*), ohne freilich wahrzunehmen, dass dieselbe nur einem der beiden Verfasser des Werkes zur Last fällt, wie dies neuerlich Hr. Paul Meyer in einer trefflichen Untersuchung gezeigt hat. [*Recherches sur les auteurs de la Chanson de la Croisade Albigeoise* in der *Bibl. de l'Ec. d. Chartes* 6e sér. t. I p. 401 sq.]

*) [Diese Angabe fehlt in den späteren Auflagen der Rom. Gr.]

weit öfter der provenzalischen als der französischen, wenn nicht beiden Mundarten zugleich, angehören.

Was nun die Reimwörter betrifft, so muss man, wie sich versteht, alle gemeinschaftlichen in beiden Dialecten anwendbaren Reimpaare, wie *restit assis*, *dis Crist*, *monument pudenz*, deren es ungefähr 80 sind, als indifferent bei Seite setzen.

In andern Fällen sind beide Sprachen gleichberechtigt: die Verse reimen, aber das eine Reimwort ist französisch, das andre provenzalisch und eine Uebertragung der einen Sprache in die andre nicht möglich ohne den Reim zu zerstören. Man könnte sie hibride Reime nennen. Solche sind *levéd anez* 30ᵃ, *esfredét* (Conjectur) *neier* 48ᶜ, *lavéd neyer* 60ᵃ, *penser percoydéd* 85ᶜ, schwerlich *Judeu menez* 43ᵃ, *laiser* (Ms. *laisar*) *Judeu* 56ᵃ, *Judeu pechez* 60ᶜ, da das prov. *Judeu* buchstäblich auch in der normannischen Mundart, in andern *Jué*, *Juef* mit derselben Assonanz (für *Juif*) vorhanden ist. Ist es nun erwiesen, das der vorliegende Text den hibriden Reim wenigstens ausnahmsweise gestattet, so darf sich auch die Kritik dieser Freiheit bedienen, um die Reimlosigkeit einiger Stellen zu beseitigen. So dürfte man statt *ciutat* auf *sustequest* 4ᶜ lesen *citet*, statt *humilitad* auf *monted* 7ᵃ *humilited* oder *monta*, statt *tornat* auf *perveng* 119ᵃ *tornet*, und auf diese Weise wäre auch den Reimen 18ᵃ, 25ᵃ, 27ᵃ, 69ᵃ, 86ᵃ zu helfen, indem man jedesmal eine französische und eine provenzalische Form annähme.

Aber dies alles entscheidet nichts für unsre Frage. Stellen wir nun die Puncte zusammen, die zum Vortheil der einen oder der andern Mundart gereichen können. Bei der Abwägung der Reimwörter könnte das mit *o* wechselnde *u* einiges Bedenken machen, da es beiden Sprachen gemein ist. Aber es herrscht in französischen [378] Mundarten vor und namentlich ist das auf lat. *o* gegründete *u* geradezu unprovenzalisch.

Nicht zahlreich sind die ausschliesslich französischen Reime, solche die sich nicht ins Provenzalische übertragen lassen ohne den Reim aufzuheben. Sie sind: *plus fu* 2ᵃ (prov. wäre *fo*), *Hierussalem pechet* 14ᵃ, *manjer ped* 23ᶜ, *vol og* 40ᵃ, *fedel aveit* 42ᵃ, *Petre eswardevet* 48ᵃ, *vid devint* 53ᵃ, *audit feisis* 53ᶜ, *vide claufisdrent* 57ᵃ, *espines misdrent* 62ᶜ, *Jherusalem plorer* 66ᵃ, *ladruns Jhesum* 72ᶜ, *fu lui* 89ᵃ, *fidel soliet* 115ᵃ.

Provenzalische Formen, die den Reim zerstören, finden sich in folgenden Verbindungen: *deus carnals* lies *carnels* 2ᶜ, *fez aucis*

l. *fist* 3[a], *sunt aucidrant* l. *occidrunt* 16[a], *maisons laiserant* l. *laiseront* 16[c], *vidren enveie* l. *envie* 20[a], *mesdrent tradisse* l. *misdrent* 22[a], *fez audid* l. *fist* 28[a], *adunét gurpira* l. *aduna* 29[c], *escarnissent fedre* l. *fisdre* 47[c], *vestit retrames* l. *rétramist* 55[c], *vestirent mesdrent* l. *misdrent* 62[a], *dis forsfez* l. *forsfist* 73[a], *Christ mercet* 76[a] und *di mercet* 77[a] l. *mercit, veng criz* l. *vint* 79[a], *Marie presdré* l. *prisdre* (oder *prisdret*) 83[a], *part aportet* l. *aporta* 87[a], *aloen donat* l. *donet* 87[c], *salit venquet* l. *venquit* 94[a], *primers pecchiad* 95[a], *pecat lei* 96[c], *ben peccad* 127[c] l. *pechet, annunciaz oblidez* l. *annuncicz* 103[a], *Marie medre* l. *misdre* 105[c], *peds plagás* l. *plagués (playez)* 109[c], *chad ardenz* l. *ched* 119[c], *voluntaz fidels* l. *voluntez* 126[c]; überdies steht prov. *o* für franz. *u* 35[b] *(ginollos* l. *ginolluns)*, 37[a], 43[b], 59[b], 128[a].

Ferner bemerkt man eine grosse Zahl provenzalischer Reime, die sich mit Leichtigkeit, gewöhnlich durch Vertauschung eines Vocals, in französische übertragen lassen, wie *amenaz parad* 6[a]. Man sehe sie 1[c], 5[c], 6[a], 13[a], 13[c], 15[c], 18[a], 21[c], 30[c], 31[c], 32[a], 32[c] *(curren gutas)*, 33[a], 36[a], 37[c], 38[c], 45[a], 46[c], 49[a] *(cantés neiet*, franz. *cantast neia)*, 50[a], 58[c], 68[a], 74[a], 77[c], 81[a], 84[a], 86[c], 92[c], 96[a], 97[c], 98[a], 104[a], 107[c], 111[a], 111[c], 112[c], 113[c], 114[a], 115[c], 116[c], 120[a], 121[c], 123[c], 125[c], 126[a]. — Umgekehrt ist die Zahl französischer Reime, die sich in provenzalische umsetzen lassen, nur gering: *raizun passiun* 1[a], *cruz larruns* 71[a], *cruz cridazun* 72[a], *munt mult* 81[c], *manjer muncer* 26[c] und einige [379] andre auf *-er*, *neier picted* 50[c], *esclairet menet* (Particip) 51[a], *chamise faitice* 67[c]

Zahlreicher sind diejenigen provenzalischen Reime, welche jeder Uebertragung in französische widerstehen. Dahin gehören: *monstred Judeus* 19[a] und *aproismed Judeus* 33[c] (vgl. jedoch das vorhin über *Judeu* Gesagte), *pasches* (l. *paschas*) *faita* 23[a], *demandéd envers* 35[c], *sustéd aned* 39[c], *vai voldrát* 42[c], *reswardét fez* (*fit* Ms.) 49[c], *Golgota ciptat* 67[a], *mercet reng* 74[c], *fidel visquet* 91[c] (franz. wäre *vesquit*), *set parlet* 101[a], *voiat abanz* 102[c], *toz soi* 109[a], *els aparegues* 110[c] (franz. *apareüst*), *salv damnat* 114[c], *vendra mais* 125[a], *mespres perdonés* 128[c], *laudar secula* 129[c]. Die tonverschobenen *tradissánt* reimend auf *demandan* 20[d], *occisesánt* auf *fáit* 44[b] sind eher provenzalisch als französisch zu nennen, da dort die Flexion — *éssan*, — *issan* im Imperf. Conj. schon in frühester Zeit Eingang gefunden.

Ueberblickt man diese Thatsachen, deren Aufsuchung und Zusammenstellung ich mir gerne erspart haben würde, wenn ich keine Resultate auf diesem Wege erwartet hätte, so wird man sich überzeugen, dass die französische Sprache in den reimenden Wörtern ein grosses Uebergewicht behauptet. Der specifisch französischen d. h. nicht übertragbaren Reime (Reimpaare), wie *Jherusalem plorer*, sind es freilich nur wenige, etwa 14. Weit häufiger findet man neben französischen Formen provenzalische, die den Reim zerstören: sie sind handgreiflich aus dem Französischen übersetzt und müssen zur Herstellung des Reimes wieder zurückübersetzt werden. Solcher falscher Reimwörter (wie *carnals* auf *deus*) zählt man etwa 32. Ferner lassen sich zahlreiche provenzalische Reimpaare, etwa 47, unmittelbar in französische übertragen (wie *remembrar salvad*), aber nur wenige französische, ungefähr 10, in provenzalische (*manjer, nuncer* cet.). Da indessen unläugbar auch nicht wenige, ungefähr 20, prov. Reimpaare vorliegen, die sich nicht in französische umsetzen lassen (wie *demanded envers*), so ist die Annahme, der Dichter habe rein französisch geschrieben, nicht zulässig. Er selbst muss schon Provenzalismen eingemengt haben, denn zu seiner Zeit und selbst noch später machte ein Schriftsteller [380] keinen auf jedes Wort sich erstreckenden Unterschied zwischen den Zwillingsdialecten und nahm mitunter, z. B. um des Reimes willen, eine fremde Form auf, zumal wenn er der Sprachgränze nahe lebte, wie muthmasslich der Verfasser des Alexanderfragmentes. Aber ein Schreiber aus dem Süden befliss sich nachher, den Text dem provenzalischen Idiom noch näher zu rücken, was ihm bei den von der Assonanz nicht betroffenen Wörtern eine Kleinigkeit sein musste, denn diese sind, wie vorhin bemerkt, vorherrschend provenzalisch. Gleichwohl verfuhr er nachlässig: »er liess auffallende Gallicismen wie *par* für *per*, *les* für *laz* (Präpos.), *fut* für *fo*, *fraindre* für *franher*, *resurdra* für *resurgera* (das ihm freilich eine Silbe zu viel gab), *chedent* für *caden* (letzteres 35[b]), *estevent* für *estavan*, *prendrent* für *presdrent* und öfter *e* für *a* in der Nominalflexion einfliessen. Und wie er es gemacht hat, müssen wir es nun hinnehmen, und ihm obendrein noch dankbar sein, denn da es gewöhnlich gelingt, die beiden Mundarten darin zu unterscheiden, so bleibt es für die romanische Sprachkunde, für deren älteste Geschichte die Quellen so spärlich fliessen, immerfort ein bedeutendes Denkmal.

Bonn, im Sept. 1866.

Friedr. Diez.

Wiener Glossen[1]).

Unter die mittellateinischen Glossensammlungen, welche zur Geschichte des romanischen Sprachmaterials mehr oder weniger beizutragen geeignet sind, gehört unter andern eine lateinisch-deutsche der Wiener Hofbibliothek in einem aus Handschriften verschiedener Jahrhunderte zusammengesetzten Pergamentcodex, R. 3355, Blatt 234—236. Schon Denis [*Codices manuscripti theologici bibliothecae Palatinae Vindobonensis latini. Vindobonae* 1799. 1800. 2°] hat sie ediert (II, p. 1545), aber mitunter sehr fehlerhaft. Einen besseren Abdruck lieferte Graff, *Diutisca* III, 405[2]). Diese Sammlung ist ein Bruchstück von geringem Umfang, sie enthält nicht mehr als 92 Glossen, unter welchen eine doppelt; der lateinischen oder romanischen Wörter darin sind es 94. Sie ist schlechthin sachlichen Inhalts und betrifft den Ackerbau und Haushalt, namentlich Gefässe, Kleidung, Pferdegeschirr. Hoffmann von Fallersleben gedenkt ihrer und bemerkt, sie sei etwa aus dem 11. Jahrhundert, s. dessen Althochd. Glossen p. XXXI; in dasselbe Jahrhundert setzt sie auch Graff, Sprachsch. I, p. LXXIII. In der That sind die Formen noch rein althoch-

---

[1]) [Jahrbuch für Romanische und Englische Literatur, 1867, Bd. VIII S. 1—13.]

[2]) Sie hätte für das Casseler Glosar mit Vortheil benutzt werden können, was weder von W. Grimm noch von mir geschehen ist, von mir, weil mich die mehrfach darin vorkommenden Barbarismen und Dunkelheiten von ihrer Benutzung abschreckten. Neulich aber lenkte W. Wackernagel meine Aufmerksamkeit wieder auf sie und fügte seiner Aufforderung sie zu bearbeiten (welcher ich hiermit willig Folge leiste) eine Abschrift von Hoffmann v. F. bei, die den oben erwähnten Abdruck von Graff nicht unerheblich berichtigt.

deutsch, ohne irgend einen [2] mittelhochdeutschen Anflug. Noch spricht sie *riumo* nicht *riomo* oder *riemo*; sogar das wortbindende *a* ist noch in Kraft, wie in *scatahuot*. Die Mundart ist sehr bestimmt ausgeprägt: für *b* steht fast durchaus *p*; *pf* wird *ph* oder auch *f* geschrieben; *f* bleibt oder lässt sich durch *v* ausdrücken; *g* wird niemals durch die Tenuis verdrängt; für *k* steht schlechthin *ch*, nur im Auslaute und in der Verbindung *sc* wird *c* gebraucht; *d* lässt sich eben so wenig durch die Tenuis vertreten wie *g*, und auch diese weicht der Media nicht. Der Consonantismus trifft also im wesentlichen mit dem des Casseler Glossars zusammen, so dass man hieraus, da auch der Unterschied im Vocalismus beider Denkmäler nicht beträchtlich ist, vielleicht einen Schluss auf die Oertlichkeit unsers Glossars ziehen dürfte.

Was die fremden Wörter betrifft, so hat sich bereits Denis über deren Gestalt verwundert und die Frage aufgeworfen, ob ein Italiener in Deutschland oder ein Deutscher in Italien sie aufgeschrieben habe. Dass sie von einem Deutschen herrühren, ist nicht zu bezweifeln, eben so wenig aber auch, dass dieser sie nicht aus dem Munde des Volkes gesammelt, dass er sie vielmehr aus vorhandenen Glossaren ausgezogen habe. Denn theils findet man einzelne Abschnitte fast mit derselben Reihenfolge der Vocabeln wie in andern weit älteren Sammlungen, theils konnte sich der Verfasser über gewisse herkömmliche Eigenheiten, welche diese Sammlungen in der Behandlung einzelner Vocabeln blicken lassen, nicht hinaussetzen, z. B. wenn er Accusative ansetzt für Nominative, namentlich *burim* für *buris*, oder wenn er *forceps* mit der Etymologie *a pilo* begleitet. Dass er trotz der ihm vorliegenden Quellen Lateinisch und Romanisch und zwar nicht bloss mit Italienisch, sondern auch mit Französisch, welche Sprachen er in der Fremde gelernt haben mochte, verwechselt, ist leicht zu erkennen. Einzelne romanische Wörter enthalten fast alle lateinisch-deutschen Glossare, hier aber stehen sie gedrängt nebeneinander, und wo ein Wort sich nicht als ein rein romanisches entfalten kann, wo es sich beugen muss unter das Latein, verräth es [3] wenigstens romanische Züge. Dergleichen Züge sind *v* für *p*, wie in *cavistrum (chevêtre)*; *g* für gutturales *c*, wie *mánaga* (prov. *manga*); desgleichen *d* für *t* in *sida*, *fibuladura*, *cusidura*, *vestido*; besonders das um der Aussprache willen gebrauchte *s* für franz. *ç* in *lansa*, *sincta*, *arsilun*. Aber der Verfasser vergisst sich mehrmals so weit, dass er deutsche Sprachsitte eingreifen lässt, wenn er *p* für *b*, oder *ch* für gutturales *c* spricht. Wie kommt es daneben, dass deutsche Glossographen dasselbe gutturale *c*, vornehmlich wenn es den Anlaut bildet, so häufig mit *g* vertauschen? Der unsre schreibt *guba*, *galdarios*, *gramugla*, andre schreiben *glunes*, *gratigula*, *gunnus* u. dgl. Aber freilich, auch viele in das Deutsche eingedrungene Fremdwörter mussten sich diesen Lautwandel gefallen lassen: so ahd. *gapha* (rom. *capa*), *garminôn* (*carminare*). *gruft* (*crypta*), mhd. *gerner* (*carnarium*), *gumpan*, *gumpost*, *gunterfeit*. Die deutsche Sprache hatte also eben sowohl wie die romanische die Anlage, ursprüngliche Kehltenuis in Media zu erweichen, nur dass die romanische diesen Vorgang fast ganz auf den Inlaut beschränkt. Vgl. Wackernagels Umbildung p. 26 [1]). Zur Charakteristik unsers Glossars gehört auch, dass es in der Uebersetzung eine gewisse Unabhängigkeit zeigt, da es öfter von dem Herkömmlichen abweicht, freilich dadurch auch auf Irrwege geräth.

Unter den 94 nichtdeutschen Vocabeln befinden sich gegen 30, von denen man sagen kann, sie sind romanisch; nur 7 sind ausschliesslich lateinisch; ungefähr eine gleiche Zahl lässt sich weder in der einen noch in der andern Sprache, zum Theil aber im Mittellatein nachweisen. Etwa 30 in beiden Sprachen vorhandene geben zu keiner Bemerkung Anlass, können also hier übergangen werden. Was die Endungen betrifft, so stehen mehrere Wörter im Accusativ Sing., andre im Acc. Plur. auf *as*, was an das Provenzalische erinnert, andre endlich auf *o* wie im Italienischen. Ohne Declinationsendung kommen nur wenige vor: *pol*, *thomar*, *paludel*, *arsilun*. Die bemerkenswerthesten Wörter unsrer Sammlung sind nun die folgenden:

[4] *Burim* [2]) *fluoges houpit*. Auch mehrere andre Glossare, z. B. das Schlettstädter [3]) (*purim phlogis hobit* p. 361), führen das Wort im Accusativ auf, muthmasslich, weil man die Virgilische

---

[1]) [In den von Moritz Heyne gesammelten Kleineren Schriften Wackernagel's (Leipz. 1872. 2 Bde. 8°) befindet sich die angezogene Abhandlung im 2. Bande auf S. 252—333 unter dem Titel: Die Umdeutschung fremder Wörter. Dieselbe war zuerst 1861 als Programm (53 S. 4°) zu der Promotionsfeier des Pädagogiums in Basel, dann 1863 in zweiter verbesserter Ausgabe (62 S. 4°) erschienen.]

[2]) Die Handschrift bedient sich fast überall kleiner Anfangsbuchstaben.

[3]) [Abgedruckt in Haupt's Zeitschrift für deutsches Alterthum 1845 Bd. V S. 318—368.]

Stelle *in burim*, woraus man es allein kannte, vor Augen hatte. Es ist bemerkenswerth, dass dieses Wort der römischen Landwirthschaft nur in Italien fortlebt (*bure* masc., mail. *burett*), dass es nicht über die Alpen getragen ward.

Lora iohhalma (d. i. Jochbänder, Jochriemen, Grimm [1831] III, 456), port. *loro* Bügelriemen, altfr. *lorain* Riemen, ital. nicht vorhanden, vielleicht weil es mit *l'oro* zusammengetroffen wäre.

Pol cholpo (Kolben). An *polus*, das im Lat. nur die Himmelsachse bedeutet, ist hier nicht zu denken. Erblickt man darin das rom. *pal* = lat. *pālus*, so gewinnt man ein der deutschen Uebersetzung genügendes Wort.

Cimalic (*cimalio* Grff.) *scatahuot*. Man lese *cimalia*, das bei Carpentier steht und *arborum summitates* d. h. Dolden der Bäume bedeutet, altfr. *cimeaulx*, wie daselbst bemerkt ist. Das Etymon muss *cime* (Gipfel) sein. Der Schattenhut konnte aus Zweigen bestehn: »in des meigen bluot braeche ich ir ein schatehuot« Mhd. Wbch., so dass sich die Uebersetzung dem Sinne des roman. Wortes anschliesst. Hier darf noch eine Kleinigkeit angemerkt werden. Ein Leydener Glossar (Haupt V, 198) aus dem 11. Jahrh. enthält die Stelle: *Samalich*. *Scato* .... (vier unleserliche Buchstaben). Das zweite Wort kann nur *scatohuot* sein, da kein anderes passendes Compositum mit *scato* vorkommt, und wahrscheinlich ist das erste unser *cimalic*, das der Schreiber nicht verstand und da es ihn an das in den Glossaren häufig gebrauchte lat. *similiter* erinnerte, gedankenlos das gleichbedeutende deutsche *samalich* dafür hinschrieb.

Humeruli chipphun. Papias [*Vocabularium. Venedig* 1485] kennt jenes als ein den Wagen betreffendes Wort: *humeruli, qui extremitatibus* [5] *axis fiunt*[1]) (die am Ende der Achsen angebracht werden) und dem entspricht die Uebersetzung verschiedener lateinischer Glossare mit *luni* oder *luninge* d. i. Achsnägel, s. Graff [*Sprachsch.*] II, 221, *Diut.* II, 172. Diese Bedeutung wird *humerulus* auch von franz. Glossatoren beigelegt, denn *uéce*, womit das kleine Glossar von Tournay es übersetzt, ist doch wohl von *obex*, welches altdeutsch gleichfalls mit *lun* erklärt wird; derselben Herkunft und Bedeutung ist auch das lothringische *ouche* (*ch* hier = lat. *ç*). Die meisten deutschen Glossare übersetzen *humeruli*

[1]) [Bei Graff, *Diut.* II, 172 lautet die Stelle: *humeruli, luni, qui in extremitatibus axis fiunt* etc.]

indessen, gleich dem unsrigen, mit *chipfun*, z. B. Selest. p. 362[a], Trev. p. 17, 30, Lindenbr. 696, Sumerl. 32, 10; *chipfun* aber sind die an der Achse befestigten die Leiter haltenden dicken Stangen. Die lateinischen wie die romanischen Wörterbücher verweigern indessen *humerulus* in dem angegebenen Sinne, das span. *hombrillo* heisst etwas anders. Und doch könnte die mittellat. Bedeutung, da auch der auf romanischem Boden stehende Papias sie kennt, aus dem Leben genommen, sie könnte romanisch sein. Man dachte sich den Wagen, vornehmlich den Pflug, als ein belebtes Wesen, ein Thier, dem man Haupt und Schweif beilegte: die Achse, um welche sich das Rad bewegte, konnte als Schulter oder Bug aufgefasst werden, worin sich das Bein bewegt; der Nagel oder Riegel der Achse liess sich alsdann nicht unpassend mit einem Diminutiv von *humerus* bezeichnen[1]).

Medioli napa (Naben), daher das franz. *moyeu*. Richtig ist nur *modioli*, aber nicht wenige Sammlungen enthalten das entstellte Wort, z. B. Lindenbr. 997, Diut. II, 172, Dief. Mlat. Wbch. 179, Sumerlaten 11[b], 32[a], und sicher hat man dabei an *medius* gedacht, weil die Nabe die Mitte des Rades bildet. So verstehen Grammatiker die Sprache zu berichtigen. Auf das franz. Wort hat [6] jedoch diese Correctur keinen Einfluss gehabt, denn neben *moyeu* besteht schwerlich ein altfr. *meyeu*.

Temo languid, ital. *timone* u. s. f. mit richtiger Bedeutung. Unrichtig ist die hier und in den meisten Sammlungen vorkommende Uebersetzung, denn die Langwiede, *vinculum plaustri*, ist der den Wagen seiner Länge nach durchziehende, beide Gestelle verbindende Baum. Und doch könnte auch diese dem lateinischen Worte beigelegte Bedeutung irgend einer der romanischen Sprachen nicht unbekannt gewesen sein, denn Papias erklärt *temo* mit *longitudo aratri vel plaustri*, was eher auf Langwiede als auf Deichsel passt. Ein anderes mittellat. Wort für jene ist *longale* DC. Df.

Gerula zupar = *gerala zuipar* Gloss. Cass., altfr. *gerle*.

Guba putina = *caca putin* Gloss. Cass. Also auch dieses Glossar räth, gegen Grimm und Holtzmann, *cuva* zu lesen für

[1]) Im Cimbrischen heisst *ahsela* die Achse sowohl wie die Achsel, und wenn man auf eine anzunehmende ältere Form *ahsala* zurückgehen wollte, so hätte man ein Etymon für das einsam dastehende ital. *sala* (Achse) — wäre ein Einfluss des Völkchens auf die italienische Sprache nicht eine gewagte Voraussetzung.

cara. Dieselbe falsche Schreibung des Anlautes findet sich in *gabellas* Grff. [*Sprachsch.*] VI, 698.

Galdarios chezzila (plur.) – *caldaru chezil* Gloss. Cass. Desgleichen *Chaldarioli chezzili* = *caldarora* (l. *caldarola*) *chezi* Gloss. Cass.

Gramugla hala = *cramailas hahla* Gloss. Cass., aber mit *g gramacula* Gloss. Trev. Hoffm. 16, 8.

Dolea zentunara (plur.); so auch *dolea*[1]) *kentenara* Doc. Misc. I, 204. Auch hier ist die Verdeutschung mit Centner ungenau, im Cassler Glossar ist *dolea* nur Kufe.

Angaria stunta (grosses hölzernes Gefäss). Buchstäblich dieselbe Glosse haben auch andre Verzeichnisse, s. Graff [*Sprachschatz*] VI, 697. Lat. *aquaria* ward durch eine ziemlich häufige Nasalierung zu *ancaria* (daher vielleicht unser Anker als Flüssigkeitsmass), endlich zu *angaria*, vgl. in Betreff der Buchstaben pr. *engal* aus *aequalis*. Mit Uebergang des *ca* in *che* entsprang aus *ancaria* altfr. *anchere*, wofür man mundartlich *ancere* schrieb (wie *ceval* für *cheval*), latinisiert *ancheria* Urk. von 1318 Carp. Ohne Nasalierung entstand aus *aquaria* franz. *aiguière*, prov. *aiguicira* Giesskanne, das sich erhalten hat.

[7] *Falces sengansa* (Sense), entsprechend *falceas segansa* Gloss. Cass.

Falcidas sihchilun. Ersteres ist unmöglich und zu verwandeln in *falcidas*, also *d* verschrieben aus *cl*, wie öfter geschieht. Dem entspricht genau catal. *falsilla*, prov. *faucilha*, franz. *faucille*.

Dolatrias partun. Dolatria (sing.) ist leichter in *dolatoria* verwandelt als in das unroman. *dolabra*. Jenes besitzt der Franzose in *doloire*, der Spanier, welcher das Suffix *or* gerne mit *er* vertauscht, in *doladera*, wogegen das altfr. Masc. *doloir* Vocab. d' Évr. p. 7 sich dem bei Isidorus vorliegenden *dolatorium* anschliesst. Dieselbe Glosse ist *dolatoria partun* S. Gall., *dolatoria parta* Hattem. I, 309, Sumerl. 35[b].

Bantini pecchi (Becken plur.), ersteres für *baccini*, *nt* aus *cc* gelesen.

Urceolum urzal, ital. *orciulo*. mit anderm Suffix altfr. *ourcel* Roq., *orciaus* Vocab. d' Évr. p. 37. Andre althochdeutsche Formen sind *urzeol*, *urzol*, *urzel*, nhd. *urgel*.

Manile hantchar (Handgefäss). *Manile*, von *manus*, findet sich mehrfach im Mittellatein für ein Gefäss zum Händewaschen,

[1]) [Docen hat die Form *dolia*.]

ist aber im Romanischen nicht vorhanden. Nur das Compositum *aquamanile* d. i. Becken, in welches das Wasser aus dem (vorhergenannten) *urceolus* gegossen ward (*urceolo uno cum aquamanile* v. J. 915 DC.) kommt im span. *aguamanil* (Giesskanne) vor. Dessen älteste Form ist *aquaemanalis* aus Varro bei Nonius, eine spätere *aquiminale* bei Julius Paulus, an welche sich die mittellateinischen (s. DC.) knüpfen.

Focipe apilo scari (Scheere), lies *forcipe* = *forcipa* Gl. Cass. Den Zusatz *apilo* hat Graff, dem er unverständlich sein mochte, weggelassen. Von der Scheere aber sagt Isidorus 20, 13: „*si a filo feruntur, f ponitur ut forfices, quae sunt sartorum; si a pilo, per p ut forpices, quae sunt tonsorum*". Unser Verfasser hätte also eigentlich *forpices* schreiben sollen, da *forcipes* nicht zu dessen vermeintlichem Etymon *pilus* stimmt.

Fiscina (lies *fuscina*) *fiscer* (über dessen *c* ein *k* [8] steht), ital. *fuscinola* Gabel, ausserdem wohl nicht vorkommend.

Manuterias hantduuchillu (Handtücher). Bereits Gregor d. Gr. bedient sich des Wortes *manutergium*, geformt wie *manutigium*, und später taucht auch das syncopierte *manuterium* auf. Den Volkssprachen ist es nicht bekannt.

Fossorius houun (Hacken). Schon Isidorus 12, 14 hat das Wort und es wird wohl dem römischen Landmanne bekannt gewesen sein: „*fossorium vocant, quod foveam faciat*". Gleichwohl ist es nur in Frankreich heimisch: prov. altfr. *fossor*, vgl. *ligo hoc ou fossour* Gloss. lat. gall. DC.

Genuale ampahtlahhan. Das lat. Wort heisst Kniebinde und wird in einem Emmeramer Codex entsprechend mit *chnilachan* wiedergegeben, Grff. II, 158, wogegen ihm *ampahtlahhan* (buchstäblich Diensttuch, erinnernd an franz. *serviette*, von *servir*), welches anderwärts zur Verdeutschung von *gausape, mensale, mappa* dient, nicht entspricht. Zu *genuale* aber stellt sich nur das ital. *ginocchiale.*

Rosarum scarasahs (Schermesser). Gemeint ist *rasorium,* welches, im Latein nicht vorhanden, schon in den Isidorischen Glossen und später häufig erscheint; ital. *rasojo*, franz. *rasoir*, mit ähnlicher Bedeutung port. *rasouro*, span. *rasero* Streichholz.

Procula zuec, soll heissen *brocula,* ein gemeinrom. Wort von unsicherer Herkunft, z. B. span. *broca*, franz. *broche* Zweck der Schuhmacher. Von vorliegendem sonst nicht vorhandenen Diminutiv gibt auch das Glossar von Lille Zeugniss: *brocula broche*.

Spado drât, schlecht geschrieben für das ital. *spago*, s. Etym. Wb. II, 66 [= S. 401 der 4. Ausg.].

Manugo stil. Es könnte entstellt sein aus *manubrium*, läge buchstäblich nicht weit näher das gleichbedeutende ital. *manico*, span. *mango*, fr. *manche* (masc.), dessen ältestes Beispiel es zu sein scheint. Man lese *mánago*, im Einklange mit einer andern Glosse unsrer Sammlung *Mánaga armilo* (Ermel).

[9] *Fundallo solu. Sandallo* lautet ersteres in Graffs Abdruck und ein solches Wort lässt sich eher deuten als *fundallo*: es könnte das ital. *sándalo* sein.

Mezipe ufsiuid. Was bedeutet dies? Graff liest *uffiuid*, hat übrigens diese Glosse in den Sprachschatz nicht aufgenommen.

Thomar uperscuhi. Ueber dieses unlateinische aus dem östlichen Europa stammende, im ital. *tomajo*, zurückweisend auf ein früheres *tomario*, *tomaro*, vorliegende Wort s. Dief. Goth. Wb. I, 207.

Piz spiz. Jenes lässt sich als eine altfranz. Nominativform für *pic-z* auffassen, wie schon im Casseler Glossar *pis* für *pic-s* zu nehmen ist: das Nominativzeichen *z* verhält sich wie in *wan-z* des letzteren Glossars, nur dass es daselbst *ts* vertritt *(want-s)*. In dieser Weise würde ein Romane das Wort behandelt haben; unser Deutscher ward vielleicht durch *spiz* auf *piz* geführt. Die Bedeutung ist Spitze oder Schnabel des Schuhes, mhd. *der spiz* Wbch. II, 514.

Scoph sôc. Scoph halte ich für deutsch, nicht romanisch; *scóphsoc* würde heissen Dichterschuh, Sängerschuh, womit lat. *soccus* (Theaterschuh) übersetzt werden sollte, das der Schreiber aber voranzusetzen vergass.

Calza hosotra . . . chnehosa. Calza aus *calceus*, mlat. *calcia*, ist trefflich romanisch, ital. span. *calza*, franz. *chausse*. Das verdeutschende *hoso* ist verschrieben für *hosa*, welches sogleich in richtiger Gestalt folgt. Das an *hoso* hangende *tra* muss abgelöst werden, denn *hosotra* wäre ein Unding, und zu lesen ist *bracca* oder *bracile*, deren Ende wegfiel, da das an dieser Stelle, nach Graffs Bemerkung IV, 1050, dünne Pergament das Schreiben hindern mochte, wodurch das angefangene Wort eine Verstümmelung erlitt, wenn die Buchstaben nicht vielmehr später weggekratzt wurden. Kniehose ist wohl ein über das Knie hinabreichendes Beinkleid.

Fasoniola wintinc (Binde). Das deutsche Wort dient auch, *fascia*, *fasciale*, *fasciola* zu übersetzen. *Fasoniola*, mit den beiden Suffixen *on* und *ol* ausgestattet, kennen die romanischen Wörterbücher nicht (das ital. hat nur [10] *fasciuola*) und enthalten überhaupt kein zweites Beispiel dieser Combination von *on* und *ol*. Da sich indessen das mit *ol* logisch nah verwandte *ell* an *on* zu fügen nicht schlechthin verschmäht, wie in *jambonel*, *jambonneau*, so ist die Möglichkeit eines franz. *faisoniole* nicht unbedingt abzuweisen.

Nastlo nestila (Nestel, Bandschleife), mlat. *nastula*, an dessen Stelle der Verfasser eine syncopierte d. h. romanische Form = ital. *nastro* setzt. Graff hat dieses *nastlo* seinem Sprachschatz als deutsche Vocabel einverleibt.

Sincta gurtila. *Sincta*, dessen *s* sich auf französische Aussprache des *c* beziehen muss, ist romanisch, nicht lateinisch, nämlich ital. *cinta*, span. *cincha*, prov. *cinta*, franz. *ceinte*.

Sella lenti fano. Das angeblich lat. *sella* soll, wie sich aus *lentifano* ergibt, womit in einem andern Glossar *lumbare* verdeutscht wird, eine Bekleidung der Lenden bedeuten, aber ein solches *sella* ist auf dem ganzen Gebiete nicht zu entdecken. Höchst wahrscheinlich aber haben wir hier einen alten Bekannten vor uns. Der Schreiber nämlich muss die erste Silbe des im Casseler Glossar enthaltenen *fassela* (aus *fascia*) fallen gelassen haben: eine andere Erklärung wird sich schwerlich darbieten. Die Bedeutung wäre: eine um die Hüfte geschlungene Binde oder Schärpe, und wohl mag ein franz. *faiselle* Statt gefunden haben, wovon hier ein zweites, selbständiges Zeugniss vorzuliegen scheint.

Fibula dura naruuo. Das romanische, dem lateinischen Lexicon fremde *fibuladura* muss das Geheftete an Kleidungsstücken bedeuten und kommt vor im ital. *affibbiatura*, welches altfranz. *fibléure* lauten konnte. Die Uebersetzung *narwo* steht in einem andern Glossar dem lat. *ansula* zur Seite, einem Synonym von *fibuladura*. Graff nimmt in *narwa* = *cicatrix* und *narwa* = *fibuladura* zwei stammverschiedene Wörter an, beide aber sind eins, denn auch die Narbe ist etwas Geheftetes, und nicht wenige Sprachen haben für beide Begriffe ein und dasselbe Wort.

[11] *Uro vel limbus soum*. *Uro* soll *ora* ausdrücken, ist aber schwerlich ein Schreibfehler, sondern verräth sich mit der männlichen Endung *o* als einen Romanismus, vgl. altfranz. *or* (norm. *ur*), sard. *oru*, s. Etym. Wb. I. *orlo*.

Lansa gero. Das deutsche Wort, mhd. *gêre*, bedeutet ein eingesetztes keilförmiges Stück in einem Kleide, von *gêr*, wegen der Aehnlichkeit mit einem Speereisen. Auch *pilum vestimenti* sagte das Mittelalter. Hier erfahren wir nun zu weiterer Bestätigung der Herleitung von *gêro* aus *gêr*, dass sich der Romane für dieselbe Sache auch des Wortes *lancea* bedient haben muss, wiewohl keine Sprache, keine Mundart dieses Gebietes ein Zeugniss davon gewährt.

Cusidura nât. Ein lat. *consutura* für *sutura* ist uns nicht überliefert worden und hat erst im spätesten Mittellatein Aufnahme gefunden (s. Dief. Mlat. Wbch.), doch liest man in den ältesten Glossaren wenigstens *sutor consutor* (Quicherat). Das Wort in vorliegender Form ist dagegen gemeinromanisch: ital. *cucitura*, span. *cocedura*, *costura*, letzteres auch prov., franz. *couture*, churw. *cusadira*. wal. *coseture*.

Antelina furpugi (Brustriemen), *Postelina afterreifi* (*afterreif* Schwanzriemen). Die classische Latinität kennt nur *postilena*, die spätere Zeit formte dies um in *postelina*, weil ihr die Endung *ina* bekannter war als *ena*; nach diesem Vorbilde schuf sie *antelina*. Aber in die lebendige Rede scheint weder das eine noch das andre Wort Eingang gefunden zu haben, da sich im Romanischen nirgends auch nur eine vereinzelte Spur derselben findet. Nicht minder blieben die entsprechenden bereits bei Isidorus vorliegenden *antella* und *postella*, welche uns dieser aus *antesalla* und *postsella* erklärt, der Büchersprache überlassen.

Cingola stafa stegereif (*stegerrif* Ms.?) Zu *cingola* (ital. *cinghia*, prov. *cingla*, franz. *sangle*) fehlt die Uebersetzung, denn schwerlich hat es Steigbügel bedeutet. „*Cingula hominum generis neutri est (al. sunt), nam animalium genere feminino dicimus has cingulas*" Isid. 20, 16, [12] was hier zutrifft. *Stafa* ist ital. *staffa*, dem deutschen *stapfe* nachgesprochen.

Suprasella hulft, welches letztere auch das rom. *hulcita* verdeutscht (fr. *housse*), also Satteldecke bedeutet. Das Mittellatein kennt nur *supersellium*, geformt nach *subsellium*, aber im franz. *surselle* (Roq.) ist *suprasella* buchstäblich vorhanden. Der Provenzale besitzt nur *sotzcella*, das Gegenstück von *surselle*.

Ragabia slougriumo. Das deutsche Wort begleitet Graff im Sprachschatz mit einem Fragzeichen. Sein Dasein jedoch rechtfertigt sich und seine Bedeutung erklärt sich aus dem *Vocabularius optimus* p. 30ᵃ: *liga*, *ligula sluhriem* (Schuhriemen). Für *ragabia* aber ist kein Rath.

Arsilûn satelpogo. Ein franz. *arcillon* fehlt, wie auch ein ital. *archicellone*, aber es konnte eben so wohl aus *arcus* hervorgehen wie z. B. *oisillon* aus *auca*. Die Diminution darf nicht auffallen: sie ist auch in dem gleichbedeutenden *arceolus* des Emmeramer und andrer Glossare vorhanden. Auf ein so regelrecht geformtes Wort wäre der Glossator schwerlich gekommen, wenn die Volkssprache es ihm nicht vorgehalten hätte.

Sarga vel uestido rôc. Du Cange weist mittellat. Wörter oder Formen wie *sarica*, *sareca*, *saraca*, *sarca* nach, die in die Sphäre des Kleiderwesens einschlagen und aus lat. *serica* genommen sind, den Namen des Stoffes auf das Kleid verpflanzt, wie oft; franz. *sarge*, *serge* u. s. w. Diese Auffassung schont den Buchstaben; sonst dürfte auch von *saga* die Rede sein.

Paludel sarrôc (Kriegsrock, Waffenrock). Der Verfasser liefert uns hier ein offenbar romanisch d. h. provenzalisch gestaltetes Wort, ohne Flexionsbuchstaben wie im Casseler Glossar *calamel*, *putel*, *martel*, entweder entstanden aus *paludamentum* mit vertauschtem Suffix, welches Wort in andern Sammlungen gleichfalls mit *sarroc* verdeutscht wird (*hoc quidam rustici sarochium dicunt* Gloss. Nyerup p. 296), oder aus einem uns verlorenen Primitiv, in dem auch das lat. *paludatus* seinen Grund hat. In Frankreich sucht man es vergebens, aber [13] Italien, zuerst, wie es scheint, in einer handschriftlichen Uebersetzung des Valerius Maximus, gewährt *paludello* (kleiner Mantel). Erst lange nach Abfassung unsers Glossars tritt ein mittellateinisches *paludellum* auf, s. Du Cange, *palutellum* Dief. Mlat. Wb., desgl. Gloss. lat. germ.

Pasingo pâpas. Letzteres schreibt Graff III, 353 *pampas*; dies ist ihm das lateinische Wort, *pasingo* das deutsche, die Stellung also umgekehrt. Man bleibe bei der Regel! Die Glosse ist freilich unklar und vielleicht ebenso unfruchtbar wie unklar; doch lässt sich ein Versuch zu ihrer Aufklärung wagen. Sie könnte nämlich entstellt sein aus *praecinctus papae*, *praecinctus* subst. statt des üblichen *praecinctorium*, welches zu den Auszeichnungen der päpstlichen Würde gehörte; man sehe auch hierüber den unerschöpflichen Du Cange. Die deutsche Uebersetzung fehlt, weil sie schwer, oder etwa weil das Blatt zu Ende war? Denis hat die Glosse weggelassen.

Bonn, im Mai 1867. Friedr. Diez.

Appendix 1.

Bacchischer Chor [1810][1]).

Dort im Haine, unter Tannen
Kühlem Schatten, süss entrannen
Mir die Stunden. Holde schwebet,
Holde Träume her, belebet
Wiederum den grünen Wald.

Nebel ziehen,
Decken hoch des Haines Fichten,
Und mit dichten
Wolkenhüllen
Seh' ich alles sich erfüllen.
Murmelnd fliessen,
Schlummerbringend,
Schnelle Flüsse und ergiessen
Silberwellen,
Und mit hellen
Strahlen eilet jezt vorüber schwebend,
Auf des leichten Nebels Schwingen,
Goldbedeckt ein hoher Wagen:
Lauter Jubel, lauter Singen
Scheint ihn durch die Luft zu tragen.
Leichte Wesen ihn umschweben,
Und des Haines Bäume beben.

Weilet Wesen! — —
Seyd ihr Menschen, seyd ihr Götter? —
Ach, schon nahen sie dem Fluss,
Durch des Waldes dürre Blätter
Rast der Frauen Chor, »Bacchus
Evoi Bacchus!« übertönet
Sanfter Melodien Klang.
Jünglinge- und Mädchenchöre,
Dort am Flusse, führen leichte
Reihentänze, und das seichte
Ufer lassend,
Tauchen sie in Wassertiefe,
Und die Hände wieder fassend,
Sinken und verschwinden sie. —

Dort von Panthern wird gezogen
Jener Wagen durch die Wogen:
Freudig taumelt auf der Fluss.

Schon so ferne
Durch den Nebel
Seyd ihr Götter?
Götter ladet
Mich zum Fest! — —
Sie verschwinden;
Wiederfinden
Möcht ich sie!
Soll ich eilen?
Soll ich weilen?
Ich will fliehn,
Von des Flusses sanften Wellen
Euch zu finden, gute Götter,
Euch zu folgen, Freudegeber,
Ist mein Bemühn!
Rosenarme
Winken ferne:

[1]) [S. Allg. Zeitung 17. Nov. 1882.]

»Folge, eil'!« Ich folge gerne
Eile durch bethaute Thäler,
Fliegend; mich umschwebt ein Gott.
Oreaden,
Thyiaden,
Nymphenchöre,
Folgten jubelnd Bacchus Bahn.
Bäume, Wälder, Berge zittern,
Flüsse rauschen Melodien;
Ward die ganze Flur lebendig,
Tönten Hirtenlieder drein.

Dort im Haine, unter Tannen
Kühlem Schatten, süss entrannen
Mir die Stunden. Taumelstunden
Seyd ihr ewig mir entschwunden?
Kehre wieder, Bacchuschor!

An Schiller[1]).

Dürften sich die Geister regen,
Die einst an der Rhône Strand
Zu der Schönen Ruhm und Segen
Kunst und Streben aufgewandt,
Legten sie den Preis der Lieder
Die errung'nen Kränze traun
Vor des Meisters Denkmal nieder
Der so hoch gestellt die Fraun.

Friedrich Diez,
Prof. zu Bonn, geb. zu Giessen am
15. März 1794.

[1]) [Schillers Album. Eigenthum des Denkmals Schillers in Stuttgart. Gedruckt in der Offizin der Cotta'schen Buchhandlung. 1837. S. 49.]

Lord Byron's

Poesien.

Aus dem Englischen.

Ein und zwanzigstes Bändchen.

Der Corsar und Lara.

Uebersetzt

von

Friederich Diez.

Zwickau,

im Verlage der Gebrüder Schumann.

1826.

Der

Corsar.

Eine Erzählung.

»i suoi pensier in lui dormir non ponno.«
TASSO, canto decimo, Gerusalemme liberata.

An Thomas Moore, Esq.

Mein lieber Moore!

Ich widme Ihnen hiermit das letzte Werk, mit welchem ich ein Paar Jahre lang die Geduld der Lesewelt, so wie Ihre Nachsicht ermüden will, und bekenne, dafs ich mich nur mit Besorgnifs dieses letzten und einzigen Anlasses bediene, gegenwärtige Blätter mit einem Namen zu zieren, der durch unerschütterliche Staatsgrundsätze, wie durch unbestreitbare und mannichfaltige Talente geheiligt ist. Während Irland Sie unter die standhaftesten seiner Vaterlandsfreunde zählt, während Sie, der erste seiner Barden, einzig dastehen in seiner Achtung, und Brittannien diesen Ausspruch wiederholt und bestätigt, erlauben Sie Einem, der seit unsrer ersten [8] Bekanntschaft nichts andres beklagt hat, als die Jahre, welche er vor dem Anfang derselben verloren, den bescheidenen doch aufrichtigen Ausspruch der Freundschaft mit der Stimme von mehr als einer Nation zu vereinigen. Diefs wird Ihnen wenigstens beweisen, dafs ich weder das in Ihrer Gesellschaft genossene Vergnügen vergessen, noch die Aussicht auf die Erneuerung derselben aufgegeben habe, insofern ihre Mufse oder Neigung Ihnen gestattet, Ihre Freunde für eine zu lange Abwesenheit zu entschädigen. Unter diesen Freunden geht die glaubwürdige Sage, dafs Sie mit einem Gedichte beschäftigt seyen, dessen Schauplatz Sie in den Orient gelegt haben; niemand weifs diesen Schauplatz so gut zu würdigen, als Sie. Die Bedrückungen Ihres eignen Vaterlandes, der erhabene und feurige Geist seiner Söhne, die Schönheit und Sanftmuth seiner Töchter sind auch dort einheimisch, und Collins, als er seine Irischen Eklogen Morgenländische nannte, bemerkte nicht, wie richtig, wenigstens zum Theil, dieser [9] Vergleich war. Ihre Phantasie wird eine wärmere Sonne und einen wolkenloseren Himmel erschaffen; aber Wildheit, Zärtlichkeit und Originalität begründen schon jenen Anspruch Ihrer Nation auf Morgenländische Abkunft, auf welche Sie schon Ihre Rechte überzeugender, als die eifrigsten Alterthumsforscher Ihres Vaterlandes, dargethan haben.

Vielleicht darf ich ein Paar Worte über einen Gegenstand anhängen, über welchen jedermann, nach dem Urtheile der Welt, beredt, niemand angenehm spricht — ich meine, das eigne Ich. Allerdings habe ich viel geschrieben, und mehr als genug herausgegeben, um auf ein längeres Stillschweigen Anspruch zu haben, als ich für jetzt beabsichtige; doch habe ich mir vorgenommen, ein Paar Jahre lang das Urtheil von »Göttern, Menschen und Säulen« nicht aufzufodern. In dem vorliegenden Gedichte habe ich nicht die schwierigste, vielleicht aber die für unsre Sprache passendste Versweise versucht, die guten, alten, nun vergefsnen epischen [10] Reimpaare. Spenser's Stanze ist vielleicht zu feyerlich und würdevoll für die Erzählung, wiewohl sie, ich mufs es bekennen, meinem Herzen am meisten zusagt. Scott ist der einzige unter unsern Zeitgenossen, welcher bis dahin über die unangenehme Flüchtigkeit des achtsylbigen Verses entscheidend triumphirt hat, und diefs ist nicht der unbedeutendste Triumph seines fruchtbaren und mächtigen Genius; in dem reimlosen Vers sind Milton, Thomson und unsre Schauspieldichter die Leuchtthürme, die über dem Ocean hinscheinen; allein sie warnen uns auch vor dem rauhen und öden Felsen, auf dem sie flammen. Die epischen Reimpaare sind gewiss nicht die gangbarste Versweise; da mich indessen nicht der Wunsch, dem zu schmeicheln, was man die öffentliche Meinung nennt, zur Wahl der andern Form bewog, so werde ich diese ohne weitere Rechtfertigung aufgeben, und es nochmals mit jener Versart wagen, in welcher ich bis dahin nichts als Poesieen herausgegeben, [11] deren früheres Erscheinen ich jetzt und künftig zu bedauern habe.

In Hinsicht auf meine Erzählung und Erzählungen überhaupt, würde ich froh seyn, meine Personen, wo möglich, vollkommner und liebenswürdiger dargestellt zu haben, insoferne ich mehrmals getadelt, und für ihre Handlungen und Eigenschaften nicht weniger verantwortlich gemacht worden bin, als wären sie meine eignen gewesen. Meinetwegen! Bin ich wirklich auf den Abweg jener düstern Eitelkeit gerathen »mich selbst zu schildern«, so sind die Gemälde, da sie ungünstig sind, wahrscheinlich getroffen; wo nicht, so wird keiner von denen, welche mich kennen, sich täuschen lassen, die andern aus ihrem Irrthum zu ziehen, das kann mich wenig kümmern. Es liegt mir nicht besonders am Herzen, dafs jemand, aufser meinen Freunden, den Verfasser für besser halte, als die Geschöpfe seiner Phantasie; allein ich kann nicht umhin, gewisse seltsame Einwendungen der jetzigen Critik überraschend, vielleicht auch [12] unterhaltend zu finden, wenn ich verschiedene ohne Zweifel weit verdienstvollere Dichter in dem ehrenvollsten Rufe und von allem Antheil an den Fehlern ihrer Helden losgesprochen sehe, welche letztere gleichwohl nicht viel moralischer seyn mögen, als mein Giaour und vielleicht — doch nein — ich mufs zugeben, dafs Ritter Harold ein sehr widerwärtiger Charakter ist, und was seine Identität belangt, so kann jeder, wer da will, ihm »sonst noch« beylegen, was ihm gefällt.

Wenn es indessen der Mühe lohnte, diese Eindrücke zu entfernen, so würde es mir einigen Vortheil bringen, dafs ein Mann, der als die Freude seiner Leser und Freunde, der Dichter aller Cirkel, und der Abgott seines eignen dasteht, mir vergönnt, mich hier und überall zu unterzeichnen, als

seinen treusten, ergebensten und
gehorsamsten Diener

Byron.

Den 2. Januar 1814.

Der Corsar.

Erster Gesang.

nessun maggior dolore
Che ricordarsi del tempo felice
Nella miseria.

DANTE.

I.

»Auf dunkelblauen Meeres lust'ger Fluth
»Schaut unser Geist so frey: so frisch der Muth,
»Wie weit der Wind haucht und die Wogen brausen,
»Die Heimath und das Reich, darin wir hausen!
»Hier herrschen wir uneingeschränkt, und zeigen
»Die Flagg' als Scepter, der sich alle neigen.
»Uns ziemt dies wilde Leben, das in Hast [14]
»Aus Arbeit übergeht in süfse Rast.
»O, wer kann's schildern? Uepp'ger Knecht, nicht du,
Dein Herz erkrankt auf Wogen ohne Ruh!
Nicht Schwächling du, von Wollust nur umstrickt,
Den keine Freude freut, kein Schlaf erquickt!
»O, wer kann's schildern? Wessen Herz es fühlt,
Wer im Triumph tanzt, von der Fluth umspühlt!
»Die Lebenslust — der Pulse tolles Regen,
»Das uns durchschauert auf spurlosen Wegen,
»Das nach dem Kampf, um seinetwillen, schmachtet,
»Und die Gefahr als eine Lust betrachtet,
»Und was die Memme meidet, darnach jagt,
»Und fühlet — wo der Schwächling bebt und zagt —

›Fühlt, wie die Hoffnung ihm das Mark belebt
›Des Busens, und der Muth sich kühn erhebt.
›Uns schreckt kein Tod — wenn mit uns stirbt der Feind —
›Mag er, der dumpfer nur als Schlummer scheint,
›Uns nahn — des Lebens Leben rasch genossen!
›Gleichviel, hat's Krankheit oder Kampf beschlossen!
›Mag, wem's gefällt, schwindsüchtig hinzukriechen, [15]
›An's Bett geklammert, Jahre weg versiechen,
›Das Haupt gelähmt bewegen, Odem ziehn!
›Uns trägt kein Fieberbett — nein, Rasens Grün.
›Wenn jenem Hauch für Hauch der Geist entschleicht,
›Ein Schmerz, ein Riss — und unser Geist entweicht.
›Mag ihn der Gruft und Urne Pomp erheben,
›Sein Grab vergolden, wer ihn hafst' im Leben:
›Uns fliefsen Thränen karg, doch unerzwungen;
›Wenn uns das Grab des Oceans verschlungen;
›Ja, Trauer zollt uns selbst das frohe Mahl,
›Wenn man uns weiht den purpurnen Pokal;
›Und unsre Grabschrift ist's an blut'gen Tagen,
›Wenn Sieger nun, die Beute theilend, klagen,
›Indefs die Wemuth spricht aus ihren Zügen:
›Wie würden heut die Braven sich vergnügen!«

II.

Diefs war das Lied, das eben scholl empor
Auf der Piraten Eiland, diefs der Chor
Ums helle Feu'r, der an den Felsen hin
Fortdröhnt', und rauhem Ohr melodisch schien.
Im goldnen Sand gruppiren sie sich kraus
Bey Spiel und Trunk — ein Theil sucht Waffen aus,
Wetzt Schwerter, ordnet sie uud schaut das Blut, [16]
Das ihren Glanz entstellt, mit leichtem Muth.
Die flicken Boote, fugen Ruder ein,
Und die zerstreun sich, um im Sonnenschein
Das feuchte Netz am Ufer auszubreiten,
Und Vögeln flinke Sprenkel zu bereiten.
Sie spähn, wenn ferne sich ein Segel naht,
Mit Blicken, welche glühn nach frischer That,
Erzählen Mähren mancher harten Nacht,
Und ziehn den nächsten Fang schon in Betracht
Doch mag der Hauptmann sehn wie er das fügt:
Sie müssen, traun, dafs Fang und Plan nicht trügt.
Wer ist der Hauptmann doch? g'nug dafs bekannt,
Gefürchtet ist sein Nam' an jedem Strand,
Sie spricht er nur, wenn er Befehl erlässt,
Kurz ist sein Wort, doch Hand und Auge fest.

Still pflegt er sich bey ihrer Lust zu zeigen,
Doch sie versöhnt sein Glück mit seinem Schweigen.
Nie füllt man den Pokal für seine Lippen:
Der Purpurbecher kreist — er wird nicht nippen.
Und seine Kost — verschmäht hätt' sie fürwahr
Auch seinerseits der rauhste Mann der Schaar!
Nur schlichte Gartenwurzeln, schwarzes Brot,
Und kaum das Obst, das ihm der Sommer bot,
Gereichten ihm zum karg bescheidnen Mahl,
Das einem Eremiten sich empfahl.
Doch wenn er gröbrer Sinnenlust entbehrt [17]
So scheint sein Geist durch Mäfs'gung nur genährt.
»Thut das!« — Man thut's — »fahrt nach dem Strand!« — Man fliegt;
»Stellt euch, und folgt!« Rasch haben sie gesiegt.
So schnell sein Wort, so ruhig seine That,
Die Menge folgt, und wer ihm fragend naht,
Den straft sein Auge, das Verachtung spricht,
Indefs er nur ganz kurz sein Schweigen bricht.

III.

»Ein Schiff — ein Schiff — ein längstverheifsner Lohn!
»Das Fernrohr zeig' uns Flagge und Nation!
»Ach nein, kein Fang — es bringt willkommne Gäste,
»Sein blutroth Wimpel flattert in dem Weste.
»Ja, unser ist's — ein Schiff, das heimwärts fährt!
»Weht, Lüfte, dafs es noch vor Abend kehrt!
»Schon schwenkt sich's um das Cap — die Bay empfängt
»Den Kiel, der stolz sich durch die Brandung drängt.
»Wie herrlich es im kühnen Lauf erscheint!
»Die weifsen Schwingen fliehn — nicht vor dem Feind — [18]
»Es wandelt wie belebt, und scheint zum Streit
»Mit allen Elementen gleich bereit.
»Wer trotzt dem Schiffbruch nicht — der Seeschlacht Feuer?
»Führt er des wohlbemannten Deckes Steuer?«

IV.

Da knarrt am Bord das mächt'ge Kabeltau,
Das Segel fällt und ankernd schwankt der Bau.
Ein müfs'ger Schwarm am nahen Ufer gafft,
Wie man das Boot vom Hintertheile schafft.
Rasch ist's besetzt — schon rudert's nach dem Strand,
Schon reibt sein Kiel sich knarrend auf dem Sand.
Süfs ist der Jubel — süfs die trauten Worte,
Wenn Hand in Hand sich schliefst am Meeresporte,
Und Lächeln, Frag' und Antwort, und die Lust,
Die man voraus fühlt in entzückter Brust!

V.

Der Ruf erschallt, es mehrt sich das Gedränge,
Man hört das Lachen und Gesumm der Menge,
Der Frauen sanfter Laut, der halb verzagt [19]
Nach Freunden — Gatten — Liebsten zärtlich fragt.
»O, leben sie? wir fragen nicht nach Siegen,
»Ihr Anblick, ihre Stimme soll uns g'nügen.
»Wer lebt noch? Traun, ihr Muth hat sich erprobt.
»Im Schlachtgebrüll und wo die Woge tobt.
»Schickt sie uns her! Froh überraschend müssen
»Sie alle Angst vom trunknen Auge küssen!«

VI.

»Wo ist der Hauptmann? Nachricht soll er haben —
»Kurz wird vielleicht das Wiedersehn uns laben;
»Doch! wenn auch kurz, soll's süfs und herzlich seyn.
»Juan, nun führ' uns gleich beym Hauptmann ein!
»Und dann erst sey der Heimkehr Fest begangen,
»Und hören soll ein jeder nach Verlangen.«
Nun klimmen sie, wo über's Meer hervor
Die Warte springt, den Felsenweg empor,
Bedeckt mit wilden Blumen, Brombeerbüschen,
Wo Silberquellen stets die Luft erfrischen,
Die lustig sprudeln aus granit'nen Becken
In's Leben hin, und funkelnd Durst erwecken.
So geht's von Fels zu Fels. — Wer ist das, der
Da vor der Grotte einsam schaut in's Meer, [20]
Gedankenvoll an's Schwert gelehnt, das selten
Der blut'gen Hand als Stütze durfte gelten?
»Er ist's — 's ist Conrad, wie er pflegt, allein!
»Nun frisch, Juan, und führ' uns zu ihm ein.
»Er schaut die Barke. Sag' ihm nur, wir kämen
»Mit Nachricht an, die müfs' er gleich vernehmen.
»Wir warten hier — Du weifst, wie's ihn verdriefst
»Wenn ihn ein ungebet'ner Gast begrüfst.«

VII.

Ihn spricht Juan, und sagt, was man begehrt.
Er redet nicht, jedoch ein Wink gewährt.
Sie kommen, von Juan geholt — er neigt
Sich leichten Grufses, doch die Lippe schweigt.
»Den Brief schickt unser Späher, Herr, der Grieche,
»Und nah verkündigt er Gefahr und Siege.
»Was er auch schreibt, wir können auch noch viel
»Berichten.« — »Still!« Er setzt der Red' ein Ziel.

Betroffen treten sie zurück, und raunen
Sich in das Ohr, beschämt und voll Erstaunen,
Indefs sie seitwärts seine Blicke späh'n,
Um den Bericht am Aug' ihm abzusehn. [21]
Doch weggewandt, als merk' er ihre List,
Ob diefs nun Stolz, Furcht oder Wallung ist,
Liest er das Blatt. — »Schreibzeug, Juan, mach' fort!
»Wo steckt Gonsalvo?«
»In der Barke dort.«
»Lafs ihn darin; doch bring' ihm diese Zeilen. —
»Ihr geht und sorgt für meine Fahrt derweilen,
»Ich will heut Nacht die Unternehmung theilen.«
»Heut Nacht Herr?«
»Wann die Sonne sinkt. Der Wind
»Wird frisch des Abends — bringt mir nun geschwind
»Bruststück und Mantel — nach 'ner Stunde sind
»Wir fort — Du nimm Dein Horn — blank mufs und rein
»Mein Büchsenschlofs und zuverlässig seyn.
»Sorgt, dafs mein Schwert geschliffen wird, und lafst
»Den Griff erweitern, der zur Hand nicht pafst;
»Der Waffenschmied richt' es noch ein vor Nacht,
»Jüngst hat's mich müder als der Feind gemacht.
»Auch gebe uns der Lärmschufs richtig Kunde, [22]
»Dafs abgelaufen sey des Bleibens Stunde!«

VIII.

Sie neigen und entfernen sich sogleich,
Zu früh nur zu beziehn ihr wüstes Reich.
Sie murren nicht — so weifs er sie zu lenken:
Wer darf, wo er gebeut, an's Fragen denken?
Der einsame geheimnifsvolle Mann,
Der selten seufzt, und kaum noch lächeln kann,
Defs Name schon der Rotte Kühnsten schreckt,
Mit Bleich ihm die gebräunte Wange deckt;
Der sie mit jener Herrscherkunst regiert,
Die rohe Herzen blendet, lähmt, verführt;
Was ist der Reiz, den Räuber eingestehn,
Beneiden — doch umsonst ihm widerstehn?
Was ist es, das sie fesselt dergestalt?
Der Seele Zauberkraft — des Geists Gewalt,
Mit Glück verknüpft, mit Einsicht ausgeübt,
Die fremde Schwäche nützt, wie's ihr beliebt,
Den Haufen lenkt, und was der kühn vollbracht,
Ihm unbewufst, sich selbst zu eigen macht.
So war es stets — so bleibt es auch hienieden,
Für einen mufs die Mehrheit sich ermüden:

So will's Natur! — Nicht schelte, wer sich müht,
Noch hafs' er den, der den Ertrag bezieht! [23]
O kennt' er goldner Ketten Last, wie würde
Die Schale steigen seiner niedern Bürde.

IX.

Ungleich der Vorzeit Helden, die in Mienen
Den Göttern gleich — wenn teuflisch sonst — erschienen,
Ist wunderbar an Conrad nichts zu schaun;
Doch strahlt sein Feuerblick aus dunklen Braun,
Sein Körper nicht herkulisch, doch voll Kraft,
Erscheint gewöhnlich hoch, nicht riesenhaft,
Und wer ihn öfter ansieht, der gewahrt
Kennzeichen nicht gemeiner Menschenart.
Man hängt erstaunt an ihm — man mufs gestehn,
Dafs es so ist, und kann den Grund nicht sehn.
Die Wangen braun; die Stirne hoch und bleich
Umschatten finstre Locken wild und reich;
Oft zeigt die Lippe, wenn sie stolz sich hebt,
Den trotz'gen Sinn, den er zu bergen strebt.
Wie sanft die Stimme sey, die Mienen still,
Es scheint was durch, das er nicht zeigen will.
Der Züge Tiefe, wechselnd Roth und Bleich
Verwirrt den Blick, und fesselt ihn zugleich,
Als rege sich in seines Busens Nacht
Ein ängstliches Gefühl, erst halb erwacht. [24]
So mag es seyn: denn niemand kann's entdecken,
Sein strenger Blick mufs jeden Frager schrecken;
Nur wen'ge athmen, welche ohne Zagen
Der Forscheraugen ganze Macht ertragen;
Ja, wenn ein Späher auch sein Herz will fangen,
Und Acht gibt auf die leicht verfärbten Wangen,
Weifs er sich schnell sein Trachten zu erklären
Und seine Forschung gegen ihn zu kehren,
So dafs der eher seinen Sinn verräth,
Als er des Hauptmanns Innerstes erspäht.
Ein Teufel grinst aus seines Mundes Lachen,
Bey dessen Anblick Furcht und Zorn erwachen;
Und wenn sein finstrer Hasserblick erglüht,
Seufzt Mitleid: fahre wohl! und Hoffnung flieht.

X.

Ein böses Streben zeigt sich kaum von aufsen:
Im Innern — da ist's, wo die Geister hausen.
Nur Lieb' ist offen — Ehrfurcht, Hafs und Trug
Spricht einzig aus des bittern Lächelns Zug.

Wenn leis die Lippe zuckt, wenn Blässe fährt
Auf das beherrschte Antlitz, das erklärt
Die tiefre Leidenschaft. Verborgen, traun, [25]
Wär's möglich nur, ihr Angesicht zu schau'n.
Dann — in dem raschen Gang, der Hände Krampf,
Verdrehten Blick, im stillen Todeskampf,
Der auffährt, ängstlich horchend, ob vielleicht
Ein Tritt den furchtbarn Seelenkampf beschleicht;
Dann — in Gebärden, die das Herz erschafft,
Im Schmerz, der nachläfst, nicht zu ruhn, nein, Kraft
Zu sammeln — der verzerrt, spannt, friert und glüht,
Die Wange brennt, die Stirne feucht umzieht;
Dann — Fremder, wenn Du magst und nicht erbangst,
Dann siehst du jenen Geist in seiner Angst;
Schaust — wie sein Herz, im Innersten versehrt,
Fluchwürd'ger Jahre grause Pein verzehrt!
Siehst — doch wer sah, und wer wird jemals seh'n
Des Menschen Wesen — wer den Geist durchspähn?

XI.

Nicht die Natur bestimmt' ihn, sich zu weihn
Des Lasters Pfad, und Schuld'ger Haupt zu seyn;
Verwandelt war er, eh' mit Gott und Welt [26]
Sein Thun ihn noch in offnen Krieg gestellt.
Geschüttelt in der Täuschung Schule — dort
Ein Thor im Handeln, wenn auch klug im Wort
Zu fest und stolz, dafs er sich krümmt' und neigte,
Verhöhnt ob mancher Tugend, die er zeigte,
Flucht' er der Tugend an des Falschen Stell',
Der ihn verrieth, als alles Uebels Quell.
Gefloh'n — getäuscht — von Jugend hingerissen
Stillt' er mit Menschenhafs bald sein Gewissen,
Und heilig klang ihm Zornes Ruf, Verbrechen
Der einzelnen an allen nun zu rächen.
Er kannte sich als schlecht — doch dünkten ihn
Die andern besser nicht, als er sich schien.
Die Besten schalt er Heuchler, die versteckt
Vollbrächten, was der Kühne nicht verdeckt.
Er wufste sich verabscheut — doch er wufste,
Dafs, wer ihn hafste, vor ihm kriechen mufste.
Wild, einsam, fremd der Welt, war er dabey
Von ihrer Liebe und Verachtung frey.
Macht' auch sein Name Graun, sein Thun Entsetzen,
Wer bebte, durft' ihn doch gering nicht schätzen;
Den Wurm zertritt man, doch besinnt sich lange,
Eh' man das Gift weckt der gewundnen Schlange: [27]

Der erste krümmt sich — ihm wird kein Vergelt,
Die zweyte stirbt — doch auch ihr Gegner fällt:
Furchtbar umschlingt sie ihn, um sich zu rächen,
Er tobt — das hilft nichts — denn noch kann sie stechen.

XII.

Ganz schlecht ist niemand — auch in ihm noch lebt
Ein sanft'res Regen, das sein Herz erhebt.
Oft höhnt er andre, als von Schwärmerey
Bestrickt, die gut für Narr'n und Kinder sey;
Doch sträubt er sich umsonst vor diesem Triebe,
Und grad' in ihm heischt er den Namen Liebe.
Ja, treuste Liebe war's, die ihn besafs,
Gehegt für Eine, die er nie vergafs!
Gefangne Schönen konnt' er täglich seh'n,
Doch pflegt' er achtlos, kalt vorbeyzugehn;
Manch holdes Weib mufst' in dem Kerker bangen,
Keins mocht' ihn selbst in schwächster Stunde fangen.
Ja, es war Liebe, reinste Zärtlichkeit,
Geprüft in Lockungen, gestählt im Leid,
Bewährt auch in der Fern' als treu und ächt, [28]
Und — mehr als das — nicht von der Zeit geschwächt.
Trog auch die Hoffnung, war ein Plan gescheitert —
Sie durfte lächeln, und er ward erheitert —
Nie reizt' ihn Krankheitsschmerz, noch Zornesgluth,
An ihr zu kühlen seinen finstern Muth,
Froh war sein Kommen, ruhig war sein Scheiden:
Nie sollt' ihr Herz durch seinen Kummer leiden.
Nichts hier auf Erden macht' ihn wandelbar, —
Gibt's Liebe noch, wenn das nicht Liebe war?
Verdammt ihn immerhin — den Bösewicht,
Doch nicht die Liebe, ihre Stärke nicht:
Sie zeigte, dafs, wo jede Tugend fleucht,
Selbst Frevel sie, die schönste, nicht verscheucht.

XIII.

Noch schwieg er still — bis, die er weggesandt,
Sich um des Felswegs ersten Bug gewandt.
»Seltsam! — so manchmal trotzt' ich doch dem Feind,
»Wie kommt's, dafs dieser Straufs mein letzter scheint? [29]
»So weissagt mir das Herz — doch frisch gewagt,
»Nicht finden mich die Feinde hier verzagt!
»Kühn ist der Streich, doch sichrer Tod, zu harr'n,
»Bis man uns jagt in's ausgespannte Garn.
»Und will's das Glück, wie ich's berechnet habe,
»So gibt es Trauernde bey unserm Grabe.

»Sie mögen schlummern — träumen wohlgemuth,
»Nie weckt' ein Morgen sie mit hell'rer Gluth,
»Als diese Nacht (weht, Lüfte, immerzu!)
»Des Meeres Rächer wärmt in ihrer Ruh.
»Nun zu Medora! — O mein Herz, wie schwer!
»Das ihre sey es lange nicht so sehr.
»Brav war ich — pah — ist's hierin jeder nicht,
»Auch das Insekt, will man's berauben, sticht;
»Der allgemeine Muth, der seine Kraft
»Selbst bey dem Thier aus der Verzweiflung rafft,
»Ist wenig werth — *das Streben* mufs mich ehren,
»Sie, auch die Uebermacht nicht scheu'n, zu lehren.
»Lang führt' ich sie — nie zwecklos in's Verderben,
»Kein Mittel jetzt: wir siegen oder sterben. [30]
»So sey es denn — nicht kränket mich der Tod,
»Nur dafs sie hingehn, wo Verderb nur droht.
»Nie sorgt' ich viel für's eigne Wohlergehn,
»Doch kocht mein Stolz, sich so umgarnt zu sehn.
»Heifst das Geschick und Witz, wenn man zuletzt
»Auf *einen* Wurf Macht, Hoffnung, Leben setzt?
»O Glück! — nein deine Thorheit sey geschmäht —
»Sie rette Dich — denn noch ist's nicht zu spät.«

XIV.

Und so erreicht er, nach gehaltnem Rath
Des thurmgekrönten Felsen höchsten Grat.
Er stand — als sanft und ernst zu Ohr ihm kam
Die Stimme, die er nie zu oft vernahm,
Die fern hinaus, doch süfs, durch's Gitter klang.
So lautet's, was sein Schönheits-Vöglein sang:

1.

»Ein zart Geheimnifs, das mein Busen hegt,
»Verhüllt sich still und einsam jedem Blick,
»Nur, wenn mein Herz an deins erwiedernd schlägt,
»Wallt es hervor, doch bebt es bald zurück.

2.

»Dort brennt verborgen — ein begrab'nes Licht —
»Das matte Flämmchen, ewig — ungekannt!
»Selbst der Verzweiflung Dunkel trübt es nicht,
»Brennt's auch so matt nun, wie es nie gebrannt.

3.

»Gedenke mein — geh' nicht mein Grab vorbey,
»Ohn' einen Blick auf sie, die d'rin versenkt;
»Von *einer* Angst fühlt sich mein Herz nicht frey:
»Dafs deine Brust dann mein nicht mehr gedenkt!

4.

›Hör' noch den letzten — inn'gen Klageton:
»Schmerz an der Gruft verschmäht kein tapf'rer Mann:
›Gib mir als ersten — letzten — einz'gen Lohn
»So vieler Liebe eine Thräne dann.« ‹

Er schritt durch's Thor, durchwandelte den Gang, [32]
Und trat ins Zimmer, als das Lied verklang;
›Medora, theure, traurig war Dein Lied.‹

›Und sollt' es froh seyn, wenn mich Conrad flieht?
So oft Dein Ohr nicht meinen Sang vernimmt,
Verräth mein Lied, wie mir das Herz gestimmt,
Mufs jeder Laut mein ganzes Inn're zeigen;
Doch bangt mein Herz, wenn auch die Lippen schweigen.
O, einsam auf dem Lager manche Nacht
Gab Furcht im Traum dem Wind des Sturmes Macht,
Schien mir der Hauch, der kaum dein Segel schwingt,
Ein murmelnd Vorspiel, das Gewitter bringt,
Schien mir sein sanfter Ton ein Todtensang,
Der Dich beklagte, den die See verschlang.
Dann wollt ich schüren gehn des Leuchtthurms Gluth,
Dafs sie nicht nachliefs' unter träger Hut;
Und ohne Ruh' verfolgt' ich jeden Stern.
Der Morgen kam — und stets noch warst du fern.
Kalt fühlt' ich's dann um meinen Busen hauchen,
Und düster schien der Tag den trüben Augen; [33]
Ich schaut' und schaut' — kein Schiff ward meinen Thränen[,]
Ward meiner Treu geschenkt und meinem Sehnen.
Zuletzt — um Mittag — kam ein Segel nah —
Ich grüfst' es — ach, es zog vorbey — ich sah
Ein zweytes nah'n — o Himmel — Deins war da!
Wär' das vorbey! — Soll denn des Friedens Lust,
Mein Conrad, nimmer zieh'n in Deine Brust?
Fürwahr, die gröfsten Schätze nennst Du Dein,
Manch glänzend Haus lädt uns zu bleiben ein.
Du weifst, dafs Aengstlichkeit nicht in mir ist:
Ich zittre nur, wenn Du nicht bey mir bist,
Und nicht für meins, nein für ein theurer Leben,
Das Liebe flieht in seinem blut'gen Streben.
Seltsam! ein Herz, so zärtlich gegen mich
Kämpft mit Natur und seinem bessern Ich.‹

›Ja seltsam, traun — verwandelt ist's schon lange,
Als Wurm zertreten rächt es sich als Schlange;
Hienieden hofft's auf Deine Lieb' allein;
Und jenseits kaum auf einer Gnade Schein.

Doch das Gefühl, das Dir so sehr mifsfällt,
»Dafs meine Liebe Hafs wirft auf die Welt, [34]
»Ist eins mit ihr — Du wärst mir nicht mehr lieb,
»Erwacht' in mir der Menschenliebe Trieb.
»Doch fürchte das nicht — das Vergangne lehrt,
»Dafs meine Lieb' auch künftig sich bewährt.
»Nun, o Medora, suche Dich zu fassen:
»Gleich — doch auf lang nicht — mufs ich Dich verlassen.«

»Verlassen — gleich — das hat mein Herz gewufst:
»So schwindet jeder holde Traum der Brust!
»Jetzt gleich — so eilig — o das kann nicht seyn,
»Kaum ist die Barke ja zur Bucht herein.
»Noch fehlt ihr die Gefährtin, und zum Werke
»Gibt Ruh' erst ihrer Mannschaft neue Stärke.
»Du, Liebster, neckst die Schwache, stähltest gern
»Ihr Herz, wenn auch die Zeit des Grams noch fern.
»Doch treibe nicht mit meinem Unglück Scherz:
»Dies Spiel macht minder Freude mir als Schmerz.
»Nun, Liebster, komm, dafs Dich ein Mahl erquickt,
»Das zu bereiten meine Hand beglückt, [35]
»Sieh nur, Dein Tisch ist ja so leicht beschickt.
»Das beste Obst hab' ich Dir ausgesucht,
»Und streng, doch freudig, prüft' ich jede Frucht,
»Und dreymal ging ich um den Hügel hin,
»Bis kühl genug mir eine Quelle schien.
»Ja, Dein Scherbet schmeckt süfser heut als je,
»Wie funkelt er in dem Gefäfs von Schnee!
»Der Rebensaft erfreut nicht Deinen Geist,
»Du, mehr als Moslem, wo der Becher kreist.
»Ich tadl' es nicht, nein so gefällst Du mir:
»Was andern Bufse scheint, ist Wahl bey Dir.
»Nun komm' — die Tafel winkt, hell lodert auch
»Die Silberlampe trotz Sirocco's Hauch,
»Und meine Mädchen kürzen Dir die Stunden
»Zu Tanz und zu Gesang mit mir verbunden,
»Und meine Laute wiegt und lullt Dich ein,
»Wie Du es liebst, doch ist sie Dir zur Pein,
»So lesen wir in Ariosto's Lied¹)
»Olympiens Glück und wie ihr Freund entflieht.
»Du wärst ja schlimmer, zögst Du wieder fort,
»Als wer der Armen brach der Treue Wort,
»Als Theseus selber! — Lächeltest Du ja,
»Da man bey heitrer Luft das Eyland sah,
»Und ich Dir's wies von diesem Felsen da;
»Und halb zum Scherze sprach, halb sorgenschwer:
»So kann mich Conrad lassen für das Meer, [36]

So diesen trüben Argwohn einst bewähren.
Er trog mich -- denn — ich sah ihn wiederkehren.«

Ja, wieder — wieder — Lieb', wie oft er zieht,
So lang ihm Leben hier, dort Hoffnung blüht,
Kehrt er zurück — doch die Secunden bringen
Die Zeit des Scheidens nun auf Doppelschwingen.
Warum? wohin? — was frommt's beym Abschiedsweh,
Kommt doch zuletzt das grause Wort: Ade!
Doch gerne — wär's noch Zeit — belehrt' ich Dich;
Getrost — die Feinde sind nicht fürchterlich,
Und stärkre Mannschaft deckt hier Thurm und Wall,
Gerüstet wohl für jeden Ueberfall.
Nicht einsam bist Du, ist Dein Herr nicht hier:
Die Frauen und die Mädchen bleiben Dir.
Das tröste Dich: wenn wir uns wieder grüfsen,
Wird Sicherheit die Ruh' uns erst versüfsen.
Horch — 's ist das Horn Juans — es tönet grell!
Noch einen Kufs — noch einen — einen schnell! [37]
»Leb' wohl!« — Sie springt empor — umschlingt ihn fest,
Ihr Antlitz an sein bebend Herz geprefst;
Nicht konnt' er schau'n in ihrer Augen Blau,
Das qualvoll niederstarrte, ohne Thau.
In all der Wildheit freyer Schöne war
Auf seinen Arm gestreut ihr langes Haar,
Kaum schlug ihr Herz, in dem sein Bildnifs stand
So ganz, so mächtig, wie sie's nie empfand.
Horch, horch — der Lärmkanone Donnerton!
Er flucht der Sonne jetzt, dafs sie entflohn,
Und wieder — wieder — hält er sie umfangen,
Die ihn liebkosend fleht in stummem Bangen,
Und legt sie wankend auf ihr Lager nieder,
Und schaut sie an, als säh' er sie nicht wieder.
Er fühlt, sie ist sein Glück — sein einz'ger Hort,
Küfst ihr die kalte Stirn' — und — ist er fort?

XV.

»Und ist er fort? In einsam trüben Stunden,
Wie oft wird sie die Frage noch verwunden!
»Kaum stand er hier — und nun ist er verschwunden!
»Ja nun« — da stürzt sie aus dem Thor der Burg, [38]
Und jetzt erst brechen ihre Thränen durch,
Rasch — dicht — und hell — sie merkt es selber nicht,
Indefs ihr Mund kein Lebewohl noch spricht:
Auf diesem Wort, dem Bittern — was man auch
Denkt, hofft und glaubt — weht der Verzweiflung Hauch.

Ins stille, bleiche Antlitz gräbt das Leid
Die tiefe Spur, die nimmer tilgt die Zeit.
Der liebevollen Augen zartes Blau
Erstarret von der leeren, öden Schau,
Bis — o wie fern — ihn noch ihr Blick erreicht,
Und dann erst rinnt es, und durchdringt erweicht
Der langen, dunkeln Wimpern Flor, gefällt
Mit Schmerzensthaue, der sich nimmer stillt.
»Nun ist er fort!« Sie prefst die Hand an's Herz
Krampfhaft, und hebt dann sanft sie himmelwärts.
Sie schaut, und sieht des Meeres Wellen fliehn,
Ein Segel blinkt — da schaut sie nicht mehr hin,
Und wandelt seelenkrank zum Thor hinein:
»Es ist kein Traum — und ich bin ganz allein.«

XVI.

Von Fels zu Fels hernieder — ernst und stumm [39]
Eilt Conrad schon und kehrt das Haupt nicht um.
Er schauderte, wenn der gewundne Gang
Ihn, was er gerne mied, zu sehen zwang:
Die einsam liebe Wohnung auf der Höh',
Die stets ihn grüfste, kehrt' er von der See,
Und sie — den düstern schwermuthvollen Stern,
Defs schöner Strahl ihm winkte schon von fern.
Nach ihr darf er nicht schaun, nicht hoffen nun
Am Rande des Verderbens auszuruhn.
Schon steht und denkt er seinen Plan den Wellen,
Sein Loos dem Ungefähr anheim zu stellen;
Doch nein — ein wackrer Führer darf wohl schmachten,
Nicht nach Verrath um Weiberkummer trachten!
Er schaut die Barke — fühlt den frischen Wind,
Und seine Geister sammeln sich geschwind.
Er eilt hinab — und wie nun in sein Ohr
Der Menge lautes Tosen hallt empor,
Geschäft'ges Rufen, Stimmen überall,
Signale, Jubel, und der Ruder Schall,
Wie er den Jungen sieht am Maste schweben,
Die Segel spannen, und die Anker heben, [40]
Die Tücher wehen, die ein stumm Ade
Den Tapfern winken, kämpfend mit der See,
Vor allem seine Flagge roth wie Blut —
Da staunt er, wie so weich ihm war zu Muth;
Im Auge Feuer, Wildheit in der Brust
Ist er sich ganz des vor'gen Selbst's bewufst.
Er springt, er fleugt bis dafs sein Fufs gewinnt
Der Klippe Rand, da wo die See beginnt;

Hier hält er, wen'ger, um den frischen Duft
Zu athmen, der da steigt aus feuchter Schluft,
Als um den Schritt zu mäfs'gen und den Seinen
Nicht so verstört, so eilig zu erscheinen.
Denn Conrad weifs, wie man die Menge führt,
Indem man sich geschickt nur selbst regiert.
Die hohe Miene, die er gern verhüllt,
Doch die bemerkt mit Achtung nur erfüllt,
Ernst, stolze Haltung, überlegner Blick,
Der lustige Gemeinheit schreckt zurück,
Das alles gab zu herrschen ihm Gewalt,
Doch war er auch geschmeidig, wenn es galt,
So dafs die Furcht vor seiner Güte wich,
Und nichts mit seiner Rede sich verglich,
Wenn seiner tiefen Stimme sanfter Klang
Zum fremden Herzen, wie aus eignem drang;
Doch dahin liefs er sich nur selten bringen,
Er wollte nicht erschmeicheln — nein, erzwingen; [41]
Von böser Jugend Leidenschaft verkehrt,
War mehr als Lieb' ihm der Gehorsam werth.

XVII.

Die Schaar umgibt ihn, seines Winks gewärtig,
Juan tritt ihm entgegen. »Seyd Ihr fertig?«
»Ja, schon zu Schiff — das letzte Boot hier fährt
»Den Hauptmann über« —
»Mantel her und Schwert!«
Und über's Achsel dann mit rascher Hand
Wirft er das Wehrgehenk sammt dem Gewand.
»Ruft Pedro her!« Er kommt — und Conrad neigt
Sich artig, wie er Freunden Ehr' erzeigt:
»Nimm diese Blätter, lies sie mit Bedacht,
»Hochwicht'gen Inhalt's sind sie. Lafs die Wacht
»Verdoppeln. Wenn Anselmo's Barke kehrt,
»So werd' auch er von dem Befehl belehrt.
»Nun in drey Tagen — will der Wind uns wohl —
»Sehn wir uns wieder. Bis dahin lebwohl!«
Er drückt des Räubers Bruderhand und eilt
In's Boot mit stolzer Haltung. Hurtig theilt
Das Ruder nun die Fluth, von Glanz umzogen [42]
Und Phosphorblitze [2]) sprühen aus den Wogen.
Schon sind sie an dem Schiff, und er an Bord,
Die helle Pfeife kreischt — rasch wallt es fort.
Er sieht, wie sie geschickt das Fahrzeug führen,
Wie kühn die Schaar — und lobt sie nach Gebühren.

Sein stolzer Blick jetzt auf Gonsalvo ruht,
Dem Jüngling — was beschwert ihm so den Muth?
Ach, er auch schaut zum Felsenthurm empor,
Und seine Abschiedsstunde schwebt ihm vor. —
Ob wohl Medora nach dem Fahrzeug blickt?
Ach, nimmer fühlt' er sich so liebumstrickt!
Doch viel ist noch zu thun vor Tageslicht,
Drum faſst er sich und wendet sein Gesicht,
Steigt mit Gonsalvo wieder vom Verdecke,
Enthüllt ihm seine Plane, Mittel, Zwecke.
Auf Karten wirft die Lampe ihren Schein,
Und was dem Seemann sonst mag nöthig seyn.
So dauert ihr Gespräch bis Mitternacht,
Denn Sorge gibt nicht auf die Stunden Acht
Indeſs die Lüfte stet und kräftig ziehn,
Und Falken gleich das Fahrzeug fliegt dahin,
Vorüber an der Inseln Uferhöh'n,
Um früh vor Tag im Hafen sich zu seh'n.
Und bald wird mit dem Nachtrohr aufgesucht
Die Macht des Pascha's in der engen Bucht,
Man zählt die Segel leicht — vergebens scheint
Das Kerzenlicht heut auf den trägen Feind. [43]
Vorbey fährt Conrad sicher, unentdeckt,
Und ankert dann im Hinterhalt, versteckt
Durch einen Berg, der seewärts springt hervor,
Und in phantast'scher Form sich streckt empor.
Nun — nicht vom Schlaf — erhebt sich seine Bande,
Zum Kampf bereit zu Wasser und zu Lande;
Indessen schaut ihr Führer in die Fluth,
Und spricht mit Ruh — und doch spricht er von Blut.

Zweyter Gesang.

»Conoscete i dubbiosi desiri?«
DANTE.

I.

In Coron's Bucht manch leichtes Fahrzeug schwimmt,
In Coron's Fenstern manche Lampe glimmt:
Die Nacht hat Pascha Seyd zum Fest bestimmt,
Zum Siegesfest in Hoffnung künft'ger Thaten,
Wenn er gefesselt heim schleppt die Piraten.

Diefs schwur er bey Alla und seinem Schwert,
Und sein Gelübd' und Firman ist ihm werth.
Die Schiffe sammeln sich, dem Rufe treu,
Grofs ist der Schwarm, das Prahlen ohne Scheu.
Schon theilte man Gefangne aus und Beute,
War auch der Feind noch fern, den man bedräute.
Man schifft nur hin — noch eh' der Tag erwacht, [45]
Ist Burg und Mannschaft in der Gläub'gen Macht.
Die Wache schlafe nur, hat sie's vonnöthen,
Um nicht blos wachend — träumend auch zu tödten;
Indefs zerstreun die meisten sich am Strand,
Und kühlen an den Griechen ihren Brand.
Wohl mag sich's für den Turbanhelden schicken,
Auf einen Sclaven seinen Stahl zu zücken,
Sein Haus zu stürmen — nur nicht, ihn erschlagen:
Stark ist sein Arm, doch gnädig sein Betragen,
Er haut nicht ein, weil er es dürfte wagen,
Wenn er es nicht in üpp'ger Laune thut,
Für künft'gen Streit zu üben seinen Muth.
Der Abend wird in Saus und Braus vollbracht,
Und wer den Kopf behalten will, der lacht,
Da sich der Moslem heut im Scherz gefällt,
Und Flüche häuft, bis sich die Küste hellt.

II.

Hoch ruht der Seyd geturbant in dem Saal
Rings um ihn her der bärt'gen Führer Zahl.
Das Mahl ist aus, die Schüsseln weggeschafft,
Er schlürft, so heifst es, den verbotnen Saft,
Doch Sclaven reichen in der Helden Kreise
Der mattern Beere Trank[3]) nach Landesweise, [46]
Indefs der Dampf aus der Chibouque[4]) steigt,
Und Alma's[5]) Tanz bey wildem Sang sich zeigt.
Der nächste Morgen soll den Aufbruch schaun:
Im Dunkeln ist den Wogen nicht zu traun,
Und sichrer kann auf weichem seidnem Pfühl
Der Schwelger ruhn, als auf der Fluth Gewühl.
Sey froh, wer's kann — man fechte nur gezwungen,
Zu Koran's Ruhm, nicht für Eroberungen;
Wiewohl das Heer, das übermächtig ist,
Mehr könnte leisten, als sich Seyd vermifst.

III.

Behutsam grüfsend tritt der Sclave vor,
Der zu bewachen hat das äufsre Thor,

Er bückt sich, dafs die Hand den Boden grüfst,
Eh Kunde bringend sich sein Mund erschliefst:
»Es ist ein Derwisch hier, dem Räubernest
»Entschlüpft, der um Gehör Dich bitten läfst.«
Und er empfängt vom Auge Seyd's ein Zeichen
Und bringt den heil'gen Mann in tiefem Schweigen.
Die Arm' auf's grüne Kleid gefalten, lenkt
Er matt den Schritt, die Augen fromm gesenkt;
Mehr alt von Drangsal, als der Jahre Last,
Und mehr von Büfsung, als von Zeit erblafst; [47]
Sein dunkles, Gott geweihtes Lockenhaar
Entrollt der hohen Mütze. Sein Talar,
Der lang und faltig die Gestalt umhüllt,
Deckt eine Brust, vom Himmel nur erfüllt.
Mit Selbstgefühl erträgt er, doch bescheiden
Die Blicke, die sich forschend an ihm weiden,
Und mancher würde gern das Schweigen brechen,
Eh noch der Pascha ihm erlaubt zu sprechen.

IV.

»Von wannen kommst Du, Derwisch?«
»Ich entfloh
»Der Räuber Haft.«
»Gefangen wann und wo?«
»Nach Scio hin von Scalanova's Hafen
»Zog unser Saick, doch Alla wollt' uns strafen:
»Den Moslem ward ihr Kaufgewinn entrafft
»Von Räuberhand, die Mannschaft fiel in Haft.
»Ich fürchte nicht den Tod, mein Reichthum ist
»Die Freyheit, und nur die hatt' ich vermifst,
»Bis endlich Nachts ein Fischernachen kam,
»Und Mittel mir zur Flucht verlieh. Ich nahm
»Die Stunde wahr, und seh' mich hier geborgen:
»Was könnte man in Deinem Schutz besorgen?«
»Was sahst Du? Sind die Aechter schon zum Streit [48]
»Für ihren Raub und ihre Burg bereit?
»Und scheint es, dafs sie unsre Rüstung kennen,
»Ihr Scorpionsnest auf den Grund zu brennen?«

»O Pascha, des Gefangnen feuchte Augen,
»Der Freyheit wünscht, sind nicht zum Spähn zu brauchen;
»Ich hörte nur, wie laut die Wogen rollten,
»Die mich dem Ufer nicht entführen wollten;
»Ich warf auf Sonn' und Himmel nur den Blick —
»Zu strahlend fast — zu blau — für mein Geschick.

»Nur, mich erlösend, hätte *das* mein Leiden
»Gestillt, woran sich freye Herzen weiden.
»Doch wird aus meiner Flucht Dir offenbar,
»Daſs sie sich wenig kümmern um Gefahr;
»Bey gröſsrer Wachsamkeit war zu entfliehn,
»Vergebens sonst mein Bitten und Bemühn.
»Der Hüter, der mich nicht entweichen sah,
»Wacht besser nicht, wenn Deine Flotte nah.
»Doch, Pascha, schwach sind meine Glieder, Speise
»Verlangt Natur, und Ruh nach harter Reise:
»Drum laſs mich ziehn — mit Dir sey Frieden — Frieden
»Mit allen hier — doch schone jetzt den Müden.«

»Bleib', Derwisch, bleib' — ich habe mehr zu fragen, [49]
»Setz Dich — wohlan, laſs mich's nicht zweymal sagen.
»Die Sclaven bringen Speise. Hunger leiden
»Sollst Du mir nicht, hier, wo sich alle weiden.
»Ist das vorbey, so sollst Du klar und schlicht
»Mir Antwort geben — Räthsel lieb' ich nicht.«

Was mag sich regen in dem frommen Mann?
Nicht liebreich blickt er die Versammlung an,
Er scheint des leckern Mahls nicht zu begehren,
Und die Gesellschaft nicht gar hoch zu ehren. — —
Es war ein Anflug bittrer Laune nur,
Der, schnell verwischt, ihm über's Antlitz fuhr.
Stillschweigend setzt er sich, in seinen Blick
Kehrt die verschwundne Heiterkeit zurück.
Man bringt das Mahl, doch er hat keinen Sinn
Für leckre Kost, als wäre Gift darin:
Höchst seltsam ist's, daſs er so abgezehrt
Der wohl besetzten Tafel nicht begehrt.

»Was fehlt Dir, Derwisch? Iſs! — Die Tafel scheint
»Dir doch nicht christlich, und Dein Freund ein Feind?
»Du scheust das Salz, das, als ein heil'ges Pfand [50]
»Getheilt, den Säbel abstumpft in der Hand,
»Und macht, daſs bittre Feinde Brüder scheinen,
»Und Stämme sich nach hartem Kampf vereinen.«

»Salz *würzt* die Kost — ich esse Wurzeln nur,
»Und trinke aus dem Quell. Ein strenger Schwur,
»Des Ordens Regel[6]) macht mir's zum Verbrechen,
»Mit Freunden oder Feinden Brot zu brechen.
»Seltsam — nun ja — sollt' es bedenklich seyn,
»So trifft ja die Gefahr mein Haupt allein!

»Doch in Gesellschaft nehm' ich nichts davon,
»Nicht für Dein Amt — nicht für des Sultans Thron:
»Denn, fehl ich, kann der Ingrimm des Propheten
»Den Weg nach Mecca's Haus mir einst vertreten.«

»Gut, strenger Mann — Dein Wille soll geschehn —
»Noch eine Frage nur — dann magst Du gehn.
»Wie stark sind sie? — Was, ist der Tag schon da? [51]
»Ein Stern — ein Sonnenglanz erleuchtet ja
»Die ganze Bucht — ein Meer von Feuer — ha!
»Verrath! — Auf, Wache — meinen Säbel mir!
»Die Flotte wird verzehrt — und ich bin hier!
»Verfluchter Derwisch — das war Deine Kunde?
»Bist ein Spion? — greift — spaltet ihn zur Stunde!«

Aufspringt der Derwisch bey dem Glanz — und Grauen
Bleicht alle, die den raschen Wandel schauen.
Aufspringt er — nicht so demuthsvoll — er gleicht
Dem muth'gen Krieger, der sein Rofs besteigt;
Die Mütze, der Talar fliegt in den Saal,
Ein Panzer glänzt — es blitzt ein scharfer Stahl!
Der Federn Schwarz, des knappen Helmes Schimmer,
Die dunklern Braun, der Augen hell'rer Flimmer,
Das trifft ihr Auge, wie ein Geist der Nacht,
Defs tödtlich Schwert das Fechten unnütz macht.
Der wilde Aufruhr, und das düstre Glühn,
Das Flammen oben, unten Fackeln sprühn,
Das Angstgeheul, das durch das Tosen hallt, [52]
(Denn Schwerter klirren, Kriegsgeschrey erschallt)
Macht diesen Erdenfleck zur Hölle bald.
Bestürzt den Saal durchirrend sehn die Sclaven
Die See voll Feuer und voll Blut den Hafen,
Nicht achten sie des Pascha's Zorngeschrey;
Den Derwisch packen! — sie den Satanai!*)

Er sieht den Schreck, verwirft den ersten herben
Verzweiflungsschlufs, zu stehen und zu sterben.
Die Seinen folgten nur zu rasch und gut:
Eh er das Zeichen gab, entsprang die Gluth.
Er sieht den Schreck — vom Gürtel reifst er schnell
Das Horn — ein einz'ger Stofs — doch schallt es hell!
Antwort ertönt — »Wohl, kühne Schaar, du eiltest,
»Wie konnt' ich denken, dafs du länger weiltest,
»Und heute die Gefahr nicht mit mir theiltest?«
Weit schwirrt sein langes Schwert — sein mächt'ger Schwung
Weckt Staunen nach der ersten Zögerung;

Sein Grimm vollführt, was ihre Furcht begann,
Und schmählich weicht die Menge einem Mann. [53]
Geschlitzte Turbans liegen aller Ecken,
Kaum hebt sich noch ein Arm, das Haupt zu decken.
Seyd, ganz von Wuth und Staunen übermannt,
Ruft ihn zum Kampf, und hält ihm doch nicht Stand;
Er ist nicht feig, doch scheut er diesen Feind,
Der im Gewirr nur so erhabner scheint.
Jetzt sieht er, wie die Flotte Flammen sprüht,
Rauft schäumend sich den Bart aus, und entflieht.*)
Schon stürzt der Feind ja durch des Harems Thür,
Er naht — und tödtlich wär's, zu zögern hier!
Entsetzen wirft sich heulend ihm zu Füſsen —
Die Wehr gestreckt — umsonst, denn Blut muſs flieſsen.
Stets folgen die Piraten nur den Tönen
Von Conrads Horn. Der Opfer dumpfes Stöhnen,
Die Stimmen, die um Gnade schreyn, verkünden,
Die seltne Waffenthat. Frohlockend finden
Die Seinen ihn allein, in Wuth versetzt
Ein satter Tieger, der das Wild zerfetzt!
Kurz ist ihr Gruſs — noch kürzer sein Gebot:
»'s ist gut — doch noch ist nicht der Pascha todt! [54]
»Viel ist geschehn, doch sind wir noch nicht satt,
Die Flotte brennt — warum nicht auch die Stadt?«

V.

Und Fackeln nehmen sie bey diesem Worte,
Bald brennt das Schloſs vom Minaret zur Pforte;
Von ernster Lust war Conrads Auge voll,
Doch schwand sie bald — denn Weiberklage scholl
Zu seinem Ohr, und traf wie Grabgeläute
Ein Herz, das sich am Schlachtgeheul erfreute.
»O, sprengt den Harem — laſst kein Weib doch sterben,
Bedenkt, — wir haben Frau'n, die das Verderben
Ob solcher Unthat rächend dann bedroht,
Wir trachten einzig nach der Männer Tod —
Der Schwachen schonen, war uns stets Gebot!
O, ich vergaſs — doch Gott wird nicht vergeben,
Nimmt mein Befehl den Schwachen auch das Leben.
Mir nach, — wer will — ich geh — noch kann es seyn, [55]
Daſs wir von einem Frevel uns befreyn!«

Er eilt die Treppe rasch hinan, zerbricht
Die Thür, und fühlt die Gluth des Bodens nicht,
Der Athem stockt ihm vor dem Qualm, doch immer
Stürmt er von Zimmer hastig fort zu Zimmer.

Sie suchen — finden — jeder trägt bereits
Mit kräft'gem Arm noch unbeseh'nen Reiz,
Stützt, wenn sie sinkt, und tröstet, wenn sie bangt,
Sorgsam, wie schwache Schönheit es verlangt.
So zähmte Conrad ihren rauhen Muth,
So hemmt' er ihren Arm, getaucht in Blut.
Doch wer ist jene, die des Hauptmanns Hand
Aus Kampfestrümmern führt, aus Rauch und Brand?
Defs Liebchen ist's, nach dessen Tod er jagt,
Des Harems Fürstin — doch des Paschas Magd!

VI.

Nur kurze Zeit hat Conrad zu verwenden,
Gulnaren[9]) seinen Grufs und Trost zu spenden:
Denn als der Kampf nachgab der Menschlichkeit,
Da sah der Feind, der stets noch floh den Streit, [56]
Sich mit Erstaunen nicht mehr nachgesetzt,
Wich langsam — hielt — und widerstand zuletzt.
Seyd merkt es, merkt, wie sich mit seinen Schaaren
Nicht gleichen kann das Häuflein der Corsaren,
Schämt sich des Irrthums, ziehet in Betracht,
Was Schreck und Ueberraschung hier vollbracht.
»Alla il Alla!« tönt der Rache Schall,
Scham steigt zur Wuth, die Sieg will oder Fall.
Jetzt gilt es Brand um Brand, und Blut um Blut,
Die Ebbe des Triumphs folgt auf die Fluth,
Der Zorn hat sich in neuen Kampf begeben,
Und wer für Beute stritt, ficht nun für's Leben.
Conrad sieht die Gefahr, er sieht die Seinen
Der Menge weichen — »Einen Sturm — noch *einen*,
»Den Feind zu sprengen, der uns dicht umringt!«
Sie schliefsen — stürmen — wanken — es mifslingt.
Noch fechten sie, stets enger eingeprefst,
Die Hoffnung schwand, jedoch der Muth steht fest.
Ha, nicht mehr kämpfen sie in Gliedern dicht,
Getrennt — durchbohrt — zertreten — Einzeln ficht
Noch jeder schweigend, furchtbar, bis er liegt, [57]
Doch sinkt er mehr ermattet, als besiegt,
Und wehrt sich bis der Odem ihn verläfst,
Und hält sein Schwert im Todeskampf noch fest.

VII.

Doch ehe noch der Feind zum Kampfe schritt,
Und Hand mit Hand, und Reih mit Reihe stritt,
War schon Gulnare sammt den Andern sacht
In eines Muselmannes Haus gebracht,

Wie Conrad es befahl, und ihre Zähre
Getrocknet, die für Leben floss und Ehre.
Und als das Mädchen dunkeln Augs Gulnar'
Nun dachte der bestandenen Gefahr,
Da staunte sie, wie artig er erschienen,
Wie sanft sein Wort, wie gütig seine Mienen,
Und holder schien der blutige Pirat
Ihr nun als Seyd — selbst wenn er zärtlich that.
Der Pascha koste so, als ob er dächte,
Dafs seine Gunst der Sclavin Ehre brächte,
Der Räuber schützte sie, und stillt' ihr Bangen,
Als könnten Frauen diesen Zoll verlangen.
»Nicht ziemt sich's — nein — kann leider nicht geschehn,
»Doch einmal noch möcht' ich den Hauptmann sehn,
»Sey's, ihm, was ich vor Schreck nicht wahrgenommen, [58]
»Zu danken noch — der Seyd liefs mich verkommen.«

VIII.

Ihn schaute sie im dichten Mordgewühl,
Luft schöpfend, wenn ein Glücklicherer fiel,
Den Seinen fern, im Kampf mit einem Haufen,
Der jeden Fufsbreit theuer mufs erkaufen.
Geworfen — blutend — von dem Tod geflohn;
Dafs er empfange seiner Thaten Lohn,
Wird er nur kurzem Leben aufbewahrt,
Weil Rache, Qualen sinnend neuer Art,
Sein Blut, es tropfenweis zu nehmen, spart
Denn Seyd, defs Auge glühet von Verderben,
Will ihn allmählich sterbend sehn — nicht sterben!
Ist er das, den sie kaum als Sieger fand,
Gebietend mit dem Wink der blut'gen Hand?
Er ist es — wehrlos zwar, doch nicht gebeugt,
Nur gramvoll, dafs sein Leben nicht entfleucht,
Die Wunden schwach, doch fühlt er ihren Werth,
Ja, küssen könnt' er seines Mörders Schwert!
O, gab es keinen Streich in dem Getümmel,
Den Geist zu senden — wär's auch nicht zum Himmel. [59]
Und fühlt er ganz allein sich noch belebt,
Der mehr als alle nach dem Tod gestrebt?
Wohl fühlt er tief — was Menschen fühlen müssen,
Wenn sich das Glücksrad drehte — das Gewissen
Belastet mit Verbrechen — lange Qualen,
Womit der Sieger seine Schuld wird zahlen —
Tief, finster fühlt er's, doch sein stolzes Herz,
Das ihn zu sünd'gen trieb, verbirgt den Schmerz.

Die muth'ge Fassung, die er heucheln kann,
Zeigt einen Sieger, nicht Gefangnen an;
Wie sehr Erschöpfung ihn und Wunden quälen,
Er schaut sich um, als schien ihm nichts zu fehlen;
Es schallt der fernen Menge laut Geschrey,
Hohnsprechend nun, da die Gefahr vorbey,
Die bessern Krieger, die ihm nah sind, necken
Den Gegner nicht, der sie erfüllt mit Schrecken,
Und selbst die Wachen, die ihn führen, schau'n
Ihn schweigend an, und mit geheimem Grau'n.

IX.

Der Wundarzt kam — zu helfen nicht — zu spähn,
Was dieser Lebensrest noch aus kann stehn, [60]
Fand Kraft genug, der Ketten Last zu tragen,
Gefühl genug für grausenvolle Plagen.
Ja — morgen soll der Sonne letzter Schein
Beginnen sehn der Pfählung grimme Pein,
Und schauen soll ihr erster Morgenstrahl,
Ob gut, ob schlecht er aushält seine Qual.
Diefs ist der Martern fürchterlichste Art,
Die bittern Durst mit Todeskrämpfen paart,
Die Tag für Tag verschont ein qualvoll Leben,
Wenn gier'ge Geyer schon den Pfahl umschweben.
›O Wasser — Wasser!‹ Doch verneinend winkt
Der Hafs — es stirbt sein Opfer, wenn es trinkt.
Diefs ist sein Spruch — der Arzt, die Wachen gehn,
Und er mufs sich allein — in Fesseln sehn!

X.

Wer mahlte die Gefühle seiner Brust,
Und ist er selbst sich ihrer ganz bewufst?
Es giebt ein Seelen-Chaos — einen Krampf
Wo jede Kraft sich regt in wildem Kampf,
Des Geistes Elemente sind zerrissen,
Und in Verstocktheit knirschet das Gewissen,
Der höhnisch böse Feind, der nie uns räth, [61]
Doch ruft: ›ich warne dich,‹ wenn es zu spät.
Vergebens, eine glühende Natur
Empört sich — tobt — die schwache beugt sich nur.
Jetzt in der Einsamkeit, wo angsterfüllt
Sein ganzes Selbst der Geist sich selbst enthüllt,
Kein herrschendes Gefühl, noch einzle Regung,
Ausschliefsend jede andre Ueberlegung,
Vielmehr des Geistes grause Uebersicht,
Defs heller Blick durch tausend Pforten bricht:

Der Ehrsucht Traum entflohn, der Liebe Weh,
Der Ruhm gefährdet, ja des Todes Näh',
Getäuschte Lust, Verachtung, Hafs, der allen
Geweiht ist, die sich freun, dafs wir gefallen;
Verwirkte Zeit, der Zukunft Drang, das Bangen,
Ob Himmel oder Höll' uns wird empfangen;
Gedanken, Thaten, Worte, nie vergessen,
Doch so genau, als jetzt, noch nie ermessen;
Und leichte sonst und liebenswürd'ge Schwächen,
Die strenger Sinn nun tadelt als Verbrechen;
Gefühl verborgner Frevel, das uns plagt,
Ja, wie ein Krebs, im Stillen frifst und nagt,
Kurz, was ein Auge nur mit Schreck erfüllt,
Die offne Gruft — ein Herz, das unverhüllt
Begrabne Leiden zeigt — bis Stolz, empört, [62]
Dem Geist den Spiegel wegnimmt und zerstört.
Ja — Stolz verbirgt und Muth höhnt alles aus
Diesseits des Grabs und über's Grab hinaus.
Ganz furchtlos ist kein Mensch — wer's nicht verräth,
Der einz'ge Heuchler, der mit Ruhm besteht;
Nicht so der Feige, welcher prahlt und flieht,
Nein, wer dem Tode stumm in's Auge sieht;
Denn stark durch das, was er zu dulden hat,
Tritt er ihm halb entgegen, wenn er naht.

XI.

Hoch oben in dem letzten Thurmgeschofs
Safs Conrad in des Pascha's Macht. Das Schlofs
Ging auf in Flammen — diese Mauern waren
Nun für den Hof bestimmt und den Corsaren.
Der klage nicht, dafs diefs sich so gefügt,
Es träf' auch seinen Feind, wär' der besiegt.
Er safs allein — durchforscht' in Einsamkeit
Die schuld'ge Brust und machte sich bereit.
Nur etwas konnt' er — durft er jetzt nicht fragen:
»Wie wird Medora diese Zeitung tragen?«
Dann — dann erst hob er klirrend seine Hand,
Und rifs an seinen Ketten, zornentbrannt;
Bald fand er — heuchelt' — oder träumte Muth,
Und lacht' in Selbstverhöhnung seiner Wuth: [63]
»Nun kann die Folter kommen, wann sie mag,
Ich mufs durch Schlaf mich stärken für den Tag.«
So kroch er matt zu seinem Lager hin,
Und schlief — was ihm auch sonst im Traum erschien.

Kaum Mitternacht war's als der Kampf begann:
Denn rasch vollzog er stets, was er ersann,

Denn das Verderben nützte seine Zeit,
Und unverübt blieb keine Grausamkeit,
Da eine Stund' ihn sah die Fluth durchwallen,
Verkappt — siegreich — in Haft — dem Tod verfallen —
Ein Aechter auf der See — ein Herr zu Land —
Zerstörend — rettend — nun in Feindes Hand!

XII.

Er schlief so sanft — sein Athem ging so tief —
Ach! läg' er doch in Todesruh — er schlief —
Wer beugt sich auf den Schlummernden? — Der Feind
Ist fort, und hier weiſs er von keinem Freund!
Ist es ein Seraph, der ihm soll vergeben?
Nein, 's ist ein Engelsbild aus diesem Leben! [64]
Die Lampe hält ein weiſser Arm, und deckt
Sorgsam das Licht, damit sein Glanz nicht weckt
Ein Auge, das sich öffnen soll der Qual,
Geöffnet dann noch sinkt ein einzig Mal.
Dieſs Bild mit dunkeln Augen, holden Wangen,
Mit braunen Flechten, die von Steinen prangen,
Mit Feenschlankheit, nacktem Fuſs, der leis
Den Boden tritt, und wie der Schnee so weiſs.
Wie kam sie durch die Nacht, der Wächter Schaar?
Ach, frage lieber, kennt ein Weib Gefahr,
Das Jugend, Mitleid rührt, wie Dich, Gulnar'?
Sie ruhte nicht; indeſs in Schlaf versenkt
Der Pascha murmelnd des Piraten denkt,
Erhub sie sich, nahm seinen Siegelring,
Der oft zum Scherz die Hand ihr ziert', und ging
Dreist durch die Wachen hin, und kaum gefragt:
Denn die gehorchten gern, von Schlaf geplagt.
Erschöpft vom Kampf, von Wechselhieben matt
Beneiden sie des Räubers Ruhestatt,
Und strecken frierend, nickend an dem Thor
Die Glieder aus, und wachen kaum davor,
Erheben nur den Kopf, dem Ring zu Ehren,
Doch ohne weitre Kunde zu begehren.

XIII.

Sie blickt erstaunt: »Kann er des Schlafs genieſsen, [65]
»Wenn seinem Muth und Falle Thränen flieſsen,
»Mein Auge selber seiner Ruh entbehrt? —
»Welch rascher Zauber macht mir ihn so werth?
»Wie? nicht das Leben dank' ich ihm allein,
»Mir und den Meinen spart er mehr als Pein!

Spät denk ich defs. — Es weicht sein Schlummer — sacht
Wie schwer er seufzt — er regt sich — er erwacht.
Er hebt sein Haupt — vom Licht geblendet traut
Sein Auge nicht, ob es auch richtig schaut.
Er hebt die Hand — der Ketten grauser Ton
Sagt ihm, dafs noch sein Leben nicht geflohn.
»Wer ist diefs Wesen, ist's ein Luftgebild?
»Mein Kerkermeister sieht ja gar so mild.«

Pirat! Du kennst mich nicht, die Du verpflichtet
»Durch Thaten, wie Du selten sie verrichtet.
»Blick' auf, erkenne sie, die Du dem Brande
Entrissen hast, und Deiner schlimmern Bande.
»Kaum weifs ich selbst, was Nachts hieher mich trieb;
»Nicht höhn' ich Dich — Dein Tod wär mir nicht lieb.«

So, güt'ges Weib, bist Du es denn allein, [66]
Die nicht mit Freuden harret meiner Pein: —
Die Reih' ist jetzt an ihnen — mag es seyn!
Doch mufs ich ihrer — Deiner Güte danken,
Die mich läfst beichten vor so schönen Schranken.«

Seltsam verknüpft sich mit dem tiefsten Schmerz
Oft Lustigkeit — doch hebt sie nicht das Herz
Es täuscht uns nicht des Kummers Fröhlichkeit,
Sie lächelt zwar, jedoch mit Bitterkeit.
Und manchmal trieben selbst bis zum Schaffott [10])
Die Weisesten und Besten ihren Spott,
Doch ist's kein Scherz, wenn auch verwandt der Lust,
Er täuscht die fremde, nicht die eigne Brust.
Was es auch sey, das Conrad nun bewegt —
Von lust'ger Wildheit ward er aufgeregt,
Selbst in der Stimme lag der Freude Klang,
Als wär's zum letztenmal — und doch war's Zwang:
Denn wenig blieb ihm bey dem kurzen Leben
Von Schwermuth frey und innerm Widerstreben.

XIV.

»Corsar! Du bist verurtheilt — doch vernimm,
Ich kann in schwacher Stund' des Pascha's Grimm [67]
»Besänft'gen — hätte Rettung schon geschafft,
Doch Hoffnung — Zeit verbeut's — ja, Deine Kraft.
»Es ist genug geschehn, wenn sich verschiebt
»Das Urtheil, das kaum einen Tag dir gibt.
»Mehr wär' der Tod — auch wär' Dir's selbst zum Leide,
»Verdürb' ein nichtiger Versuch uns beyde.«

»Ja, — leid fürwahr — ich weifs mein Loos zu tragen,
»So tief gestürzt kann ich vor nichts mehr zagen:
»Drum spar' Dir die Gefahr — mir das Verlangen,
»Dem Feinde zu entgehn, der mich gefangen.
»Zum Sieg unfähig — sollt' ich feig' entfliehn,
»Ich ganz allein dem Tode mich entziehn?
»Doch — eine gibt's, die stets mein Geist umschlingt,
»Bis mir ihr sanfter Reiz in's Auge dringt.
»In diesem Leben war mir wenig werth:
»Mein Liebchen war's — mein Gott — mein Schiff — mein Schwert.
»Gott liefs ich früh — nun stürzt er mich in Noth,
»Denn folgsam ihm gibt mir der Mensch den Tod. [68]
»Ich will nicht betend höhnen seinen Thron,
»Es ist ja nichts, als der Verzweiflung Ton:
»Genug, ich leb' und dulde Qual und Hohn!
»Das Schwert entrifs man der unwürd'gen Hand,
»Die mit der treuen Waffe schlecht bestand;
»Mein Schiff sank, oder hat nun andre Herrn;
»Mein Lieb — für sie fleht' ich zum Himmel gern!
»O, sie allein zieht mich noch erdenwärts —
»Und diefs Geschick bricht nun das treuste Herz;
»Die schönste Form. — Eh' mir Gulnar' erschien,
»Fragt' ich mich nie, ob so noch andre blühn.«

»So liebst Du schon? — allein was frag' ich noch?
»Für mich kann's nichts bedeuten — nichts — und doch!
»Du liebst — und o! wie neid' ich jene Frau'n,
»Die an der treu ergeb'nen Brust sich schaun,
»Nie der Gedanken irren Flug beweinen,
»Noch die Phantome, — wie sie mir erscheinen!

»Wie, Dame — ist Dein Herz nicht dem gewogen, [69]
»Für den ich Dich dem Flammengrab entzogen?«

»Dem finstern Seyd? — nein — nein — den liebt' ich nie,
»Zwar strebt' ich lang — es war verlorne Müh' —
»Ihm, der für mich nur glüht, diefs Herz zu weihen,
»Doch fühlt' ich — Liebe wohnt nur — bey den Freyen.
»Ich bin nur Sclavin — zwar geehrt — geschmückt
»Mit seinem Glanz, und scheinbar hochbeglückt.
»Oft hat mein Herz die Frage schon gewagt:
»Liebst du ihn auch? — und traurig Nein! gesagt.
»Hart ist's, zu tragen seine Zärtlichkeit,
»Nicht zu vergehn vor inn'rem Widerstreit!
»Mehr noch, ein widerstrebend Herz zu stillen,
»Vielleicht, wer drinnen waltet, zu verhüllen.

Er nimmt die Hand — ich reiche sie ihm nimmer,
Und kalt und ruhig geht ihr Puls, wie immer;
Er läfst sie los — sie sinket matt, gelassen:
Denn nie liebt' ich ihn g'nug, um ihn zu hassen. [70]
Kalt gibt mein Mund ihm seine Küsse wieder,
Und kühler Schauer rinnt mir durch die Glieder.
Ach — hätt' ich je der Liebe Gluth gekannt,
So fühlt' ich mich denn doch von Hafs entbrannt!
Jetzt geht er unbeklagt — kehrt unerharrt,
Und oft vergefs' ich seiner Gegenwart,
Kommt die Betrachtung dann, wie sie es mufs,
So fürcht' ich, bald ergreift mich Ueberdrufs.
Ich bin nur Sclavin — doch — trotz eitlem Schein —
Mehr wär's als Knechtschaft, seine Braut zu seyn.
O, könnt' er sich von jenem Wahnwitz trennen,
Nach Andern trachten — mir die Freyheit gönnen,
Noch gestern — hätt' ich Ruhe sagen können!
Ja — schein' ich jetzt ihm mehr als je ergeben,
So gilt es, Dich zu retten — Dir ein Leben
Zu zahlen, das ich hab' aus Deiner Hand,
Der Theuren Dich zu schenken, die ein Band
Der Lieb' umschlingt, wie ich es nie gekannt. —
Leb' wohl — es tagt — und bleiben wär' Verderben: [71]
Viel wag' ich — doch heut fürchte nicht zu sterben.

XV.

Sie prefste seine kettenschwere Hand
An's Herz gesenkten Hauptes, und verschwand.
Sacht wie ein holder Traum ist sie entflohn —
Und war sie hier? — und ist er einsam schon?
Was ziert die Fesseln für ein Edelstein?
Der schönste Thau, geweint um fremde Pein,
Der hell und klar des Mitleids Schacht entspringt,
Polirt, wie es nur Gottes Hand gelingt!

O! zu gefährlich lieb — nur zu beredt
Die Thräne, die in Frauenaugen fleht?
Sie, die als Waffe ihrer Schwäche gilt,
Zu Sieg und Rettung — stets ihr Speer und Schild.
Sie meide! Tugend ebbt und Weisheit irrt,
Durch allzu zärtlich Schaun in sie verwirrt.
Was stahl die Welt dem Tapfern, liefs ihn fliehn?
Dafs sie in Cleopatra's Aug' erschien.
Doch den Triumvir'n soll man nicht verklagen,
Wenn viele selbst dem Himmel drum entsagen, [72]
Der Menschheit ew'gem Feind die Seele weihn,
Mit eigner wenden ihrer Dirne Pein.

XVI.

Auf Conrad's Zügen spielt der Morgen schon;
Doch, ach — sein gestrig Hoffen ist entflohn.
Was wird er seyn vor Nacht? — ein Ding vielleicht,
Um das der Raben Leichenfittig streicht,
Die sein geschlofsnes Aug' nicht fühlt, nicht schaut.
Wohl senkt die Sonne sich, der Abend thaut
Kühl — neblig — feucht auf seine starren Glieder,
Erfrischt die Welt — belebt nur ihn nicht wieder!

Dritter Gesang. [73]

»Come vedi — ancor non m'abbandona.«
DANTE.

I.

Langsam und schöner noch, als wenn sie steigt,
Die Sonne längs Morea's Höh'n sich neigt,
Nicht trüben Scheins, wie sie in Nordland thut,
Nein, wolkenlos, ein Ball lebend'ger Gluth.
Es mahlt die stille See ihr goldner Schimmer,
Und grüne Wellen zittern in dem Flimmer,
Doch lächelnd scheint sich Phöbus Blick im Scheiden
An Hydra und Aegina's Fels zu weiden,
Und zögernd auf sein Heimathland zu schaun,
Will man auch jetzt ihm keinen Altar baun.
Fortschreitend küfst der Berge Schattenrifs
Den prächt'gen Golf der stolzen Salamis,
Indefs des Sonnengottes milde Strahlen [74]
Ihr reines Blau mit tieferm Purpur mahlen,
Und zarte Lichter ihren Höh'n entlang
Mit Himmelsfarben zeichnen seinen Gang —
Bis er in Schatten hüllend Meer und Land
In Schlummer sinkt an Delphi's Felsenwand.

Am bleichsten war der Strahl, mit dem er wich,
Als hier — Athen — dein Weisester erblich!
O wie bewachten da den letzten Strahl
Die bessern Bürger — seines Tods Signal! [75]

Noch nicht — noch nicht — am Hügel weilt noch Sol,
Und dehnt die Stunde, wo er scheiden soll;
Sein Licht verschwindet den getrübten Blicken,
Kein Farbenspiel scheint das Gebirg zu schmücken:
Es deckt das holde Land ein düstrer Flor,
Das Land, dem Phöbus nie gezürnt zuvor.
Doch eh' er zu Cithärons Haupt sich neigt,
Ist schon der Becher leer — der Geist entweicht —
Der Geist, der nie gezagt und nie gebebt,
Nein, lebt' und starb — wie niemand stirbt und lebt.

Sieh! abwärts vom Hymettus breitet sacht
Ihr stilles Reich die Königin der Nacht. [12]
Kein grauer Duft, des Sturmes Bot', umwallt [75]
Ihr holdes Haupt, kränzt ihre Lichtgestalt,
Und blinkend grüfst der weifsen Säule Kranz
Mit sanften Lichtern ihren holden Glanz,
Indefs von ihren Strahlen rings umflimmert
Vom Minaret ihr Sinnbild niederschimmert.
Die Flur, mit düsterm Oehlgebüsch besetzt,
Die des Cephisus dürft'ge Fluth benetzt,
Der heiligen Moskoe Cypressenwipfel,
Des lustigen Kiosk [13] erhellter Gipfel,
An Theseus Tempel jener Palmenbaum,
Einsam und schwarz im heilig stillen Raum —
Diefs Farbenspiel nimmt aller Augen ein,
Wen das nicht fesselt, der mufs fühllos seyn.

Und Aegeus Meer, das man nur kaum noch hört,
Lullt seinen Busen ein, von Sturm empört,
Und seine Fluth entfaltet ihre Zier
In mildem Schmelz von Gold und von Sapphir,
Verwoben mit entleg'ner Inseln Graun,
Die düster durch des Meeres Lächeln schaun. [14]

II.

Was reifst mich hin — woher der Geistesdrang? —
O, wer blickt deinem heim'schen Meer entlang,
Und weilt bey Dir nicht, was sein Lied auch singt, [76]
So magisch wirkt es, wenn Dein Nam' erklingt.
Wer über dir je sinken sah die Sonne,
Athen! vergifst der deines Abends Wonne?
Der nie, defs Herz nicht Zeit, noch Raum gewandt,
Den der Cycladen Zaubergruppe bannt;
Noch ist diefs Lob mit seinem Lied im Streit,
Dein war die Räuberburg in alter Zeit —
O, wär' sie wieder dein, und du befreyt!

III.

Die Sonne sinkt — es sinkt in finstre Nacht
Medora's Herz, die auf dem Leuchtthurm wacht —
Der dritte Tag erscheinet und vergeht —
Er kommt nicht — schickt nicht — hat er sie verschmäht?
Die Luft ist günstig, und kein Sturmwind weht.
Seit Abend ist Anselmos Barke da,
Er weiſs nur, daſs er Conrad nirgend sah.
Hätt' er dieſs Schiff erwartet — traurig zwar,
Doch anders stellte sich die Sache dar,
Der Nachtwind haucht — ihr Tag ging damit hin,
Zu spähn, nach Allem, was ein Segel schien.
Trüb sitzt sie da — im Innersten gespannt
Eilt sie zuletzt zum mitternächt'gen Strand: [77]
Dort wandelt sie, der Brandung ausgesetzt,
Die oftmals warnend ihr das Kleid benetzt;
Doch sie vermag das nicht zu sehn — zu fühlen —
Im Herzen Frost, scheint nichts sie mehr zu kühlen,
Bis sie so sicher ward durch dieses Harren —
Säh' sie ihn *jetzt* — sie müſste schier erstarren.

Da kam ein schwacher lecker Kahn zur Bucht,
Dort findet seine Mannschaft, wen sie sucht.
Verwundet — elend — waren, ach, nur *sie*
Dem Tod entflohn, und wuſsten kaum noch wie?
Stumm harret jeder mit getrübter Seele,
Bis ein Gefährte Conrads Loos erzähle —
Sie redeten vielleicht — allein sie zagen,
Ihr zu verkünden, was sich zugetragen.
Medora merkt es — sinkt nicht — zittert nicht
Vor dem Verlust und ihres Grams Gewicht:
Die zarte Form beseelt ein hoher Geist,
Der plötzlich nie geahnten Muth beweist.
Als sie noch hoffte, weinte sie vor Kummer,
Nun alles hin — sank dieſs Gefühl in Schlummer,
Und Muth erwachte nun, um ihr zu sagen:
»Wo nichts zu lieben bleibt — bleibt nichts zu zagen.« [78]
Das war mehr als Natur — es war die Kraft,
Wie Wahnwitz sie aus Fiebergluthen rafft.

»Ihr schweigt — ich will nicht hören, was geschah —
»Was? — sprecht nicht — athmet nicht — ich weiſs es ja —
»Doch frag' ich *eins* — wenn sich die Lippe fügt —
»Antwortet schleunig — sagt mir, wo er liegt?«

»Wir wissen's nicht — entkamen nur mit Noth,
»Doch ein Gefährte läugnet seinen Tod,

Er sah ihn wund, gefesselt — doch am Leben.«

Sie hört nichts mehr — sie sucht sich zu ergeben —
Aufwallt ihr Blut und Herz — noch sank sie nicht:
Ihr düstrer Geist erliegt erst dem Bericht,
Sie schwankt — sie fällt — bald hätten sie die Wogen
Nur einer andern Todesgruft entzogen.
Doch sie, die feuchten Blicks, mit rohen Händen
Ihr gern des Mitleids hast'ge Hülfe spenden, [79]
Bethaun die Wangen, schon zum Tod erbleicht,
Und stützen — fächeln — bis sich Leben zeigt,
Und wecken Zofen — lassen dann den Frauen
Das matte Bild, das sie mit Wehmuth schauen,
Und eilen zu Anselm. Aus ihrem Munde
Wird ihm des kurzen Sieges trübe Kunde.

IV.

Seltsam und hitzig wird hier Rath gepflogen,
Befreyung, Lösgeld, Rache wird erwogen,
Nicht Flucht, noch Rast: der Geist des Führers ruht
Auf seiner Schaar, und stärket ihren Muth,
Nun wollen sie, die seinem Sinn entsprechen,
Ihn lebend retten, oder todt, ihn rächen.
Weh seinem Feind! Ob nur noch wen'ge leben,
Kühn ist ihr Handeln und ihr Herz ergeben.

V.

Ernst in des Harem's innerstem Gemach
Sitzt Seyd, und brütet des Piraten Schmach,
Zu Lieb' und Hafs bewegt ihn wechselseits
Bald sein Gefangner, bald Gulnarens Reiz.
Die Holde lehnt zu Füfsen ihres Herrn,
Merkt seinen Groll — ihn milderte sie gern;
Ihr grofses dunkles Auge forscht bewegt, [80]
Doch ach, umsonst, ob sich sein Mitleid regt,
Sein Blick scheint auf den Rosenkranz[15]) gesenkt,
Indefs er nur des blut'gen Opfers denkt.
»Pascha! der Tag ist Dein, Sieg krönt Dein Haupt
Gefallen ist die Bande. Conrad raubt
Dein Spruch das Leben — ihm geschieht es recht
Doch scheint er fast für Deinen Hafs zu schlecht:
Mich dünkt es klug, ihm kurze Frist zu geben,
Mit seinem Gold erkauf' er sich das Leben,
Den Schatz des Räubers rühmt ja das Gerücht,
Ich wünschte, Pascha, der entging Dir nicht.

Und er — geschwächt vom Zug, der ihm mifslang —
»Bewacht — verfolgt — blieb Dir ein leichter Fang.
»Doch ist er todt, so schifft der Rest der Bande
»Mit ihrem Hort nach einem sichern Strande.«

»Brächt jeder Tropfen Bluts auch einen Stein,
»So reich wie Stambuls Diadem mir ein,
»Und böte flehend man für jedes Haar
»Virgin'schen Goldes reinste Ader dar,
»Und was Arabiens Mährchen träumend dichten
»Von Gold und Gut — es rettet' ihn mit nichten! [81]
»Es kauft' ihm selbst nicht eine Stunde Frist,
»Gut, dafs er ganz in meinen Händen ist!
»Ich will mich rächend nur an Qualen weiden,
»Die spät erst tödten und nach grausen Leiden.«

»Nein, Seyd! — nicht such' ich Deinen Zorn zu hindern:
»Er ist nur zu gerecht, um ihn zu lindern;
»Ich wünschte blos, sein Reichthum wäre Dein,
»Denn diese Lösung sollt' ihn nicht befreyn:
»Geschwächt — beraubt der Hälfte seiner Leute
»Wär' er Dir immer eine sichre Beute.«

»Ja, wär' — und sollt' ich einen Tag verschwenden,
»An ihn — den Buben, den ich hab' in Händen?
»Den Feind entlassen? — und auf wefs Verwenden?
»Bittstell'rin! — Deiner feinen Dankbarkeit,
»Die dieser Zoll des Giaur's Erbarmen weiht,
»Der Dich nur retten mocht' und Deine Frauen,
»(Vielleicht ohn' auf der Beute Reiz zu schauen?)
»Soll ich verpflichtet seyn! — jedoch zuvor
»Hallt eine Warnung in Dein zärtlich Ohr:
»Weib, ich mifstraue Dir, und mein Verdacht
»Wird durch Dein Wort zur Zuversicht gebracht! [82]
»Als er Dich trug durch jene Flammen hin,
»Sag', sehntest Du Dich nicht, mit ihm zu fliehn?
»Gib keine Antwort — Dein Geständnifs spricht
»Erröthend aus dem schuld'gen Angesicht.
»Drum, meine Schöne, hüt' Dich und hab' Acht:
»Nicht ihn zu retten blos bist Du bedacht!
»Noch auf ein Wort — doch nein — es ist genug.
»Verflucht sey der Moment, wo er Dich trug
»Durch jenen Brand, der besser Dich — doch nein —
»Dann müfst' ich Dir den Schmerz der Liebe weihn —
»Nun spricht Dein Herr — betrüg'risch Ding! Du weifst
»Ich kann die Flügel kürzen, die so dreist.

»In Worten lieb' ich nicht, mich zu erhitzen:
Hab Acht — Dein falsches Herz soll Dich nicht schützen.«

Aufstand er — schritt hinaus mit finsterm Muth!
Im Abschied Drohung, in den Augen Wuth.
Ah, hat er je nach Weibersinn gefragt,
Den Zorn nicht beugt — der nicht vor Drohung zagt? [83]
Er ahnt nicht, was, Gulnare, sanft gestimmt
Dein Herz bewegt, noch was es wagt, ergrimmt!
Sie schien gekränkt — noch fühlte sie nicht klar,
Wie tief die Wurzel ihres Mitleids war:
Von einer Sclavin konnte, wer gefangen,
Ein Mitgefühl, das Liebe glich, verlangen!
Halb unbewufst, doch ohne Furcht betrat
Sie denn von neuem den gewagten Pfad,
Trotz seiner Wuth — bis jener innre Streit
Auch sie ergriff — der Quell von Weiberleid.

VI.

Langsam indefs — einförmig — schwer verstreichen
Ihm Tag und Nacht — und könnte Furcht ihn bleichen:
Diefs Schwanken zwischen Angst und Zweifelsnoth,
Wenn jede Stunde schlimmer scheint als Tod,
Wenn jeder Schritt, der an dem Eingang hallt,
Zu Beil und Pfahl kann führen alsobald,
Wenn jede Stimme, die sein Ohr durchdringt,
Vielleicht die letzte ist, die ihm erklingt —
Sein stolzer, kräft'ger Geist — könnt' er erbeben,
Ungern, unziemlich schied er jetzt vom Leben,
Er fühlt sich müd — erschöpft — doch ohne Klagen [84]
Weifs er sein tödtliches Geschick zu tragen.
Des Sturmes Brausen, wie der Schlacht Gewühl
Betäubt wohl jedes zagende Gefühl,
Allein verlassen — in des Kerkers Schranken,
Ein Raub der ewig wechselnden Gedanken,
Dein eignes Herz zu schau'n, gescheh'ne Sünden,
Der Zukunft drohend Unheil zu empfinden,
Zu spät, die gut zu machen, dem entspringen,
Die Stunden zählen, die den Tod Dir bringen,
Ohn' einen Freund, zu trösten, und der Welt
Laut zu verkünden, dafs Du starbst als Held,
Nur Feinde rings, die eifrig Lügen schmieden,
Verläumdend noch Dein letztes Thun hienieden,
Vor dir die Folter, die der Geist kann wagen,
Doch zweifelnd, ob das Fleisch sie wird ertragen,

Bey dem Bewufstseyn, dafs ein Schrey entehrt,
Den theuren Anspruch dir auf Muth verwehrt,
Indefs kein Hoffen dir auf künft'ges Leben
Der Seligkeit Monopolisten geben,
Und — mehr als Eden, das nicht jeder glaubt —
Dein Lieb, dein Erdenhimmel dir geraubt:
Den innern Kampf kann kein Verbrecher meiden —
Nein — tragen mufs er mehr als ird'sche Leiden!
Und diese trug auch er — ob schlecht ob gut! [85]
Nicht zu erliegen hier, zeugt schon von Muth.

VII.

Der Tag verstrich — Gulnare trat nicht ein —
Der zweyte — dritte — Conrad blieb allein;
Doch that ihr Reiz, was ihm ihr Mund versprach,
Sonst hätt' er nicht gesehn den zweyten Tag.
Der vierte Tag entrollt' und mit der Nacht
Kam Sturm und Finsternifs mit voller Macht.
O, wie er jetzt des Meeres Tosen lauscht,
Das niemals so durch seinen Traum gerauscht!
Und wilde Wünsche flucht sein wilder Geist,
Den seines Elementes Wuth zerreifst.
Oft ist er auf den Fittigen der Wogen,
Froh ihrer stürm'schen Hast, dahingeflogen!
Und jetzo schlug ihr Rauschen an sein Ohr
Als traute Stimme — ach, umsonst empor!
Laut pfiff der Wind; und über seinen Thurm
Scholl doppelt laut der Donnerwolke Sturm,
Es zuckten Blitze nach den Gitterstangen —
So reizend schien ihm nie des Nordsterns Prangen!
Dicht an das Fenster schleppt er seine Ketten,
Und hoffte, die Gefahr sollt ihn erretten,
Er hub die Hand gen Himmel mit Beschwören,
Ein Blitzstrahl möge sein Geschöpf zerstören,
Gebet und Eisen mög' ihn niederziehn, [86]
Der Donner rollte fort — nicht traf er ihn,
Nachliefs sein Brüllen — schwieg — er fühlt' allein
Als lach' ein falscher Freund nur seiner Pein.

VIII.

Hinging die Mitternacht — ein leichter Tritt
Erklingt am Eingang — weilt — horch, noch ein Schritt!
Der Schlüssel dreht sich rauh, der Riegel klirrt:
Die Schöne ist's — sein Herz hat nicht geirrt,

Die, wenn auch Sünd'rin, ihm als Seraph strahlt,
Hold, wie des Klausners Hoffnung ihn sich mahlt.
Doch anders nun, als sie sich jüngst gezeigt,
Mehr zitternd noch — die Wangen mehr gebleicht.
Ihr dunkler, scheuer Blick gibt vom Verderben
Ihm Kunde; eh' ihr Mund spricht: »Du mufst sterben!
»Ja, sterben — doch ein Mittel gibt's noch immer,
»Das letzte — schlimmste — wär' der Pfahl nicht schlimmer.«

»Nun wohl! — ich bin gefafst; und ohne Scheu
»Erklär' ich nochmals: Conrad bleibt sich treu.
»Was willst Du sparen eines Aechters Blut, [87]
»Das Urtheil wenden, das er auf sich lud?
»Durch manche freyle That verdient' ich schon
»— Nicht jetzt allein — des Pascha's Rachelohn.«

»Warum ich will? — o spartest Du mir doch
»Ein schlimmres Schicksal selbst als Sclavenjoch!
»Warum ich will? — umwölkt denn Dein Geschick
»Vor weiblich zarter Regung Dir den Blick?
»Und mufs ich's sagen — wie mein Herz auch kämpft
»Von inn'rer Scheu, und mir die Stimme dämpft?
»Trotz Deinen Freveln reiztest Du diefs Herz
»Zu Furcht — Dank — Mitleid — Wahnsinn — Liebesschmerz.
»Erwiedre nichts — spar' der Erzählung Mühe,
»Dafs Du schon liebst — dafs ich vergebens glühe.
»Ist sie so treu, und schöner wohl als ich,
»So wag' ich mehr als sie, und rette Dich.
»Ja, wäre sie so ganz von Herzen Dein,
»An ihrer Statt liefs' ich Dich nicht allein:
»Des Aechters Weib läfst einsam ihn hinaus!
»Was schafft die art'ge Dame denn zu Haus?
»Kein Wort für jetzt — ob unsern Häuptern droht [88]
»Ein Schwert an einem Fädchen blut'gen Tod.
»Liebst Du die Freyheit, lebt noch Muth in Dir,
»So nimm den Dolch — steh' auf — und folge mir!«

»Was? — so gefesselt soll mein Fufs entweichen,
»In diesem Aufzug durch die Schläfer schleichen?
»Bedenk' — pafst zum Entfliehn auch meine Tracht,
»Und ist diefs Werkzeug wohl zum Kampf gemacht?«

»Argwöhn'scher Mann! Die Wache dient mir schon,
»Zum Aufruhr reif, und lüstern nach dem Lohn.
»Ein einzig Wort von mir sprengt Deine Kette,
»Wie wär' ich hier, wenn ich nicht Beystand hätte?

»Seit wir uns trennten, nutzt' ich Zeit und Weile,
»Hab' ich gefehlt, so war's zu Deinem Heile.
»Nicht sündlich ist es, diesen Seyd verderben,
»Den finstern Wüthrich — Conrad, er mufs sterben!
»Du schauderst — doch empört ist mein Gemüth, [89]
»Das tief gekränkt — geschmäht — nach Rache glüht,
»Defs angeklagt, was ich verwarf bis jetzt,
»Zu treu — wenn auch durch bittern Zwang verletzt.
»Ja, lächle nur — er höhnte nicht mit Fug:
»Noch war ich fest, Du noch nicht werth genug.
»Doch meint er's, und wer uns der Untreu zeiht,
»Der Wüthrich, der uns reizt zum Widerstreit,
»Verdient das Loos, das er sich prophezeit.
»Ich liebt' ihn nie. Er kaufte mich — zu theuer,
»Denn dieses Herz war ihm darum nicht treuer.
»Zwar murrt' ich nie, und doch wirft er mir ein,
»Ich sey mit Dir geflohn, es zu befreyn.
»Du weifst, er irrt — doch thu' ich ihm den Willen:
»Die That soll ihm der Ahnung Wort erfüllen!
»Nicht auf mein Bitten wollt' er Frist Dir schenken,
»Er that's, auf neue Qual für Dich zu denken,
»Und so mich in Verzweiflung zu versenken.
»Mir droht er auch — zwar wird die Gluth der Liebe [90]
»Mich sparen noch für seine tollen Triebe,
»Doch, fesselt ihn mein flücht'ger Reiz nicht mehr,
»Dann gähnt der Sack hier, und dort rollt das Meer!
»Soll ich ein Spielzeug seyn in Narrenhand,
»Nur gut, so lang sich hält der goldne Tand?
»Dich sah — Dich liebt' ich — ja Dich rett' ich nun,
»Sey's, um der Sclavin Treue kund zu thun.
»Hätt' er mich nicht verletzt, bedroht mein Leben,
»(Er hält sein Wort, das er im Zorn gegeben)
»So hätt' ich ihn verschont, und Dich befreyt,
»Nun bin ich Dein — zu jedem Schritt bereit.
»Du liebst, Du kennst mich nicht — Du zürnst wohl gar —
»Ach, Lieb' und Hafs ward ich erst jetzt gewahr!
»Du schauderst nicht, erkennst Du mein Gemüth,
»Wiewohl in ihm des Ostens Feuer glüht;
»Es ist als Leuchtthurm Deines Lebens Hort,
»Es zeigt Dir ein Mainottisch Schiff im Port.
»Doch — unser Weg führt durch das Schlafgemach
»Des finstern Seyd — er werde nicht mehr wach!«

»Gulnare — nie, nie fühlt' ich so die Schwere [91]
»Des niedern Daseyns, die verwelkte Ehre:
»Seyd ist mein Feind, vertilgt' in offnem Streit
»Mein kleines Heer, wenn auch mit Grausamkeit,

»Drum hatt' ich eine Barke wohl bewehrt,
Dem Gegner zu begegnen mit dem Schwert.
Das, nicht der Meucheldolch, wär' mir vonnöthen,
Wer Frauen rettet, wird den Schlaf nicht tödten.
»Dich hab' ich gern — doch dazu nicht — erhalten,
Lafs mich die That nicht für verloren halten.
Nun fahr' dann wohl — beschwicht'ge Deinen Kummer
Die Nacht entflieht — es ist mein letzter Schlummer.«

Dein Schlummer! ja! mit erstem Sonnenstrahl
Zuckt Nerv' und Sehne Dir am Marterpfahl!
»Mein Ohr vernahm's — ich sah — nein, will nicht sehn —
»Willst Du den Tod, will ich auch untergehn.
»Mein Leben — Lieben — Hoffen steht zugleich
»Auf diesem Wurf — es kostet einen Streich!
»Ohn' ihn ist fliehen unnütz. Wie vermeiden,
»Dafs er uns folgt? — Mein ungerochnes Leiden, [92]
»Der Jugend Harm — so manch verschwendet Jahr
»Rächt dieser Streich und schützt uns vor Gefahr.
»Doch — ziemt der Dolch Dir minder als das Schwert,
»Versuch' ich, wie sich Frauenhand bewährt.
»Die Wache dient mir — 's ist im Nu geschehn —
»Frey oder nie werd' ich Dich wiedersehn —
»Fehlt diese Hand, dann scheint das Wolkenroth
»Auf meine Bahr' und Deinen Martertod.«

IX.

Sie kehrt, sie scheidet, eh' er sprechen kann,
Ihr folgt sein Aug' mit scharfem Blick, und dann
Rafft er die Fesseln auf, die ihn beschweren,
Um ihrem Schleifen und Geklirr zu wehren.
Und nun, da Schlofs und Thür nicht widersteht,
Folgt er so schnell, als es in Ketten geht,
Durch finstre Gänge nach — er weifs noch nicht,
Wohin er kommt — denn Wache fehlt und Licht.
Ein düstrer Glanz erscheint — soll er dahin —
Soll er den Schein, den unbestimmten fliehn? [93]
Der Zufall leitet ihn — ein kühler Duft
Haucht frisch die Stirn' ihm an, wie Morgenluft;
Er tritt in einen offnen Gang und schaut
Den letzten Stern, indem der Tag schon graut.
Doch kaum bemerkt er den — ein zweytes Licht
Aus einsamem Gemach trifft sein Gesicht.
Er naht — der Thüre Klaffen zeigt im Zimmer
Ihm weiter nichts, als jener Kerze Schimmer.

Da kommt ein Frauenbild hervor geranmt,
Steht — kehrt sich — steht — sie ist's, in ihrer Hand
Erscheint kein Dolch — nichts, was die That verräth —
Ihr sanftes Herz — es hat den Mord verschmäht!
Er sieht sie wieder an, ihr wilder Blick
Bebt plötzlich schaudernd vor dem Tag zurück —
Sie steht — sie streift zurück des Haares Fülle,
Das Stirn und Busen dient zur dunklen Hülle,
Als hätte sie ihr zitternd Haupt vielleicht
Auf einen Gegenstand der Angst geneigt.
Da zeigt ihm ihre Stirne, was im Schreck
Zu tilgen sie vergafs — es war ein Fleck —
Er sah die Farbe kaum, ihm sank der Muth,
O, leises Pfand der That — doch sichres — Blut!

X.

Er kannte Schlachten — hatt' in Einsamkeit [94]
Die Qual empfunden, der man ihn geweiht,
Er war versucht — gestraft — und jetzt von Ketten
Umstrickt mocht' er vielleicht sich noch nicht retten.
Doch trotz Gewissenspein und Schlacht und Haft
Trotz seiner Leiden tiefverborgner Kraft,
Fühlt er solch Grausen nie sein Blut durchschleichen —
Es ward zu Eis vor diesem Purpurzeichen.
Diefs Fleckchen Blut, diefs leise Pfand der Schuld
Tilgt plötzlich ihrer Wangen Reiz und Huld.
Oft sah er Blut — nie fühlt' er sich entmannt,
Doch dann flofs es im Kampf, durch Männerhand!

XI.

»Geschehn! — er regte sich — doch ist's gelungen.
»Er starb! — so theuer ward Dein Heil errungen.
»Hier frommt kein Reden mehr — auf und davon!
»Die Barke harrt — und heller Tag ist's schon. [95]
»Die Wen'gen, die ich warb, sind ganz die Meinen,
»Sie mögen sich mit Deinem Rest vereinen.
»Auch soll mein Mund rechtfert'gen meine Hand,
»Verläfst das Schiff erst den verhafsten Strand.«

XII.

Sie klatscht — da stürzen schnell, die sie erkoren,
Fluchtfertig, Griechen durch den Gang, und Mohren.
Sie bücken sich, entfesseln ihn geschwind —
Frey ist sein Körper, wie des Berges Wind,

Indefs sein Herz den schwersten Kummer trägt,
Als wär' der Ketten Wucht *ihm* auferlegt.
Kein Wort ertönt — es winkt nur ihre Hand,
Da zeigt ein Thor geheimen Weg zum Strand.
Im Rücken liegt die Stadt — sie sehn alsbald
Der Wogen Tanz, wie er am Ufer wallt,
Und Conrad ist auf ihren Wink genaht,
Gleichgültig, sey es Rettung, sey's Verrath.
Trotz frommte mehr nicht, als wär' Seyd am Leben,
Das Urtheil anzusehn, das er gegeben.

XIII.

Schon schwillt das Segel in der Lüfte Wehn —
Ach, was hat Conrads Geist zu übersehn! [96]
Tiefsinnig sitzt er, bis das Cap erstreckt
Den Riesenleib, der jüngst sein Schiff gedeckt.
O, seit der Unglücksnacht, wie kurz die Zeit,
Verflofs ein Jahr voll Frevel, Schreck und Leid!
Und wie den Mast des Berges Schatten trifft,
Deckt er die Stirn', indefs man ihn umschifft.
Ihm stellt Gonsalvo, seiner Krieger Schaar,
Der flücht'ge Sieg, des Feind's Triumph sich dar;
Er trägt die ferne, theure Braut im Sinn,
Und sieht sich um, und schaut — die Mörderin!

XIV.

Sie sieht ihm zu — jedoch sein strenger Blick,
Sein kaltes Ansehn schreckt sie bald zurück,
Und jene Wildheit, ihrem Auge fremd,
Löst sich in Thränen, die sie nicht mehr hemmt;
Sie ist gekniet, hat seine Hand gefafst:
»Du mufst verzeihn, wenn Alla selbst mich hafst.
Doch ohne jenen Mord — was wärest Du?
Schilt mich — nur heute schone meiner Ruh!
»Dich trügt der Schein — ach, diese Nacht voll Graus
Verwirrt mein Hirn — mach' mich nicht toll durchaus.
Liebt' ich Dich nicht, hätt' ich die That gelassen, [97]
»Nicht lebtest Du: um — doch Du darfst mich hassen.«

XV.

Sie irrt indefs. Mehr traf sein Vorwurf *ihn*,
Als *sie*, die er in's Unglück mufste ziehn;
Doch finster, sprachlos bluten die Gedanken
Tief, ungeklagt, in seines Busens Schranken;

Günstig der Wind, nicht stürmisch wallt das Meer,
Um's Steuer spielt der blauen Wellen Heer.
Sieh, fern am Horizont ein Punkt — ein Fleck —
Ein Mast erscheint — ein Segel — ein Verdeck!
Die Barke späht die Posten aus — geschwind
Empfängt ein gröfsres Segeltuch der Wind.
Doch herrlich ist das fremde Schiff zu schauen,
Hast sitzt am Bug, und auf der Kabel Grauen!
Jetzt zuckt ein Blitz — die Kugel zischt im Bogen
Unschädlich her — und taucht sich in die Wogen.
Auffährt der kühne Hauptmann — ein Entzücken,
Ein lang entbehrtes, strahlt aus seinen Blicken.
»'s ist meins! — sieh da! mein Wimpel blutig roth! [98]
»Noch bin ich auf der See nicht gänzlich todt.«
Man kennt den Grufs, erwiedert das Geschrey,
Setzt aus das Boot, und zieht das Segel bey.
»'s ist Conrad! Conrad!« schallt es laut daher,
Nicht Ruf noch Pflicht hemmt ihr Entzücken mehr.
Mit Leichtigkeit und Stolz, wie er ihm eigen,
Sehn sie noch einmal ihn sein Schiff besteigen,
Und Lächeln heitert ihre finstern Wangen,
Es hält sich kaum ihr Arm, ihn zu umfangen.
Er, halb vergessend Unglück und Gefahr,
Erwiedert ihren Grufs als Haupt der Schaar,
Drückt warm die Hand Anselmo's, voll Vergnügen,
Dafs er noch stets befehlen kann und siegen.

XVI.

Nach diesem Rausch, sobald sie sich besinnen,
Kränkt sie's, ihn ohne Schwertstreich zu gewinnen.
Der Rache galt die Fahrt — und wär's bekannt,
Dafs diefs gelang durch einer Frauen Hand,
Sie gält' als Kön'gin — Conrad's Zartgefühl
Ist ihnen fremd — führt nur die That zum Ziel!
Neugier'gen Blicks, ein Lächeln auf dem Munde, [99]
Schau'n sie sie an, und flüstern in der Runde.
Sie, mehr und minder auch als ihres Gleichen,
Verwirrt diefs Schau'n — kann Blut sie auch nicht bleichen;
An Conrad wendet flehend sie den Blick,
Senkt ihren Schleyer, und tritt stumm zurück,
Die Arme sanft auf ihre Brust gefalten —
Nun Conrad frey — läfst sie das Schicksal walten.
Und konnt' auch mehr als Wahnsinn sie erfassen,
Sie, ohne Mafs im Lieben wie im Hassen,
Hat selbst der Mord sie weiblich doch gelassen.

XVII.

Conrad, diefs merkend, fühlt — ach, kann er's meiden? —
Hafs auf die That, und Kummer um ihr Leiden.
Nicht Thränen spühlen weg, was sie verbrach,
Der Himmel straft sie einst am Schreckenstag:
Doch — 's ist geschehn — was sie auch auf sich lud,
Für ihn traf jener Dolch, flofs jenes Blut.
Frey ist er — und sie hat ihr irdisch Leben,
Mehr noch, ihr himmlisch Theil ihm hingegeben.
Er wendet sich zur holden Sclavin hin, [100]
Sie neigt die Stirne, seinen Blick zu fliehn;
Sie scheint gebeugt, verändert — matt und weich,
Doch oft sich wandelnd in ein dunkler Bleich
Ist ihrer Wangen Farb' — und all ihr Roth
Der grause Flecken von des Pascha's Tod.
Er fafst die Hand, die jetzt erst bebt — wie mild
Ist sie in Liebe, die im Hafs so wild!
Er drückt die Hand — sie bebt — der seinen auch
Versagt die Kraft, dem Mund der Stimme Brauch.
»Gulnare!« — keine Antwort — »lieb Gulnar'!«
Sie blickt ihn an, doch schweigt sie immerdar.
Auf einmal sucht sie ihn, liegt ihm in Armen,
Und könnt' er sie vertreiben ohn' Erbarmen,
Dann hätt' er mehr, als eine Menschenbrust,
Wenn minder nicht — doch gönnt er ihr die Lust.
Vielleicht ist seine letzte Tugend schon
— So sagt sein Herz — den andern nachgeflohn;
Doch nein — Medora gönne diesen Kufs,
Solch hoher Schönheit einzigen Genufs,
Den einz'gen, den die Lust der Treu' entwandte
Von einem Mund, wo Amor's Feuer brannte, [101]
Dem Mund, der seufzend schien in Duft getaucht,
Als hätt' ihn erst sein Fittig angehaucht.

XVIII.

Sie sehn ihr Eyland still im Dämmerschein,
Die Felsen selber laden freundlich ein,
Der Hafen schallt von lustigem Getön,
Die Becken sprühn auf den gewohnten Höhn.
Manch Boot fliegt durch die krause Bucht dahin,
Den Schaum durchgleitet scherzend der Delphin,
Ja, selbst der Möve kreischender Gesang
Aus heiserm Schnabel tönt wie Grufses Klang.
An jedem Schein, der durch ein Gitter bricht,
Mahlt sich ihr Geist den Freund, besorgt um's Licht.

O, was kann heil'gen so der Heimath Glück,
Als in des Meeres Sturm der Hoffnung Blick?

XIX.

Die Warten und die Lauben stehn im Schimmer,
Doch Conrad späht nur nach Medora's Zimmer,
Er späht umsonst — 's ist seltsam — im Gefunkel
So vieler Lichter bleibt ihr Fenster dunkel!
Sonst hat sie seine Kunft doch stets gefeyert, [102]
Ist jetzt ihr Licht erstorben — ist's verschleyert?
Er steigt in's nächste Boot, eilt nach dem Strand,
Und blickt auf's träge Ruder unverwandt.
O! hätt' er jetzo mehr als Falkenflügel,
Er schwänge pfeilschnell sich auf jenen Hügel!
Und wie der Schiffer Arm ermüdet ruht,
Harrt er nicht mehr, und stürzt sich in die Fluth,
Bekämpft die Brandung, schwingt sich an's Gestad',
Und steigt empor den wohl bekannten Pfad.

Er steht am Thurmthor — weilet mit Bedacht —
Kein Laut ertönt — und rings umher ist Nacht;
Da pocht er stark — kein Tritt, kein Wort verkündet,
Daſs jemand merkt, wie nah er sich befindet.
Nun pocht er leis, denn seine Hand, die bebt,
Versagt, wonach das Herz beklommen strebt.
Aufgeht die Thür' — wohl kennt er die Gestalt,
Doch sie ist's nicht, nach der das Herz ihm wallt.
Stumm ist ihr Mund — zweymal strebt er zu fragen,
Doch jedesmal muſs ihm der Laut versagen.
Er faſst die Lamp' — hier werde Licht verbreitet,
Doch die erlischt, indem sie ihm entgleitet, [103]
Und, bis sie brennt, geduldet er sich nimmer,
So leicht hätt' er geharrt zum Tagesschimmer.
Da blinkt ein Licht vom düstern Gang herein,
Und wirft auf's Estrich seinen Flackerschein,
Rasch tritt er in's Gemach — sein Auge findet,
Was nie sein Herz geglaubt — wenn auch verkündet.

XX.

Er flieht nicht — spricht nicht — sinkt nicht — blicket stier,
Die zitternde Gestalt versteint ihm schier;
Er schaut — wie man dem Schmerz zu trotzen schaut,
Obwohl umsonst — was uns zu denken graut.
Im Leben war sie stets so hold und mild,
Und schöner stellt sie dar des Todes Bild.

Den kalten Straufs[16]) sieht man so sanft gedrückt
Von ihrer kältern Hand, als ob geschickt
Sie diesen Schlaf erkünstle, nicht genösse,
Und nur zum Scherz die Thräne für sie flösse.
Befranzt mit langen dunklen Wimpern deckt
Das Augenlied, was uns zu ahnden schreckt.
Die Augen, ach! zerstört der Tod zumeist,
Und stöfst vom lichten Thron den edlen Geist,
Und senkt in ew'ge Nacht die blauen Sterne,
Doch schont, wie hier, der Lippen Anmuth gerne. [104]
Die scheinen wohl ein Lächeln jetzt zu meiden,
Vielleicht an kurzem Schlummer sich zu weiden.
Das weifse Grabtuch nur, der Flechten Fülle,
Ganz glatt und lang gestreckt in Todtenstille,
Die kürzlich noch geneckt von Sommerwinden
Dem Kranz entschlüpften, der sie sollte binden —
Diefs zeugt vom Tod — diefs sammt der Wangen Bleich —
Sie ist ein Nichts — was flieht er nicht sogleich?

XXI.

Er fragt nichts mehr — Was sich hier zugetragen,
Kann ihm die todte Marmorstirne sagen,
Genug — sie starb — was hilft es Wie zu fragen?
Die Hoffnung befsrer Zeit, der Jugend Liebe,
Der Quell so zarter Sorg und sanfter Triebe,
Das einz'ge hier ihm nicht verhafste Haupt
(Ach, er verdient sein Loos!) ist ihm geraubt.
Er fühlt es tief — des Guten Hoffnung lebt
Nun dort, wohin die Schuld sich nie erhebt;
Der stolze Trotzkopf, der sein Glück gegründet
Auf diese Welt, und nichts als Kummer findet, [105]
Verliert sein ganzes Theil, sey's noch so klein,
Doch wer büfst in Geduld sein Alles ein?
Manch stoisch Aug', manch kalter Blick verhüllt
Ein blutend Herz, das bittrer Gram erfüllt,
Und Schwermuth liegt im Lächeln oft verborgen,
Das sich nicht wohl verträgt mit innern Sorgen.

XXII.

Wer innig fühlt, dem wird es nimmer glücken,
Der Brust verworr'nes Leiden auszudrücken,
Wenn tausend Bilder sich auf eins beziehn,
Das Zuflucht sucht bey allen — eitles Mühn!
Nicht Worte schildern uns das inn're Herz,
Denn Wahrheit raubt der Rede Zier dem Schmerz.

Erschöpfung drückt auf diefs Gemüth voll Kummer,
Und dumpfes Staunen lullt es fast in Schlummer.
Wie matt er ist — der Mutter Weichheit rinnt
In's wilde Aug, — er weinet wie ein Kind;
Diefs ist nur Schwäche, die den Geist gebeugt,
Und von Beklemmung ohne Lind'rung zeugt.
Er weint verborgen — hätt' ihn Wer geschaut
Der Schmerzensstrom wär' nicht herabgethaut
Rasch ist's vorbey — er trocknet ihn, zu scheiden [106]
Mit hülflos — hoffnungslosen Herzensleiden.
Die Sonn' erscheint — doch ihm bringt sie kein Licht,
Es kommt die Nacht — und die verläfst ihn nicht;
Dein Dunkel ist der Wolke gleich zu finden
Im Aug' des Grams, dem blindesten der Blinden,
Das sehn nicht kann — nicht mag — sich seitwärts kehrt
In tiefste Nacht — und Führung von sich wehrt.

XXIII.

Sein Herz, sonst gut, ward leicht zum Fehl bewogen,
Zu früh verrathen und zu lang betrogen,
Sein rein Gefühl verhärtete zuletzt,
Dem Thau zu gleichen, der die Grotte netzt.
Wohl war sein irdisch Treiben nicht so rein,
Doch sank es, kühlte sich, und ward zu Stein.
Das Wetter nagt den Fels, der Blitz ihn spaltet,
So war sein Herz, so ward mit ihm geschaltet!
Am rauhen Fels stieg eine Blum' hervor,
Sein Schatten schirmte sie, sie wuchs empor,
Doch beyd' erlagen sie des Donners Macht,
Der harte Fels, so wie der Lilie Pracht.
Der Pflanze blieb kein Blatt, ihr Loos zu klagen,
Sie welkt, verwittert, wo sie liegt zerschlagen, [107]
Doch düstre Trümmer starren in der Runde
Von ihrem kalten Freund auf dürrem Grunde.

XXIV.

's ist Tag. Zu stören seine Einsamkeit
Wagt man nicht leicht. Anselmo ist bereit.
Er trifft ihn nicht, man forscht am Ufer nach,
Durchspäht, durchstreicht das Land den ganzen Tag.
Den zweiten — dritten noch — sein Name schallt
Umsonst aus aller Mund — bis er verhallt.
Durchforscht ward Höhle — Thal — Gebirg. Da fand
Man eines Boots zerbrochne Kett' am Strand;
Sie hoffen neu; ein Schiff wird ausgesandt.

Umsonst ist alles — Monde sind verschwunden,
Er kommt nicht — hat sich noch nicht eingefunden;
Kein Wort, kein Laut verkündet, wo sein Schmerz
Noch fortlebt — oder Gram ihm brach das Herz.
Lang hat die Schaar — sonst niemand — ihn beklagt;
Schön ist das Denkmal, das Medoren ragt;
Doch ihm ward kein Gedächnifsstein bereitet.
Sein Tod ist zweifelhaft — sein Ruf verbreitet.
Spät wird man vom Corsaren noch erzählen,
Den eine Tugend ziert bey tausend Fehlen.[15])

Anmerkungen. [108]

Die Zeit in diesem Gedichte könnte für die Begebenheiten zu kurz scheinen, allein jede der Aegäischen Inseln kann in einer Fahrt von wenig Stunden vom festen Lande aus erreicht werden, und der Leser wird so gütig seyn, den Wind so zu nehmen, wie ich ihn oft gefunden habe.

Anm. 1. Vers 441.

»So lesen wir in Ariostos Lied
»Olympiens Schmerz und wie ihr Freund entflieht.«

Siehe *Orlando furioso, canto X.*

Anm. 2. V. 574.

»Und Phosphorblitze sprühen aus den Wogen.«

Bey Nacht, besonders unter einem warmen [109] Himmelsstrich, wird jeder Schlag des Ruders, jede Bewegung des Bootes oder Schiffes von einem matten Blitz begleitet, der gleichsam aus dem Wasser fährt.

Anm. 3. V. 642.

»Der mattern Beere Trank.«

Kaffee.

Anm. 4. V. 643.

»Indefs der Dampf aus der Chibouque steigt.«

Eine Art Pfeifen.

Anm. 5. V. 644.

»Und Alma's Tanz bey wildem Sang sich zeigt.«

So heifsen gewisse junge Tänzerinnen.

Anm. zu Vers 57 u. folg.

Hier hat man den Einwurf gemacht, dafs Conrad's Eintritt als Späher nicht natürlich sey. Vielleicht ist diefs richtig, indessen finde ich in der Geschichte etwas Aehnliches.

»Aus Sehnsucht, mit eignen Augen die Staaten der Vandalen zu sehen, wagte es Majorian, nachdem [110] er die Farbe seiner Haare verändert hatte, Carthago unter dem Namen seines Gesandten zu besuchen, und Genserich ärgerte sich nachher nicht wenig, als er entdeckte, daſs er den Römischen Kaiser zum Gast gehabt und wieder entlassen habe. Eine Erzählung wie diese kann als ein unglaubliches Mährchen verworfen werden; allein es ist dieſs ein Mährchen, welches nur in das Leben eines Helden eingewebt werden konnte.« *Gibbon decline and fall etc. Vol. VI. p. 180.*

Daſs Conrad ein nicht ganz unnatürlicher Charakter sey, will ich durch einige historische Zeugnisse zu beweisen suchen, die, seit ich den Corsar schrieb, mir aufgefallen sind.

„Eccelin prisonnier“ dit Rolandini „s'enfermoit dans un silence menaçant, il fixoit sur la terre son visage feroce, et ne donnoit point d'essor à sa profonde indignation. — De toutes parts cependant les soldats et les peuples accouroient; ils vouloient voir cet homme, jadis si puissant, et la joie universelle éclatoit de toutes parts.“ — —

„Eccelin étoit d'une petite taille; mais tout l'aspect de sa personne, tous ses mouvemens indiquoient un soldat. — Son langage etoit amer, son deportement superbe — et par son seul egard il faisoit trembler les plus hardis.“ Sismondi, tom. III. p. 219. 220.

„*Gizericus* (Genserich, König der Vandalen, Eroberer von Carthago und Rom) *statura* [111] *mediocris, et equi casu claudicans, animo profundus, sermone rarus, luxuriæ contemptor, ira turpidus, habendi cupidus, ad solicitandas gentes providentissimus,“ etc. Jornandes de rebus geticis, c. 33.*

Man wird mir erlauben, diese Thatsachen zur Rechtfertigung meines Giaur's und Corsaren anzuführen.

Anm. 6. Vers 733.

»Des Ordens Regel macht mir's zum Verbrechen.«

Die Derwische sind in Collegien von verschiedenen Regeln vereinigt.

Anm. 7. V. 768.

»Den Derwisch packen! – sie den Santanai!»

Name des Satans.

Anm. 8. V. 789.

»Rauft schäumend sich den Bart aus und entflieht.«

Eine gewöhnliche nicht unerhörte Wirkung von muselmännischem Zorn. Siehe Prinz Eugen's Denkwürdigkeiten, S. 24.: »Der Seraskier erhielt eine [112] Wunde in den Schenkel; er raufte seinen Bart mit den Wurzeln aus, weil er genöthigt war, das Schlachtfeld zu verlassen.«

Anm. 9. V. 834.

»Gulnaren seinen Gruſs und Trost zu spenden.«

Gulnare, ein weiblicher Name, bedeutet wörtlich: Blüthe des Granatapfels.

Anm. 10. V. 1559.

Und manchmal trieben selbst bis zum Schaffott
»Die Weisesten und Besten ihren Spott.«

Z. B. Thomas Morus auf dem Blutgerüste, und Anna Boleyn im Tower, da sie, ihren Hals umfassend, bemerkte: er sey zu dünn, um dem Scharfrichter viel Mühe zu machen. Während der Französischen Revolution ward es Mode, irgend ein „*mot*" als ein Vermächtnifs zu hinterlassen, und die Menge von letzten Scherzreden, die in jener Zeit ausgesprochen wurden, möchten ein trauriges Vademecum von bedeutender Stärke ausmachen.

Anm. 11. V. 1193. [113]

— — »seines Tods Signal.«

Socrates trank den Giftbecher kurz vor Sonnenuntergang, der Zeit der Hinrichtungen, ungeachtet der Bitten seiner Schüler, zu warten, bis die Sonne wirklich untergegangen sey.

Anm. 12. V. 1205.

»Ihr stilles Reich die Königin der Nacht.«

Das Zwielicht dauert in Griechenland weit kürzer, als bey uns; die Tage sind im Winter länger, im Sommer aber kürzer.

Anm. 13. V. 1215.

»Des lustigen Kiosk erhellter Gipfel.«

Der Kiosk ist ein Türkisches Sommerhaus; die Palme ist aufserhalb der jetzigen Mauern von Athen, ohnweit dem Tempel des Theseus; zwischen diesem und jenem Baum befindet sich die Mauer. — Der Strom des Cephisus ist in der That dürftig, und der Ilissus ist gänzlich ohne Wasser.

Anm. 14. V. 1225. [114]

»Die düster durch des Meeres Lächeln schaun.«

Die Verse unter No. I. (des zweyten Gesangs) stehen vielleicht hier nicht am rechten Ort, auch gehörten sie zu einem andern noch nicht herausgegebenen (wiewohl gedruckten) Gedichte; allein sie wurden an dem Platze selbst, im Frühling 1811, niedergeschrieben, und — ich weifs kaum, warum — der Leser mufs ihre Erscheinung hier entschuldigen, wenn er kann.

Anm. 15. V. 1310.

»Sein Blick scheint auf den Rosenkranz gesenkt.«

Der Comboloio, oder mahometanische Rosenkranz, mit 99 Knöpfchen.

Anm. 16. V. 1776.

»Den kalten Strauss sieht man so sanft gedrückt.«

Es ist Sitte im Morgenland, Blumen auf die Körper der Verstorbenen zu streuen, und jungen Personen einen Blumenstraufs in die Hand zu geben.

Anm. 17. letzter Vers. [115]

»Den eine Tugend ziert bey tausend Fehlen.«

Dafs das Ehrgefühl, welches Conrads Character eigen ist, nicht über die Gränzen der Wahrscheinlichkeit hinausgehe, das könnte folgende Anecdote von einem Amerikanischen Seeräuber, aus dem Jahr 1814, einigermafsen bestätigen.

Die Leser haben ohne Zweifel von der Unternehmung gegen die Seeräuber von Barrataria gehört; allein wenige mögen wohl von der Lage, Geschichte, oder Natur jener Niederlassung unterrichtet seyn. Zur Verständigung derjenigen, die es nicht sind, haben wir uns von einem Freunde folgende interessante Darstellung der Hauptbegebenheiten verschafft, von welcher er persönliche Kenntnifs hat, und welche den Lesern zur Unterhaltung gereichen werden.

Barrataria ist eine Bucht, oder ein schmaler Arm des Meerbusens von Mexico; er strömt durch eine reiche aber sehr flache Gegend, bis er sich auf eine Meile dem Mississippi nähert, funfzehn Meilen unterhalb Neu-Orleans. Die Bucht hat unzählige Arme, in welchen man sich vor der strengsten Nachsuchung sicher verbergen kann. Sie hängt mit drey Seen zusammen, die südwestlich liegen; und diese stehen mit einem andern See gleiches Namens in Verbindung, [116] welcher gerade da an das Meer gränzt, wo diefs nebst zwey Armen dieses Sees ein Eyland bildet. Die Ost- und Westseite desselben wurde im Jahr 1811 von einer Bande Seeräuber unter Anführung eines Herrn La Fitte befestigt. Diese Geächteten bestanden gröfstentheils aus jener Klasse des Staates Louisiana, die von St. Domingo während der Unruhen daselbst entflohen, und auf Cuba eine Zuflucht suchten; als aber der letzte Krieg zwischen Frankreich und Spanien ausbrach, wurden sie genöthigt, die Insel binnen wenigen Tagen zu verlassen. Hierauf begaben sie sich ohne Umstände in die vereinigten Staaten, meistens nach Louisiana, sammt allen Negern, die sie in Cuba besessen hatten. Sie wurden durch den Statthalter jenes Staates von einem Artikel der Constitution in Kenntnifs gesetzt, welcher die Einfuhr von Sclaven verbot; zugleich aber erhielten sie die Versicherung von demselben, dafs er ihnen, wo möglich, die Erlaubnifs der Regierung verschaffen werde, dieses ihr Eigenthum zu behalten.

Die Insel Barrataria liegt unter 29 Grad, 15 Minuten Breite, und 92 Grad, 30 Minuten Länge, und ist eben so bemerkenswerth wegen ihrer gesunden Lage, als wegen der vortrefflichen Fische und Schalthiere, von welchen ihre Wasser wimmeln. — Der Führer dieser Bande vereinigte, wie Karl Moor, manche Tugenden mit zahlreichen [117] Lastern. Im Jahre 1815 hatte dieser Trupp durch seine Verwegenheit und seine Frevel die Aufmerksamkeit des Statthalters von Louisiana erregt, und um ihre Niederlassung zu zerstören, hielt er es für das Beste, seinen Streich gegen das Haupt derselben zu richten. Er setzte daher einen Preis von 500 Dollars auf den Kopf des Herrn La Fitte, der den Einwohnern der Stadt Neu-Orleans durch seine unmittelbare Verbindung mit ihnen, wie auch dadurch bekannt war, dafs er in dieser Stadt als Fechtmeister in grofsem Rufe gestanden, welche Kunst er in Buonaparte's Heer, bey dem er Hauptmann gewesen, sich angeeignet hatte. Die Belohnung, welche der Statthalter für La Fitte's Kopf versprochen, erwiederte dieser durch das Anerbieten einer Belohnung von 15000 Dollars für den Kopf des Statthalters. Jetzt beorderte dieser eine Compagnie Soldaten nach La Fitte's Insel, mit dem Befehl, alles Eigenthum des Banditen zu verbrennen und zu zerstören, und sie nach Neu-Orleans zu bringen. Die Compagnie drang, unter Anführung eines Mannes, der einst der vertrauteste Gefährte des kühnen Räuberhauptmannes gewesen, sehr nah bis zur befestigten Insel vor, ohne auch nur einen Menschen zu sehen oder einen Laut zu hören, bis man ein Pfeifen vernahm, das dem eines Bootsmannes glich; nun sahen sie sich plötzlich von [118] Bewaffneten umgeben, welche sich aus geheimen Pässen, die nach Bayou führten, hervorgestürzt hatten. Hier war es, wo der neue Karl Moor die wenigen edlen Züge, die ihm eigen, entfaltete: denn nicht allein schonte er dieses Mannes, der ihn seines Lebens und alles, was ihm theuer war, berauben sollte, er bot ihm selbst so viel an, dafs der ehrlichste Soldat für den Rest seiner Tage vergnügt damit hätte leben können; allein es ward mit Unwillen verworfen; dennoch erlaubte er ihm, nach der Stadt zurückzukehren. Dieser Umstand, und mehrere ihn begleitende Ereignisse bewiesen, dafs die Seeräuber von der Landseite nicht zu fangen wären. Da unsre Seemacht in jener Gegend stets unbedeutend war, so liefs sich, bevor sie verstärkt war, kein nachdrücklicher Schritt zur Zerstörung jener unerlaubten Niederlassung von ihr erwarten: denn ein Seeofficier mufste sich mit den meisten Kanonenböten, die er bey sich hatte, vor La Fitte's Uebermacht zurückziehen. Sobald aber die Vermehrung der Flotte einen Angriff gestattete, so wurde einer unternommen: das Resultat desselben war die Niederlage der Räuberbande; und jetzt, da dieser fast unzerstörbare Platz und Schlüssel zu Neu-Orleans vom Feinde befreyt ist, läfst sich erwarten, dafs die Regierung ihn mit hinlänglichen Streitkräften [119] besetzen wird.« — Aus einem Amerikanischen Tageblatt.

In Noble's Fortsetzung von Granger's biographischem Wörterbuch findet sich unter dem Leben des Erzbischoffs Blackbourne eine merkwürdige Stelle; da sie auf das Handwerk meines Helden einigermafsen Bezug hat, so kann ich der Versuchung nicht widerstehen, sie mitzutheilen.

»Es liegt etwas Geheimnifsvolles in dem Leben und Charakter des Dr. Blackbourne. Ersteres ist nur unvollkommen bekannt, doch geht das Gerücht, er sey Seeräuber gewesen, und einer seiner Gefährten habe bey seiner Ankunft in England gefragt, was aus seinem alten Cameraden Blackbourne geworden sey, und die Antwort erhalten, er sey Erzbischof von York. Wir haben die Nachricht, dafs Blackbourne im Jahr 1694 zum Unterdechant von Exeter ernannt wurde, diese Stelle im Jahr 1702 niederlegte, und nach dem Tode seines Nachfolgers, Lawis Barnet, im Jahr 1704, sie wieder bekam. In dem folgenden Jahr wurde er Dechant, und 1714 erhielt er die Erzdechaney von Cornwall. Seit dem 24. Februar 1716 war er Bischof von Exeter, und wurde den 28. November 1724 nach York versetzt, zur Belohnung, dafs er einem Hofscandal nachgebend, Georg I. mit der Herzogin von Münster traute. Diefs scheint indessen eine [120] grundlose Verläumdung zu seyn. Als Erzbischof benahm er sich mit grofser Klugheit, und war eben so achtungswerth als Verwalter der Seeeinkünfte. Zwar flüsterte das Gerücht, er sey seinen Jugendfehlern noch immer ergeben, und die Leidenschaft für das schöne Geschlecht, behaupte noch eine Stelle in der Reihe seiner Schwächen; allein, da er durch siebzig Zeugnisse nicht überführt ward, so scheint es nicht, dafs auch nur ein einziges derselben ihm zur Last falle. Kurz, ich betrachte diese Gerüchte als blose Wirkungen der Bosheit. Wie ist es möglich, dafs ein Seeräuber ein so guter Gelehrter seyn konnte, wie Blackbourne, er, der eine so vollkommne Kenntnifs der Klassiker, vorzüglich der Griechischen Tragiker, besafs, dafs er sie so leicht lesen konnte, wie unsern Shakspeare, mufste zur Erlernung der gelehrten Sprachen grofse Mühen angewandt, und Mufse und gute Lehrer gehabt haben. Ohne allen Zweifel wurde er in dem Collegium zur Christuskirche in Oxford erzogen. Er soll ein angenehmer Gesellschafter gewesen seyn; diefs wurde gegen ihn angewandt: denn man sagte, er habe mehr Herzen als Seelen gewonnen.

---

[121] »Die einzige Stimme, welche die Leidenschaft des wilden Alfonso III. besänftigen konnte, war die eines liebenswürdigen und tugendhaften Weibes, des einzigen Gegenstandes seiner Liebe, die Stimme der Donna Isabella, Tochter des Herzogs von Savoyen, und Enkelin Philipps II., Königs von Spanien. — Ihre letzten Worte prägten sich tief in sein Gedächnifs; sein trotziger Geist zerflofs in Thränen, und nach der letzten Umarmung zog er sich in sein Zimmer zurück, um seinen unersetzlichen Verlust zu beweinen, und über die Nichtigkeit unseres Lebens nachzusinnen. — Gibbon's vermischte Werke, neue Auflage. 8. Bd. 3. S. 473.

Lara.

Eine Erzählung.

Lara.

Erster Gesang.

I.

Froh sind die Diener Lara's weit und breit, [125]
Der Knecht vergifst fast seine Dienstbarkeit:
Ihr Häuptling, er, der unvergefs'ne Mann,
Kehrt unverhofft aus selbst gewähltem Bann.
Da gibt es frohe Mienen in dem Saale,
Auf Zinnen Banner, auf dem Tisch Pokale,
Und, lang vermifst, auf bunten Scheiben flimmt
Die traute Gluth, wovon das Reis entglimmt;
Dienstmannen sammeln sich vergnügt am Heerd,
Laut ist ihr Mund, und jeder Blick verklärt.

II.

Zurück kam Lara's Herr in's Vaterhaus;
Doch was trieb Lara in des Meeres Braus?
Er vaterlos — zu jung, diefs recht zu wägen, [126]
Sein eigner Herr — ein Erbtheil ohne Segen,

Ein furchtbarer Besitz, der unsern Geist
Einnehmend ihm des Friedens Glück entreifst.
Kein Mensch regiert' und wen'ge lehrten ihn,
Die tausend Wege des Verbrechens fliehn,
Und als es nöthig that, ihn selbst zu hüten,
Als Knabe durft' er Männern schon gebieten.
Es hilft, es fruchtet nichts, in Irrgewinden
Die Pfade seiner Jugend zu ergründen —
Kurz war sein rascher ungezähmter Flug,
Doch, halb ihn aufzureiben, lang genug.

III.

Noch jung zog Lara aus dem Vaterland,
Doch als er Abschied winkend nun verschwand,
Verlor die Spur sich seiner Lebensbahn,
Und endlich dachte man noch kaum daran.
Staub war sein Vater längst, sein Volk erklärt,
So viel es weifs: er sey nicht heimgekehrt;
Er schickt nicht — kommt nicht mehr; die Menge gibt
Dem Argwohn Raum, nur wen'ge sind betrübt.
Kaum hallt sein Saal noch vom vertrauten Namen,
Sein Bildnifs dunkelt im verblichnen Rahmen,
Ein andrer eilt, um seine Braut zu werben,
Die Jugend sein vergifst, die Alten sterben.
»Er lebt wohl noch!« hört man den Erben klagen:
Gern trüg' er Schwarz, doch darf er's noch nicht wagen. [127]
Wohl hundert Schilder zieren, düstern Scheins,
Sein letztes, liebstes Wohngemach — nur eins
Ist längst schon der bestäubten Reih' entnommen:
Wie wäre das im Goth'schen Saal willkommen!

IV.

Da traf er plötzlich ein in diesen Tagen,
Woher? wer weifs! — warum? wird man nicht fragen!
Es wundert sich vielmehr, wer es vernahm,
Nicht, dafs er jetzt — dafs er nicht früher kam.
Ein Page nur begleitet seine Fahrt,
Fremdländ'schen Ansehns, und noch jung und zart.
Lang blieb er aus! — Der eine wie der Andre
Mufs altern, ob er bleibe oder wandre,
Doch keine Kund' aus fernem Land zu ziehn,
Das hat der Zeit nur trägen Schwung verliehn.
Man sieht, erkennt sich, aber deutlich kaum
Erscheint das Heut, das Gestern wie ein Traum.

Er steht noch in des Mannesalters Flor,
Wie viel er schon durch Mühn und Zeit verlor,

Und ist man auch nicht ganz mit ihm versöhnt,
Vielleicht hat er der Fehler sich entwöhnt.
Sein spätres Treiben läfst sich nicht erklären,
Doch half ihm seiner Väter Ruf zu Ehren. [128]
Jung war sein Herz voll Stolz; in seinen Sünden
War nur des Jünglings Lebenslust zu finden,
Und sind die nicht zu tief schon eingerissen,
Macht man sie gut, und tröstet sein Gewissen.

V.

So that auch er — leicht wird es jedem klar,
Er ist nicht mehr, der er als Jüngling war;
Die Stirne, tief gefurcht, trägt zwar die Spur
Von Leidenschaft, doch von verschwundner nur.
Der Stolz, doch nicht die Gluth aus jungen Tagen,
Verachtung jedes Ruhms, ein kalt Betragen,
Ein hoher Anstand, Augen, deren Strahl
Dem fremden Busen den Gedanken stahl,
Gewandter Zunge höhn'sche Bitterkeit,
Des Geistes Stich, geprüft in Erdenleid,
Der scheinbar-scherzhaft spitze Pfeile schiefst,
Und den verletzt, der seinen Gram verschliefst.
Diefs all war sein, und mehr noch schien ihm eigen,
Als Sprache hauchen kann, und Blicke zeigen.
Lieb', Ehre, Ruhm, wonach ein jeder fragt,
Das Ziel der Welt, das keiner fast erjagt,
Die mochten wohl sein Herz nicht mehr verwunden,
Doch schienen sie seit kurzem erst verschwunden,
Und unerforscht blieb seines Kummers Spur,
Der wie ein Blitz ihm über's Antlitz fuhr.

VI.

Nie hört' er das Erlebte gern berühren, [129]
Sprach nicht von grofsen Wüsten, seltnen Thieren,
Die er gesehn in manchem fernen Land,
Einsam und — wie er meinte — unbekannt.
Doch in sein Innerstes war nicht zu dringen,
Noch vom Gefährten Kunde zu erringen:
Was er erfahren, liebt' er nicht zu zeigen,
Als müss' ein Fremder streng sein Loos verschweigen,
Und wenn sich Vorwitz drängt' in sein Geschick,
Gab er nur kurz Bescheid mit finstern Blick.

VII.

Nicht unerfreut, ihn wieder zu erschaun,
Empfing man ihn mit herzlichem Vertraun.

Aus hohem Stamm, begabt mit Macht und Ehren
Pflegt er mit den Magnaten zu verkehren,
Nahm Theil an frohen Festen, wo die Zeit
Dem Lächeln oder Seufzen schien geweiht,
Sein Auge sah — doch war sein Herz geborgen
Vor allgemeinen Freuden oder Sorgen:
Ihm lag's nicht an, nach Aller Ziel zu jagen,
Mit Hoffnung, stets erneut, wenn stets zerschlagen,
Nichts am Gewinn, nichts an der Ehre Schein,
Der Schönheit Reiz, des Nebenbuhlers Pein.
Ein myst'scher Zirkel schien ihn zu umgeben,
Hielt jeden fern, und liefs ihn einsam leben;
Ein leiser Vorwurf lag in seinem Blick, [130]
Und wies den Leichtsinn mindestens zurück.
Der Furchtsame, der nach ihr durfte schauen,
Schwieg, oder zeigte flüsternd nur sein Grauen,
Die wen'gen Klugen, Milden hielten ihn
Für besser, als er auszudrücken schien.

VIII.

Seltsam — als Jüngling lebensfrisch und blühend,
Dem Streit nicht abhold — nach Genüssen glühend —
Das Weltmeer — Schlachten — Frauen — all das gab
Aussicht auf Glück — wenn nicht ein frühes Grab.
Da prüft' — erschöpft' er jedes Ding hienieden,
Und fand in Schmerz und Lust bald seinen Frieden,
Kein falsches, zahmes Mittel: diefs Bemühn
Sollt' sein Gefühl der Schwermuth Drang entziehn.
Sein inn'rer Sturm sah mit Verächtlichkeit
Herab auf schwächrer Elemente Streit,
Entzückung rifs sein Herz aus dieser Welt,
Und frug nach Gröfs'rem über'm Sternenzelt.
Ganz Leidenschaft, stets ohne Mafs und Zaum,
Wie wacht' er auf aus diesem wirren Traum?
Ach — nie gestand er's; doch kaum war er wach,
So flucht' er, dafs sein morsches Herz nicht brach.

IX.

Bis dahin war der Mensch sein Buch gewesen, [131]
Nun schien er mit gespanntem Blick zu lesen,
Und mied, ergriffen von des Herzens Drang,
Oft jegliche Gemeinschaft tagelang.
Dann — sagten die nicht oft gerufnen Knechte —
Erdröhnt sein rascher Tritt die langen Nächte
Auf jenem düstern Gange, wo zum Graun
Die rohen alten Bilder niederschaun.

Sie flüsterten: »Das darf bekannt nicht werden,
»Der Worte Klang ist nicht von dieser Erden.
»Ja, manche lächeln wohl — doch offenbar
»Sah'n andre was, und mehr als nöthig war.
»Was starrt' er denn so an das grause Haupt,
»Das freche Hände seiner Gruft geraubt?
»Das immer liegt bey seinem offnen Buch,
»Als sollt' es scheuchen jeglichen Besuch?
»Was schläft er nicht, wenn alles liegt in Ruh,
»Flieht die Musik, läfst keine Fremden zu?
»Es ist nicht richtig — doch, wer möchte fragen;
»Die's wissen, ja, die hätten viel zu sagen,
»Doch die sind zu verschwiegen und zu klug,
»Und halten einen Wink für gut genug;
»Sie könnten — wollten sie.« — So ging die Kunde
Rings an dem Tisch in der Vasallen Munde.

X.

Nacht ist's — den lichten Strom von Lara sticken
Die goldnen Sterne, die vom Himmel blicken. [132]
Wie still! Die Fluthen scheinen kaum zu ziehen,
Und fliefsen doch, wie Seligkeit, dahin,
Indefs sie fern und feenartig schimmern,
Von ew'gen Funken, die im Blauen flimmern.
Am Ufer sieht man prächt'ge Bäume grünen,
Und schöne Blumen blühn, die Lust der Bienen,
Wie Kind Diana sie zum Kranz sich wand,
Und dem Geliebten reicht der Unschuld Hand;
Die sind des Ufers Zier. Krystallenhelle
Rollt ihren Schlangenpfad die sanfte Welle.
So still, so hold ist Luft und Erde — traun
Man bebte nicht, hier einen Geist zu schaun,
Denn einem bösen könnt' es nicht gefallen,
Durch solche Scene, solche Nacht zu wallen.
Der Augenblick ist für die Guten nur —
So dachte Lara, und verliefs die Flur
Und kehrte schweigend in sein Schlofs zurück,
Das Schauspiel taugte nichts für seinen Blick,
Das Schauspiel führt' ihm befsre Tage vor,
Den hell'ren Mond, den Himmel ohne Flor,
Die süfs'ren Nächte, Herzen, ach, die nun —
Nein — nein — o wollte doch der Sturm nicht ruhn!
Träf' er sein Haupt! — Doch solch erhabne Nacht
Ist seinem Herzen nur zum Hohn gemacht.

XI.

Zur stillen Halle wandelt' er voll Trauer,
Sein langer Schatten flog entlang der Mauer, [133]
Dort, wo der Ahnen Bilder sich befinden,
Der Rest all ihrer Tugenden und Sünden,
Nächst Mährchen, und der Gruft, die ihre Schwächen
Mit ihrem Staub verbirgt und ihr Gebrechen,
Und ein'gen Zeilen auf des Blattes Seiten,
Das prahlhaft Kunde bringt auf künft'ge Zeiten,
Wo der Geschichte Griffel lobt und rügt,
Und Wahrheit dichtet, und recht ehrlich lügt.
Tiefsinnig schritt er, und wie Mondenschein
Nun fiel durchs Gitter auf die Flur von Stein,
Der Wölbung Zier, die heiligen Gestalten,
Die knieend auf den Scheiben sich entfalten,
Hinmalte mit phantast'schen Formen — traun
Wie Leben — nicht wie menschliches — zu schaun;
Da nahm sein Haar gesträubt, der Brauen Nacht,
Das weite Schwanken seiner Federnpracht
Sich wie gespenst'scher Zierrath aus, und gab
Ein Grausen seinem Anblick, wie das Grab.

XII.

's ist zwölf — die Welt liegt in des Schlummers Macht,
Das Lämpchen dämmert trüb, als wünsch es Nacht.
Horch — ein Gestöhn — ein Schall mit einem Mal —
Ein Laut — ein Schrey — ein Schreckensruf im Saal! [134]
Ein langer Schrey — und Schweigen! — Scholl hervor
Des Wahnsinns Echo in der Schläfer Ohr?
Sie springen auf, und stürzen kühn und bang
Dahin, von wo der Ruf um Hülfe klang,
Halb glüh'nde Kerzen halten sie gefaſst,
Und gürten kaum das Schwert in toller Hast.

XIII.

Kalt wie der Stein, auf dem er liegt gestreckt,
Bleich, wie der Mond, der seine Züge deckt,
Ist Lara, halb gezückt sein Schwert zur Seiten,
Das muſst' ihm wohl in Todesangst entgleiten.
Noch ist er standhaft, oder ist's gewesen,
Denn Trotz ist auf der finstern Stirn' zu lesen;
Er liegt betäubt — und doch, gemischt mit Graun,
Ist auf den Lippen Mordbegier zu schaun,
Ein Drohwort, halb geformt, scheint drauf erstickt,
Ein Fluch gebeugten Stolzes unterdrückt,

Sein halb geschlofsnes Aug' ist noch beseelt
Vom Fechterblick, wie sehr die Kraft ihm fehlt.
Oft sprach darin sein Innerstes sich aus,
Und nun umzieht es der Erstarrung Graus.
Man stützt, man hält ihn — still, er athmet — spricht,
Ein dunkles Roth belebt sein Angesicht!
Die Lippe färbt sich, sein getrübter Blick [135]
Schweift wild umher, und Leben kehrt zurück
In den erstarrten Leib — doch seine Laute
Kennt nicht die Muttersprache, die vertraute,
Sie klingen fremd — genug, man sah schon ein,
Es mufs die Mundart fremden Landes seyn,
Es lautet so, als red' er jemand an,
Der ihn nicht hör' — ach, ihn nicht hören kann!

XIV.

Der Page kommt heran. Ihm scheint allein
Der Inhalt jener Reden klar und fein,
Und, wie aus seinen Mienen sich erklärt,
Die Worte sind nicht eines Lara werth,
Noch seiner Deutung — doch mit wen'ger Grauen
Als jenes Volk kann er den Häuptling schauen.
Er wendet Lara's schlotternde Gestalt,
Und spricht die Mundart, die als seine galt,
Und Lara, scheint es, lauscht den holden Tönen,
Die alle Schrecken seines Traums versöhnen,
Wenn es ein Traum, was eine Brust zerrissen,
Die wohl erträumte Leiden konnte missen.

XV.

Was auch sein Geist geträumt, sein Aug' ersehn,
Schwebt es ihm vor, er will es nicht gestehn,
Sein Herz bewahrt es treu. Des Morgens Gluth
Gibt dem Zerschlagnen frischen Lebensmuth,
Er sucht den Arzt nicht, noch des Priesters Rath, [136]
Und bald sich selber gleich in Wort und That
Füllt er die Stunden, wie er's stets geliebt,
Nicht wen'ger lächelt' er, nicht mehr getrübt
Scheint jetzt sein Blick als sonst — und wenn die Nacht,
Sobald sie kommt, ihn auch bedenklich macht,
So zeigt er's doch den stutz'gen Dienern nicht,
Von deren Angst noch stets ihr Schauder spricht:
Paarweis und zitternd schleichen die Vasallen,
Und scheuen ängstlich die gefeiten Hallen.

Der Banner Rauschen, sammt der Thüre Stöhnen,
Das Knistern der Tapet', des Bodens Dröhnen,
Der Bäume düstrer Schatten auf dem Gang,
Die Fledermaus, des Sturmes Nachtgesang,
Was man nur hört und sieht füllt sie mit Schauer,
Sobald der Abend schwärzt die düstre Mauer.

XVI.

Des eitlen Wahns! Die Schreckensstunde schlug,
Die finstre, nun nicht wieder. Lara trug
Die Miene des Vergessens, was den Seinen
Noch grauser, räthselhafter mufst' erscheinen.
Floh die Erinn'rung, als die Denkkraft kehrte?
Kein Wort, kein Blick, kein Zug des Herrn erklärte
Nur eine Regung, die den Augenblick
Des fieberhaften Wahnsinns rief zurück.
War's Traum? — War *sein* die Stimme, welche sprach
So wild und toll, und ihren Schlummer brach? [137]
Sein jenes Herz, das Angst und Weh bezwang?
War *sein* der Blick, der sie mit Eis durchdrang?
Konnt' er vergessen jener grimm'gen Pein,
Wenn sie *noch* schauderten vom Seh'n allein?
Vielleicht, dafs sein Gedächtnifs, ungetheilt,
Zu tief für Worte, unvertilgbar weilt
Bey dem Geheimnifs, das sein Herz verzehrt,
Und nur die Wirkung, nicht die Ursach' lehrt!
Nein — beyde hegten seines Busens Schranken,
Doch nie errieth der Gaffer den Gedanken,
Den, halb gesagt, die Lippe müfst' ersticken,
Bevor die Sprache wagt' ihn auszudrücken.

XVII.

In ihm scheint Unerklärliches gelegt,
Das Furcht und Neigung, Lieb' und Hafs erregt.
Der Ruf, der nie begriff sein dunkles Leben,
Vergifst nicht, ihn zu schmähn und zu erheben,
Sein Schweigen selbst beschäftigt fremde Zungen,
Man muthmafst — gafft — man hätt' ihn gern durchdrungen!
Was war — was ist er, dieser Unbekannte,
Der ihnen nah', defs Abkunft man nur kannte?
Ein Menschenhasser? — Manche wandten ein,
Er könne selbst mit Frohen fröhlich seyn,
Nur dafs sein Lächeln, wenn man's schärfer sehe,
Aus Lustigkeit in Hohn oft übergehe, [138]
Auch könn' es selbst den Mund nicht überschreiten,
Viel wen'ger bis zum Auge sich verbreiten;

Doch manchmal sey sein Bild recht sanft und mild,
Da ja sein Herz auch von Natur nicht wild,
Doch zürne drob sein Geist, wenn er's bemerke,
Als sey die Weichheit unwerth seiner Stärke,
Und scheue sich, dem Argwohn selbst zu wehren,
Der ihm die Achtung andrer müfs' erschweren:
Der Bufse hab' er nun sein Herz geweiht,
Das einst sein Glück verlor durch Zärtlichkeit,
Ja, hassen müss' er itzt, von Schmerz getrübt,
Weil seine Brust einmal zu sehr geliebt.

XVIII.

Es war ihm alles innerlich vergällt,
Als wäre nichts erfreulich auf der Welt.
Ganz fremd und einsam wandelt' er hienieden,
Ein irrer Spuck, von jedermann gemieden,
Ein düstrer Geist, der sich Gefahren weiht,
Von welchen nur der Zufall ihn befreyt,
Umsonst befreyt — denn ihr Gedächtnifs mufs
Diefs Herz mit Wonne füllen und Verdrufs! —
Empfänglicher für Lieb', als diefs auf Erden
Des Staubes Kindern pflegt zu Theil zu werden,
Rifs ihn der Traum vom Guten aus der Bahn,
Und gramvoll sah der Mann des Jünglings Wahn:
Ihn reuten Jahre, träumerisch verschwendet, [139]
Und edle Kräfte, die er schlecht verwendet,
Und glüh'nde Leidenschaft, die, ohne Rath,
Verzweifelt sich gestürzt auf seinen Pfad,
Und in sich selbst entzweyt sein befsres Streben,
Und schrecklicher Betrachtung preis gegeben.
Doch viel zu stolz sich selber anzuklagen,
Mufst' ihm Natur die ganze Schande tragen,
Warf er die Schuld auf's Fleisch, das unsern Geist
Zu hemmen dient, und dann die Würmer speist —
Bis Gutes er und Böses nicht mehr kannte,
Und freyen Willens Handlung Schicksal nannte.
Zu hoch, um niedrer Selbstsucht Knecht zu seyn,
Konnt' er das eigne Beste fremdem weihn,
Doch nicht aus Pflichtgefühl noch Menschenliebe,
Nein, aus des Herzens tadelhaftem Triebe,
Defs inn'rer Stolz ihn das verrichten hiefs,
Wozu kein Andrer sich bewegen liefs,
Und dieser selbe Hang mufst' auch zu Zeiten
Den irren Geist zu frevlem Thun verleiten.
So mufst' er sinken, oder sich entheben
Dem Kreis, wo er verdammt sich schien zu leben;

Es rifs sich mit Gewalt von allen los,
Die mit ihm theilten dieses Erdenloos,
Und suchte, dieses hassend, nur zu thronen,
Fern von der Welt, in seinen eignen Zonen.
So, unberührt von irdischem Beginnen,
Schien auch sein Blut gelafs'ner nun zu rinnen.
O, hätt' es nie in sünd'ger Gluth gewallt,
Und wäre stets geströmt so sanft und kalt! [140]
Auch schien er nur der andern Pfad zu wandeln,
Und, so wie sie, zu reden und zu handeln,
Verhöhnte nicht, was die Vernunft uns lehrt,
Denn nicht sein Kopf — sein Herz nur war verkehrt,
Verredete sich selten, oder setzte
Das aufser Acht, was selbst den Schein verletzte.

XIX.

Bey all den kalt geheimnifsvollen Zügen,
Und dafs die Einsamkeit ihm schien zu g'nügen,
Wufst' er, vielleicht durch angeborne Gaben,
Sich tief in fremde Herzen einzugraben.
Es war nicht Lieb' etwa — noch Hafs — noch war
Diefs ein Gefühl, das Worte stellten dar:
Man sah ihn nie, um frostig wegzugehn,
Nein, wer ihn sah, der mufst' ihn wiedersehn,
Und wen er sprach, der mufst' sich sein erinnern,
Ein unbedeutend Wort blieb ihm im Innern.
Man wufste nicht, wie und woher es kam,
Dafs er Besitz von allen Herzen nahm:
Einmal gesehn blieb er darin zurück
In Lieb' und Hafs; war's auch ein Augenblick,
Dafs Freundschaft, Mitleid, Abscheu man empfand,
Stets blieb er der Gedanken Gegenstand.
Ihn zu durchschauen, würde Dir mifslingen,
Er könnte leichter in D e i n Inn'res dringen!
Stets drückte seine Näh', und er erzwang [141]
Ein Mitgefühl der Brust, in die er drang.
Du bleibst in diesem geist'gen Netz gefangen;
Ihm braucht vor dem Vergessen nicht zu bangen.

XX.

Es war ein Fest, zu welchem Ritter, Damen
Und all die Edelsten und Reichsten kamen:
Ein edler und willkommner Gast zumal
Trat Lara auch in Otho's hohen Saal.
Von frohem Lärm dröhnt das erhellte Haus,
Und Freude herrscht beym Ballspiel und beym Schmaus;

In heitrer Schönheit lust'gem Tanz erscheint
Anmuth und Wohllaut wonnevoll vereint,
Und Händ' und Herzen lassen mit Entzücken
Von liebevollen Banden sich umstricken.
Der Anblick könnte jeden Gram bezwingen,
Das Alter selbst erheitern und verjüngen,
Die Jugend wiegen ein in Himmelslust —
So freudetrunken wallte jede Brust.

XXI.

Und still vergnügt sah Lara diefs Gewühl,
Sein Aeufsres log, hegt' er ein Schmerzgefühl.
Sein Blick ward von den Schönen fortgezogen,
Die leise, leichten Tritts vorüber flogen,
Wo er gelehnt an eine Säule stand, [142]
Verschlungnen Arms, die Augen fest gebannt.
Nicht merkt' er einen Blick, der ihn durchdrang,
Dergleichen Forschung trug er niemals lang!
Zuletzt bemerkt' er ihn — wer mocht' es seyn?
Er schien nur ihn zu suchen, ihn allein;
Ein fremd Gesicht, voll Schärf' und finstrer Gluth,
Längst hat sein Aug' auf Lara schon geruht.
Die Späherblicke trafen sich zuletzt,
Durchdrangen sich, gespannt und fast entsetzt.
Die Ungeduld umwölkte Lara's Braun,
Er sah den Blick des Fremden ihm mifstraun;
Aus dessen Auge blitzte scharf und strenge
Weit mehr hervor, als sichtbar ward der Menge.

XXII.

»Er ist's!« ruft dieser aus — und fern doch leis
Pflanzt dieses Wort sich durch der Hörer Kreis.
»Er ist's!« — »Wer ist's?« so fragt nun jeder Mund,
Und Lara's Ohr wird diese Frage kund.
Nur wen'ge Herzen würden ruhig scheinen
Beym Staunen Aller, und dem Blick des Einen:
Doch Lara ändert sich nicht — regt sich nicht —
Das Staunen, das aus seinen Zügen spricht,
Geht rasch vorbey — schon kann er um sich sehn
Mit freyem Blick, trotz jenes Fremden Spähn.
Vortretend, stolz und höhnisch ruft ihm der: [143]
»Er ist's! — was will der hier? — wie kam er her?«

XXIII.

Es war zu viel für Lara's Herz, mit Schweigen
Der heftig stolzen Frage zu entweichen,

Gefafsten Blicks, doch mit gelafsnem Ton,
Mehr sanft und fest, als mit verwegnem Hohn,
Sprach er, zum strengen Frager hingewandt:
»Mein Nam' ist Lara — wärst Du mir bekannt,
»So zweifle nicht, erwiedern würd' ich gern
»Die seltne Höflichkeit des edlen Herrn.
»Ja, Lara — hast Du mehr zu spähn, zu sagen,
»Ich trage keine Mask', scheu' keine Fragen.«

»Scheust Fragen nicht? — Gibt's keine, die Dein Herz
»Erwiedern mufs, macht sie auch Ohrenschmerz?
»Willst mich nicht kennen? Schau' mir in's Gesicht,
»Ich hoffe doch, dafs Dein Gedächtnifs spricht!
»Nie tilgst Du seine Schuld — Vergessenheit
»Ist Dir verwehrt nun und in Ewigkeit.«

Bedächtig forschend hing an seinen Mienen
Das Auge Lara's fest — doch die erschienen
Ihm nicht erinnerlich. Mifstrauisch jetzt
Kopfschüttelnd hätt' er nichts darauf versetzt, [144]
Und wandte sich verächtlich schon, zu gehn,
Doch bat der ernste Fremdling ihn, zu stehn.
»Ein Wort! ich fodre, dafs Du Dich erklärst;
»Ich wär' Dein's Gleichen, falls Du edel wärst,
»Doch, wie Du warst und bist — nun, fasse Dich,
»Ist's nicht an dem, so widerlegst Du mich!
»Doch, wie Du warst und bist, kann ich Dich schaun,
»Du schreckst mich nicht, noch stiehlst Du mein Vertraun.
»Bist Du's nicht, dessen Thaten« —

»Wer ich sey,
»Solch einen Kläger, solche Faseley
»Hör' ich nicht mehr. Wer darauf legt Gewicht,
»Der höre zu, und widerspreche nicht
»Der Wundermähr', die Du — es kann nicht fehlen —
»So artig, wie Du anhubst, wirst erzählen.
»Hier freuen wir uns Otho's Gastlichkeit,
»Ihm sey mein Dank und mein Vertraun geweiht.«

Erstaunt warf hier der Wirth sich in den Zwist:
»Was ihr auch auszumachen habt, so wifst,
»Das ist die Zeit nicht, noch der Ort gelegen,
»Durch Hadern Aller Unmuth zu erregen.
»Willst Du, Herr Ezzelin, dafs eine Kunde
»Graf Lara's Ohr empfang' aus Deinem Munde,
»So sorgt, dafs Ihr auf morgen Euch bestellt, [145]
»Hier oder sonst wohin, wo's Euch gefällt.

»Dafs Du bekannt bist, dafür steh' ich ein,
»Wenn Du auch, wie Graf Lara, ganz allein
»Zurückkamst, und ein Fremder scheinst zu seyn.
»Und wenn von Lara's hohem Stamm und Blut
»Man richtig schliefst auf Tüchtigkeit und Muth,
»So wird er nimmer sein Geschlecht entehren,
»Nein, was das Ritterthum erheischt, gewähren.«

»Sey's morgen denn« — sprach Ezzelin — »und hier
»Mag sich's entscheiden zwischen Dir und mir.
»Mein Schwert, mein Blut sey meinem Wort geweiht,
»So wahr ich hoffen darf auf Seligkeit.«
Doch was sprach Lara? — Trüb, in sich versenkt,
Ward sein Gemüth von nichts mehr abgelenkt;
Die Rede Vieler, und der Blick von Allen,
Die dort versammelt, schien auf ihn zu fallen,
Doch er war stumm, es sah sein starrer Blick
In fernes Dunkel — weit — o weit — zurück.
Ach, dafs die Gegenwart ihm ganz verschwand,
Bewies, dafs er Erinnrung tief empfand!

XXIV.

»Auf morgen! — ja auf morgen!« — weiter kam
Kein Wort ihm aus dem Mund, das man vernahm; [146]
Nichts war von Leidenschaft auf seinen Brauen,
Im Auge selbst kein Zornesblitz zu schauen,
Doch lag ein Etwas in dem leisen Ton,
Aus dem ein stiller Entschlufs schien zu drohn.
Er drob den Mantel nahm, sich leicht empfahl,
Und schritt, vorbey an Ezz'lin, aus dem Saal,
Nachdem er lächelnd dessen Blick ertragen,
Womit ihn der zu Boden wollte schlagen.
Es war kein Lächeln diefs aus Fröhlichkeit
Noch Stolz, der mit der innern Wuth im Streit,
Nein — eines Menschen Lächeln, dessen Brust
Des Thuns und Leidens Kraft sich ist bewufst.
War's Frieden? war's der Frömmigkeit Geduld?
War's in Verstocktheit kühn gewordne Schuld?
Ach — nur zu eilig sind wir im Vertrauen,
Allein, wer darf auf Wort und Blicke bauen?
Nur Handeln — Handeln könnte den belehren
Der sich das Herz des Menschen wollt' erklären.

XXV.

Und Lara rief den Pagen und ging fort;
Der Knabe horchte seinem Blick und Wort;

Der Einz'ge der ihm folgt' aus jener Ferne,
Wo Seelen glühen unter hell'rem Sterne,
Für Lara nur der Heimath Strand verliefs,
Und, wenn auch jung, sich folgsam stets bewies.
Des Dienstes stille Treue, die ihm eigen,
Scheint seine Jahr' und Pflicht zu übersteigen; [147]
Zwar ist ihm Lara's Muttersprache kund,
Nicht leicht vernimmt er sie aus dessen Mund,
Doch mild wird seine Stimme, flink der Fufs,
Hört er von ihm der Heimathworte Grufs;
Sie sind gleich heim'schen Bergen ihm vertraut,
Und weh'n ihm zu verschwundnen Echo's Laut,
Der Freund' und Aeltern Stimme — nun verloren,
Für einen Freund — sein Alles — abgeschworen!
Kein andrer Führer lebt ihm auf der Welt —
Was Wunder, wenn er stets sich zu ihm hält?

XXVI.

Fein war sein Wuchs, und zart gebräunt erschien
Die Stirne von der heim'schen Sonne Glühn,
Die Wangen nicht verderbt vom heifsen Strahl,
Auf die sich oft freywill'ge Röthe stahl;
Doch keine Röthe, die in frischer Gluth
Gesundheit offenbart' und frohen Muth,
Nein — zehrend Feuer stiller Leidenschaft,
Das überflog die Wangen fieberhaft.
Die Augen, in äther'schem Lichte glühend,
Und von elektrischen Gedanken sprühend,
Umschattete der langen Wimpern Flor,
Aus denen sanfte Schwermuth blickt' hervor;
Mehr schien diefs Stolz, als Kummer zu verkünden,
Wo nicht ein Leid, das niemand sollt' ergründen.
Für kind'sche Freuden hatt' er kein Gefühl, [148]
Der Jugend muntern Scherz, der Knaben Spiel,
Sein Aug' hing Stunden lang an Lara's Blick,
Verloren ganz in der Betrachtung Glück.
Von ihm getrennt, sucht' er die Einsamkeit,
Er fragte nie, und kurz war sein Bescheid,
Sein Spiel ein fremdes Buch, sein Gang der Wald,
Und eines Bächleins Rand sein Aufenthalt.
Auch schien er alles, wie sein Herr, zu scheun,
Was Augen locken kann, und Herzen freun,
Niemand zu traun, und keine Erdengaben,
Als dieses Daseyns Bitterkeit, zu haben.

XXVII.

Liebt einen er — war's Lara — nur im Dienen
That sich diefs kund, und in der Ehrfurcht Mienen,
Der Sorgsamkeit, die jeden Wunsch vernahm,
Vollzog, eh' ihm das Wort vom Munde kam.
Doch lag in seinem Handeln Stolz genug,
Ein hoher Sinn, der keinen Vorwurf trug,
Sein Eifer, der des Dieners Müh' nicht scheut,
Gehorcht im Handeln, doch sein Blick gebeut.
Es scheint nicht Lara's Wunsch, nein s e i n Belieben,
Dafs er ihm dient — und nicht von Lohn getrieben.
Leicht ist der Dienst, den der von ihm begehrt:
Er hält den Bügel, oder trägt das Schwert,
Er schlägt die Laut', und nach des Herrn Behagen [149]
Liest er von alter Zeit in fremden Sprachen,
Nicht pflegt er mit den Dienern umzugehn,
Und läfst sie weder Stolz noch Achtung sehn;
Ein edler Rückhalt macht uns offenbar,
Dafs er nicht pafst zu der gemeinen Schaar.
Was auch sein Dienst und Stamm — er kann sich neigen
Vor Lara wohl — nicht sich mit jenen gleichen.
Er schien ein Kind des Glücks, aus besserm Stand,
Kein Zeichen niedrer Arbeit trug die Hand,
Die weiblich weifs verrieth ein Frauenbild,
Denn auch die Wangen waren zart und mild;
Jedoch in seiner Haltung, seinen Blicken
Schien mehr als Frauenart sich auszudrücken,
Verborgne Wildheit jener heifsen Zonen
Schien in des Körpers zartem Bau zu wohnen:
Doch ward diefs nie aus seinen Reden klar,
Man nahm es nur in seinen Mienen wahr.
Sein Nam' ist Kaled — doch die Sage spricht,
D e n Namen führt' er in der Heimath nicht;
Da er ihn oftmals hörte laut und nah
Erschallen, ohne dafs er um sich sah,
Als sey er fremd, und wenn er sich besann,
Dann fuhr er auf, als dächt' er erst daran.
Nur, wenn ihn Lara's traute Stimme sprach,
Dann war sein Ohr, sein Herz und Auge wach.

XXVIII.

Er schaute zu bey jener Lustbarkeit, [150]
Sein Auge sah den allbemerkten Streit,
Und als er rings Verwundrung nur vernahm,
Dafs sich der Trotzige so still benahm,

Erstaunen, dafs der stolze Lara diefs
Von einem fremden Mann sich bieten liefs,
Da ward der junge Kaled roth und weifs,
Die Lippen fahl, die Wangen glühend heifs,
Und auf der Stirne brachen krankhaft aus
Die Herzenstropfen jenes eis'gen Thau's,
Der aufsteigt, wenn der Geist uns sinkt, erschüttert
Durch ein Geschick, vor dem Betrachtung zittert.
Ja — manches wird geträumt, gewagt, vollbracht,
Wiewohl der Geist es noch nicht halb bedacht.
Was ging in Kaled vor? — G'nug, er verschluckte
Den bittern Unmuth, doch die Stirne zuckte,
Er blickt' auf Ezzelin, bis Lara den
Seitwärts anlächelt' im Vorübergehn.
Wie Kaled sah diefs Lächeln, sank sein Muth,
Als merk' er dessen Sinn nur allzugut,
Erinn'rung zeigt' ihm mehr in Lara's Mienen,
Als sie den Andern zu verrathen schienen:
Fortsprang er — rasch enteilten sie — und alle
Empfanden sich allein in jener Halle:
So hatten sie an Lara's Blick gehangen —
So diefs Begegnifs jedes Herz gefangen — [151]
Als seinen langen Schatten im Portal
Nicht mehr hervorhob jener Kerze Strahl,
Da wallte freyer Puls und Herz — und kaum
Schien man zu glauben an den schwarzen Traum,
Der, wenn auch falsch, doch darum schrecklich war,
Weil Schlimmes sich am liebsten zeigt als wahr. —
Und sie sind weg — nur Ezz'lin bleibt zurück,
Sein Antlitz sinnend, herrisch ist sein Blick;
Lang weilt er nicht — eh' eine Stund' entflohn,
Drückt Otho'n er die Hand, und eilt davon.

XXIX.

Der Saal ist leer, die Schwärmer sind verschwunden,
Der art'ge Wirth, der Gast, der ihm verbunden,
Eilt müde dem vertrauten Lager zu,
Wo Freude ruht, und Sorge seufzt nach Ruh,
Der Mensch versinket, müd' des ird'schen Strebens,
In selige Vergessenheit des Lebens.
Da ruht der Arglist Trug, der Liebe Schmachten,
Des Hasses Brüten, wie der Ehrsucht Trachten,
Vergessens Fittig jedes Aug' umweht,
Indefs das Daseyn stumpf zu Grabe geht.
Gibt's befsre Namen für des Schlummers Bette,
Die Gruft der Nacht, die allgemeine Stätte? [152]

Wo Tugend, Laster, Schwäche, Kraft besiegt
Hülflos, besinnungslos daniederliegt,
Froh, der Vergessenheit sich hinzugeben —
Sie sind nur wach, um vor dem Tod zu beben,
Und scheu'n, wächst auch ihr Kummer mit den Tagen,
Den süfsen Schlaf, den keine Träume plagen.

Zweyter Gesang.

I.

Die Nacht entweicht — der Berge Duft zerfliefst [153]
Im Morgenlicht, das frisch die Welt begrüfst;
Ein neuer Tag, um wieder zu entgleiten,
Und näher zu dem letzten uns zu leiten!
Doch die Natur ist voll der ersten Wonne,
Auf Erden webt's, am Himmel glänzt die Sonne,
Die Luft weht heilsam, Licht ergiefst der Strahl,
Der Strom erfrischt, und Blumen hegt das Thal.
Mensch, ew'ger Geist! — Sieh dieser Glorien Schein,
Und rufe jubelnd: das ist alles dein!
Blick' hin, so lang Dein frohes Aug' es kann:
Der Tag, wo es vorbey, kommt bald heran.
Mag man sich trauernd um dein Grab vereinen,
Wird Erd' und Himmel keine Thränen weinen,
Kein Wölkchen d'rum entstehn, kein Blättchen fallen,
Die Luft nicht seufzen dir zu Lieb' und Allen!
Nein — Würmer werden ihren Raub verschlingen, [154]
Dein Fleisch bereiten, um das Feld zu düngen.

II.

's ist Morgen — Mittag schon — die Häupter alle,
Die Otho lud, versammelt in der Halle.
Die Stund' ist da, die über Tod und Leben
Von Lara's Ehre soll Entscheidung geben:
Denn Ezzelin's Beschwer kommt jetzt an Tag,
Und der wird reden, wie's auch lauten mag.
Er gab sein Wort, und Lara zagte nicht,
Ihm hier zu stehn vor Gottes Angesicht.
Wo bleibt der Kläger? — Wahrheit zu verkünden,
Scheint er nicht früh genug sich einzufinden.

III.

Die Stund' entwich und Lara ist erschienen
Mit Selbstvertraun und ruhig kalten Mienen.
Wie lang bleibt Ezzelin? — Die Stund' entwich,
Man murrt, und Otho's Stirne faltet sich:
»Ich kenne meinen Freund, und darf ihm trauen,
»Wenn er noch lebt, so wird man hier ihn schauen.
»Er haust im Thal da unten, gerad' am Rand
»Von meinem eignen und Graf Lara's Land.
»Ein solcher Gast bringt Ehre meinen Hallen,
»Und ihm auch scheint der Wirth nicht zu mifsfallen,
»Doch seine Sache nöthigt' ihn zu gehn,
»Um noch sich mit Beweisen zu versehn, [155]
»Und meine Bürgschaft leist' ich nochmals keck,
»Ja, tilge selber seiner Ehre Fleck.«
Er schweigt, und Lara spricht: »Ich fand mich ein
»Auf Dein Begehr ein willig Ohr zu leihn,
»Die Schmähung aus des Fremden Mund zu hören,
»Defs Rede mich bis itzt schon müfst' empören,
»Doch dünkte mich, er sey nicht recht gescheidt,
»Wo nicht, ein Feind voll Schand und Schlechtigkeit.
»Ich kenn' ihn nicht — vielleicht, dafs er mich sah
»In Ländern, wo — jedoch, was plaudr' ich da?
»Bring' mir den Schwätzer — oder lös' Dein Pfand
»In Deinem Schlofs, den Säbel in der Hand.«

Der stolze Otho wirft sogleich erhitzt
Den Handschuh vor ihn hin — sein Säbel blitzt:
»Der letzte Fall für mich am Ersten pafst,
»So stell' ich mich für meinen fernen Gast!«
Mit nicht entfärbter Wange düstrem Bleich,
Obschon jetzt e i n e n trifft der Todesstreich;
Mit fast nachläfs'ger Hand, die d'rum verräth,
Dafs sie den Stahl zu führen wohl versteht;
Mit kaltem Blick, der ernsten Krieg erklärt,
Zieht Lara auch sein kampfbegierig Schwert.
Umsonst müh'n sich die Edlen, sie zu hindern:
Denn Otho's Wahnsinn ist nicht mehr zu lindern,
Er fällt den Feind mit dieser Schmähung an: [156]
»Ein Schwert ist gut, wenn man es führen kann.«

IV.

Kurz war der Kampf: denn blind vor Wuth und heifs
Gab Otho seine Brust dem Gegner preis;
Ein Fechterkunstgriff streckte blutend ihn,
Doch nicht zum Tode wund, auf's Estrich hin.

»Bitt' um Dein Leben!« Jener schwieg, und hätte
Sich nicht erhoben von der blut'gen Stätte:
Denn plötzlich färbte Lara's Stirne sich
Mit einer Schwärze, die der Hölle glich,
Er schwang den Stahl, von gröſsrem Zorn entbrannt,
Als da der Feind ihm gegenüber stand:
Da war er ganz gelassen, voll Bedacht,
Jetzt brach sein Groll hervor mit aller Macht,
Den Feind so wenig schonend, den verhaſsten,
Daſs, als die andern seinen Arm umfaſsten,
Er gegen sie die durst'ge Spitze kehrte,
Weil dieſs ihr Mitleid für den Feind bewährte.
Doch schnell war auch sein heiſser Grimm gekühlt,
Wiewohl er jenen stets im Auge hielt,
Als ob der unwirksame Kampf ihn kränke,
Der dem geschlagnen Feind das Leben schenke,
Als ob er forsche, um wie viel die Wunde,
Sein Opfer fördre zu des Grabes Schlunde.

V.

Man hebt den wunden Otho auf. Sofort [157]
Verbeut der Wundarzt Frage, Wink und Wort;
Die Andern gehn in eine nahe Halle,
Doch jener, unbekümmert um sie Alle,
Anlaſs und Sieger er in diesem Strauſs,
Schritt langsam, trotzig, ohne Laut hinaus,
Bestieg sein Roſs, und ritt nach Haus zurück,
Und warf auf Otho's Burg nicht einen Blick.

VI.

Doch wo ist er — das nächt'ge Feuerzeichen,
Nur dräuend, um beym Tageslicht zu weichen?
Wo ist der Ezz'lin, welcher kam und schwand,
Von dessen Absicht keine Spur sich fand?
Früh noch vor Tag verlieſs er Otho's Saal —
Nacht war's, doch der betret'ne Pfad in's Thal
Nicht zu verfehlen — seine Wohnung nah —
Er kam nicht — war am Morgen noch nicht da.
Da ward ihm nachgeforscht, doch nichts gefunden,
Als daſs der Ritter war und blieb verschwunden.
Leer sein Gemach, und ruhig steht sein Roſs,
Verwirrt, voll Schrecken ist der Diener Troſs;
Sie suchen sorgsam auf und an dem Steige,
Ob sich ein Merkmal wilder Räuber zeige:

Umsonst — an keinem Strauch sind blut'ge Flecken,
Zerrifs'nen Mantels Fetzen zu entdecken, [158]
Kein Fall, kein Kampf hat da das Gras gedrückt,
Worin man leicht des Mordes Spur erblickt,
Es gibt kein Finger wühlend auf dem Grunde,
Dort durch des Nagels Abdruck weitre Kunde,
Wenn, tappend schon in Nacht, der Hände Krampf
Den eb'nen Grund zerwühlt im Todeskampf:
Diefs zeigt sich, wo ein Leben ward geraubt,
Hier fehlt's, und bange Hoffnung bleibt erlaubt.
Verdacht, der gegen Lara sich erklärt,
Sagt flüsternd aus, sein Name sey entehrt,
Verstummt nur dann, wenn jener selbst sich zeigt,
Und harret, bis das Schreckensbild entweicht,
Um sein Erstaunen wieder zu erheben,
Und noch weit schwärzern Anstrich ihm zu geben.

VII.

Und Tage fliehn — geheilt sind Otho's Wunden,
Doch nicht sein Stolz — noch auch sein Hafs verschwunden;
Er ist ein mächt'ger Häuptling, Lara's Feind,
Und jedem hold, der's bös mit jenem meint;
Und vor des Landes Richter will er Kunde
Von Ezzelin's Geschick aus Lara's Munde.
Wer sonst als Lara, konnte Angst empfinden
Vor Dessen Daseyn? — wer liefs ihn verschwinden,
Als jener, den die angedrohte Klage [159]
Zu hart beschwerte, käme sie zur Sprache?
Der Ruf, unwissend, gegen ihn gestimmt,
Mysterien, so die Menge gern vernimmt,
Die Kälte defs, der Freundschaft ganz entbehrt,
Und Lieb' und Zutraun ängstlich von sich wehrt;
Die Blutgier, die sein Herz im Zorn verräth,
Und dafs er sich so gut auf's Schwert versteht —
Wo hat sein Arm die Fertigkeit errungen,
Wo ward sein Herz von jenem Grimm durchdrungen?
Es ist nicht blinde Wuth, die ihn erfüllt,
Und die ein Wort entflammt und wieder stillt,
Es ist der Brust empörtes Element,
Das, einmal aufgeregt, kein Mitleid kennt,
Ein Grimm, den lange Macht und Sicherheit
Gesteigert bis zu kalter Grausamkeit!
Diefs mit dem Hang verbunden, der uns eigen,
Sich mehr zum Tadel, als zum Lob zu neigen,
Mufs gegen Lara einen Sturm bereiten,
Vor dem er bangt, und den die Feinde leiten;

Er soll nun stehn für des Vermifsten Haupt,
Der, lebend oder todt, die Ruh' ihm raubt.

VIII.

Manch Mifsvergnügter lebt' in diesem Lande,
Und fluchte seinem harten Sclavenbande;
So manchen Zwingherrn sah man hier sich brüsten,
In Form des Rechtes fröhnen seinen Lüsten. [160]
Auswärt'ger Krieg, und innern Streites Gluth
Gewöhnt' an Riesensünden schon und Blut:
Ein Anlafs nur rief der Zerstörung Wuth
Hervor, wie sie im Bürgerkrieg entbrennt,
Der keine Mitte — Freund und Feind nur kennt.
Frey in der Feste herrschte jeder Ritter,
Man folgt' in Wort und That, doch hafst' ihn bitter.
Und so ererbte Lara seine Güter,
So träge Hände, mürrische Gemüther:
Doch fern vom heim'schen Boden blieb er frey
Von jedem Fleck verruchter Tiranney,
Und nun, erquickt durch seinen mildern Ton,
War allgemach die Aengstlichkeit entflohn:
Nur das Gesind' war vom gewohnten Bangen,
Doch mehr für ihn, als für sich selbst, befangen;
Sie schienen jetzt für elend ihn zu achten,
Wenn sie sich Anfangs nur das Schlimmste dachten.
Dafs er so schweigsam ist, des Schlafs entbehrt,
Für Krankheit galt's, durch Einsamkeit genährt.
Zwar warf sein finstres Treiben einen Graus
Auf sein Gemach, doch freundlich blieb sein Haus:
Nie ohne Trost verliefsen es die Armen,
Für diese fühlte seine Brust Erbarmen.
Kalt und verächtlich gegen Gröfs' und Macht [161]
Zog er gern die Geringen in Betracht;
Er sprach nicht viel, doch oftmals fanden sie
Zuflucht in seinem Schlofs, Scheltworte nie,
Und gab man Acht auf ihn, so nahm man wahr,
Dafs täglich anwuchs seiner Treuen Schaar.
Doch seit man Ezz'lin mifste, spielt' er gern
Den güt'gen Wirth und den gefäll'gen Herrn;
Vielleicht befürchtet' er, dafs seit dem Streit
Mit Otho ihm ein Fallstrick lag bereit.
Was auch sein Plan — mehr sucht' er zu gefallen
Dem armen Volk, als seinen Mitvasallen,
Und mochte diefs auch nur ein Kunstgriff seyn,
So urtheilt doch die Menge nach dem Schein:

Denn wer bey ihm, von strengerm Herrn verjagt,
Um Obdach bat, dem ward es nie versagt.
Nie plündert' er die Hütten seiner Bauern,
Kaum durfte selbst der Knecht sein Loos betrauern;
Bey ihm ward wohl verwahrt des Geiz'gen Gut,
Und Elend nie verhöhnt im Uebermuth.
Die Jugend hielt Genufs, verheifsnes Glück,
Bis Scheiden nicht mehr möglich, hier zurück;
Er bot dem Hafs, beym neuen Stand der Sache, [162]
Die ernste Aussicht auf verhaltne Rache;
Der Liebe, die des Ranges Abstich höhnte,
Der Schönheit Preis, die das Gelingen krönte.
Schon war sein Ausspruch nah, dafs Sclaverey
Ein Nichts — wenn hier auch noch ein Name — sey.
Die Zeit, die Stunde kommt, wo Otho glaubt
Die Rache schon gewifs, wonach er schnaubt:
Der Tag der Klag' ist da, und den Verbrecher
Umgeben in der Halle tausend Rächer,
Die sich erlöst von knecht'schen Fesseln schaun,
Der Erde trotzend auf den Himmel baun,
Sie, denen er heut früh die Freyheit gab,
Um Zwingherrn nichts zu graben als ein Grab!
Diefs ihr Geschrey; — die Losung im Gefecht
Beschönigt Unrecht, und verdreht das Recht:
Gott — Freyheit — Rache — was ihr wollt, ein Wort
Reifst jedermann zu blut'gen Thaten fort;
Ein Ruf, verbreitet durch des Aufruhrs Geist,
Der Frevel reizt, und Wölf' und Würmer speist.

IX.

Grofs war im Land der Häuptlinge Gewalt, [163]
So dafs der junge Fürst nur wenig galt,
Des Aufruhrs Gräul war fürder nicht zu meiden,
Der Knecht, verachtend jenen, fluchte beyden.
Ein Führer fehlte — der ist jetzt gefunden,
Und unzertrennlich an ihr Loos gebunden:
So stürzte denn zur eignen Sicherheit
Ihn das Verhältnifs in der Menschen Streit.
Von jenen durch ein seltsam Loos getrennt,
Die von Geburt er nicht als Feinde kennt,
Blieb Lara seit der unglücksel'gen Nacht
Dem Schlimmsten zu begegnen stets bedacht.
Geheime Gründe mochten ihm wohl rathen,
Zu scheun das Forschen nach verhüllten Thaten;
Und wurde seine Sache die der Menge,
Verschob er doch den Fall, wenn sie mifslänge.

Die Ruhe, die sein Busen lang gehegt,
Der Sturm, der sich ermüdet und gelegt,
Empört durch ein unseliges Verhängnifs,
Damit das Mafs sich fülle der Bedrängnifs,
Brach aus — und er ist wieder, was er war,
Und nur ein andrer Schauplatz bot sich dar.
Nach Ruf und Leben fragt' er nicht mehr viel, [164]
Und wagte muthig ein verzweifelt Spiel,
Er dünkte sich für andrer Hafs erkoren,
Und lachte defs, der mit ihm war verloren.
Was lag ihm dran, den Pöbel zu beglücken,
Er hob ihn, um die Stolzen zu erdrücken;
Sonst hofft' er in der finstern Höhl' auf Ruh
Doch Mensch und Schicksal setzt' auch dort ihm zu,
Er stellte kühn den Drängern sich entgegen,
Man konnt' ihn fangen nicht, mufst ihn erlegen.
Stumm, anspruchlos und ernst hatt' er auf's Leben
Der Menschen im Verborgnen Acht gegeben,
Doch seit er auf dem Kampfplatz sich befand,
Glänzt' er als Führer, der den Krieg verstand,
Und Wildheit sprach aus Haltung — Miene — Stimme —
Der Gladiator aus der Augen Grimme!

X.

Was frommt die Schild'rung hier von Schlachtengraus,
Des Lebens Tilgung und der Geyer Schmaus, [165]
Und wie das Glück sich hier und dorthin neigt,
Und wie der Stärk're siegt, der Schwäch're weicht,
Und von der Mauern Sturz, der Trümmer Rauch?
Es folgte hier der Krieg dem alten Brauch,
Nur dafs noch wildre Leidenschaft entbrannte,
Zu einer Wuth, die Mitleid ganz verbannte.
Man bat nicht — Gnade war nicht zu erwerben,
Und wer gefangen ward, der mufste sterben:
Denn hier und dort nahm jener Grimm der Schlacht
Die Brust des Siegers ein mit gleicher Macht,
Und wer für Freyheit sich, für Herrschaft schlug,
Dem dünkten es der Opfer nie genug;
Nicht mehr zu hemmen war das grimme Schwert,
Und von der Raubsucht ward das Land verheert,
Die Fackel glomm und um sich frafs die Gluth,
Und Mordgier freute sich am frischen Blut.

XI.

Und mit dem ersten Nachdruck wilder Rache [166]
Hing der Erfolg sich rasch an Lara's Sache,

Doch rifs der eitle Sieg sie alle fort,
Sie hören nicht mehr auf des Feldherrn Wort,
Nein, auf den Feind stürzt sich die blinde Menge,
Als ob die Hast allein den Sieg erränge.
Die Lust nach Beute, wie der Rache Drang
Lockt die Zerrifsnen in den Untergang,
Umsonst, dafs Lara, was nur möglich, thut,
Zu hemmen seiner Schaaren blinde Wuth —
Umsonst — die Gluth ist nicht mehr zu bekämpfen,
Wer ihn entzündet, kann den Brand nicht dämpfen,
Der kluge Feind ist's, der den Sieg nur wendet,
Dem Schwarm die Tollheit zeigt, die ihn verblendet.
Verstellter Rückzug, Hinterhalt bey Nacht,
Erschöpfung Tag für Tag, verschobne Schlacht,
Dann — lang gehoffte Hülfe zu entbehren,
Und nicht ein Zelt, den Regen abzuwehren,
Verlorne Kunst vor Mauern, die nicht brechen,
Nein, die Geduld verhöhnter Herzen schwächen —
Das hätten sie sich nicht geträumt — zum Streit [167]
Sind sie, gleich alten Kriegern, gern bereit,
Doch ziehn sie vor den gegenwärt'gen Tod
Und blut'gen Kampf des harten Lebens Noth.
Das Fieber rafft dahin, des Hungers Pein
Verzehrt allmählich Lara's mächt'ge Reihn,
Und der Triumph wird bald zum Mifsvergnügen,
Nur Lara's Muth scheint nimmer zu erliegen.
Doch wenig bleiben tauglich noch zur Schlacht,
Ein kleiner Rest von solcher Uebermacht,
Die besten — letzten — mit ihm auszudauern,
Und die verschmähte Kriegszucht zu betrauern!
Eins tröstet sie: die Gränze ist nicht weit,
Dort sähn sie sich vom Drang des Kriegs befreyt,
Und hegten, in dem Nachbarstaat geborgen,
Des Aechters Hafs, wenn nicht des Flücht'gen Sorgen.
Hart ist gewifslich der Verbannung Noth,
Doch härter Unterwerfung oder Tod.

XII.

Es sey! — sie ziehn — und durch ihr Mondlicht sucht
Die Nacht zu leiten ihre dunkle Flucht, [168]
Sie sehn den stillen Schein, am Rettungshafen,
Dort auf des Gränzstroms Silberfläche schlafen;
Schon spähen sie — ist das das Ufer dort?
Ha! 's ist vom Feind besetzt! zurück nun! fort!
Entweicht! — Was rauscht jedoch schon hinterher?
's ist Otho's Banner — des Verfolgers Speer!

Sind das dort auf der Höh der Hirten Feuer?
Solch heller Schein dient nicht der Flucht zur Steuer!
Ja, hoffnungslos gefangen sind sie itzt!
Wohl hätte wen'ger Blut hier mehr genützt!

XIII.

Ein Weilchen Rast! — denn viel muſs noch geschehn!
Was frommt hier mehr, angreifen oder stehn?
Es ist fast eins — denn wirft man sich mit Macht
Dort auf den Feind, wo er den Strom bewacht,
So mögen wen'ge jene Kette sprengen,
Die zwar der Feind gespannt, sie einzuengen.
»Wir greifen an! zu warten bis sie kämen, [169]
»Das hieſse sich wie Feiglinge benehmen!«
Die Rosse sind bereit, entblöſst die Klingen,
Der nächste Laut wird fast die That verschlingen;
Ja, dieses nächste Wort in Lara's Mund
Thut manchem wohl sein Todesurtheil kund!

XIV.

Sein Schwert ist blank — er scheint voll Gram zu seyn,
Doch viel zu still für der Verzweiflung Pein;
Ein wenig mehr Gleichgültigkeit verkündet
Den Tapfersten, wenn er als Mensch empfindet.
Auf Kaled ruht sein Blick — der wird nicht weichen,
Auch ist er viel zu treu, um Furcht zu zeigen.
Vielleicht wirft jetzt des Mondes Dämmerlicht
Dieſs ungewohnte Bleich auf sein Gesicht,
Deſs tiefe Trauerfarbe nicht den Schrecken,
Die Treue seines Busens soll entdecken.
Und Lara merkt's und nimmt des Jünglings Hand,
Sie bebt nicht, hier an des Verderbens Rand! [170]
Kaum schlägt sein Herz, jedoch sein Auge spricht,
Wenn auch die Lippe schweigt: »Wir scheiden nicht!
»Und sterben — fliehn die Deinen auch — nun wohl,
»Ade, Du Welt — nur Dir kein Lebewohl!«

Das Wort entfleucht den Lippen — dicht vereint
Wirft sich die Schaar auf den zerrissnen Feind.
Wohl hat dem Sporn gehorcht das rasche Pferd,
Das Eisen klirrt, es blitzt das krumme Schwert!
Sie kämpfen stark durch Muth, wenn schwach an Zahl,
Verzweiflung trotzt des kühnen Feindes Stahl,
Indeſs der Strom sich schäumend mischt mit Blut,
Und roth entgegen wallt des Morgens Gluth.

XV.

Befehlend, helfend, Muth einflößend Allen,
Wo Feinde drängen oder Freunde fallen, [171]
Schallt Lara's Stimme, leuchtend trifft sein Schwert,
Stets Hoffnung weckend, die er selbst entbehrt.
Sie fliehn nicht — keine Flucht kann sie befrey'n,
Und wer schon wich, der haut von Neuem ein.
Noch sehen sie die kühnsten Gegner weichen
Vor ihres Führers Blick und kräft'gen Streichen,
Der bald allein, und bald vom Feind umengt
Sein Häuflein sammelt oder jenen sprengt,
Und nie sich schont. Der Muth des Feindes sinkt
Jetzt gilt's, hoch hebt sich Lara's Hand und winkt —
Was neigt sein Helmbusch sich? Es klang ein Bogen,
Ein Pfeil ist rasch ihm in die Brust geflogen!
Der leid'ge Wink gab seine Seite blos,
So sank der stolze Arm dem Todesstoß!
Wie schnell das Siegeswort der Lippe schwand,
Wie kraftlos hängt die kaum erhobne Hand!
Aus dunklem Trieb hält sie das Schwert noch fest,
Obwohl die Linke bald den Zaum verläßt; [172]
Doch den faßt Kaled: des Gefühls beraubt,
Und senkend über'n Sattelbug das Haupt,
Merkt Lara nicht, daß Kaled mit Bedacht
Das Roß entführt dem wilden Drang der Schlacht.
Die Seinen treiben fort das blut'ge Spiel,
Nicht achtend der Gefallnen im Gewühl.

XVI.

Der Tag scheint auf die Sterbenden und Todten,
Enthelmte Köpfe, Panzer halb zerschroten;
Das Kriegsroß liegt nun da, vom Reiter frey,
Sein letzter Athem riß den Gurt entzwey,
Und seitwärts, noch durchzuckt vom Todeskrampf,
Die Hand und Ferse, die es trieb zum Kampf,
Und andre liegen nur zu nah am Strand,
Da äfft die Fluth der dürren Lippe Brand,
Des Durstes Folter, die den Hauch entzündet
Deß, der den heißen Tod des Kriegers findet,
Drängt ihn umsonst, den trocknen Mund zu netzen,
Mit einem Tropfen ihn für's Grab zu letzen; [173]
Er kreucht in Zuckungen und Todesnoth
Sein Körper auf des Rasens blut'gem Roth,
Indeß dieß Müh'n die letzte Kraft ihm raubt;
Doch er gelangt zum Fluß, neigt schon das Haupt,

Fühlt schon die Frische, denkt schon dran zu nippen —
Was harrt er? ach, der Durst verging den Lippen,
Eh' er ihn stillt' — und nicht mehr denkt er dessen:
Es war ein Krampf des Todes — nun vergessen.

XVII.

An einer Linde liegt, fern jenem Ort,
Wo seinethalb nur wüthete der Mord,
Ein Krieger, röchelnd schon, doch still ergeben:
's ist Lara — blutend — fast schon ohne Leben.
Sein Diener, jetzt sein einziges Geleite,
Kniet Kaled achtsam an der blut'gen Seite;
Mit seiner Schärpe hätt' er gern gestillt
Den Strom, der dunkler jedem Krampf entquillt, [174]
Und, wie der Hauch zu stocken nun beginnt,
In schwächern, gleich unsel'gen, Tropfen rinnt.
Er regt sich nicht — er lispelt kaum einmal,
Und jeder Pulsschlag mehrt nur seine Qual;
Er drückt die Hand, die gern ihm helfen will,
Und lächelt Dank dem düstern Pagen still,
Der nichts mehr fürchtet, fühlt, beachtet itzt,
Als jene Stirn', auf seine Knie' gestützt,
Als jenes Antlitz, dessen Aug', nun trüb,
Das Licht enthielt, das ihm auf Erden blieb.

XVIII.

Der Feind ist da, er hat das Feld durchsucht,
Sein Sieg, wenn Lara lebt, ist ohne Frucht;
Den wegzuschaffen, wär' ein eitles Mühn,
Kalt, voll Verachtung, blickt er auf sie hin;
Sie söhnt' ihn aus mit seiner letzten Noth,
Mit seines Hasses Rückzug in den Tod.
Und Otho kommt heran und springt vom Rofs, [175]
Schaut den im Blut, der sein Blut einst vergofs,
Und fragt nach ihm — nicht achtet Lara dessen,
Bemerkt ihn kaum, als hab' er sein vergessen,
Und wendet sich zu Kaled — was er spricht,
Sie hören's deutlich, doch verstehn es nicht;
Matt drückt die Stimme jene Mundart aus,
An die sich knüpfet der Erinnrung Graus.
Er spricht von andern Scenen — was? versteht
Der Page nur, dem nicht ein Wort entgeht.
Und der antwortet leis auf jene Klänge,
Und rings in dumpfem Staunen horcht die Menge,
Sie scheinen, von der Gegenwart befreyt,
Jetzt nur zu denken der vergangnen Zeit,

Zu theilen ein gemeinsames Geschick,
Deſs Dunkel nie durchdringt ein fremder Blick.

XIX.

Lang währt ihr leis Gespräch — der Ton allein
Zeigt dem, der's hört, es müsse wichtig seyn,
Und näher schien des jungen Kaled's Tod,
Als Lara's selbst, nach seines Athmens Noth:
Von bleichen, kaum bewegten Lippen klang
So traurig jedes Wort, so hohl und bang, [176]
Doch Lara sprach in ruhig klaren Tönen,
Bis näher kam des heisern Todes Stöhnen;
Auf seinen Zügen war fast nichts zu lesen:
So reulos, kalt und still sein ganzes Wesen,
Nur daſs, als seine Zeit zu Ende ging,
Sein Blick an jenem Pagen freundlich hing.
Als dessen Mund einmal zu stocken schien,
Hub er den Arm, und wies nach Osten hin,
Ob nun sein Auge traf der neue Tag,
Da just die Sonne das Gewölk durchbrach,
Ob's Zufall, ob Erinnrung ihm die Hand
Nach jener Gegend lenkt', ihm wohlbekannt,
Kaum schien's dem Pagen kund, der sein Gesicht
Abwandt', als schaudr' er vor dem Tageslicht,
Sein Auge floh des jungen Morgens Pracht,
Und fiel auf Lara's Stirn' — wo alles Nacht!
Obwohl ihn — ach — der Geist noch nicht verlieſs:
Denn als man der Erlösung Kreuz ihm wies,
Den heil'gen Rosenkranz den Händen bot,
Ihn aufzurichten in des Scheidens Noth,
Schien er ungläub'gen Lächelns hinzusehn —
Vergeb' ihm Gott, wenn es mit Hohn geschehn!
Und Kaled, stumm, verzweifelnd, wandte nicht
Den starren Blick von seines Herrn Gesicht, [177]
Und rasch, mit finstrer Stirne, stieſs der Knabe
Die Hand zurück mit der geweihten Gabe,
Als störe sie des Freundes letzte Stunde;
Ihm schien zu fehlen jenes Lebens Kunde,
Des ew'gen Lebens, welches dem nur offen,
Der auf den Heiland setzt sein ganzes Hoffen.

XX.

Doch schwer und keichend Lara's Odem ging,
Ein dichter Flor sein trübes Aug' umfing,
Die Glieder dehnten sich, das Haupt lag matt
Auf Kaleds Knie, der treuen Ruhestatt.

Er drückt die Hand, die er noch hielt, an's Herz,
Es schlägt nicht mehr — doch Kaled fühlt mit Schmerz
Den kalten Abschied, forscht und forscht vergebens
Nach einem Herzschlag, einer Spur des Lebens.
»Es schlägt!« — Fort, fort Du Träumer, er verschied,
Es war ein Lara, was Dein Auge sieht!

XXI.

Er schaut, als hätte sich des Geistes Kraft
Dem niedern Erdenklos noch nicht entrafft;
Sie raubten ihm wohl dieses Traumes Glück, [178]
Doch wandten nimmer seinen starren Blick,
Und als man dort ihn wegzog mit Gewalt,
Wo er umschlang die leblose Gestalt,
Und nun das Haupt, das er nicht stützen sollte,
Hin auf die Flur, wie Erd' auf Erde, rollte,
Warf er sich nicht dahin, noch rifs er gar
Sich aus sein glänzend lockig Rabenhaar,
Nein, wollte stehn und schaun — doch sank und blich
Fast regungslos, gleich dem, der ihm so lieb;
Der ihm so lieb! O! eines Mannes Herz
Kann fühlen nicht so treuen Liebesschmerz!
Des Augenblicks Entscheidung hat enthüllt,
Was lange, wenn auch halb nur, blieb verhüllt.
Als man, ihm Luft zu schaffen, das Gewand
Vom Busen löst, wird das Geschlecht erkannt;
Sie lebt — ihr Zartgefühl ist unverletzt —
Was liegt an Ruf und Weiblichkeit ihr jetzt?

XXII.

Und Lara schläft nicht, wo die Ahnen schlafen,
Nein, wo er starb, beerdigt man den Grafen,
Nicht minder ruhig schläft dort sein Gebein [179]
Auch ohne Priesterspruch und Marmorstein.
Und Sie, die sich im Stillen härmt, beschämt
Ein Volk, das laut sich um den Fürsten grämt:
Man mag sie streng nach dem Vergangnen fragen,
Man mag ihr drohn — umsonst, sie wird nicht sagen,
Woher sie kam, warum sie alles liefs
Für Einen, der kaum freundlich sich bewies.
Was liebt sie ihn? — Du thör'ger Frager, stille!
Des Menschen Lieb' ist sie des Menschen Wille?
Ihr konnt' er mild seyn — Strenge selbst empfindet
Oft tiefer, als ein stumpfes Aug' ergründet;
Und wenn sie liebt, so ahnt ein Geck noch nicht,
Wie solch ein Herz schlägt, wenn der Mund kaum spricht.

Auch war es kein gemein alltäglich Band,
Das Kaled's Herz und Geist an Lara's wand.
Doch nimmer that sie das Geschehne kund:
J e t z t ist versiegelt jeder kund'ge Mund.

XXIII.

So legt man ihn zu Grab nun, und entdeckt [180]
Nebst jener Wunde, die ihn hingestreckt,
Daſs seine Brust gar manche Narbe trägt,
Die nicht der letzte Krieg dahin geprägt.
Wo ihm auch schwand des Lebens Sommerzeit —
Es schien, sie floh ihm unter Kampf und Streit,
Sein Ruhm, wie seine Schuld, bleibt unbekannt:
Denn s i e sind nur vergoſsnen Blutes Pfand,
Und Ezzelin, der Auskunft konnte geben,
Blieb aus — und kam wohl jene Nacht um's Leben.

XXIV.

In jener Nacht — so that ein Landmann kund —
Durchzog ein Knecht den nahen Thalesgrund,
Als Cynthia's Licht fast vor dem Morgen schwand,
Und Nebel schon ihr bleichend Horn umwand.—
Da ging ein Knecht, der früh sich aufgerafft,
Nach Holz, womit er Brot den Kindern schafft,
Entlängst dem Strome, der den Plan durchschneidet,
Und Otho's Land von Lara's Herrschaft scheidet. [181]
Horch, Hufschlag schallt! — ein Roſs und Reiter sprengt
Aus dem Gehölz — vor ihm ein Mantel hängt,
Gehüllt um etwas auf dem Sattelknopf,
Umwunden seine Stirn', gesenkt der Kopf.
Entsetzt durch solchen Anblick, in der Nacht,
Und ahnend, ein Verbrechen sey vollbracht,
Bemerkt' er insgeheim des Fremden Gang,
Der kam zum Fluſs, wo er vom Pferd sich schwang,
Hub sacht die Last herab, die es behud,
Und warf sie von dem Ufer in die Fluth.
Dann harrt' er, sah sich um, und ging zurück,
Warf nochmals um sich einen scheuen Blick,
Und folgte mit dem Schritt der Fluthen Spiel,
Als glaub' er, sie verriethen noch zu viel.
Auf einmal stutzt' er — stand — von Winterwogen
War rings der Platz mit Steinen überzogen,
Er sammelte die schwersten, die er fand,
Und schleudert' sie mit höchst sorgfält'ger Hand.
Der Knecht schlich vorwärts, wo er ungeseh'n
In Sicherheit das Weitre konnt' erspähn:

Es schien ihm was, wie eine Brust, zu schwimmen,
Und wie ein Stern auf dem Gewand zu flimmen, [182]
Eh' er den Rumpf noch recht in's Aug' gefafst,
Sank er hinab von eines Steines Last,
Stieg nochmals, doch kaum sichtbar, auf die Fluth,
Und färbte sie mit dunkler Purpurgluth;
Dann sank er ganz; der Reiter harrt' am Strand,
Bis jener mit dem letzten Strudel schwand;
Drob kehrt er um, bestieg sein scheues Rofs,
Das mit des Keichens Hast von hinnen schofs.
Er war verlarvt — auch war dem Knecht vor Bangen
Des Todten Antlitz (falls er todt) entgangen,
Doch wenn fürwahr ein Stern die Brust geziert,
Ein Schmuck, der nur der Ritterschaft gebührt —
Man weifs, Herr Ezz'lin trug ihn in der Nacht,
Die jenen Morgen voller Angst gebracht.
Kam er dort um — mag Gott ihm gnädig seyn! —
In's Weltmeer rollt sein unentdeckt Gebein;
Und Menschenliebe mufs die Hoffnung hegen:
Es war nicht Lara's Hand, der er erlegen.

XXV.

Und Kaled — Lara — Ezz'lin sind dahin, [183]
Und keinem ward ein Todtenstein verliehn.
Umsonst ward jedes Mittel aufgeboten,
Sie wegzuschaffen von dem theuren Todten,
So hat der Gram ihr stolzes Herz gebeugt;
Kaum klagte sie, kaum war ihr Auge feucht:
Doch Wuth ergriffe sie, würd' sie gerissen
Vom Platz, wo sie ihn kaum noch schien zu missen,
Und flammen würd' ihr Aug' in wilder Gluth,
Der Tigrin gleich, der man geraubt die Brut. —
Indefs ihr dort die Schmerzenszeit verstrich,
Sprach sie mit Luftgebilden wunderlich,
Wie sie sich malt geschäft'ge Seelenpein,
Dafs sie ein Ohr der sanften Klage leihn.
An jenem Baum sitzt sie noch immer da,
Wo sie sein Haupt auf ihren Knieen sah,
Und ruft in jener Stellung sich den Blick,
Des Freundes Red' und Händedruck zurück,
Und nimmt ihr abgeschnitt'nes Rabenhaar,
Das noch versteckt in ihrem Busen war,
Und drückt es auf den Boden sanft und mild,
Indem sie eines Luftbilds Wunde stillt;
Sie fragt's und gibt die Antwort sich sodann,
Nun fährt sie auf, und stutzt und fleht es an,

Vor einem Spuck, der ihr erscheint, zu fliehn;
Setzt sich auf eine Lindenwurzel hin, [184]
Und birgt ihr Antlitz in die welke Hand.
Schreibt manchmal fremde Zeichen in den Sand,
Und bald — liegt sie beim Liebsten — unerklärt
Ihr Leben — ihre Treu' nur zu bewährt.

Anmerkungen. [185]

Das unter Num. XXIV des zweyten Gesangs Erzählte gründet sich auf die Beschreibung von dem Tode oder eigentlich dem Begräbnifs des Herzogs von Gandia.

Am interessantesten und umständlichsten findet man diese Begebenheit bey Burchard erzählt. Folgendes ist das Wesentlichste davon: »Den achten Juli speiste der Cardinal von Valenza und der Herzog von Gandia, Söhne des Papstes, bey ihrer Mutter Vanozza zu Abend, unweit der Kirche *S. Pietro ad Vincula,* in Gegenwart mehrerer andern Personen. Nachdem der Cardinal, da es bereits spät war, seinen Bruder erinnert hatte, dafs es Zeit sey, sich nach dem apostolischen Palast zurückzubegeben, so bestiegen beyde ihre Pferde oder Maulthiere, [186] von wenigen Dienern begleitet, und ritten zusammen bis zu dem Palast des Cardinals Ascanio Sforza, wo der Herzog dem Cardinal bemerkte, dafs er vor seiner Rückkehr noch einen angenehmen Besuch machen müsse. Er entliefs daher alle seine Begleiter bis auf seinen Staffiero oder Lakay, und Jemanden mit einer Maske, der ihm beym Abendschmaus einen Besuch gemacht, und seit etwa einem Monat ihn fast täglich in dem apostolischen Palast angesprochen hatte: diesen nahm er hinter sich auf sein Maulthier, und setzte seinen Weg bis zur Judengasse fort, wo er seinen Bedienten mit dem Befehle zurückliefs, bis zu einer gewissen Stunde daselbst zu warten: käme er alsdann nicht zurück, so solle er sich in den Palast begeben. Hierauf liefs der Herzog den Maskirten hinter sich aufsitzen, und ritt, ich weifs nicht wohin: allein in derselben Nacht wurde er ermordet, und in den Flufs geworfen, auch der Bediente wurde nach seiner Entlassung angegriffen und tödtlich verwundet, und wiewohl man ihn mit der gröfsten Sorgfalt pflegte, so war sein Zustand doch von der Art, dafs er keine verständliche Auskunft über das Schicksal seines Herrn ertheilen konnte. Als der Herzog des Morgens nicht nach Hause kam, gerieth seine Dienerschaft in Bewegung; einer derselben [187] benachrichtigte den Papst von dem gestrigen Ausgang seiner Söhne, und dafs der Herzog sich nicht wieder eingefunden habe. Diefs beunruhigte den Papst nicht wenig; indessen vermuthete er, der Herzog sey von einer Dirne versucht worden, die Nacht bey ihr zuzubringen, und halte es für schicklich, um ihr Haus nicht bey hellem Tage verlassen zu müssen, zu seiner Rückkehr den nächsten Abend abzuwarten. Als indessen der Abend kam, und der Pabst sich in seiner Erwartung getäuscht sah, ergriff ihn die peinlichste Besorgnifs, und er begann bey mehren Personen Nachforschungen anzustellen, denen er in dieser Hinsicht Rede zu stehen befahl. Unter diesen befand sich ein gewisser Giorgio Schiavoni, der, nachdem er einiges Bauholz von einer Barke in dem Flusse ausgeladen hatte, an Bord derselben als Wächter zurückgeblieben war. Als man ihn fragte, ob er verwichne Nacht bemerkt hätte, dafs Jemand in den Flufs geworfen worden sey, so versetzte er, allerdings habe er zwey Menschen zu Fufse die Strafse herabkommen sehen, die sorgfältig Acht gegeben, ob jemand vorüberginge. Als sie niemand bemerkten, entfernten sie sich wieder, und gleich darauf erschienen zwey andere, und sahen sich um, wie die vorigen, da sie aber keinen Menschen erblickten, so gaben sie [188] ihren Gefährten ein Zeichen, worauf ein Mann auf einem Schimmel zum Vorschein kam, mit einem todten Körper hinter sich, dessen Kopf und Arme von der einen, die Füfse von der andern Seite des Pferdes herabhingen; die beyden zu Fufs stützten den Leichnam, um seinen Fall zu verhindern. Sie begaben sich nun nach jener Stelle, wo gewöhnlich der Unrath der Stadt in den Flufs geworfen wird, dort wandten sie das Pferd, so dafs der Schweif nach der Seite des Wassers gekehrt war; die Fufsgänger nahmen den Leichnam bey den Armen und Beinen, und warfen ihn aus aller Kraft in den Strom. Der Reiter fragte hierauf, ob sie ihn hineingeworfen hätten, und sie gaben zur Antwort: *Signor, si* (ja, Herr). Hierauf warf er einen Blick auf das Wasser, und als er einen Mantel darauf schwimmen sah, fragte er, was das sey, das so schwarz aussähe; sie versetzten, es sey ein Mantel, und einer von ihnen warf Steine darauf bis er sank. Die Leute des Papstes fragten alsdann den Giorgio, warum er das dem Gouverneur der Stadt nicht angezeigt habe, worauf dieser erwiederte, er habe sein Lebtag wohl hundert Leichen an derselben Stelle in das Wasser werfen sehen, ohne dafs Nachfrage deswegen geschehen sey, darum habe er es für etwas Unbedeutendes gehalten. Nun wurden die Fischer [189] und Seeleute versammelt und angewiesen, den Flufs zu durchsuchen, worin sie auch wirklich am folgenden Abend den Körper des Herzogs fanden, in seinem vollständigen Anzug und 30 Ducaten in seiner Börse. Er war von neun Wunden durchbohrt, eine trug er in der Kehle, die übrigen am Kopf, dem Leib und den Gliedern. Sobald der Papst den Tod seines Sohnes erfuhr, und dafs man ihn wie Unrath in den Flufs geworfen habe, so überliefs er sich ganz seinem Schmerz, schlofs sich in sein Zimmer und weinte bitterlich. Der Cardinal von Segovia und andre vom Gefolge des Papstes kamen an seine Thüre und bewirkten nach stundenlangem Einreden und Ermahnen, dafs er sie einliefs. Von Dienstag Abend bis zum folgenden Samstag nahm er keine Speise zu sich, von Donnerstag Morgens bis zu derselben Stunde des folgenden Tages schlief er nicht. Indessen gab er endlich den Bitten seiner Umgebung nach, und fing an, seinem Kummer Einhalt zu thun, indem er den Nachtheil erwog, der, wenn er seinem Schmerz freyen Lauf liefse, für seine Gesundheit entspringen müfste.« Siehe Roscoe's Leben Leo's X., Bd. 1. S. 265.

Appendix 2.

1. Uebersicht der von Diez gehaltenen Vorlesungen.

I. Literaturgeschichte		
1. der romanischen Völker .	1 Mal	s. Nr. 1[1])
2. neuere	5 »	» » 7
3. spanische und italienische . . .	3 »	» » 13
4. des Mittelalters und der Neuzeit	4 »	» » 15
5. des Mittelalters	4 »	» » 20
6. französische . .	1 »	» » 22
7. italienische .	5 »	» » 21
8. deutsche	14 »	» » 26
9. alt- und mittelhochdeutsche	1 »	» » 39
10. altfranzösische .	2 »	» » 43
II. Deutsche Alterthümer	2 »	» » 24
III. Grammatik		
A. italienische, spanische, portugiesische . .	15 »	» » 3
B. Ursprung und Bildung der roman. Sprachen	11 »	» » 34
C. Grammatik der einzelnen Sprachen		
1. italienische	69 »	» » 8
2. spanische . .	22 »	» » 9
3. althochdeutsche .	28 »	» » 16
4. angelsächsische	2 »	» » 30
5. neuhochdeutsche	1 »	» » 32
6. französische .	26 »	» » 37
7. gothische	9 »	» » 42
8. provenzalische .	13 »	» » 44

[1]) Diese Zahlen beziehen sich auf die S. 327 sq. mitgetheilten Auszüge aus den Vorlesungsverzeichnissen.

IV. Metrik . .	1 Mal s. Nr. 45
V. Texterklärungen	
A. Italienische	
1. Dante's Divina Commedia	26 » » » 2
2. Petrarca's Gedichte	15 » » » 4
3. Gozzi's Komödien	1 » » » 5
4. neuitalienische Texte .	1 » » » 11
5. Tasso's Gerusalemme liberata .	1 » » » 18
6. Ariost's Orlando furioso	4 » » » 35
B. Spanische	
1. Calderon	
a) Eins seiner Stücke	. 11 » » » 6
b) el principe constante	4 » » » 19
c) la vida es sueño	6 » » » 25
2. der Cid .	1 » » » 12
3. Cervantes	
a) Numantia .	. 17 » » » 14
b) Don Quixote .	1 » » » 17
C. Portugiesische	
Camões, Lusiaden . .	. 19 » » » 29
D. Deutsche	
1. Mittelhochdeutsche Dichter des 13. saec.	27 » » » 10
2. Walther von der Vogelweide .	4 » » » 23
3. Nibelungenlied	2 » » » 27
4. Hartmann von der Aue	
a) Iwein	6 » » » 28
b) Gregor	1 » » » 38
c) Kleinere Gedichte .	3 » » » 40
5. Otfrid	. 2 » » » 31
6. Freidank	. 1 » » » 33
7. Gudrun .	1 » » » 36
E. Gothische	
Ulfilas . .	. 15 » » » 41

2. Auszüge aus den Vorlesungsverzeichnissen.

1. Recentiorum litterarum apud Gallos, Italos, Hispanos et Lusitanos historiam enarrabit (1822).

2. Dantae divinam comoediam explicabit (1822, 1823 (bis), 1824, 1825; 1826 (semel), 1827, 1828, 1829; 1832 (bis), 1833, 1835, 1837, 1841, 1843, 1845, 1848, 1850, 1852, 1854, 1856, 1858, 1859, 1860, 1864, 1867, 1869).

3. Linguae Italicae, Hispanicae, Lusitanae praecepta tradet (1822, 1824, 1824, 1825, 1825, 1827, 1827, 1828, 1828, 1829, 1829, 1830, 1832, 1834, 1837).

4. Carmina Petrarchae selecta bis interpretabitur (1823, 1826, 1827, 1829, 1830, 1832, 1834, 1836 (semel), 1840, 1842, 1851, 1855, 1862, 1866, 1868).

5. Gozzii comoedias aliquot praestantiores bis interpretabitur (1823).

6. Dramata nonnulla Calderonis interpretabitur bis (1823, 1823, 1828, 1837, 1842, 1844, 1846, 1846, 1850, 1857, 1866).

7. Recentiorum litterarum, quae in Europa floruerunt, historiam enarrabit, quinquies (1823, 1827 [1]) (ter), 1827 [1]) (quinquies), 1832 [1]) (quater), 1835 [2])).

8. Linguae Italicae elementa docebit quater (1823, 1823, 1826 (bis), 1826, 1830 (ter), 1831, 1831, 1832; 1833 (bis), 1833, 1834 (ter), 1835, 1835, 1836, 1836, 1837, 1838, 1838, 1839, 1839, 1840, 1840, 1841, 1841, 1842, 1842, 1843, 1843, 1844, 1845, 1845, 1846, 1846, 1847, 1847, 1848, 1848, 1849, 1849, 1850, 1850, 1851, 1851, 1852, 1852, 1853, 1853, 1854, 1854, 1855, 1856, 1856, 1857, 1857, 1858, 1858, 1859, 1859, 1860, 1860, 1861, 1861, 1862, 1863, 1864, 1865, 1866, 1867, 1868).

9. Linguae Hispaniae initia tradenda offert (1823, 1823, 1826 (bis), 1826, 1830, 1832, 1833, 1834, 1835, 1835, 1836, 1838, 1839, 1839, 1840, 1841, 1841, 1842, 1843, 1846, 1847, 1850).

10. Linguae Germaniae superioris, quae saeculo XIII. floruit, elementa docebit, coniuncta simul poematum antiquiorum a Lachmanno editorum (Auswahl aus den hochdeutschen Dichtern des 13. Jahrhunderts, Berlin 1820) interpretatione, ternis p. h. diebus (1823, 1824, 1824, 1825, 1826, 1829, 1832, 1833, 1833, 1834, 1837, 1837, 1838, 1839, 1840, 1841, 1842, 1842, 1843, 1844, 1845, 1846, 1846, 1847, 1848, 1848, 1850).

11. Poemata aliquot italica, recentioris aevi praestantiora explicabit, bis (1824).

12. Carmen epicum, vetere lingua hispanica compositum, de rebus gestis Roderici Cidi, ex Schuberti editione (Bibliotheca castellana, portuguesa y proenzal T. I.) interpretabitur bis (1824).

13. Historiam litterarum amoeniorum apud Italos et Hispanos enarrabit, ternis per hebd. diebus (1824, 1825, 1826).

14. Cervantis Numantiam explicabit, semel (1824, 1831 (bis), 1833, 1836, 1838, 1840, 1843, 1845, 1847, 1849, 1853, 1854, 1857, 1863, 1865, 1867, 1869).

15. Historiae litterariae medii et recentioris aevi partes selectas tractabit ter (1824, 1825, 1826, 1828).

16. Veteris linguae theotiscae initia exponenda offert (1824, 1825, 1835 [3]), 1837 [3]), 1837, 1838 [4]), 1839 [4]), 1839 [4]), 1840 [4]), 1840 [4]), 1854, 1855, 1856, 1856, 1857, 1857, 1859, 1859, 1860, 1861, 1862, 1863, 1864, 1865, 1866, 1867, 1868, 1869).

---

[1]) In diesen Jahren hiess es in der Ankündigung: Historiam litterarum elegantiorum ab ineunte aevo recentiori usque ad hoc tempus per h. h. III.

[2]) Die Ankündigung lautete etwas verschieden: Litterarum elegantiorum apud recentiores Europae populos historiam breviter enarrabit bis.

[3]) In der Ankündigung hiess es: Antiquissimae linguae vernaculae rudimenta tractabit bis.

[4]) Der Wortlaut war nur wenig geändert worden: Antiquissimae linguae germanicae rudimenta tractabit bis.

17. Cervantis libri, qui inscribitur Don Quixote, capita selecta interpretabitur, semel (1825).

18. Torquati Tassi carmen heroicum: la Gerusalemme liberata, bis (1825).

19. Calderonis drama: el Principe constante, interpretabitur semel (1825, 1831, 1839, 1859).

20. Enarrabit culturae et litteraturae historiam inde a saec. VIII. p. Chr. n. ad finem usque medii aevi, ter per hebd. h. III. (1827, 1829[1]), 1830[2]), 1839[2])).

21. De praestantioribus poetis italicis disseret semel per hebd. h. V. (1827, 1855 (bis), 1859, 1861, 1868).

22. Litterarum Francogallicarum historiam exponet bis (1828).

23. Selecta carmina Waltheri von der Vogelweide, veteris poetae theotisci, ad Lachmanni, viri doctissimi, editionem (Berol. 1827) grammatice et historice bis p. hebd. h. XI. interpretabitur (1828, 1830, 1832, 1835).

24. Antiquitates Germanicas enarrabit bis (1829, 1831).

25. Calderonis fabulam: la vida es sueño, explicabit semel (1830, 1833 (bis), 1852, 1854, 1861, 1863).

26. Litterarum elegantiorum apud Germanos historiam tradet ter (1830, 1831, 1833[3]), 1834[4]), 1836[3]), 1838[3]), 1838[3]), 1841[3]), 1842[3]), 1844[3]), 1845[3]), 1847[3]), 1849[3]), 1850[3])).

27. Poema explicabit theotiscum, quod vulgo inscribitur der Nibelunge Lied, bis (1830, 1831).

28. Poema germanicum Iwein ad Beneckii et Lachmanni editionem explicabit bis (1831, 1834, 1836, 1836, 1839, 1840).

29. Poematis Lusitani, cui nomen Lusiada, libros duos vel tres priores explicabit, bis (1832, 1834, 1836, 1837, 1839, 1841, 1842, 1846, 1848, 1849, 1851, 1852, 1854, 1856, 1858, 1860, 1862, 1864, 1865).

30. Prima linguae anglosaxonicae rudimenta docebit bis (1833, 1834).

31. Otfridum interpretabitur bis (1833, 1834).

32. De lingua Germanica hodierna disseret, etymologiam et orthographiam potissimum spectaturus, semel (1835).

33. Antiquissimae linguae germanicae rudimenta tractabit; Fridankii carmina a Guil. Grimmio nuper edita interpretabitur bis vel ter (1835).

34. De linguarum romanarum origine et structura disseret semel (1837, 1840, 1842, 1846, 1848, 1849 (bis), 1851, 1853, 1853, 1867, 1868).

35. Rolandi furiosi libros quatuor vel quinque priores interpretabitur bis (1838, 1840, 1844, 1847).

36. Carmen heroicum, cui nomen Kutrun, interpretabitur bis vel ter (1838).

---

[1]) In der Ankündigung hiess es damals: Enarrabit litterarum historiam inde a saec. IV. p. Chr. n. ad finem usque medii aevi ter.

[2]) Es hiess in diesen Jahren in der Ankündigung: Historiam litterariam medii aevi enarrabit bis.

[3]) Die Ankündigung lautete in diesen Jahren: Litterarum apud Germanos historiam ad saeculum usque XVI. enarrabit.

[4]) Die Ankündigung lautete in diesem Jahre: Litterarum elegantiorum apud Germanos historiam usque ad saeculum XVIII. enarrabit bis.

37. Linguae Francicae rudimenta tractabit bis (1841, 1841, 1842, 1842, 1843, 1843, 1844, 1845, 1845, 1846, 1846, 1847, 1847, 1848, 1848, 1849, 1849, 1850, 1850, 1851, 1851, 1852, 1852, 1853, 1853, 1854).

38. Hartmanni Gregorium interpretabitur bis (1841).

39. Litterarum apud veteres Germanos historiam enarrabit bis (1843).

40. Hartmanni poemata minora (ed. Haupt.) bis terve explicabit (1843, 1845, 1847).

41. Gothicae linguae elementis praemissis Marcum ab Ulfila versum auditoribus interpretandum proponet bis (1849[1]), 1849[1]), 1850, 1850, 1851, 1852, 1853, 1857, 1858, 1860, 1862, 1864, 1865, 1868, 1869).

42. Grammaticam Gothicam exponet bis terve (1851, 1853, 1854, 1856, 1859, 1861, 1863, 1866, 1867).

43. De antiquissimis Francogallorum litteris disseret semel (1851, 1868).

44. De Provincialium, quos vocant, lingua litterisque disseret bis (1854, 1856, 1858, 1860, 1861, 1862, 1863, 1864, 1865, 1866, 1867, 1868, 1869).

45. Artem metricam semel exponet (1869).

---

[1]) Es hiess kurz: Matthaeum ab Ulfila Gothice versum bis explicabit.

Register.

[1]) S. jedoch Rom. V. 113.

Druckfehler.

Statt a mi desventura lies la mi d. S. 7 Z. 5 v. unten.
» guerras cililes » g. civiles S. 16 Z. 7 v. oben.
» Saicorum » Laicorum S. 88 Z. 11 v. o.
» Albingenser » Albigenser S. 105 Anm.
» Villehard » Villehard. S. 116 Z. 9 v. u.

Es ist zu streichen die Unter- (S. 125 Z. 1 v. u.) und dem Namen Castillejo (S. 11 Z. 12 v. u.) hinzuzufügen: [s. Fernandez' Collecc. Bd. 12 und 13].

www.ingramcontent.com/pod-product-compliance
Lightning Source LLC
Chambersburg PA
CBHW030910270326
41929CB00008B/639

* 9 7 8 3 7 4 3 4 6 9 5 7 0 *